U0873693

21世纪普通高等教育
法 学 系 列 教 材

法律职业伦理（第二版）

王进喜 著

中国人民大学出版社
· 北京 ·

作者简介

王进喜，男，1970年生，法学博士，博士研究生导师，中国政法大学法学院教授，律师学研究中心主任，兼任《证据科学》杂志副主编、司法部律师惩戒委员会委员、中国法学会律师法学研究会副会长；2008年度教育部新世纪人才支持计划入选者，2010年教育部长江学者和创新团队发展计划“证据科学研究与应用”创新团队负责人；澳大利亚新南威尔士大学2009—2012年度客座研究人员，2002—2003年度美国西北大学法学院美国富布莱特项目研修学者，2010年9月—2011年6月美国加州大学戴维斯分校法学院高级访问学者。主要著作有：《法律职业行为法》（第二版）（中国人民大学出版社2014年版）、《法律伦理的50堂课》（五南图书出版股份有限公司2008年版）、《美国律师职业行为规则理论与实践》（中国人民公安大学出版社2005年版）、《美国〈联邦证据规则〉（2011年重塑版）条解》（中国法制出版社2012年版）、《刑事证人证言论》（中国人民公安大学出版社2002年版）等。主要译作有：《苏格兰诉辩律师协会诉辩律师职业行为指引和惩戒规则》（中国法制出版社2017年版）、《加拿大不列颠哥伦比亚省1998年法律职业法》（中国法制出版社2017年版）、《律师事务所的有效知识管理》（中国人民大学出版社2017年版）、《现代律师事务所管理：新的挑战，新的视角》（中国人民大学出版社2017年版）、《加拿大律师协会联合会职业行为示范守则》（中国法制出版社2016年版）、《面向新世纪的律师规制》（中国法制出版社2016年版）、《论律师的流动管理》（中国人民公安大学出版社2005年版）、《律师的职业责任与规制》（第二版）（中国人民大学出版社2013年版）、《美国律师协会职业行为示范规则（2004）》（中国人民公安大学出版社2005年版）、《证据法—文本、问题和案例》（高等教育出版社2006年版）、《英国证据法实务指南》（中国法制出版社2012年版）、《美国法庭科学的加强之路》（中国人民大学出版社2013年版）等。

第二版修订说明

自《法律职业伦理》于2020年1月出版以来，中国特色社会主义法治建设又取得了重大进展。2020年11月，中央全面依法治国工作会议正式提出习近平法治思想。习近平法治思想内涵丰富、论述深刻、逻辑严密、系统完备，历史和现实相贯通、国际和国内相关联、理论和实际相结合的角度，深刻回答了新时代为什么实行全面依法治国、怎样实行全面依法治国等一系列重大问题。特别是，习近平法治思想关于“坚持建设德才兼备的高素质法治工作队伍”的论述，进一步凸显了法律职业伦理的重要性。为了加快推进法治社会建设，2020年12月，中共中央印发《法治社会建设实施纲要（2020—2025年）》，总体目标是，到2025年，“八五”普法规划实施完成，法治观念深入人心，社会领域制度规范更加健全，社会主义核心价值观要求融入法治建设和社会治理成效显著，公民、法人和其他组织合法权益得到切实保障，社会治理法治化水平显著提高，形成符合国情、体现时代特征、人民群众满意的法治社会建设生动局面，为2035年基本建成法治社会奠定坚实基础。此外，立法与实践也发生了诸多重要变化，例如2020年《民法典》已经生效、实施，全国人民代表大会常务委员会作出《关于授权国务院在粤港澳大湾区内地九市开展香港法律执业者和澳门执业律师取得内地执业资质和从事律师职业试点工作的决定》。国务院办公厅、最高人民法院、司法部等部门又发布了多个涉及法律职业伦理的规范性文件，如2020年国务院办公厅《香港法律执业者和澳门执业律师在粤港澳大湾区内地九市取得内地执业资质和从事律师职业试点办法》、2020年最高人民法院《关于对配偶父母子女从事律师职业的法院领导干部和审判执行人员实行任职回避的规定》，2021年最高人民法院、司法部《关于为律师提供一站式诉讼服务的意见》等。为了适应这些新的变化，本版进行了必要的修改，并增加了第三章“法律职业伦理的基本原则”、第七章第五节“律师费转付”和第六节“律师事务所和律师依法纳税义务”等内容，使本书在结构上更为完整。

王进喜

2021年9月

编写说明

法律职业伦理是伴随我国法律职业的成长而形成的一个新的部门法。法律职业伦理以律师、法官、检察官、公证员等法律职业人员和/或其所属机构实施的、与其职业身份有关的行为为规范对象，是加强法律职业队伍建设的重要保证。中国共产党十八届三中全会、四中全会就实现全面依法治国提出的一系列改革目标的实现，与法律职业伦理存在密切联系。2017 年 5 月，中共中央总书记、国家主席、中央军委主席习近平同志视察中国政法大学，提出“法学教育要坚持立德树人，不仅要提高学生的法学知识水平，而且要培养学生的思想道德素养”。2018 年 1 月，教育部发布我国高等教育领域首个教学质量国家标准，其中《法学类专业教学质量国家标准》明确规定，法学专业核心课程采取“10＋X”分类设置模式。法律职业伦理成为法学专业学生必须完成的 10 门专业必修课之一。为深入贯彻习近平新时代中国特色社会主义思想和党的十九大精神，贯彻落实习近平总书记在中国政法大学考察时重要讲话精神，教育部、中央政法委于 2018 年 10 月发布《关于坚持德法兼修实施卓越法治人才教育培养计划 2.0 的意见》，明确规定“加大学生法律职业伦理培养力度，面向全体法学专业学生开设‘法律职业伦理’必修课，实现法律职业伦理教育贯穿法治人才培养全过程。坚持‘一课双责’，各门课程既要传授专业知识，又要注重价值引领，传递向上向善的正能量”。

因此，加强法律职业伦理的教学、研究，对于培养合格法律人才，促进法治国家、法治政府、法治社会一体建设至关重要。本书以服务于这一目的为出发点，在建构我国法律职业伦理基本体系的同时，力求反映我国法律职业伦理的最新发展状态，反映理论与实践的结合，在介绍法律职业伦理基本知识的同时，力求从根本上培养学生的法律职业精神，确立法律职业行为方式。

本书介绍了律师、法官、检察官、公证员、法律类仲裁员以及从事行政处罚决定审核、行政复议、行政裁决、法律顾问的公务员的职业伦理。限于篇幅，对于与法律职业活动相关的其他涉法专业人员，本书仅对司法鉴定人员的职业伦理进行了介绍。

我国法律职业伦理规范和学科均处于发展之中，而教材的编写又不能完全脱离实证法。因此，本书在介绍我国法律职业伦理的基本知识的同时，就法律职业伦理建设中存在的一些问题为学生适度提供了一些启发性的材料，以培养学生的探索与求真精神。本书可以作为普通高等院校法学本科生、法学硕士研究生、法律硕士研究生的教材，也可以作为广大法律实务工作者的参考资料。

本书是在《法律职业行为法》（第二版）（中国人民大学出版社 2014 年版）的基础上进一步修订完成的。《法律职业行为法》第一版于 2012 年 12 月被司法部评选为“司法行政干部业务培训优秀教材”，2013 年 10 月被评为北京市 2013 年高等教育精品教材，并被多所高校选为必修课教材。

王进喜

2019 年 10 月

法律、法规、规章、司法解释等规范性文献简称

简称	全称
2021 年《监察官法》	《中华人民共和国监察官法》(2021 年 8 月 20 日第十三届全国人民代表大会常务委员会第三十次会议通过)
2021 年《法律援助法》	《中华人民共和国法律援助法》(2021 年 8 月 20 日第十三届全国人民代表大会常务委员会第三十次会议通过)
2020 年《民法典》	《中华人民共和国民法典》(2020 年 5 月 28 日第十三届全国人民代表大会第三次会议通过)
2018 年《刑事诉讼法》	《中华人民共和国刑事诉讼法》(1979 年 7 月 1 日第五届全国人民代表大会第二次会议通过;根据 1996 年 3 月 17 日第八届全国人民代表大会第四次会议《关于修改〈中华人民共和国刑事诉讼法〉的决定》第一次修正;根据 2012 年 3 月 14 日第十一届全国人民代表大会第五次会议《关于修改〈中华人民共和国刑事诉讼法〉的决定》第二次修正;根据 2018 年 10 月 26 日第十三届全国人民代表大会常务委员会第六次会议《关于修改〈中华人民共和国刑事诉讼法〉的决定》第三次修正)
2012 年《刑事诉讼法》	《中华人民共和国刑事诉讼法》(1979 年 7 月 1 日第五届全国人民代表大会第二次会议通过;根据 1996 年 3 月 17 日第八届全国人民代表大会第四次会议《关于修改〈中华人民共和国刑事诉讼法〉的决定》第一次修正;根据 2012 年 3 月 14 日第十一届全国人民代表大会第五次会议《关于修改〈中华人民共和国刑事诉讼法〉的决定》第二次修正)
1996 年《刑事诉讼法》	《中华人民共和国刑事诉讼法》(1979 年 7 月 1 日第五届全国人民代表大会第二次会议通过;根据 1996 年 3 月 17 日第八届全国人民代表大会第四次会议《关于修改〈中华人民共和国刑事诉讼法〉的决定》第一次修正)
2017 年《民事诉讼法》	《中华人民共和国民事诉讼法》(1991 年 4 月 9 日第七届全国人民代表大会第四次会议通过;根据 2007 年 10 月 28 日第十届全国人民代表大会常务委员会第三十次会议《关于修改〈中华人民共和国民事诉讼法〉的决定》第一次修正;根据 2012 年 8 月 31 日第十一届全国人民代表大会常务委员会第二十八次会议《关于修改〈中华人民共和国民事诉讼法〉的决定》第二次修正;根据 2017 年 6 月 27 日第十二届全国人民代表大会常务委员会第二十八次会议《关于修改〈中华人民共和国民事诉讼法〉和〈中华人民共和国行政诉讼法〉的决定》第三次修正)

续前表

简称	全称
2021 年《行政处罚法》	《中华人民共和国行政处罚法》（1996 年 3 月 17 日第八届全国人民代表大会第四次会议通过；根据 2009 年 8 月 27 日第十一届全国人民代表大会常务委员会第十次会议《关于修改部分法律的决定》第一次修正；根据 2017 年 9 月 1 日第十二届全国人民代表大会常务委员会第二十九次会议《关于修改〈中华人民共和国法官法〉等八部法律的决定》第二次修正；2021 年 1 月 22 日第十三届全国人民代表大会常务委员会第二十五次会议修订）
六机关 2012 年《刑事诉讼规定》	最高人民法院、最高人民检察院、公安部、国家安全部、司法部、全国人大常委会法制工作委员会《关于实施刑事诉讼法若干问题的规定》（2012 年 12 月 26 日）
六机关 1998 年《刑事诉讼规定》	最高人民法院、最高人民检察院、公安部、国家安全部、司法部、全国人大常委会法制工作委员会《关于刑事诉讼法实施中若干问题的规定》（1998 年 1 月 19 日）
最高人民法院 2021 年《刑事诉讼法解释》	《最高人民法院关于适用〈中华人民共和国刑事诉讼法〉的解释》（2020 年 12 月 7 日由最高人民法院审判委员会第 1820 次会议通过）（法释〔2021〕1 号）
最高人民法院 2012 年《刑事诉讼法解释》	《最高人民法院关于适用〈中华人民共和国刑事诉讼法〉的解释》（2012 年 11 月 5 日由最高人民法院审判委员会第 1559 次会议通过）（法释〔2012〕21 号）
最高人民检察院 2012 年《刑事诉讼规则》	《人民检察院刑事诉讼规则（试行）》（2012 年 10 月 16 日由最高人民检察院第十一届检察委员会第八十次会议通过）
公安部 2012 年《刑事案件程序规定》	《公安机关办理刑事案件程序规定》（2012 年 12 月 3 日公安部部长办公会议通过）
2017 年《律师法》	《中华人民共和国律师法》（1996 年 5 月 15 日第八届全国人民代表大会常务委员会第十九次会议通过；根据 2001 年 12 月 29 日第九届全国人民代表大会常务委员会第二十五次会议《关于修改〈中华人民共和国律师法〉的决定》第一次修正；2007 年 10 月 28 日第十届全国人民代表大会常务委员会第三十次会议修订；根据 2012 年 10 月 26 日第十一届全国人民代表大会常务委员会第二十九次会议《关于修改〈中华人民共和国律师法〉的决定》第二次修正；根据 2017 年 9 月 1 日第十二届全国人民代表大会常务委员会第二十九次会议《关于修改〈中华人民共和国法官法〉等八部法律的决定》第三次修正）
2012 年《律师法》	《中华人民共和国律师法》（1996 年 5 月 15 日第八届全国人民代表大会常务委员会第十九次会议通过；根据 2001 年 12 月 29 日第九届全国人民代表大会常务委员会第二十五次会议《关于修改〈中华人民共和国律师法〉的决定》第一次修正；2007 年 10 月 28 日第十届全国人民代表大会常务委员会第三十次会议修订；根据 2012 年 10 月 26 日第十一届全国人民代表大会常务委员会第二十九次会议《关于修改〈中华人民共和国律师法〉的决定》第二次修正）

续前表

简称	全称
2007年《律师法》	《中华人民共和国律师法》（1996年5月15日第八届全国人民代表大会常务委员会第十九次会议通过；根据2001年12月29日第九届全国人民代表大会常务委员会第二十五次会议《关于修改〈中华人民共和国律师法〉的决定》第一次修正；2007年10月28日第十届全国人民代表大会常务委员会第三十次会议修订）
2001年《律师法》	《中华人民共和国律师法》（1996年5月15日第八届全国人民代表大会常务委员会第十九次会议通过；根据2001年12月29日第九届全国人民代表大会常务委员会第二十五次会议《关于修改〈中华人民共和国律师法〉的决定》第一次修正）
1996年《律师法》	《中华人民共和国律师法》（1996年5月15日第八届全国人民代表大会常务委员会第十九次会议通过）
1980年《律师暂行条例》	《中华人民共和国律师暂行条例》（1980年8月26日第五届全国人民代表大会常务委员会第十五次会议通过）
2019年《法官法》	《中华人民共和国法官法》（1995年2月28日第八届全国人民代表大会常务委员会第十二次会议通过；根据2001年6月30日第九届全国人民代表大会常务委员会第二十二次会议《关于修改〈中华人民共和国法官法〉的决定》第一次修正；根据2017年9月1日第十二届全国人民代表大会常务委员会第二十九次会议《关于修改〈中华人民共和国法官法〉等八部法律的决定》第二次修正；2019年4月23日第十三届全国人民代表大会常务委员会第十次会议修订）
2001年《法官法》	《中华人民共和国法官法》（1995年2月28日第八届全国人民代表大会常务委员会第十二次会议通过；根据2001年6月30日第九届全国人民代表大会常务委员会第二十二次会议《关于修改〈中华人民共和国法官法〉的决定》第一次修正）
2019年《检察官法》	《中华人民共和国检察官法》（1995年2月28日第八届全国人民代表大会常务委员会第十二次会议通过；根据2001年6月30日第九届全国人民代表大会常务委员会第二十二次会议《关于修改〈中华人民共和国检察官法〉的决定》第一次修正；根据2017年9月1日第十二届全国人民代表大会常务委员会第二十九次会议《关于修改〈中华人民共和国法官法〉等八部法律的决定》第二次修正；2019年4月23日第十三届全国人民代表大会常务委员会第十次会议修订）
2001年《检察官法》	《中华人民共和国检察官法》（1995年2月28日第八届全国人民代表大会常务委员会第十二次会议通过；根据2001年6月30日第九届全国人民代表大会常务委员会第二十二次会议《关于修改〈中华人民共和国检察官法〉的决定》第一次修正）
2015年《关于司法鉴定管理问题的决定》	《全国人民代表大会常务委员会关于司法鉴定管理问题的决定》（2005年2月28日第十届全国人民代表大会常务委员会第十四次会议通过；根据2015年4月24日第十二届全国人民代表大会常务委员会第十四次会议《关于修改〈中华人民共和国义务教育法〉等五部法律的决定》修正）

续前表

简称	全称
2005年《关于司法鉴定管理问题的决定》	《全国人民代表大会常务委员会关于司法鉴定管理问题的决定》（2005年2月28日第十届全国人民代表大会常务委员会第十四次会议通过）
2018年《公务员法》	《中华人民共和国公务员法》（2005年4月27日第十届全国人民代表大会常务委员会第十五次会议通过；根据2017年9月1日第十二届全国人民代表大会常务委员会第二十九次会议《关于修改〈中华人民共和国法官法〉等八部法律的决定》修正；2018年12月29日第十三届全国人民代表大会常务委员会第七次会议修订）
2005年《公务员法》	《中华人民共和国公务员法》（2005年4月27日第十届全国人民代表大会常务委员会第十五次会议通过）
2010年《保守国家秘密法》	《中华人民共和国保守国家秘密法》（1988年9月5日第七届全国人民代表大会常务委员会第三次会议通过；2010年4月29日第十一届全国人民代表大会常务委员会第十四次会议修订）
2017年《公证法》	《中华人民共和国公证法》（2005年8月28日第十届全国人民代表大会常务委员会第十七次会议通过；根据2015年4月24日第十二届全国人民代表大会常务委员会第十四次会议《关于修改〈中华人民共和国义务教育法〉等五部法律的决定》第一次修正；根据2017年9月1日第十二届全国人民代表大会常务委员会第二十九次会议《关于修改〈中华人民共和国法官法〉等八部法律的决定》第二次修正）
2005年《公证法》	《中华人民共和国公证法》（2005年8月28日第十届全国人民代表大会常务委员会第十七次会议通过）
国务院2003年《法律援助条例》	《法律援助条例》（2003年7月16日国务院第十五次常务会议通过）
司法部2012年《办理法律援助案件程序规定》	《办理法律援助案件程序规定》（2012年2月21日司法部部务会议审议通过）
2019年《法律援助法》	《中华人民共和国法律援助法》（2021年8月20日第十三届全国人民代表大会常务委员会第三十次会议通过）
司法部2018年《律师事务所管理办法》	《律师事务所管理办法》（2008年7月18日司法部令第111号发布，2012年11月30日司法部令第125号修正，2016年9月6日司法部令第133号修订，2018年12月5日司法部令第142号修正）
司法部2016年《律师事务所管理办法》	《律师事务所管理办法》（2008年7月18日司法部令第111号发布，2012年11月30日司法部令第125号修正，2016年9月6日司法部令第133号修订）
司法部2012年《律师事务所管理办法》	《律师事务所管理办法》（2008年7月18日司法部令第111号发布，2012年11月30日司法部令第125号修正）
司法部2010年《律师和律师事务所违法行为处罚办法》	《律师和律师事务所违法行为处罚办法》（2010年4月8日司法部令第122号发布）
司法部2016年《律师执业管理办法》	《律师执业管理办法》（2008年7月18日司法部令第112号发布；2016年9月18日司法部令第134号修订）

续前表

简称	全称
司法部2008年《律师执业管理办法》	《律师执业管理办法》（2008年7月18日司法部令第112号发布）
司法部1993年《律师职业道德和执业纪律规范》	《律师职业道德和执业纪律规范》（1993年12月27日司法部颁布）
最高人民法院2012年《关于人民法院落实廉政准则防止利益冲突的若干规定》	最高人民法院《关于人民法院落实廉政准则防止利益冲突的若干规定》（法发〔2012〕6号）
最高人民法院2010年《法官职业道德基本准则》	《中华人民共和国法官职业道德基本准则》（最高人民法院2001年10月18日发布，2010年12月6日修订后重新发布）
最高人民法院2010年《关于规范上下级人民法院审判业务关系的若干意见》	《关于规范上下级人民法院审判业务关系的若干意见》（法发〔2010〕61号）（最高人民法院审判委员会第1493次会议通过）
最高人民检察院2016年《检察官职业道德基本准则》	《中华人民共和国检察官职业道德基本准则》（2016年11月4日最高人民检察院第十二届检察委员会第五十七次会议通过）
最高人民检察院2009年《检察官职业道德基本准则（试行）》	《中华人民共和国检察官职业道德基本准则（试行）》（2009年9月3日最高人民检察院第十一届检察委员会第十八次会议通过）
最高人民检察院2003年《关于人民检察院保障律师在刑事诉讼中依法执业的规定》	《关于人民检察院保障律师在刑事诉讼中依法执业的规定》（2003年12月30日最高人民检察院第十届检察委员会第十六次会议通过）
最高人民检察院2010年《检察官职业行为基本规范（试行）》	《检察官职业行为基本规范（试行）》（2010年9月3日最高人民检察院第十一届检察委员会第四十二次会议通过）
公安部1980年《刑事技术鉴定规则》	《中华人民共和国公安部刑事技术鉴定规则》（公安部1980年5月7日颁布）
中华全国律师协会2001年《律师职业道德和执业纪律规范》	《律师职业道德和执业纪律规范》（2001年11月26日中华全国律师协会修订）
中华全国律师协会1996年《律师职业道德和执业纪律规范》	《律师职业道德和执业纪律规范》（1996年10月6日中华全国律师协会常务理事会第五次会议通过）
中华全国律师协会2017年《律师执业行为规范（试行）》	《律师执业行为规范（试行）》（2004年3月20日五届全国律协第九次常务理事会审议通过试行；2009年12月27日七届二次理事会修订；2017年1月8日第九届全国律协常务理事会第二次会议审议通过试行）

续前表

简称	全称
中华全国律师协会 2011 年《律师执业行为规范》	《律师执业行为规范》（2004 年 3 月 20 日五届中华全国律师协会第九次常务理事会审议通过试行；2009 年 12 月 27 日七届二次理事会修订）
中华全国律师协会 2004 年《律师执业行为规范（试行）》	《律师执业行为规范（试行）》（2004 年 3 月 20 日第五届中华全国律师协会第九次常务理事会审议通过）
中华全国律师协会 2017 年《律师协会会员违规行为处分规则（试行）》	《律师协会会员违规行为处分规则（试行）》（1999 年 12 月 18 日第四届全国律协常务理事会第五次会议审议通过；2004 年 3 月 20 日第五届全国律协常务理事会第九次会议修订；2017 年 1 月 8 日第九届全国律协常务理事会第二次会议修订）
中华全国律师协会 2004 年《律师协会会员违规行为处分规则（试行）》	《律师协会会员违规行为处分规则（试行）》（1999 年 12 月 18 日四届全国律协第五次常务理事会通过，2004 年 3 月 20 日五届全国律协第九次常务理事会修订）
中国公证员协会 2011 年《公证员职业道德基本准则》	《公证员职业道德基本准则》（2002 年 3 月中国公证员协会三届三次理事会会议通过，2010 年 12 月 28 日中国公证协会六届二次理事会会议修订）
联合国《关于司法机关独立的基本原则》	《关于司法机关独立的基本原则》（1985 年第七届联合国预防犯罪和罪犯待遇大会通过）
联合国《关于律师作用的基本原则》	《关于律师作用的基本原则》（1990 年第八届联合国预防犯罪和罪犯待遇大会通过）
联合国《关于检察官作用的准则》	《关于检察官作用的准则》（1990 年第八届联合国预防犯罪和罪犯待遇大会通过）

目　录

第一章　法律职业 …… 1

第一节　法律职业概述 …… 1

第二节　我国的法律职业分说 …… 10

第三节　与法律职业活动相关的其他涉法专业人员 …… 30

第二章　法律职业伦理概述 …… 39

第一节　法律职业伦理的概念和渊源 …… 39

第二节　法律职业伦理的学科发展 …… 48

第三节　法律职业伦理的学习方法 …… 51

第三章　法律职业伦理的基本原则 …… 53

第一节　法律职业伦理基本原则概述 …… 53

第二节　坚持以社会主义核心价值观为引领 …… 54

第三节　拥护中国共产党的领导和社会主义制度 …… 55

第四节　维护法律正确实施，维护社会公平和正义 …… 57

第五节　维护当事人合法权益 …… 58

第六节　依法独立履行职责 …… 59

第七节　维护法律职业尊严与荣誉 …… 60

第八节　权责相适 …… 62

第四章　委托人—律师关系规则 …… 63

第一节　委托人—律师关系概述 …… 63

第二节　委托人—律师关系的建立、维持与保护 …… 69

第三节　委托人—律师关系的终止 …… 81

第五章　律师保密规则 …… 91

第一节　律师保密概述 …… 91

第二节　律师—委托人特免权 …… 92

第三节　律师保密义务 …… 97

第六章　律师利益冲突 …… 104

第一节　利益冲突概述 …… 104

第二节　同时性利益冲突 …… 111

第三节　连续性利益冲突 …… 118

第七章　律师服务收费、财物保管与纳税规则 …… 122

第一节　律师服务收费制度概述 …… 122

第二节　律师服务收费的标准和方式……………………………………………… 124
第三节　律师服务收费行为规则…………………………………………………… 127
第四节　律师财物保管规则………………………………………………………… 134
第五节　律师费转付………………………………………………………………… 136
第六节　律师事务所和律师依法纳税义务………………………………………… 138
第八章　律师争讼性业务规则 ………………………………………………… 142
第一节　律师争讼性业务规则概述………………………………………………… 142
第二节　庭审仪表与言行…………………………………………………………… 143
第三节　律师回避…………………………………………………………………… 147
第四节　会见、阅卷与调查取证…………………………………………………… 151
第五节　对案件承办机关的坦诚…………………………………………………… 162
第六节　庭外宣传…………………………………………………………………… 165
第七节　维护争讼程序的正当性…………………………………………………… 168
第九章　律师非争讼性业务规则 ……………………………………………… 175
第一节　律师非争讼性业务概述…………………………………………………… 175
第二节　律师出具法律意见书的要求……………………………………………… 176
第三节　律师作为中间人的要求…………………………………………………… 179
第十章　律师事务所内部关系及律师事务所职业行为规则 ………………… 181
第一节　律师事务所概述…………………………………………………………… 181
第二节　律师事务所内部关系……………………………………………………… 192
第三节　律师事务所职业行为规则………………………………………………… 201
第十一章　律师和律师事务所与司法行政机关和律师协会的关系规则 …… 208
第一节　我国的律师管理体制……………………………………………………… 208
第二节　律师和律师事务所与司法行政机关的关系……………………………… 213
第三节　律师和律师事务所与律师协会的关系…………………………………… 219
第十二章　律师服务信息传播规则 …………………………………………… 226
第一节　律师服务信息传播概述…………………………………………………… 226
第二节　律师业务推广行为规则…………………………………………………… 229
第三节　律师劝诱行为规则………………………………………………………… 236
第十三章　公司律师和公职律师的职业伦理 ………………………………… 237
第一节　公司律师和公职律师制度概述…………………………………………… 237
第二节　公职律师职业伦理的主要内容…………………………………………… 240
第三节　公司律师职业伦理的主要内容…………………………………………… 242
第十四章　律师对法律职业的职责 …………………………………………… 245
第一节　律师对法律职业的职责概述……………………………………………… 245
第二节　互相尊重、平等竞争……………………………………………………… 246
第三节　维护法律职业的适正性…………………………………………………… 247
第四节　不得帮助无执业权的人执业……………………………………………… 249
第五节　按照国家规定履行法律援助义务………………………………………… 250

第六节 维护业外活动的适当性…… 252
第十五章 律师职业责任 …… 254
第一节 律师的行政责任…… 254
第二节 律师的行业处分…… 262
第三节 律师的民事责任…… 269
第十六章 法官职业伦理 …… 271
第一节 法官职业伦理概述…… 271
第二节 法官职业伦理的主要内容…… 273
第三节 法官职业责任…… 289
第十七章 检察官职业伦理 …… 302
第一节 检察官职业伦理概述…… 302
第二节 检察官职业伦理的主要内容…… 305
第三节 检察官的职业责任…… 308
第十八章 公证员职业伦理 …… 326
第一节 公证员职业伦理概述…… 326
第二节 公证员职业伦理的主要内容…… 327
第三节 公证职业责任…… 332
第十九章 仲裁员职业伦理 …… 334
第一节 仲裁员职业伦理概述…… 334
第二节 仲裁员职业伦理的主要内容…… 335
第三节 仲裁员职业责任…… 340
第二十章 涉法公务员职业伦理 …… 343
第一节 涉法公务员职业伦理概述…… 343
第二节 涉法公务员职业伦理的主要内容…… 344
第三节 涉法公务员职业责任…… 346
第二十一章 司法鉴定职业伦理 …… 348
第一节 司法鉴定职业伦理概述…… 348
第二节 司法鉴定职业伦理的主要内容…… 352
第三节 司法鉴定职业责任…… 362
主要参考文献 …… 364

第一章
法律职业

第一节　法律职业概述

一、关于法律职业的学说

学习法律职业伦理，首先要解决的问题就是什么是法律职业、法律职业有哪些特点、法律职业包括哪些人员。

在我国，法律职业在不同的语境下又被称为法律共同体、法律职业共同体、法律人、法律工作者。[①] 在理论上，法律职业有广义和狭义之说。据广义之说，法律职业可以泛指一切从事法律工作的人员，包括侦查员、检察员、审判员、执行员、仲裁员、公证员、律师、基层法律服务工作者以及司法辅助人员，等等，甚至可以包括立法工作者、企业法律顾问。[②] 据狭义之说，法律职业主要是指法官、检察官、律师和法学学者，这是因为“这四类人基本上主持着法律的运作和循环，并且是法治理念和法律精神的主要载体”。[③] 一般而言，我国学者关于法律职业的界定，是围绕“以法律活动为专业”或者“法律教育背景”这样的命题展开的。[④] 2014 年中国共产党十八届四中全会审议通过的《中共中央关于全面推进依法治国若干重大问题的决定》提出了法治工作队伍的概念，法治工作队伍主要包括法治专门队伍和法律服务队伍。前者

---

① 参见张文显等主编：《法律职业共同体研究》，法律出版社 2003 年版，第 168、189 页；沈宗灵：《比较法》，北京大学出版社 1998 年版，第 573 页。

② 另请参见霍宪丹、王红：《建立统一的国家司法考试制度与法律教育的改革》，载《法学》2001 年第 10 期［“一般来说，法律职业主要是由法官、律师和检察官等法律人法律家构成的。从广义上讲法律职业人才还包括从事法律教育和法学研究的法学家及法律职业的辅助者。法律职业辅助者主要指的是法律家的助手以及法律技术和法律执行人员，就我国的情况来看，一般分为四类：法律辅助事务类（如培养书记官、法律助理、法律文秘等）、法律执行类（监狱和劳教管理人员、矫正教育人员和安全防范人员等）、基层法律实务类和法律技术类（司法信息人员、司法鉴定技术人员等）。”］

③ 张文显等主编：《法律职业共同体研究》，法律出版社 2003 年版，第 193 页。另请参见沈宗灵：《比较法》，北京大学出版社 1998 年版，第 728 页（“在中国，‘法律职业’一词可以指所有从事法律工作的人。但一般仅指以下四者：法官、检察官、律师、法律教员与研究人员。”）。

④ 黄文艺、卢学英：《法律职业的特征解析》，载《法制与社会发展》，2003 年第 3 期（“何谓法律职业，无疑是法律职业研究中的核心问题。正是在这一问题上，法学界对法律职业存在着一种极为宽泛的解释，即认为法律职业就是以法律为营生的人所构成的行业。”）。

包括立法队伍、行政执法队伍、司法队伍，后者包括社会律师、公职律师、公司律师、公证员、基层法律服务工作者、人民调解员队伍。

尽管在中国漫长的历史发展过程中，必然存在行使审判权的人员，也不乏讼师这样的提供法律服务的人员，但是从法律的比较与移植角度来看，“当代中国语境和知识谱系中的法律职业、法律人以及律师的概念不仅是现代的，也是外来的”[①]。因此，有必要了解西方关于法律职业的认识。西方关于法律职业的认识，以英美法系为典型。[②] 英美法系关于法律职业的界分，则主要是围绕“职业”的含义展开的。从英美法的历史来看，对法律职业的描述，始终是通过与商业的对照来进行的，强调该职业的利他性。“职业（profession）”来自拉丁语“*professionem*”，意思是进行公开的声明。这一词语演变为描述这样的职业，即要求新成员进行宣誓，声明他们要致力于与一个博学的职业相关的理想和业务活动。[③] 现代的职业概念已经成了一个具有特定内涵的概念。美国法学家罗斯科·邦德（Roscoe Pound）将职业界定为“作为共同职业以公共服务的精神追求博学艺术（‘pursuing a learned art as a common calling in the spirit of public service...’）”的群体，这一界定被认为抓住了职业的本质。据此，美国律师协会在一个著名报告中，将职业律师界定为“一个作为促进公正和公共福祉的共同职业（calling）的一分子，在为委托人服务和为公共服务的精神中，追求博学艺术的法律专家”[④]。根据美国学者查理斯·W. 沃尔弗拉姆（Charles W. Wolfram）教授的观点，职业具有以下特征：（1）博学，即在从事其职业活动之前，要经过漫长的教育、训练或者学徒期间；（2）要经过测试，达到作为职业人员的最低称职标准；（3）拥有很高的社会声望；（4）高收入；（5）作为群体拥有相当程度的自治权，即职业上的独立性；（6）职业群体通过道德守则等形式对其成员进行严格的控制；（7）其服务对人们的需要至关重要，而这些需要对于许多人而言，是具有普遍性的，它们涉及人的健康、自由、精神、经济福祉，等等；（8）职业人员同其所服务的人有着紧密的个人联系；（9）职业和公共服务密切联系在一起。[⑤] 因此，法律职业的核心特点是公共服务，公正和公共福祉则是公共服务的目标，是职业的理想。从外延来看，一般认为法律职业包括法官、检察官、律师和法学学者。例如，已故美国联邦最高法院首席大法官威廉·H. 伦奎斯特（William H. Rehnquist）认为，法律职业是由执业律师

---

① 李学尧：《法律职业主义》，中国政法大学出版社 2007 年版，第 3 页。

② 参见李学尧：《法律职业主义》，中国政法大学出版社 2007 年版，第 4 页［“许多西方学者认为，（法律）职业主义主要是英美国家的一种理念和实践，如德国此类大陆法系国家根本不存在职业（Profession）。不过，不管现实中是否存在所谓的职业结构，但还是有很多证据能够证明，法律职业主义，不仅起源于欧陆，而且还构成了欧陆国家（甚至包括前苏联）构建法律职业制度的主流理念。”］（脚注已略）。

③ See Deborah L. Rhode and Geoffrey C. Hazard, Jr., *Professional Responsibility and Regulation* 1 (second edition, 2007).

④ ABA Professionalism Committee, *Teaching and Learning Professionalism* 6 (1996).

⑤ See Charles W. Wolfram, *Modern Legal Ethics* 15 - 16 (1986).

界、司法界、法律学术界和政府律师界构成的。[①]

二、我国立法关于法律职业的界定

（一）2008 年《国家司法考试实施办法》关于法律职业的界定

在不同阶段，我国立法中关于法律职业的外延是不同的。

最高人民法院、最高人民检察院、司法部 2008 年《国家司法考试实施办法》第 2 条规定："国家司法考试是国家统一组织的从事特定法律职业的资格考试。""初任法官、初任检察官，申请律师执业和担任公证员必须通过国家司法考试，取得法律职业资格。法律、行政法规另有规定的除外。"司法部 2002 年《法律职业资格证书管理办法》（已废止）第 2 条规定："法律职业资格证书是证书持有人通过国家司法考试，具有申请从事法律职业的资格凭证。"因此，根据"特定法律职业"一语，可以得出的结论是：上述规定认为法律职业的范围实际上并不限于律师、检察官、法官和公证员；"特定的法律职业"可以被理解为法律认可的狭义的法律职业，即律师、检察官、法官和公证员，从事这些职业以依法取得法律职业资格证书为前提。这种资格要求，保证了法律职业在教育背景方面的同质性，也为形成共同的职业意识、思维方式、话语系统、相互衔接的行为标准等职业特点创造了前提条件。

按照上述界分，我国法律职业的界定，既有可操作的形式上的要求，例如资格准入制度、行为守则，也有理论上的要求，例如专门化的知识结构、与公共利益的密切联系。特别是就准入制度而言，2001 年《法官法》、2001 年《检察官法》、2001 年《律师法》以及 2005 年《公证法》，使这四类与法律相关的职业具有同样的准入要求。这种共同的准入要求，增强了法律职业的同质性，无疑是我国法律职业开始形成的标志。当然，由于历史条件的限制，虽然这种准入制度得到了确立，但是还没有完全形成法律职业群体的共同精神，职业之间的流动也没有形成常态，职业人员之间的冲突也时有发生，依据职业守则对法律职业进行治理的机制还没有完全形成。从这个意义上讲，我国的法律职业还处于一个动态的成长过程中。

（二）国家统一法律职业资格制度关于法律职业的界定

2014 年 10 月 23 日，中国共产党十八届四中全会通过的《中共中央关于全面推进依法治国若干重大问题的决定》提出，"完善法律职业准入制度，健全国家统一法律职业资格考试制度，建立法律职业人员统一职前培训制度"。2015 年 12 月，中共中央办公厅、国务院办公厅印发了《关于完善国家统一法律职业资格制度的意见》（以下简称《意见》）。《意见》贯彻落实中国共产党十八大和十八届三中、四中全会精神，提出了完善国家统一法律职业资格制度的目标任务和重要举措。在司法考试制度确定

① See William H. Rehnquist, "The Legal Profession Today: Dedicatory Address", 62 *Ind. L. J.* 151, 155 (1987).

的法官、检察官、律师和公证员四类法律职业人员基础上，《意见》将部分涉及对公民、法人、非法人组织权利义务的保护和克减、具有准司法性质的法律从业人员纳入法律职业资格考试的范围。

《意见》明确规定：法律职业人员是指具有共同的政治素质、业务能力、职业伦理和从业资格要求，专门从事立法、执法、司法、法律服务和法律教育研究等工作的职业群体。担任法官、检察官、律师、公证员、法律顾问、仲裁员（法律类）及政府部门中从事行政处罚决定审核、行政复议、行政裁决的人员，应当取得国家统一法律职业资格。国家鼓励从事法律法规起草的立法工作者、其他行政执法人员、法学教育研究工作者等，参加国家统一法律职业资格考试，取得职业资格。

2017 年 9 月 1 日，第十二届全国人大常委会第二十九次会议《关于修改〈中华人民共和国法官法〉等八部法律的决定》对相关法律作出了修改，正式确立了国家统一法律职业资格考试制度。2018 年 4 月，司法部公布了《国家统一法律职业资格考试实施办法》。该办法第 2 条规定，国家统一法律职业资格考试是国家统一组织的选拔合格法律职业人才的国家考试。初任法官、初任检察官，申请律师执业、公证员执业和初次担任法律类仲裁员，以及行政机关中初次从事行政处罚决定审核、行政复议、行政裁决、法律顾问的公务员，应当通过国家统一法律职业资格考试，取得法律职业资格。

根据上述规定，我国的法律职业有两层含义：

首先，法律职业人员是指具有共同的政治素质、业务能力、职业伦理和从业资格要求，专门从事立法、执法、司法、法律服务和法律教育研究等工作的职业群体。这是法律职业的宏观概念，立足于共同的政治素质、业务能力、职业伦理和从业资格要求，涵盖从立法、执法、司法、法律服务到法律教育的所有从业者，既涉及法律实务工作人员，也涉及立法工作者、法学教育研究工作者。

其次，法律职业人员是指取得国家统一法律职业资格，担任法官、检察官、律师、公证员、法律类仲裁员的人员及行政机关中从事行政处罚决定审核、行政复议、行政裁决、法律顾问的公务员。这是一个中观层面的概念，强调的是取得国家统一法律职业资格、从事法律实务工作这一特点，突出了法律实务取向，并不涵盖立法工作者、法学教育研究工作者。本书所称法律职业，以该中观层面的概念为准。

因此，从中国的实际情况来看，**法律职业，是指由取得国家统一法律职业资格，担任法官、检察官、律师、公证员、法律类仲裁员的人员，以及行政机关中从事行政处罚决定审核、行政复议、行政裁决、法律顾问的公务员组成的职业群体。**

首先，成为法律职业的一员，必须取得国家统一法律职业资格。这种资格要求，保证了法律职业在政治素质、教育背景等方面的同质性，为形成共同的职业意识、思维方式、话语系统、相互衔接的行为标准等职业特点创造了前提条件。

其次，这一界定也与英美法系关于职业的描述基本契合。这些法律职业人员与英美法系关于职业的描述具有很多共同之处，例如，根据法律规定从事这些职业都需要首先具备一定的学历条件并通过资格考试；这些职业都具有职业行为上的独立性要求；这些职业往往有着各种形式的行为守则。因此，这一界定尽管与其他国家关于法律职业的理解存在一定差异，但是从基本内涵来看是并行不悖的。

最后，这些职业都具有公共性。这些职业所肩负的职能，都与公共利益和公共秩序有着密切的联系。法官、检察官，要通过职业活动维护法律的正确实施；律师，在维护当事人合法权益的同时，同样要“维护法律正确实施，维护社会公平和正义”①；公证员，在办理公证时，也应当遵守法律，坚持客观、公正的原则。② 换言之，这些法律职业人员，无论是作为法治专门队伍的一员，还是作为法律服务队伍的一员，都应当有意识地维护法律秩序。这是由法律秩序本身所具有的脆弱性所决定的。正是在这个意义上看，法律职业具有共生关系。因此，明确的公共性要求，是这些法律职业人员共同的根本性特征。“社会主义法治工作队伍”的提法本身是对这种公共性的另一种表达。

三、国家统一法律职业资格考试制度

资格考试是职业化的重要标志之一，是保证职业成员具有称职性的重要措施之一。应当承认，资格考试测试的仅仅是职业活动所需要的技能的一部分，资格考试并不能完美地测试所有技能。但是资格考试是平等的，可以无视参加考试者的身份，在参加考试人员之间创造平等竞争的机会。因此，资格考试是打破身份界限、从身份走向能力的必要制度，是平等观念的必要体现。

我国法律职业资格取得制度的演变，经历了从考核到考试、从内部考试到公开考试、从律师资格考试到国家统一法律职业资格考试的发展过程，在保证法律职业新进人员质量、提高法律职业队伍整体素质方面发挥了重要的作用。

律师工作恢复初期，受历史条件的限制，我国采取了考核授予律师资格的制度。1980 年《律师暂行条例》明确规定了考核授予律师制度。③ 这种制度在参加考核的条件和程序等方面并不严格④，因而在实践中弊端颇多。1984 年江西省举办了全省律师资格统一考试，1985 年北京等地也举行了律师资格考试。1986 年，司法部在借鉴国外相关做法和总结国内各地经验的基础上，举行了第一次全国律师资格统一考试。这次考试是一次内部考试，参考人员仅限于正在申请律师资格的专职或者兼职律师工作人员，以及法学研究教学人员当中符合做律师工作的人员。第二次全国律师资格考试于 1988 年 9 月举行，报考人员的范围则不受限制。这是从内部考试到公开考试的重

① 2017 年《律师法》第 2 条第 2 款。

② 参见 2017 年《公证法》第 3 条。

③ 参见 1980 年《律师暂行条例》第 8 条、第 9 条。

④ 1980 年《律师暂行条例》第 9 条规定：“取得律师资格，须经省、自治区、直辖市司法厅（局）考核批准，发给律师证书，并报中华人民共和国司法部备案。司法部发现审批不当的，应当通知司法厅（局）重新审查。”

要变革，意味着从强调报考者的身份到强调报考者的专业能力的转型，为法治时代追求体现自身人生价值的人搭建了平等竞争的舞台；意味着律师资格考试储备法律人才的作用开始发挥。1996 年《律师法》以法律的形式正式确认了律师资格考试制度。①

1979 年《人民法院组织法》第 34 条规定："有选举权和被选举权的年满二十三岁的公民，可以被选举为人民法院院长，或者被任命为副院长、庭长、副庭长、审判员和助理审判员，但是被剥夺过政治权利的人除外。"这一规定对于法官的专业知识并没有作出要求。直到 1983 年 9 月第六届全国人民代表大会常务委员会第二次会议对该条进行修订，才增加了第 2 款，规定"人民法院的审判人员必须具有法律专业知识"。1979 年《人民检察院组织法》和 1983 年《人民检察院组织法》对于与此类似的要求也没有规定。这在实践中造成了法官、检察官队伍来源复杂，专业素质偏下。② 随着律师职业面向社会通过考试形式来取得资格的方式越来越受到社会的肯定，人民法院系统和人民检察院系统也开始积极探索以考试形式任命法官、检察官。1995 年《法官法》《检察官法》通过并实施。根据该两法的规定，人民法院、人民检察院开始建立初任法官、初任检察官考试制度，即初任审判员、助理审判员、检察员、助理检察员，要采用公开考试、严格考核的办法，按照德才兼备的标准，从具备法官、检察官条件的人员中择优提出人选。自 1995 年起，最高人民法院于 1995 年、1997 年、1999 年组织了三次"初任法官资格考试"，最高人民检察院也先后组织了四次"初任检察官资格考试"。

1982 年《公证暂行条例》确立的公证员、助理公证员的任命制度，并没有明确规定考试要求。③ 实践中，一些地区举办了省级的公证员资格统一考试。为了提高公证人员的业务素质，1992 年司法部发出《关于举行一九九二年全国公证员资格统一考试的通知》④，规定：从 1992 年起举行首次全国公证员资格统一考试，今后这种考试原则上每两年举行一次，省、自治区、直辖市司法厅（局）不再举行统一考试。

总之，在 2001 年前，我国的律师、检察官、法官和公证员在职业准入问题上，分别确立了相应的资格考试制度。这些考试在报考资格要求、考试内容、难度等方面都存在一些差别。这些法律职业准入门径的不同，造成了中国法律职业的碎片化，进一步恶化了"法律职业群体内部的矛盾、冲突及离散现象"⑤，这必然会影响中国法治建设的进程。

---

① 参见 1996 年《律师法》第 6 条。需要指出的是，1980 年《律师暂行条例》所称"律师资格"，是指充任律师的全部条件，而 1996 年《律师法》以后所称的"律师资格"或者"法律职业资格"仅仅代表的是法律专业水平。二者所对应的管理要求也是不一样的。

② 参见杨海坤、黄竹胜：《法律职业的反思与重建》，载《江苏社会科学》2003 年第 3 期（"法官队伍的人员来源复杂，且没有统一的准入资格限制，各类人员的准入条件实际上只有政治素质标准而无其它硬性的衡量尺度，这使得法官队伍素质参差不齐、良莠难分"）。

③ 参见 1982 年《公证暂行条例》第 8 条、第 9 条。

④ 司公通字〔1991〕083 号。

⑤ 杨海坤、黄竹胜：《法律职业的反思与重建》，载《江苏社会科学》，2003 年第 3 期。

2001年，《法官法》、《检察官法》和《律师法》相继修正，确立了国家统一的司法考试制度。2002年，国家统一司法考试开始举办，它将“律师资格考试”、“初任法官资格考试”和“初任检察官资格考试”这三种考试合而为一。2001年11月，司法部下发了《司法部关于从通过国家司法考试人员中录用公证员的通知》[①]，决定今后不再举行全国公证员统一考试。今后公证处选用公证员将从通过国家司法考试的人员中录用。2005年《公证法》第18条又明确规定，担任公证员的前提条件之一是通过国家司法考试。因此，按照这些法律规定，无论是从事法官、检察官职业，还是从事律师、公证员职业，都必须通过国家司法考试这种职业资格考试。这为建立具有共同知识背景、共同认同价值、共同追求目标的法律职业共同体，创造了必要的制度条件。但是，2001年修正的《法官法》、《检察官法》和《律师法》在通过律师资格考试取得的律师资格凭证和通过国家统一司法考试取得的法律职业资格证书二者的关系上，没有进行很好的衔接，过去取得的律师资格凭证在效力上不能等同于法律职业资格证书。这为从律师中选任法官、检察官制造了障碍。如果取得律师资格凭证的律师要转任法官、检察官，则要再次参加国家统一司法考试。这无疑是叠床架屋之举，徒费人力。

2007年修订的《律师法》第5条第2款明确规定：“实行国家统一司法考试前取得的律师资格凭证，在申请律师执业时，与国家统一司法考试合格证书具有同等效力。”这在通过上述两个资格考试取得的合格证书的效力同一问题上，迈出了可喜的一步。2009年，最高人民法院、最高人民检察院在《关于将取得律师资格人员列入法官、检察官遴选范围问题的通知》[②] 中规定：“为了广泛吸收优秀人才进入法官、检察官的遴选范围，经研究并报经全国人大常委会法制工作委员会同意，今后在遴选法官、检察官时，对具备法官、检察官任职条件并已通过律师考试取得律师资格的执业律师和其他从事法律工作的人员，可以视为已通过国家统一司法考试，列入法官、检察官的遴选范围，不必再通过国家统一司法考试。”这一规定破除了上述制度障碍，为法官、检察官、律师等法律职业之间的双向流动创造了重要的制度前提，对于形成具有共同理念、共同精神、互相尊重的法律职业具有重要的意义。2020年司法部《法律职业资格管理办法》第26条第1款明确规定：“实行国家统一法律职业资格考试前取得的法律职业资格证书、律师资格凭证，与参加国家统一法律职业资格考试取得的法律职业资格证书具有同等法律效力。”

全面推进依法治国，必须大力提高法治工作队伍的思想政治素质、业务工作能力、职业道德水准，着力建设一支忠于党、忠于国家、忠于人民、忠于法律的社会主义法治工作队伍，为加快建设社会主义法治国家提供强有力的组织和人才保障。为此，2014年中国共产党十八届四中全会审议通过的《中共中央关于全面推进依法治

---

① 司发通〔2001〕114号。

② 高检会字〔2009〕4号。

国若干重大问题的决定》明确提出要“完善法律职业准入制度，健全国家统一法律职业资格考试制度，建立法律职业人员统一职前培训制度”。2015 年 12 月，中共中央办公厅、国务院办公厅印发的《关于完善国家统一法律职业资格制度的意见》规定，要建立国家统一法律职业资格考试制度。2017 年 9 月，第十二届全国人大常委会第二十九次会议审议通过《关于修改〈中华人民共和国法官法〉等八部法律的决定》，明确了参加国家统一法律职业资格考试的人员范围，规定了取得法律职业资格的条件，增加了有关禁止从事法律职业的情形等，为组织实施国家统一法律职业资格考试提供了法律依据。2018 年 4 月，司法部公布《国家统一法律职业资格考试实施办法》，标志着国家统一法律职业资格考试制度的正式实施。国家统一法律职业资格考试制度的建立，对于按照政治过硬、业务过硬、责任过硬、纪律过硬、作风过硬的要求，选拔培养社会主义法律职业人才，具有重要意义。

国家统一法律职业资格考试是国家统一组织的选拔合格法律职业人才的国家考试，由司法部负责实施。初任法官、初任检察官，申请律师执业、公证员执业和初次担任法律类仲裁员，以及行政机关中初次从事行政处罚决定审核、行政复议、行政裁决、法律顾问的公务员，应当通过国家统一法律职业资格考试，取得法律职业资格。法律、行政法规另有规定的除外。

符合以下条件的人员，可以报名参加国家统一法律职业资格考试：(1) 具有中华人民共和国国籍；(2) 拥护中华人民共和国宪法，享有选举权和被选举权；(3) 具有良好的政治、业务素质和道德品行；(4) 具有完全民事行为能力；(5) 具备全日制普通高等学校法学类本科学历并获得学士及以上学位；全日制普通高等学校非法学类本科及以上学历，并获得法律硕士、法学硕士及以上学位；全日制普通高等学校非法学类本科及以上学历并获得相应学位且从事法律工作满三年。①

有下列情形之一的人员，不得报名参加国家统一法律职业资格考试：(1) 因故意犯罪受过刑事处罚的；(2) 曾被开除公职或者曾被吊销律师执业证书、公证员执业证书的；(3) 被吊销法律职业资格证书的；(4) 被给予二年内不得报名参加国家统一法律职业资格考试（国家司法考试）处理期限未满或者被给予终身不得报名参加国家统一法律职业资格考试（国家司法考试）处理的；(5) 因严重失信行为被国家有关单位确定为失信联合惩戒对象并纳入国家信用信息共享平台的；(6) 因其他情形被给予终身禁止从事法律职业处理的。有上述规定情形之一的人员，已经办理报名手续的，报名无效；已经参加考试的，考试成绩无效。②

上述规定，提高了国家统一法律职业资格考试的报名专业学历门槛，有利于从源头上保证法律职业人员的专业素养和专业能力。与此同时，按照“老人老办法、新人新办法”原则，在该办法实施前已取得学籍（考籍）或者已取得相应学历的高等学校

① 参见司法部 2018 年《国家统一法律职业资格考试实施办法》第 9 条。

② 参见司法部 2018 年《国家统一法律职业资格考试实施办法》第 10 条。

法学类专业本科及以上学历毕业生，或者高等学校非法学类专业本科及以上学历毕业生并具有法律专业知识的，可以报名参加国家统一法律职业资格考试。[①]

国家统一法律职业资格考试每年举行一次，分为客观题考试和主观题考试两部分，综合考查应试人员从事法律职业应当具有的政治素养、业务能力和职业伦理。应试人员客观题考试成绩合格的方可参加主观题考试，客观题考试合格成绩在本年度和下一个考试年度内有效。国家统一法律职业资格考试实行纸笔考试或者计算机化考试。国家统一法律职业资格考试实行全国统一评卷，统一确定合格分数线，考试成绩及合格分数线由司法部公布。

参加国家统一法律职业资格考试成绩合格，可以按照规定程序申请授予法律职业资格，由司法部颁发法律职业资格证书。以欺骗、贿赂等不正当手段取得法律职业资格证书的，由司法部撤销原授予法律职业资格的决定，注销其法律职业资格证书。此外，取得法律职业资格人员有违反宪法和法律、妨害司法公正、违背职业伦理道德等行为的，由司法行政机关根据司法部有关规定，视其情节、后果，对其给予相应处理。[②] 2020 年 11 月 17 日，司法部部务会议审议通过《法律职业资格管理办法》，自 2021 年 1 月 1 日起施行。该办法对法律职业资格申请受理、审查核查、审核认定、证书颁发、服务和管理等工作进行了规定。根据该规定，司法部根据下列情形，授予申请人法律职业资格，并颁发相应的法律职业资格证书：(1) 符合《国家统一法律职业资格考试实施办法》第 9 条、第 22 条规定的条件，考试成绩达到全国统一合格分数线的，颁发 A 类法律职业资格证书；(2) 符合《国家统一法律职业资格考试实施办法》第 23 条规定的条件，申请享受放宽政策，考试成绩达到全国统一合格分数线的，颁发 B 类法律职业资格证书；(3) 符合《国家统一法律职业资格考试实施办法》第 9 条、第 22 条、第 23 条规定的条件，申请享受放宽政策，考试成绩达到放宽条件地区合格分数线的，颁发 C 类法律职业资格证书。司法部应当自作出授予法律职业资格决定之日起 10 个工作日内颁发法律职业资格证书。取得 C 类法律职业资格证书人员，重新参加国家统一法律职业资格考试，达到全国统一合格分数线的，可以申请授予 A 类或者 B 类法律职业资格证书，并向司法行政机关交回已取得的 C 类法律职业资格证书，原证书自作出授予新的法律职业资格决定之日起自动失效。A 类法律职业资格证书在全国范围内有效。B 类和 C 类法律职业资格证书的适用范围，由国家统一法律职业资格考试协调委员会确定。取得 B 类法律职业资格证书人员，在获得《国家统一法律职业资格考试实施办法》第 9 条规定的专业学历条件后，其 B 类法律职业资格证书在全国范围内有效。法律职业资格证书采用纸质证书和电子证书形式，法律职业资格纸质证书与电子证书具有同等法律效力。

2015 年 8 月 29 日，第十二届全国人大常委会十六次会议表决通过《刑法修正案

① 参见司法部 2018 年《国家统一法律职业资格考试实施办法》第 22 条。

② 参见司法部 2018 年《国家统一法律职业资格考试实施办法》第 20 条。

（九）》，自2015年11月1日起开始施行。该修正案规定，在《刑法》第284条后增加1条，作为第284条之一："在法律规定的国家考试中，组织作弊的，处三年以下有期徒刑或者拘役，并处或者单处罚金；情节严重的，处三年以上七年以下有期徒刑，并处罚金。""为他人实施前款犯罪提供作弊器材或者其他帮助的，依照前款的规定处罚。""为实施考试作弊行为，向他人非法出售或者提供第一款规定的考试的试题、答案的，依照第一款的规定处罚。""代替他人或者让他人代替自己参加第一款规定的考试的，处拘役或者管制，并处或者单处罚金。"2019年4月最高人民法院、最高人民检察院《关于办理组织考试作弊等刑事案件适用法律若干问题的解释》第1条规定，《刑法》第284条之一规定的"法律规定的国家考试"，仅限于全国人大及其常委会制定的法律所规定的考试，包括国家统一法律职业资格考试。

第二节　我国的法律职业分说

一、律师

律师是指依法取得律师执业证书，提供法律服务的执业人员。从我国目前的实际情况来看，律师包括社会律师、公职律师、公司律师和军队律师。

（一）社会律师

社会律师，是指依法取得律师执业证书，在律师事务所执业，接受委托或者指定，为当事人提供法律服务的执业人员。① 2017年《律师法》第28条规定，社会律师可以从事下列业务：（1）接受自然人、法人或者其他组织的委托，担任法律顾问；（2）接受民事案件、行政案件当事人的委托，担任代理人，参加诉讼；（3）接受刑事案件犯罪嫌疑人、被告人的委托或者依法接受法律援助机构的指派，担任辩护人，接受自诉案件自诉人、公诉案件被害人或者其近亲属的委托，担任代理人，参加诉讼；（4）接受委托，代理各类诉讼案件的申诉；（5）接受委托，参加调解、仲裁活动；（6）接受委托，提供非诉讼法律服务；（7）解答有关法律的询问、代写诉讼文书和有关法律事务的其他文书。

就社会律师而言，我国实行的是一般执业许可和特别执业许可相结合的执业许可制度。

律师一般许可执业制度，是指有主管机关根据《律师法》规定的一般条件和程序，授予申请人以律师执业证书的制度。

---

① 参见2017年《律师法》第2条第1款，第14条。律师执业证书是证明律师执业身份的有效证件，2020年9月，司法部推出"中国律师身份核验平台"，为律师参与诉讼提供"实时实人实证"的律师执业身份核验服务。此外，司法行政机关与人民法院还积极推动应用律师电子执业证，支持律师使用律师身份核验平台亮证功能或者律师电子执业证快速进入人民法院，办理各类诉讼事务。

就一般执业许可而言，申请律师执业，应当具备下列条件：（1）拥护《中华人民共和国宪法》；（2）通过国家统一法律职业资格考试取得法律职业资格；（3）在律师事务所实习满 1 年[①]；（4）品行良好。[②][③]

实行国家统一法律职业资格考试前取得的国家统一司法考试合格证书、律师资格凭证，与国家统一法律职业资格证书具有同等效力。[④]

申请人有下列情形之一的，不予颁发律师执业证书：（1）无民事行为能力或者限制民事行为能力的；（2）受过刑事处罚的，但过失犯罪的除外；（3）被开除公职或者被吊销律师、公证员执业证书的。[⑤]

1996 年《律师法》中对于律师的执业年龄没有明确规定，司法部在 1999 年《关于律师执业年龄问题的批复》[⑥] 中曾规定："一、国资律师事务所占编律师的退休年龄，按照国家劳动用工制度的规定执行。国资律师事务所的占编律师办理退休手续后，作为该所聘用律师的，适用第二条中'年满 70 岁不再注册'的规定。二、合作律师事务所、合伙律师事务所的律师以及国资律师事务所的聘用律师，年满 70 岁不再注册。如果律师事务所确实需要，本人身体健康并愿意继续在律师事务所工作的，可被聘为顾问，不再从事执业活动。三、为保证合伙律师事务所的稳定，促进其向高层次、规模化发展，设立合伙所时，年满 64 岁的人员不得作为发起人。"这一规定缺

---

① 中华全国律师协会 2021 年《申请律师执业人员实习管理规则》就实习培训的内容和期限、实习指导律师应当具备的条件、实习人员行为规则、实习考核等事项进行了规定。

② 《律师法》就律师准入规定的"品行良好"条件是比较含糊的。但是中华全国律师协会 2021 年印发的《申请律师执业人员实习管理规则》就实习人员的实习设定了一些前置性条件，在一定程度上弥补了《律师法》规定的不足。该规则第 5 条规定："申请实习人员应当符合下列条件：（一）拥护中国共产党领导，拥护社会主义法治，尊崇宪法；（二）取得法律职业资格证书或者律师资格凭证；（三）品行良好；（四）具有完全民事行为能力。"第六条规定："有下列情形之一的，不符合本规则第五条规定的'品行良好'条件：（一）因故意犯罪受过刑事处罚的；（二）被开除公职的；（三）因违法违纪行为被国家机关、事业单位辞退的；（四）因违犯党纪受到撤销党内职务以上处分的；（五）被吊销律师、公证员执业证书的；（六）因违法违规行为被相关行业主管机关或者行业协会撤销其他职业资格或者吊销其他执业证书的；（七）因违反治安管理行为被处以行政拘留的；（八）因严重失信行为被国家有关单位确定为失信联合惩戒对象并纳入国家信用信息共享平台的；（九）受到不得再次申请实习的处分，处分期限未满的；（十）有其他产生严重不良社会影响行为的。""前款所列第（三）、（四）、（六）、（七）、（十）项情形发生在申请实习人员十八周岁以前或者发生在实习登记三年以前，且申请实习人员确已改正的，应当提交书面承诺及相关证明材料，经律师协会设立的专门委员会审核同意，可以准予实习登记。""申请实习人员在移出失信联合惩戒对象名单之前，不得准予实习登记。移出失信联合惩戒对象名单后，按照本条第 2 款的规定提交相应书面承诺，经律师协会设立的专门委员会审核同意的，可以准予实习登记。"

③ 参见 2017 年《律师法》第 5 条。根据司法部 2002 年《关于公安机关辞退人员能否申请律师执业问题的批复》（司复〔2002〕9 号），对于因违法违纪被公安机关辞退的人员，应认定其丧失了"良好的品行"的条件。因此，对于因违法违纪被公安机关辞退后申请律师执业的人员，应认定其不符合"品行良好"的条件，不能申请领取律师执业证书。司法部 2003 年《关于因泄露国家秘密而受到原单位行政处分的人员能否参加领取律师执业证书前实习的批复》（司复〔2003〕17 号）规定，"保守国家秘密是公务员职业道德的要求，对泄露国家秘密受到行政机关处分的，应认定为品行不良。因此，因泄露国家秘密受到行政处分的人员，不能申请执业，也不能允许其参加领取律师执业证书前的实习"。

④ 参见 2017 年《律师法》第 5 条第 2 款。

⑤ 参见 2017 年《律师法》第 7 条。

⑥ 司复〔1999〕4 号，已失效。

乏上位法根据，难以在实践中施行。因此，司法部 2003 年在《关于进一步加强律师执业管理若干问题的通知》[①] 中又规定："律师年满 70 周岁，身体健康，符合执业条件的，可允许继续执业。以往的有关规定与此不符的，按本通知规定办理。"因此，目前我国没有关于律师执业年龄上限的规定。

申请律师执业，应当向设区的市级或者直辖市的区人民政府司法行政部门提出申请，并提交下列材料：(1) 国家统一法律职业资格证书；(2) 律师协会出具的申请人实习考核合格的材料；(3) 申请人的身份证明；(4) 律师事务所出具的同意接收申请人的证明。

申请兼职律师执业的，还应当提交所在单位同意申请人兼职从事律师职业的证明。

受理申请的部门应当自受理之日起 20 日内予以审查，并将审查意见和全部申请材料报送省、自治区、直辖市人民政府司法行政部门。省、自治区、直辖市人民政府司法行政部门应当自收到报送材料之日起 10 日内予以审核，作出是否准予执业的决定。准予执业的，向申请人颁发律师执业证书；不准予执业的，向申请人书面说明理由。[②]

律师特别许可执业制度，是指在律师的一般执业许可条件和程序之外，由主管机关根据特别条件和程序授予一些人以律师执业证书的制度。通过特别许可执业制度取得执业证书的律师与一般律师最大的区别在于他们无须经过律师的一般执业许可程序（包括通过国家法律职业资格考试、进行一定时间的实习等）的严格考核，而只需要通过主管机关按照一定的条件进行的审核即可获得律师执业证书。2017 年《律师法》第 8 条规定："具有高等院校本科以上学历，在法律服务人员紧缺领域从事专业工作满十五年，具有高级职称或者同等专业水平并具有相应的专业法律知识的人员，申请专职律师执业的，经国务院司法行政部门考核合格，准予执业。具体办法由国务院规定。"特别执业许可制度是考虑到我国法律服务人员的现状与法律服务需求之间的矛盾而于 2007 年《律师法》中设立的特别制度。截至目前，国务院尚未出台关于特别许可律师执业的规定。中共中央办公厅、国务院办公厅 2015 年《关于完善国家统一法律职业资格制度的意见》明确要求，"对一些未取得法律职业资格但长期从事立法、法学研究的优秀法律人才，通晓国外法律或者某些特殊领域稀缺的杰出法律人才，通过相关程序，可以直接选拔为法官、检察官、律师等法律职业人员"。

2017 年《律师法》第 9 条规定，对于申请人以欺诈、贿赂等不正当手段取得律师执业证书的，以及对于不符合该法规定条件的申请人准予执业的，由省、自治区、直辖市人民政府司法行政部门撤销准予执业的决定，并注销被准予执业人员的律师执业证书。

律师只能在一个律师事务所执业。律师变更执业机构的，应当申请换发律师执业

① 司法通〔2003〕51 号，已失效。
② 参见 2017 年《律师法》第 6 条。

证书。

律师执业不受地域限制。①

我国实行专职律师与兼职律师相结合的制度。2017 年《律师法》第 12 条规定，高等院校、科研机构中从事法学教育、研究工作的人员，符合该法第 5 条规定条件的，经所在单位同意，依照该法第 6 条规定的程序，可以申请兼职律师执业。此外，2017 年《律师法》第 11 条还特别规定，公务员不得兼任执业律师。律师担任各级人民代表大会常务委员会组成人员的，任职期间不得从事诉讼代理或者辩护业务。

在 2000 年以前，我国没有建立律师宣誓制度。“申请人在从事律师职业前宣誓，对其以后在履行律师职责时会产生一定的心理上的约束，利于其尽职尽责，努力工作，以实现所担负的律师的使命。同时，实行律师宣誓的做法，也表明律师职业的崇高和神圣。”② 为加强对新律师的教育和管理，使其自始即建立律师职业的社会责任感、使命感，严格依法开展律师工作，增强遵守律师职业道德和执业纪律的自觉性，加强集体主义观念和敬业精神，成为真正符合《律师法》及《律师协会章程》要求的社会主义律师，中华全国律师协会于 2000 年决定实行律师执业宣誓制度。③ 律师执业宣誓和入会宣誓一并举行。宣誓仪式由省以上律师协会组织，律师协会会长或副会长领誓，秘书长主持，可聘请司法行政机关有关人员监督。宣誓会场应悬挂中华人民共和国国旗和中华全国律师协会会徽。新律师应在宣誓后取得执业证书。④

为了引导广大律师牢固树立做中国特色社会主义法律工作者的信念，自觉践行“忠诚、为民、公正、廉洁”的核心价值观，切实提高律师队伍的思想政治素质、职业道德素质和业务素质，不断增强律师的职业使命感、荣誉感和社会责任感，培育和形成中国特色社会主义律师执业精神，2012 年 2 月，司法部作出《关于建立律师宣誓制度的决定》，决定在全国建立律师宣誓制度。根据该决定，经司法行政机关许可，首次取得或者重新申请取得律师执业证书的人员，应当参加律师宣誓。律师宣誓，应当在律师获得执业许可之日起 3 个月内，采取分批集中的方式进行。⑤

---

① 根据司法部 1999 年《关于律师异地执业有关问题的批复》（司复〔1999〕9 号），“律师执业不受地域限制”是指律师承办业务不受地域限制；律师接受当事人委托，可以到其律师事务所所在地市、县以外的地区履行职责；不应理解为注册地不受限制。根据司法部 2018 年《关于取得法律职业资格证书 C 证的律师承办业务地域范围问题的批复》（司复〔2018〕6 号），“取得法律职业资格证书 C 证的律师承办业务不受地域限制，可以到本律师事务所所在的县（市、区）以外的地区办理业务”。

② 陶髦等：《律师制度比较研究》，中国政法大学出版社 1995 年版，第 63 页。

③ 参见中华全国律师协会 2000 年《关于实行律师执业宣誓制度的决定》（中华全国律师协会四届七次常务理事会会议通过）。

④ 中华全国律师协会 2000 年《关于实行律师执业宣誓制度的决定》第 5 条规定的律师宣誓誓词如下：“我志愿加入律师队伍，成为中华人民共和国律师和中华全国律师协会会员，严格执行《律师法》，遵守《律师协会章程》，履行律师义务，恪守律师职业道德，勤勉敬业，为维护法律的正确实施，捍卫法律的尊严而努力奋斗。”

⑤ 司法部 2012 年《关于建立律师宣誓制度的决定》第 6 条规定的律师宣誓誓词如下：“我志愿成为一名中华人民共和国执业律师，我保证忠实履行中国特色社会主义法律工作者的神圣使命，忠于祖国，忠于人民，拥护中国共产党的领导，拥护社会主义制度，维护宪法和法律尊严，执业为民，勤勉敬业，诚信廉洁，维护当事人合法权益，维护法律正确实施，维护社会公平正义，为中国特色社会主义事业努力奋斗！”

进入新时代，党和国家对律师事业发展提出了新的要求。2018 年 10 月，根据中共中央办公厅、国务院办公厅《关于深化律师制度改革的意见》，以及《中华人民共和国律师法》和司法部《关于建立律师宣誓制度的决定》，中华全国律师协会决定对原有的《关于实行律师执业宣誓的决定》进行重大修改，出台了《律师宣誓规则（试行）》。根据该规则，首次取得或者重新申请取得律师执业证书的执业律师应当进行律师宣誓。宣誓仪式由地市一级律师协会或者省级律师协会组织实施。律师协会应当在律师取得执业证书之日起三个月内组织律师宣誓。

《律师宣誓规则（试行）》第 8 条规定，宣誓人宣誓，应免冠，内着浅色衬衣，领口系戴深红色领巾，外着律师出庭服装，律师出庭服装胸前佩戴律师徽章，穿着深色正装裤和深色皮鞋；女律师可着深色正装裙。第 4 条规定，律师宣誓誓词为："我宣誓：我是中华人民共和国律师，忠于宪法，忠于祖国，忠于人民，维护当事人合法权益，维护法律正确实施，维护社会公平正义，恪尽职责，勤勉敬业，为建设社会主义法治国家努力奋斗！"

监誓人对符合该规则要求的宣誓，宣布确认有效。监誓人发现宣誓活动中存在不符合该规则的情形的，应当宣布宣誓无效，要求重新宣誓。宣誓人拒不宣誓或者重新宣誓仍不符合要求的，由律师协会在律师执业年度考核时审查确定其不称职的考核等次，或者责成所属律师事务所重新进行考核确定其不称职的考核等次。经确认有效并由宣誓人签署姓名的誓词存入该宣誓人的执业档案。①

为促进律师队伍建设，加强对律师人员的培养、考核和合理使用，鼓励律师努力学习，提高政治和业务素质，发挥积极性、创造性，促进律师事业的繁荣和发展，更好地为社会主义经济建设服务，为发展社会主义民主和健全社会主义法制服务，司法部于 1987 年制定了《律师职务试行条例》。根据上述条例，律师职务是根据律师工作的性质及其实际工作需要而设置的工作岗位。律师职务设：一级律师、二级律师、三级律师、四级律师、律师助理。一级律师、二级律师为高级职务，三级律师为中级职务，四级律师和律师助理为初级职务。

为贯彻落实中共中央办公厅、国务院办公厅《关于深化律师制度改革的意见》，提高律师专业能力和服务水平，进一步加强律师队伍建设，2017 年 3 月司法部印发《关于建立律师专业水平评价体系和评定机制的试点方案》，在内蒙古、上海、安徽、陕西四省（自治区、直辖市）开展试点。试点工作选择刑事、婚姻家庭法、公司法、金融证券保险、建筑房地产、知识产权、劳动法、涉外法律服务、行政法九个专业开展评定工作。评定的律师分别称为相应的专业律师。每名律师参评的专业不超过 2 个。被评为专业律师的，不影响其办理参评专业以外的其他律师业务；没有被评定为专业律师的，也可以从事该专业律师业务。

参评条件包括：（1）政治表现。参评律师应当拥护中国共产党领导、拥护社会主

① 参见中华全国律师协会 2018 年《律师宣誓规则（试行）》第 10 条、第 11 条。

义法治，遵守宪法和法律，恪守律师职业道德和执业纪律。(2) 诚信状况。参评律师应当依法、规范、诚信执业，参评前5年没有因执业行为受到党纪处分、行政处罚、行业惩戒和信用惩戒，律师执业年度考核称职。律师在接受刑事、行政案件立案调查和未执行生效民事法律文书期间，暂缓参评专业律师。(3) 执业年限。参评律师具有法学博士、法学（法律）硕士、法学学士学位的，应当在相关专业领域分别连续执业3年、5年、7年以上，其他参评律师应当在相关专业领域连续执业10年以上。曾经从事审判、检察、立法等法律业务的律师，其实际从事审判、检察、立法等法律业务的时间应计算为相关专业领域的执业时间。(4) 执业能力。参评律师应当系统掌握法学基本理论、律师业务知识和相关专业知识，经省（自治区、直辖市）律师协会对其专业能力考核合格，在所申报的专业领域具有丰富的执业经验，办理过一定数量的本专业领域有较大影响的法律事务，业务办理质量良好，在服务经济社会发展，全面依法治国，履行社会责任等方面做出贡献。

评定工作由律师事务所对申请人进行考核，设区的市或直辖市的区律师协会组织评审委员会进行评审。设区的市或直辖市的区没有设立律师协会的，由省（自治区、直辖市）律师协会组织评审委员会进行评审。评审委员会由相关专业领域的律师和人民法院、人民检察院、公安机关、国家安全机关、司法行政机关、法学教学科研单位等有关部门的专业人士组成。律师协会在评审过程中，应当坚持发扬民主，充分听取人民法院、人民检察院、公安机关、国家安全机关、司法行政机关、广大律师以及委托人的意见，做到程序公正、条件公平、结果公开。评定程序包括申报、评审、公示、颁证等环节。专业律师评定结果应当在律师协会网站及时公开，方便社会、个人查询和选聘律师，作为有关部门从律师中选拔立法工作者、法官、检察官，选聘高等院校、科研机构教学、科研岗位职务，选拔培养律师行业领军人才，推荐律师担任党政机关和国有企业法律顾问、服务国家和地方重大工程、重大项目的参考。

在试点过程中，各试点地区探索完善了配套制度措施，培育了一批评审工作力量，评选出一批专业律师，为开展律师专业水平评价工作积累了一些经验，在一定程度上提高了广大律师的专业化意识和专业服务水平。为推动律师专业水平评价体系和评定机制试点工作深入开展，2019年3月，司法部决定把试点范围扩大到全国31个省（自治区、直辖市）和新疆生产建设兵团。①

为了落实国务院批准的《内地与香港关于建立更紧密经贸关系的安排》和《内地与澳门关于建立更紧密经贸关系的安排》，规范取得内地法律职业资格的香港、澳门居民在内地从事律师职业的活动及管理，2003年司法部制定了《取得内地法律职业资格的香港特别行政区和澳门特别行政区居民在内地从事律师职业管理办法》。② 根

① 参见司法部2019年《关于扩大律师专业水平评价体系和评定机制试点的通知》（司发通〔2019〕35号）。

② 2003年11月30日司法部令第81号发布，根据2005年12月28日司法部令第99号、2006年12月22日司法部令第105号、2009年9月1日司法部令第117号和2013年8月7日司法部令第128号修正。

据该规定，参加内地举行的有关考试合格，取得“中华人民共和国法律职业资格证书”的香港、澳门居民，可以在内地申请律师执业。取得内地律师执业证的香港、澳门居民在内地律师事务所执业，可以从事内地非诉讼法律事务，可以代理涉港澳民事案件，代理涉港澳民事案件的范围由司法部以公告方式作出规定。获准在内地执业的香港、澳门居民，符合规定条件的，可以成为内地律师事务所的合伙人。

为促进粤港澳大湾区建设，发挥香港法律执业者和澳门执业律师的专业作用，2020 年 8 月，第十三届全国人大常委会第二十一次会议决定：授权国务院在广东省广州市、深圳市、珠海市、佛山市、惠州市、东莞市、中山市、江门市、肇庆市开展试点工作，符合条件的香港法律执业者和澳门执业律师通过粤港澳大湾区律师执业考试，取得内地执业资质的，可以从事一定范围内的内地法律事务。具体试点办法由国务院制定，报全国人民代表大会常务委员会备案。试点期限为 3 年，自试点办法印发之日起算。2020 年 10 月，国务院办公厅印发《香港法律执业者和澳门执业律师在粤港澳大湾区内地九市取得内地执业资质和从事律师职业试点办法》。[①] 试点期限为 3 年，自该办法印发之日起算。

该办法规定，符合以下条件的人员，可以报名参加粤港澳大湾区律师执业考试：（1）香港特别行政区、澳门特别行政区永久性居民中的中国公民；（2）拥护《中华人民共和国宪法》，拥护《中华人民共和国香港特别行政区基本法》《中华人民共和国澳门特别行政区基本法》；（3）依据香港特别行政区有关法律，经香港特别行政区高等法院认许，在律师、大律师登记册上登记，且未被暂时吊销执业资格的律师、大律师，或者在澳门律师公会有效确定注册的执业律师；（4）具有累计 5 年以上律师执业经历；（5）职业道德良好，未有因不良名誉或者违反职业道德受惩处的记录；（6）能用中文书写法律文书，能用普通话进行业务活动。报名参加粤港澳大湾区律师执业考试的人员应当参加由司法部组织的有关法律知识培训，经培训后方可参加考试。考试合格的人员，经广东省律师协会集中培训并考核合格后，可以向广东省司法厅申请粤港澳大湾区律师执业，由广东省司法厅颁发律师执业证书（粤港澳大湾区）。

取得律师执业证书（粤港澳大湾区）的人员，可以在粤港澳大湾区内地九市内，办理适用内地法律的部分民商事法律事务（含诉讼业务和非诉讼业务）。其中，诉讼案件为位于大湾区内地九市的高级、中级、基层人民法院和有关专门人民法院受理的民商事案件，案件范围参照取得国家统一法律职业资格并获得内地律师执业证书的港澳居民可以在内地人民法院代理的民事案件范围执行；非诉讼业务应当满足以下条件之一：（1）当事人为自然人的，户籍地或者经常居所地在大湾区内地九市内；（2）当事人为法人或者其他组织的，住所地或者登记地在大湾区内地九市内；（3）标的物在大湾区内地九市内；（4）合同履行地在大湾区内地九市内；（5）产生、变更或者消灭民商事关系的法律事实发生在大湾区内地九市内；（6）大湾区内地九市内仲裁委员会

① 国办发〔2020〕37 号。

受理的商事仲裁案件。持有律师执业证书（粤港澳大湾区）人员办理上述法律事务，与内地律师享有相同的权利，履行相同的义务。

取得律师执业证书（粤港澳大湾区）的人员，可以受聘于粤港澳大湾区内地九市的内地律师事务所或者大湾区内地九市的香港、澳门与内地合伙联营律师事务所，不得受聘于外国律师事务所驻华代表机构或者香港、澳门律师事务所驻内地代表机构。取得律师执业证书（粤港澳大湾区）的人员，可以成为大湾区内地九市的内地律师事务所合伙人。取得律师执业证书（粤港澳大湾区）的人员，依照《中华人民共和国律师法》接受广东省司法厅及所在地司法行政机关的监督管理，加入所在地的地方律师协会，参加年度考核，同时是中华全国律师协会会员，接受律师协会的行业管理。取得律师执业证书（粤港澳大湾区）的人员，不能保持报名条件或者申请律师执业条件的，由广东省司法厅注销其律师执业证书（粤港澳大湾区）；有违法违纪行为的，由有关司法行政机关、律师协会依法依规给予行政处罚、行业处分。

（二）公职律师

公职律师，是指任职于党政机关或者人民团体，或者法律、法规授权的具有公共事务管理职能的事业单位、社会团体及其他组织，依法取得司法行政机关颁发的公职律师证书，在本单位从事法律事务工作的公职人员。

建立公职律师制度，是我国加入世界贸易组织后社会、经济生活发展的客观需要，也是推进依法治国，实施依法行政，进一步完善我国律师结构的需要。2002 年司法部制定了《关于开展公职律师试点工作的意见》（已失效），推动开展并规范公职律师试点工作。2014 年 10 月，中国共产党十八届四中全会通过《中共中央关于全面推进依法治国若干重大问题的决定》，明确要求加强法律服务队伍建设，构建社会律师、公职律师、公司律师等优势互补、结构合理的律师队伍；各级党政机关和人民团体普遍设立公职律师。2016 年 6 月，中共中央办公厅、国务院办公厅印发了《关于推行法律顾问制度和公职律师公司律师制度的意见》。为了加强公职律师队伍建设，规范公职律师管理，发挥公职律师在全面依法治国中的职能作用，根据《关于推行法律顾问制度和公职律师公司律师制度的意见》等有关规定，结合公职律师工作实际，2018 年 12 月，司法部印发了《公职律师管理办法》。党政机关和人民团体公职律师队伍的建设和管理，根据该办法进行；法律、法规授权的具有公共事务管理职能的事业单位、社会团体及其他组织，可以参照该办法设立公职律师。①

根据《公职律师管理办法》，申请颁发公职律师证书，应当具备下列条件：（1）拥护中华人民共和国宪法；（2）依法取得法律职业资格或者律师资格；（3）具有公职人员身份；（4）从事法律事务工作二年以上，或者曾经担任法官、检察官、律师一年以上；（5）品行良好；（6）所在单位同意其担任公职律师。②

① 参见司法部 2018 年《公职律师管理办法》第 24 条。

② 司法部 2018 年《公职律师管理办法》第 5 条。

申请人有下列情形之一的，不予颁发公职律师证书：(1) 无民事行为能力或者限制民事行为能力的；(2) 曾被吊销律师、公证员执业证书的；(3) 涉嫌犯罪，司法程序尚未终结的，或者涉嫌违纪违法，正在接受审查的；(4) 上一年度公务员年度考核结果被确定为不称职的；(5) 正被列为失信联合惩戒对象的。①

国家统一法律职业资格制度实施前已担任法律顾问但未依法取得法律职业资格或者律师资格的人员，同时具备下列条件的，经司法部考核合格，可以向其颁发公职律师证书：(1) 在党政机关、人民团体担任法律顾问满 15 年；(2) 具有高等学校法学类本科学历并获得学士及以上学位，或者高等学校非法学类本科及以上学历并获得法律硕士、法学硕士及以上学位或者获得其他相应学位；(3) 具有高级职称或者同等专业水平。②

公职律师可以受所在单位委托或者指派从事下列法律事务：(1) 为所在单位讨论决定重大事项提供法律意见；(2) 参与法律法规规章草案、党内法规草案和规范性文件送审稿的起草、论证；(3) 参与合作项目洽谈、对外招标、政府采购等事务，起草、修改、审核重要的法律文书或者合同、协议；(4) 参与信访接待、矛盾调处、涉法涉诉案件化解、突发事件处置、政府信息公开、国家赔偿等工作；(5) 参与行政处罚审核、行政裁决、行政复议、行政诉讼等工作；(6) 落实“谁执法谁普法”的普法责任制，开展普法宣传教育；(7) 办理民事案件的诉讼和调解、仲裁等法律事务；(8) 所在单位委托或者指派的其他法律事务。

公职律师所在单位应当按照国家有关规定，建立健全决策合法性审查机制，将公职律师参与决策过程、提出法律意见作为依法决策的重要程序。公职律师所在单位讨论、决定重大事项之前，应当听取公职律师的法律意见。依照有关规定应当听取公职律师的法律意见而未听取的事项，或者公职律师认为不合法的事项，不得提交讨论、作出决定。公职律师所在单位起草、论证有关法律法规规章草案、党内法规草案和规范性文件送审稿，应当安排公职律师参加，或者听取其法律意见。③

公职律师所在单位应当完善公职律师列席重要会议、查阅文件资料、出具法律意见、审签相关文书的工作流程和制度安排，提供必要的办公条件和经费支持，保障公职律师依法履行职责。④

司法行政机关对公职律师业务活动进行监督、指导。公职律师所在单位对公职律师进行日常管理。律师协会对公职律师实行行业自律。⑤

（三）公司律师

公司律师，是指与企业订立劳动合同，依法取得司法行政机关颁发的公司律师证

① 司法部 2018 年《公职律师管理办法》第 6 条。
② 司法部 2018 年《公职律师管理办法》第 12 条。
③ 参见司法部 2018 年《公职律师管理办法》第 15 条。
④ 参见司法部 2018 年《公职律师管理办法》第 16 条。
⑤ 参见司法部 2018 年《公职律师管理办法》第 4 条。

书，在本企业从事法律事务工作的员工。

建立公司律师制度，是为了应对加入世界贸易组织后我国企业界和律师业面临的严峻挑战，提高企业和律师的国际竞争力，完善我国企业法律制度和律师制度。2002年司法部制定了《关于开展公司律师试点工作的意见》。2014年10月中国共产党十八届四中全会通过《中共中央关于全面推进依法治国若干重大问题的决定》，明确要求加强法律服务队伍建设。构建社会律师、公职律师、公司律师等优势互补、结构合理的律师队伍。2016年6月，中共中央办公厅、国务院办公厅印发了《关于推行法律顾问制度和公职律师公司律师制度的意见》。为了加强公司律师队伍建设，规范公司律师管理，发挥公司律师在全面依法治国中的职能作用，根据《关于推行法律顾问制度和公职律师公司律师制度的意见》等有关规定，结合公司律师工作实际，2018年12月，司法部印发了《公司律师管理办法》。国有企业公司律师队伍的建设和管理，根据该办法进行；民营企业公司律师试点的，参照适用该办法有关规定。①

根据该办法，申请颁发公司律师证书，应当具备下列条件：(1) 拥护《中华人民共和国宪法》；(2) 依法取得法律职业资格或者律师资格；(3) 与国有企业依法订立劳动合同；(4) 从事法律事务工作2年以上，或者曾经担任法官、检察官、律师1年以上；(5) 品行良好；(6) 所在单位同意其担任公司律师。②

申请人有下列情形之一的，不予颁发公司律师证书：(1) 无民事行为能力或者限制民事行为能力的；(2) 受过刑事处罚的，但过失犯罪的除外；(3) 曾被开除公职或者吊销律师、公证员执业证书的；(4) 涉嫌犯罪，司法程序尚未终结的，或者涉嫌违纪违法，正在接受审查的；(5) 正被列为失信联合惩戒对象的。③

国家统一法律职业资格制度实施前已担任法律顾问但未依法取得法律职业资格或者律师资格的人员，同时具备下列条件的，经司法部考核合格，可以向其颁发公司律师证书：(1) 在国有企业担任法律顾问满15年；(2) 具有高等学校法学类本科学历并获得学士及以上学位，或者高等学校非法学类本科及以上学历并获得法律硕士、法学硕士及以上学位或者获得其他相应学位；(3) 具有高级职称或者同等专业水平。

公司律师可以受所在单位委托或者指派从事下列法律事务：(1) 为企业改制重组、并购上市、产权转让、破产重整等重大经营决策提供法律意见；(2) 参与企业章程、董事会运行规则等企业重要规章制度的制定、修改；(3) 参与企业对外谈判、磋商，起草、审核企业对外签署的合同、协议、法律文书；(4) 组织开展合规管理、风险管理、知识产权管理、法治宣传教育培训、法律咨询等工作；(5) 办理各类诉讼和调解、仲裁等法律事务；(6) 所在单位委托或者指派的其他法律事务。④

---

① 参见司法部2018年《公司律师管理办法》第24条。

② 司法部2018年《公司律师管理办法》第5条。

③ 司法部2018年《公司律师管理办法》第6条。

④ 司法部2018年《公司律师管理办法》第12条。

公司律师所在单位应当建立健全决策合法性审查机制，将公司律师参与决策过程、提出法律意见作为依法决策的重要程序。公司律师所在单位讨论、决定企业经营管理重大事项之前，应当听取公司律师的法律意见。依照有关规定应当听取公司律师的法律意见而未听取的事项，或者公司律师认为不合法的事项，不得提交讨论、作出决定。公司律师所在单位制定、修改企业章程、董事会运行规则等规章制度，对外签署合同、协议，处理涉及本企业的诉讼、仲裁、调解等法律事务，应当安排公司律师参加或者审核。①

公司律师所在单位应当完善公司律师列席重要会议、查阅文件资料、出具法律意见、审签相关文书的工作流程和制度安排，提供必要的办公条件和经费支持，保障公司律师依法依规履行职责。②

司法行政机关对公司律师业务活动进行监督、指导。公司律师所在单位对公司律师进行日常管理。律师协会对公司律师实行行业自律。③

（四）军队律师

军队律师，是指依法取得军队律师工作证，在军队法律顾问处执业，为军队提供法律服务的现役军人。④ 军队律师执业应取得军队律师工作证。

运用法律手段保护国家军事利益，维护军队和军人合法权益，为部队和官兵提供法律服务；战时进行法律战，开展军事司法和法律服务工作，是军队政治工作的重要内容。⑤ 我国军队律师制度建立较晚。1985 年 2 月，海军司令机关试点设立了第一个法律顾问处，随后几年内各军区、各军兵种和各总部等军队大单位也纷纷设立法律顾问处。这一时期是我国创建军队律师制度的探索阶段。1992 年 9 月中央军委批准设立总政治部司法局，领导全军司法行政工作，从而使军队律师、法律顾问、法律咨询等工作归口政治机关统一领导和管理。1993 年 3 月中国人民解放军总政治部与司法部联合发布了《关于军队法律服务工作有关问题的通知》，标志着国家认可在军队建立律师序列，并把军队律师初步纳入国家律师体制。1996 年 5 月通过的《律师法》第 50 条明确规定："为军队提供法律服务的军队律师，其律师资格的取得和权利、义务及行为准则，适用本法规定。"这标志着国家军队律师制度在立法中正式确立。根据现有规定，军队律师的职责范围严格限定在军队内部以及军队与地方互涉的法律服务中。1993 年 3 月 17 日，司法部和总政治部在联合颁布的《关于军队法律服务工作有关问题的通知》中明确规定：军队律师是国家律师队伍的组成部分，在执行职务时，依法享有国家法律规定的律师权利，承担相应的义务，并受国家法律保护。中央军委批准总政治部设立的司法局是总政治部管理全军司法行政工作的职能部门，在司

① 参见司法部 2018 年《公司律师管理办法》第 15 条。
② 参见司法部 2018 年《公司律师管理办法》第 16 条。
③ 参见司法部 2018 年《公司律师管理办法》第 4 条。
④ 参见 2017 年《律师法》第 57 条。
⑤ 参见 2016 年《中国人民解放军政治工作条例》第 14 条。

法部的指导下负责全军法律服务工作的业务指导；部队军以上单位的法律顾问处是军队律师执行职务的工作机构，其主要任务是：领导律师开展业务工作，依法为首长、机关决策和管理提供法律咨询；接受军队单位和军办企业的委托处理军队内部或者军地互涉的法律事务；为军内单位和人员提供法律服务；协助有关部门对部队进行经常性的法制教育。

二、法官

法官，是指依法行使国家审判权的审判人员，包括最高人民法院、地方各级人民法院和军事法院等专门人民法院的院长、副院长、审判委员会委员、庭长、副庭长和审判员。[①]

我国对法官实行员额制管理。法官员额根据案件数量、经济社会发展情况、人口数量和人民法院审级等因素确定，在省、自治区、直辖市内实行总量控制、动态管理，优先考虑基层人民法院和案件数量多的人民法院办案需要。法官员额出现空缺的，应当按照程序及时补充。最高人民法院法官员额由最高人民法院商有关部门确定。[②] 法官实行单独职务序列管理。法官等级分为十二级，依次为首席大法官、一级大法官、二级大法官、一级高级法官、二级高级法官、三级高级法官、四级高级法官、一级法官、二级法官、三级法官、四级法官、五级法官。最高人民法院院长为首席大法官。[③] 法官等级的确定，以法官德才表现、业务水平、审判工作实绩和工作年限等为依据。法官等级晋升采取按期晋升和择优选升相结合的方式，特别优秀或者工作特殊需要的一线办案岗位法官可以特别选升。[④]

2019年《法官法》第14条规定："初任法官采用考试、考核的办法，按照德才兼备的标准，从具备法官条件的人员中择优提出人选。""人民法院的院长应当具有法学专业知识和法律职业经历。副院长、审判委员会委员应当从法官、检察官或者其他具备法官条件的人员中产生。"第15条规定："人民法院可以根据审判工作需要，从律师或者法学教学、研究人员等从事法律职业的人员中公开选拔法官。""除应当具备法官任职条件外，参加公开选拔的律师应当实际执业不少于五年，执业经验丰富，从业声誉良好，参加公开选拔的法学教学、研究人员应当具有中级以上职称，从事教学、研究工作五年以上，有突出研究能力和相应研究成果。"

担任法官的条件分为积极条件和消极条件两个方面。2019年《法官法》第12条规定，担任法官必须具备下列条件：（1）具有中华人民共和国国籍；（2）拥护中华人民共和国宪法，拥护中国共产党领导和社会主义制度；（3）具有良好的政治、业务素

① 参见2019年《法官法》第2条。
② 参见2019年《法官法》第25条。
③ 参见2019年《法官法》第26条、第27条。
④ 参见2019年《法官法》第28条。

质和道德品行；（4）具有正常履行职责的身体条件；（5）具备普通高等学校法学类本科学历并获得学士及以上学位；或者普通高等学校非法学类本科及以上学历并获得法律硕士、法学硕士及以上学位；或者普通高等学校非法学类本科及以上学历，获得其他相应学位，并具有法律专业知识；（6）从事法律工作满五年。其中获得法律硕士、法学硕士学位，或者获得法学博士学位的，从事法律工作的年限可以分别放宽至四年、三年；（7）初任法官应当通过国家统一法律职业资格考试取得法律职业资格。适用上述第五项规定的学历条件确有困难的地方，经最高人民法院审核确定，在一定期限内，可以将担任法官的学历条件放宽为高等学校本科毕业。

2019年《法官法》第13条规定了法官的消极条件，即下列人员不得担任法官：（1）因犯罪受过刑事处罚的；（2）被开除公职的；（3）被吊销律师、公证员执业证书或者被仲裁委员会除名的；（4）有法律规定的其他情形的。

法官职务的任免，依照宪法和法律规定的任免权限和程序办理。根据我国现行规定，法官职务的任命采用的是选举制与任命制相结合的方式。2019年《法官法》第18条规定，最高人民法院院长由全国人民代表大会选举和罢免，副院长、审判委员会委员、庭长、副庭长和审判员，由院长提请全国人民代表大会常务委员会任免。最高人民法院巡回法庭庭长、副庭长，由院长提请全国人民代表大会常务委员会任免。地方各级人民法院院长由本级人民代表大会选举和罢免，副院长、审判委员会委员、庭长、副庭长和审判员，由院长提请本级人民代表大会常务委员会任免。在省、自治区内按地区设立的和在直辖市内设立的中级人民法院的院长，由省、自治区、直辖市人民代表大会常务委员会根据主任会议的提名决定任免，副院长、审判委员会委员、庭长、副庭长和审判员，由高级人民法院院长提请省、自治区、直辖市人民代表大会常务委员会任免。新疆生产建设兵团各级人民法院、专门人民法院的院长、副院长、审判委员会委员、庭长、副庭长和审判员，依照全国人民代表大会常务委员会的有关规定任免。

根据《宪法》《人民法院组织法》的规定，各级人民法院院长的任期同各级人民代表大会每届任期相同。至于副院长、庭长、副庭长、审判员、审判委员会委员，其任职期限不受人民代表大会的任期的限制，因此，不需要各级人大换届后重新任命。①

法官实行任职回避制度。2019年《法官法》第23条规定："法官之间有夫妻关系、直系血亲关系、三代以内旁系血亲以及近姻亲关系的，不得同时担任下列职务：（一）同一人民法院的院长、副院长、审判委员会委员、庭长、副庭长；（二）同一人民法院的院长、副院长和审判员；（三）同一审判庭的庭长、副庭长、审判员；（四）上下相邻两级人民法院的院长、副院长。"第24条规定："法官的配偶、父母、子女有下列情形之一的，法官应当实行任职回避：（一）担任该法官所任职人民法院辖区

① 参见《全国人大常委会法制工作委员会关于人民法院院长以外的法官任职期限是否受人民代表大会任期的限制的答复》（2003年7月14日）。

内律师事务所的合伙人或者设立人的；（二）在该法官所任职人民法院辖区内以律师身份担任诉讼代理人、辩护人，或者为诉讼案件当事人提供其他有偿法律服务的。”

2010 年，最高人民法院在《关于进一步加强人民法院文化建设的意见》[①]中提出，要根据公正、廉洁、为民的司法核心价值观，建立并推广实施法官宣誓制度。法官应当以公开宣告誓词的方式，郑重承诺对党和国家的忠诚、对人民的热爱、对法律的尊崇和对职责的坚守。2012 年 12 月，最高人民法院印发《中华人民共和国法官宣誓规定（试行）》，规定：初次担任或重新担任法官职务的人员，应当以公开宣告誓词的方式，对于忠实执行宪法和法律，全心全意为人民服务，公正廉洁司法，自觉接受监督，作出郑重承诺。为彰显宪法权威，激励和教育国家工作人员忠于宪法、遵守宪法、维护宪法，加强宪法实施，2015 年 7 月，全国人大常委会作出《关于实行宪法宣誓制度的决定》。2018 年修正后的《宪法》第 27 条规定：“国家工作人员就职时应当依照法律规定公开进行宪法宣誓。”2018 年 2 月，全国人大常委会表决通过了修订后的《全国人民代表大会常务委员会关于实行宪法宣誓制度的决定》。2019 年《法官法》第 19 条规定：“法官在依照法定程序产生后，在就职时应当公开进行宪法宣誓。”根据上述规定，法官在依照法定程序产生后，应当进行宪法宣誓。宣誓誓词如下：“我宣誓：忠于中华人民共和国宪法，维护宪法权威，履行法定职责，忠于祖国、忠于人民，恪尽职守、廉洁奉公，接受人民监督，为建设富强民主文明和谐美丽的社会主义现代化强国努力奋斗！”

三、检察官

检察官，是依法行使国家检察权的检察人员，包括最高人民检察院、地方各级人民检察院和军事检察院等专门人民检察院的检察长、副检察长、检察委员会委员和检察员。[②]

我国对检察官实行员额制管理。检察官员额根据案件数量、经济社会发展情况、人口数量和人民检察院层级等因素确定，在省、自治区、直辖市内实行总量控制、动态管理，优先考虑基层人民检察院和案件数量多的人民检察院办案需要。检察官员额出现空缺的，应当按照程序及时补充。[③]检察官实行单独职务序列管理。检察官等级分为十二级，依次为首席大检察官、一级大检察官、二级大检察官、一级高级检察官、二级高级检察官、三级高级检察官、四级高级检察官、一级检察官、二级检察官、三级检察官、四级检察官、五级检察官。最高人民检察院检察长为首席大检察官。[④]

2019 年《检察官法》第 14 条规定：“初任检察官采用考试、考核的办法，按照

① 法发〔2010〕31 号。

② 参见 2019 年《检察官法》第 2 条。

③ 参见 2019 年《检察官法》第 26 条。

④ 参见 2019 年《检察官法》第 27 条、第 28 条。

德才兼备的标准，从具备检察官条件的人员中择优提出人选。”“人民检察院的检察长应当具有法学专业知识和法律职业经历。副检察长、检察委员会委员应当从检察官、法官或者其他具备检察官条件的人员中产生。”第15条规定：“人民检察院可以根据检察工作需要，从律师或者法学教学、研究人员等从事法律职业的人员中公开选拔检察官。”“除应当具备检察官任职条件外，参加公开选拔的律师应当实际执业不少于五年，执业经验丰富，从业声誉良好，参加公开选拔的法学教学、研究人员应当具有中级以上职称，从事教学、研究工作五年以上，有突出研究能力和相应研究成果。”初任检察官实行统一职前培训制度。①

检察官的条件分为积极条件和消极条件两个方面。2019年《检察官法》第12条规定，担任检察官必须具备下列条件：（1）具有中华人民共和国国籍；（2）拥护中华人民共和国宪法，拥护中国共产党领导和社会主义制度；（3）具有良好的政治、业务素质和道德品行；（4）具有正常履行职责的身体条件；（5）具备普通高等学校法学类本科学历并获得学士及以上学位；或者普通高等学校非法学类本科及以上学历并获得法律硕士、法学硕士及以上学位；或者普通高等学校非法学类本科及以上学历，获得其他相应学位，并具有法律专业知识；（6）从事法律工作满五年。其中获得法律硕士、法学硕士学位，或者获得法学博士学位的，从事法律工作的年限可以分别放宽至四年、三年；（7）初任检察官应当通过国家统一法律职业资格考试取得法律职业资格。适用上述第五项规定的学历条件确有困难的地方，经最高人民检察院审核确定，在一定期限内，可以将担任检察官的学历条件放宽为高等学校本科毕业。②

2019年《检察官法》第13条规定了检察官的消极条件，即下列人员不得担任检察官：（1）因犯罪受过刑事处罚的；（2）被开除公职的；（3）被吊销律师、公证员执业证书或者被仲裁委员会除名的；（4）有法律规定的其他情形的。公开选拔是初任法官、检察官任职人选的选拔方式之一。

2019年《检察官法》第16条规定，省、自治区、直辖市设立检察官遴选委员会，负责初任检察官人选专业能力的审核。省级检察官遴选委员会的组成人员应当包括地方各级人民检察院检察官代表、其他从事法律职业的人员和有关方面代表，其中

① 参见2019年《检察官法》第31条。

② 这里所讲的“从事法律工作”，主要包括从事国家或地方的立法工作，审判、检察工作，公安、国家安全、监狱管理、劳动教养管理工作，律师工作，法律教学和研究工作，党的政法委员会以及政府部门中的法制工作等。其中“从事检察工作”，应以从事检察机关的检察业务工作为宜。参见《全国人大法制工作委员会关于〈中华人民共和国法官法〉、〈中华人民共和国检察官法〉中“从事法律工作”的含义的答复》（2006年2月24日）、《全国人大法制工作委员会关于如何理解〈中华人民共和国检察官法〉规定的“从事法律工作”和“具有法律专业知识”的答复》（2006年8月14日）。这里所讲的“具有法律专业知识”，根据《检察官法》的规定，对于高等院校非法律专业本科以上毕业的人员，具有法律专业知识与从事法律工作满一定年限，是担任检察官应当同时具备的两个条件。实践中有些非法律专业本科以上毕业的同志，较长时间从事法律工作，在工作中学习和掌握了法律专业知识，认为其“具有法律专业知识”是可以的，但是，《检察官法》第10条第1款第6项规定的从事法律工作的有关年限还应当另行计算。参见《全国人大法制工作委员会关于如何理解〈中华人民共和国检察官法〉规定的“从事法律工作”和“具有法律专业知识”的答复》（2006年8月14日）。

检察官代表不少于三分之一。省级检察官遴选委员会的日常工作由省级人民检察院的内设职能部门承担。遴选最高人民检察院检察官应当设立最高人民检察院检察官遴选委员会，负责检察官人选专业能力的审核。

2019年《检察官法》第17条规定，初任检察官一般到基层人民检察院任职。上级人民检察院检察官一般逐级遴选；最高人民检察院和省级人民检察院检察官可以从下两级人民检察院遴选。参加上级人民检察院遴选的检察官应当在下级人民检察院担任检察官一定年限，并具有遴选职位相关工作经历。

检察官职务的任免，依照宪法和法律规定的任免权限和程序办理。根据我国现行规定，检察官职务的任命采用的是选举制与任命制相结合的方式。2019年《检察官法》第18条规定，最高人民检察院检察长由全国人民代表大会选举和罢免，副检察长、检察委员会委员和检察员，由检察长提请全国人民代表大会常务委员会任免。地方各级人民检察院检察长由本级人民代表大会选举和罢免，副检察长、检察委员会委员和检察员，由检察长提请本级人民代表大会常务委员会任免。地方各级人民检察院检察长的任免，须报上一级人民检察院检察长提请本级人民代表大会常务委员会批准。省、自治区、直辖市人民检察院分院检察长、副检察长、检察委员会委员和检察员，由省、自治区、直辖市人民检察院检察长提请本级人民代表大会常务委员会任免。省级人民检察院和设区的市级人民检察院依法设立作为派出机构的人民检察院的检察长、副检察长、检察委员会委员和检察员，由派出的人民检察院检察长提请本级人民代表大会常务委员会任免。新疆生产建设兵团各级人民检察院、专门人民检察院的检察长、副检察长、检察委员会委员和检察员，依照全国人民代表大会常务委员会的有关规定任免。

在任法官调入人民检察院担任检察官或者在任检察官调入人民法院担任法官的，不需要再通过国家统一司法考试。上述人员经调入方考核合格者，即可由人民法院或者人民检察院依照法定程序任命或者提请任命相应的法官、检察官职务；对于在任的于2001年12月31日以前担任法官、检察官职务，但不具备高等院校本科毕业学历条件的，依法接受培训后，可以相互交流任职。①

对于曾任法官、检察官职务，不是现任法官、检察官的人员，再调入法院、检察院担任法官、检察官的问题，《法官法》《检察官法》没有具体规定。全国人大常委会法制工作委员会认为，“鉴于《中华人民共和国法官法》、《中华人民共和国检察官法》已经规定了国家统一司法考试制度，建议对这部分人员再任法官、检察官时，严格掌握进入标准。原则上应经过国家统一司法考试，对属于干部交流或经组织批准调到党委政法委、人大和政府的法制部门从事与法律相关工作的人员，或者从事公安等工作的人员，再任法官、检察官时，符合在任法官、检察官依法接受培训后的学历条件

① 参见《全国人大常委会法制工作委员会关于法官、检察官相互交流任职是否还需要通过国家统一司法考试的答复》（2004年10月8日）。

的，可以不经过国家统一司法考试”①。

检察官的级别分为十二级。最高人民检察院检察长为首席大检察官，二级至十二级检察官分为大检察官、高级检察官、检察官。检察官的等级的确定，以检察官所任职务、德才表现、业务水平、检察工作实绩和工作年限为依据。②

检察官实行任职回避制度。2019 年《检察官法》第 24 条规定：“检察官之间有夫妻关系、直系血亲关系、三代以内旁系血亲以及近姻亲关系的，不得同时担任下列职务：（一）同一人民检察院的检察长、副检察长、检察委员会委员；（二）同一人民检察院的检察长、副检察长和检察员；（三）同一业务部门的检察员；（四）上下相邻两级人民检察院的检察长、副检察长。”第 25 条规定：“检察官的配偶、父母、子女有下列情形之一的，检察官应当实行任职回避：（一）担任该检察官所任职人民检察院辖区内律师事务所的合伙人或者设立人的；（二）在该检察官所任职人民检察院辖区内以律师身份担任诉讼代理人、辩护人，或者为诉讼案件当事人提供其他有偿法律服务的。”

为加强检察官队伍建设，增强检察官的职业使命感、职业责任感和职业荣誉感，2010 年最高人民检察院制定了《中华人民共和国检察官宣誓规定（试行）》。为彰显宪法权威，激励和教育国家工作人员忠于宪法、遵守宪法、维护宪法，加强宪法实施，2015 年 7 月，全国人大常委会作出《关于实行宪法宣誓制度的决定》。2018 年修正后的《宪法》第 27 条规定：“国家工作人员就职时应当依照法律规定公开进行宪法宣誓。”2018 年 2 月，全国人大常委会表决通过了修订后的《全国人民代表大会常务委员会关于实行宪法宣誓制度的决定》。2019 年《检察官法》第 19 条规定：“检察官在依照法定程序产生后，在就职时应当公开进行宪法宣誓。”根据上述规定，检察官在依照法定程序产生后，应当进行宪法宣誓。宣誓誓词为：“我宣誓：忠于中华人民共和国宪法，维护宪法权威，履行法定职责，忠于祖国、忠于人民，恪尽职守、廉洁奉公，接受人民监督，为建设富强民主文明和谐美丽的社会主义现代化强国努力奋斗！”

四、公证员

公证员，是指符合我国《公证法》规定的条件，经法定任职程序，取得公证员执业证书，在公证机构从事公证业务的执业人员。公证员的配备数量，根据公证机构的设置情况和公证业务的需要确定。公证员配备方案，由省、自治区、直辖市司法行政机关编制和核定，报司法部备案。

① 《全国人大常委会法制工作委员会关于法官、检察官相互交流任职是否还需要通过国家统一司法考试的答复》(2004 年 10 月 8 日)。

② 参见 2019 年《检察官法》第 27 条、第 29 条，《检察官等级暂行规定》(1997 年 12 月)，《评定检察官等级实施办法》(1998 年 11 月)。

担任公证员，应当具备下列积极条件：（1）具有中华人民共和国国籍；（2）年龄25周岁以上65周岁以下；（3）公道正派，遵纪守法，品行良好；（4）通过国家统一法律职业资格考试取得法律职业资格；（5）在公证机构实习2年以上或者具有3年以上其他法律职业经历并在公证机构实习1年以上，经考核合格。从事法学教学、研究工作，具有高级职称的人员，或者具有本科以上学历，从事审判、检察、法制工作、法律服务满10年的公务员、律师，已经离开原工作岗位，经考核合格的，可以担任公证员。①

有下列情形之一的，不得担任公证员：（1）无民事行为能力或者限制民事行为能力的；（2）因故意犯罪或者职务过失犯罪受过刑事处罚的；（3）被开除公职的；（4）被吊销公证员、律师执业证书的。②

担任公证员，应当由符合公证员条件的人员提出申请，经公证机构推荐，由所在地的司法行政部门报省、自治区、直辖市人民政府司法行政部门审核同意后，报请国务院司法行政部门任命，并由省、自治区、直辖市人民政府司法行政部门颁发公证员执业证书。公证员有下列情形之一的，由所在地的司法行政部门报省、自治区、直辖市人民政府司法行政部门提请国务院司法行政部门予以免职：（1）丧失中华人民共和国国籍的；（2）年满65周岁或者因健康原因不能继续履行职务的；（3）自愿辞去公证员职务的；（4）被吊销公证员执业证书的。③

为切实提高公证员队伍思想政治素质、职业道德素质和专业素质，不断增强公证员的职业使命感、荣誉感和社会责任感，根据《公证法》，司法部于2017年7月作出《关于建立公证员宣誓制度的决定》，决定在全国建立公证员宣誓制度。根据该决定，经省、自治区、直辖市司法行政机关许可，首次取得或者重新取得公证员执业证书的人员，应当进行公证员宣誓。公证员宣誓，应当在公证员取得公证员执业证书之日起6个月内进行，采取分次集中的方式进行。公证员宣誓誓词为：“我是中华人民共和国公证员。我宣誓：忠于祖国，忠于人民，忠于宪法和法律，拥护中国共产党的领导，拥护社会主义法治，依法履行职责，客观公正执业，遵守职业道德，勤勉敬业，廉洁自律，为全面依法治国、建设社会主义法治国家努力奋斗！”

1988年中央职称改革工作领导小组印发的《公证员职务试行条例》规定，公证员职务是根据公证工作的性质和公证业务工作的实际需要而设置的专业工作岗位。公证员职务名称为：公证员助理、四级公证员、三级公证员、二级公证员和一级公证员。公证员助理和四级公证员为初级职务，三级公证员为中级职务，二级公证员和一级公证员为高级职务。公证处应定编定员，公证员职务应有合理的结构比例并实行限额聘任或任命制度。

---

① 2017年《公证法》第18条、第19条。
② 2017年《公证法》第20条。
③ 2017年《公证法》第21条、第24条。

五、法律顾问

法律顾问，是指具有法律专业知识，为党政机关、人民团体和企事业单位提供法律咨询和其他法律服务的人员。

中国共产党十八届三中全会提出“普遍建立法律顾问制度”；中国共产党十八届四中全会通过的《中共中央关于全面推进依法治国若干重大问题的决定》提出，要“积极推行政府法律顾问制度，建立政府法制机构人员为主体、吸收专家和律师参加的法律顾问队伍，保证法律顾问在制定重大行政决策、推进依法行政中发挥积极作用”。2016 年 6 月，中共中央办公厅、国务院办公厅印发了《关于推行法律顾问制度和公职律师公司律师制度的意见》，规定：“实行老人老办法、新人新办法，国家统一法律职业资格制度实施后，党政机关、人民团体、国有企事业单位拟担任法律顾问的人员应当具有法律职业资格或者律师资格。”司法部 2018 年《国家统一法律职业资格考试实施办法》第 2 条规定，行政机关中初次从事法律顾问的公务员，应当通过国家统一法律职业资格考试，取得法律职业资格。2018 年《公务员法》第 25 条第 2 款规定：“国家对行政机关中初次从事行政处罚决定审核、行政复议、行政裁决、法律顾问的公务员实行统一法律职业资格考试制度，由国务院司法行政部门商有关部门组织实施。”

根据中共中央办公厅、国务院办公厅 2016 年《关于推行法律顾问制度和公职律师公司律师制度的意见》，党政机关法律顾问履行下列职责：(1) 为重大决策、重大行政行为提供法律意见；(2) 参与法律法规规章草案、党内法规草案和规范性文件送审稿的起草、论证；(3) 参与合作项目的洽谈，协助起草、修改重要的法律文书或者以党政机关为一方当事人的重大合同；(4) 为处置涉法涉诉案件、信访案件和重大突发事件等提供法律服务；(5) 参与处理行政复议、诉讼、仲裁等法律事务；(6) 所在党政机关规定的其他职责。国有企业法律顾问履行下列职责：(1) 参与企业章程、董事会运行规则的制定；(2) 对企业重要经营决策、规章制度、合同进行法律审核；(3) 为企业改制重组、并购上市、产权转让、破产重整、和解及清算等重大事项提出法律意见；(4) 组织开展合规管理、风险管理、知识产权管理、外聘律师管理、法治宣传教育培训、法律咨询；(5) 组织处理诉讼、仲裁案件；(6) 所在企业规定的其他职责。

六、法律类仲裁员

法律类仲裁员，是指通过国家统一法律职业资格考试取得法律职业资格，从事仲裁工作满 8 年的仲裁人员。

仲裁是指双方当事人以协议方式将争议提交第三者，由该第三者对争议的是非曲直进行评判并作出裁决的争议解决方法。2017 年《仲裁法》第 2 条规定，平等主体的公民、法人和其他组织之间发生的合同纠纷和其他财产权益纠纷，可以仲裁。第 3 条规定，“下列纠纷不能仲裁：（一）婚姻、收养、监护、扶养、继承纠纷；（二）依法应当由行政机关处理的行政争议”。第 77 条规定，“劳动争议和农业集体经济组织内部的农业承包合同纠纷的仲裁，另行规定”。2017 年《仲裁法》、2007 年《劳动争议调解仲裁法》、2009 年《农村土地承包经营纠纷调解仲裁法》，都对仲裁员的选任作出了规定。2017 年《仲裁法》第 13 条规定，“仲裁委员会应当从公道正派的人员中聘任仲裁员。仲裁员应当符合下列条件之一：（一）通过国家统一法律职业资格考试取得法律职业资格，从事仲裁工作满八年的；（二）从事律师工作满八年的；（三）曾任法官满八年的；（四）从事法律研究、教学工作并具有高级职称的；（五）具有法律知识、从事经济贸易等专业工作并具有高级职称或者具有同等专业水平的”。从仲裁员的专业背景来看，可以区分为法律类仲裁员和非法律类仲裁员。

仲裁员有下列情形之一的，必须回避，当事人也有权提出回避申请：（1）是本案当事人或者当事人、代理人的近亲属；（2）与本案有利害关系；（3）与本案当事人、代理人有其他关系，可能影响公正仲裁的；（4）私自会见当事人、代理人，或者接受当事人、代理人的请客送礼的。当事人提出回避申请，应当说明理由，在首次开庭前提出。回避事由在首次开庭后知道的，可以在最后一次开庭终结前提出。仲裁员是否回避，由仲裁委员会主任决定；仲裁委员会主任担任仲裁员时，由仲裁委员会集体决定。仲裁员因回避或者其他原因不能履行职责的，应当依照仲裁法的规定重新选定或者指定仲裁员。因回避而重新选定或者指定仲裁员后，当事人可以请求已进行的仲裁程序重新进行，是否准许，由仲裁庭决定；仲裁庭也可以自行决定已进行的仲裁程序是否重新进行。①

七、涉法公务员

涉法公务员，是指在行政机关中从事行政处罚决定审核、行政复议、行政裁决、法律顾问的公务员。

2018 年《公务员法》第 25 条第 2 款规定：“国家对行政机关中初次从事行政处罚决定审核、行政复议、行政裁决、法律顾问的公务员实行统一法律职业资格考试制度，由国务院司法行政部门商有关部门组织实施。”2021 年《行政处罚法》第 58 条第 2 款规定：“行政机关中初次从事行政处罚决定法制审核的人员，应当通过国家统一法律职业资格考试取得法律职业资格。”2017 年《行政复议法》第 3 条第 2 款规定：“行政机关中初次从事行政复议的人员，应当通过国家统一法律职业资格考试取得法律职业资格。”

行政裁决是行政机关根据当事人申请，根据法律法规授权，居中对与行政管理活

① 参见 2017 年《仲裁法》第 34 条至第 37 条。

动密切相关的民事纠纷进行裁处的行为。行政裁决的受理范围是与行政管理活动密切相关的民事纠纷，主要集中在自然资源权属争议、知识产权侵权纠纷和补偿争议、政府采购活动争议等方面。2019 年 6 月，中共中央办公厅、国务院办公厅印发了《关于健全行政裁决制度加强行政裁决工作的意见》。对行政机关中初次从事行政裁决的公务员实行统一法律职业资格考试制度，是推动行政裁决队伍建设的重要举措，有利于进一步推进行政裁决工作，充分发挥行政裁决工作的重要作用。

第三节　与法律职业活动相关的其他涉法专业人员

一、概述

如前所述，从中国的实际情况来看，法律职业是指由取得国家统一法律职业资格，担任法官、检察官、律师、公证员、法律类仲裁员的人员，以及行政机关中从事行政处罚决定审核、行政复议、行政裁决、法律顾问的公务员组成的职业群体。这些人员在形式上的特征就是法律明确规定初任这些职务应当取得国家统一法律职业资格。但是在司法、执法和法律服务活动中，还涉及法律并未要求其初任职务须取得国家统一法律职业资格的其他专业人员。尽管这些人员不是法律明确规定的法律职业人员，但是其活动具有专业性，与法律职业人员的活动存在密切联系，对司法活动和法律服务活动以及当事人的权利有直接影响。因此，法律往往也对这些人员的资格取得、权利和义务、职业伦理等作了明确规定。这些人员主要包括侦查人员、监察官、基层法律服务工作者和司法鉴定人员。

二、侦查人员

侦查人员，是指对刑事案件行使侦查权的专门机关中参与侦查活动的有关工作人员。侦查是指公安机关、人民检察院对于刑事案件，依照法律进行的收集证据、查明案情的工作和有关的强制性措施。[①] 2018 年《刑事诉讼法》规定，刑事案件的侦查由公安机关进行，法律另有规定的除外。人民检察院在对诉讼活动实行法律监督中发现的司法工作人员利用职权实施的非法拘禁、刑讯逼供、非法搜查等侵犯公民权利、损害司法公正的犯罪，可以由人民检察院立案侦查。对于公安机关管辖的国家机关工作人员利用职权实施的重大犯罪案件，需要由人民检察院直接受理的时候，经省级以上人民检察院决定，可以由人民检察院立案侦查。[②] 国家安全机关依照法律规定，办理

① 参见 2018 年《刑事诉讼法》第 109 条。
② 参见 2018 年《刑事诉讼法》第 19 条。

危害国家安全的刑事案件，行使与公安机关相同的职权。[①] 军队保卫部门对军队内部发生的刑事案件行使侦查权。中国海警局履行海上维权执法职责，对海上发生的刑事案件行使侦查权。罪犯在监狱内犯罪的案件由监狱进行侦查。[②]

上述公安机关、国家安全机关、监狱的侦查人员，是人民警察。[③] 2012 年《人民警察法》第 24 条规定，国家根据人民警察的工作性质、任务和特点，规定组织机构设置和职务序列。第 25 条规定，人民警察依法实行警衔制度。2009 年《人民警察警衔条例》第 7 条规定，人民警察警衔设下列五等十三级：（1）总警监、副总警监；（2）警监：一级、二级、三级；（3）警督：一级、二级、三级；（4）警司：一级、二级、三级；（5）警员：一级、二级。担任专业技术职务的人民警察的警衔，在警衔前冠以“专业技术”。

担任人民警察应当具备下列条件：（1）年满 18 岁的人民；（2）拥护《中华人民共和国宪法》；（3）有良好的政治、业务素质和良好的品行；（4）身体健康；（5）具有高中毕业以上文化程度；（6）自愿从事人民警察工作。有下列情形之一的，不得担任人民警察：（1）曾因犯罪受过刑事处罚的；（2）曾被开除公职的。录用人民警察，必须按照国家规定，公开考试，严格考核，择优选用。担任人民警察领导职务的人员，应当具备下列条件：（1）具有法律专业知识；（2）具有政法工作经验和一定的组织管理、指挥能力；（3）具有大学专科以上学历；（4）经人民警察院校培训，考试合格。[④]

2012 年《人民警察法》第三章对人民警察职业伦理作了初步规定。2011 年《公安机关人民警察职业道德规范》，司法部 2011 年《监狱劳教人民警察职业道德准则》和《监狱劳教人民警察职业行为规范》，对人民警察的职业伦理进行了进一步具体规定。

三、监察官

监察官，是指依法行使国家监察权的监察人员。为了深化国家监察体制改革，加强对所有行使公权力的公职人员的监督，实现国家监察全面覆盖，深入开展反腐败工作，推进国家治理体系和治理能力现代化，我国于 2018 年制定了《监察法》。各级监察委员会是行使国家监察职能的专责机关，依照《监察法》对所有行使公权力的公职人员进行监察，调查职务违法和职务犯罪，开展廉政建设和反腐败工作，维护宪法和法律的尊严。该法第 14 条规定：“国家实行监察官制度，依法确定监察官的等级设

① 参见 2018 年《刑事诉讼法》第 4 条。

② 参见 2018 年《刑事诉讼法》第 308 条。

③ 2012 年《人民警察法》第 2 条第 2 款规定，人民警察包括公安机关、国家安全机关、监狱、劳动教养管理机关的人民警察和人民法院、人民检察院的司法警察。

④ 2012 年《人民警察法》第 26 条至第 28 条。

置、任免、考评和晋升等制度。”建立监察官制度，是中共中央在改革大局中明确的一项政治任务，是构建具有中国特色的国家监察体系的重要举措。2021 年 8 月，第十三届全国人大常委会第三十次会议通过了《监察官法》，自 2022 年 1 月 1 日起施行。

2021 年《监察官法》第 3 条第 1 款规定，监察官包括下列人员：（1）各级监察委员会的主任、副主任、委员；（2）各级监察委员会机关中的监察人员；（3）各级监察委员会派驻或者派出到中国共产党机关、国家机关、法律法规授权或者委托管理公共事务的组织和单位以及所管辖的行政区域等的监察机构中的监察人员、监察专员；（4）其他依法行使监察权的监察机构中的监察人员。第 12 条规定，担任监察官应当具备下列条件：（1）具有中华人民共和国国籍；（2）忠于宪法，坚持中国共产党领导和社会主义制度；（3）具有良好的政治素质、道德品行和廉洁作风；（4）熟悉法律、法规、政策，具有履行监督、调查、处置等职责的专业知识和能力；（5）具有正常履行职责的身体条件和心理素质；（6）具备高等学校本科及以上学历；（7）法律规定的其他条件。《监察官法》施行前的监察人员不具备上述第六项规定的学历条件的，应当接受培训和考核，具体办法由国家监察委员会制定。第 13 条规定，有下列情形之一的，不得担任监察官：（1）因犯罪受过刑事处罚，以及因犯罪情节轻微被人民检察院依法作出不起诉决定或者被人民法院依法免予刑事处罚的；（2）被撤销中国共产党党内职务、留党察看、开除党籍的；（3）被撤职或者开除公职的；（4）被依法列为失信联合惩戒对象的；（5）配偶已移居国（境）外，或者没有配偶但是子女均已移居国（境）外的；（6）法律规定的其他情形。监察官采用考试、考核的办法，从符合监察官条件的人员中择优选用。

监察官等级分为十三级，依次为总监察官、一级副总监察官、二级副总监察官，一级高级监察官、二级高级监察官、三级高级监察官、四级高级监察官，一级监察官、二级监察官、三级监察官、四级监察官、五级监察官、六级监察官。国家监察委员会主任为总监察官。监察官等级的确定，以监察官担任的职务职级、德才表现、业务水平、工作实绩和工作年限等为依据。

2018 年《监察法》第 56 条规定：“监察人员必须模范遵守宪法和法律，忠于职守、秉公执法，清正廉洁、保守秘密；必须具有良好的政治素质，熟悉监察业务，具备运用法律、法规、政策和调查取证等能力，自觉接受监督。”这是对监察人员的职业伦理所作的一般规定。2021 年《监察官法》对监察官职业伦理又作了一些较为明确的规定，主要包括：第 4 条规定，监察官应当忠诚坚定、担当尽责、清正廉洁，做严格自律、作风优良、拒腐防变的表率。第 5 条规定，监察官应当维护宪法和法律的尊严和权威，以事实为根据，以法律为准绳，客观公正地履行职责，保障当事人的合法权益。第 10 条规定，监察官应当履行下列义务：（1）自觉坚持中国共产党领导，严格执行中国共产党和国家的路线方针政策、重大决策部署；（2）模范遵守宪法和法律；（3）维护国家和人民利益，秉公执法，勇于担当、敢于监督，坚决同腐败现象作斗争；（4）依法保障监察对象及有关人员的合法权益；（5）忠于职守，勤勉尽责，努力提高工作质量和效率；（6）保守国家秘密和监察工作秘密，对履行职责中知悉的商业秘密和个人隐私、个人信息予以保密；（7）严守纪律，恪守职业道德，模范遵守社会公德、家庭美德；（8）自觉接受监督；（9）法律规定的其他义务。第 22 条规定，监察官不得兼任人民代表大会常务委员会的组成人员，不得兼任行政机关、审判机关、检察机关的职务，不得兼任企业或者其他营利性组织、事业单位的职务，不得兼任人民陪审员、人民监督员、执业律师、仲裁员和公证员。监察官因工作需要兼职的，应当按照管理权限批准，但是不得领取兼职报酬。第 23 条规定，监察官担任县级、设区的市级监察委员会主任的，应当按照有关规定实行地域回避。第 24 条规定，监察官之间有夫妻关系、直系血亲关系、三代以内旁系血亲以及近姻亲关系的，不得同时担任下列职务：（1）同一监察委员会的主任、副主任、委员，上述人员和其他监察官；（2）监察委员会机关同一部门的监察官；（3）同一派驻机构、派出机构或者其他监察机构的监察官；（4）上下相邻两级监察委员会的主任、副主任、委员。第 46 条规定：监察官不得打听案情、过问案件、说情干预。对于上述行为，办理监察事项的监察官应当及时向上级报告。有关情况应当登记备案。办理监察事项的监察官未经批准不得接触被调查人、涉案人员及其特定关系人，或者与其进行交往。对于上述行为，知悉情况的监察官应当及时向上级报告。有关情况应当登记备案。第 47 条规定，办理监察事项的监察官有下列情形之一的，应当自行回避，监察对象、检举人、控告人及其他有关人员也有权要求其回避；没有主动申请回避的，监察机关应当依法决定其回避：（1）是监察对象或者检举人、控告人的近亲属的；（2）担任过本案的证人的；（3）本人或者其近亲属与办理的监察事项有利害关系的；（4）有可能影响监察事项公正处理的其他情形的。第 48 条规定：监察官应当严格执行保密制度，控制监察事项知悉范围和时间，不得私自留存、隐匿、查阅、摘抄、复制、携带问题线索和涉案资料，严禁泄露监察工作秘密。监察官离岗离职后，应当遵守脱密期管理规定，严格履行保密义务，不得泄露相关秘密。第 49 条规定：监察官离任三年内，不得从事与监察和司法工作相关联且可能发生利益冲突的职业。监察官离任后，不得担任原任职监察机关办理案件的诉讼代理人或者辩护人，但是作为当事人的监护人或者近亲属代理诉讼、进行辩护的除外。监察官被开除后，不得担任诉讼代理人或者辩护人，但是作为当事人的监护人或者近亲属代理诉讼、进行辩护的除外。第 50 条规定：监察官应当遵守有关规范领导干部配偶、子女及其配偶经商办企业行为的规定。违反规定的，予以处理。第 51 条规定：监察官的配偶、父母、子女及其配偶不得以律师身份担任该监察官所任职监察机关办理案件的诉讼代理人、辩护人，或者提供其他有偿法律服务。

国家监察委员会 2021 年《监察法实施条例》也就监察人员的保密、回避、离任后回避等事项作了规定。

四、基层法律服务工作者

基层法律服务工作者，是指符合《基层法律服务工作者管理办法》规定的执业条件，经司法行政机关核准取得“基层法律服务工作者执业证”，在基层法律服务所执业，为社会提供法律服务的人员。[①] 基层法律服务工作者的职责是按照司法部规定的业务范围和执业要求，开展法律服务，维护当事人合法权益，维护法律正确实施，促进社会稳定、经济发展和法治建设。[②]

申请基层法律服务工作者执业，应当具备下列条件：（1）拥护《中华人民共和国宪法》；（2）高等学校法律专业本科毕业，参加省、自治区、直辖市司法行政机关组织的考试合格；（3）品行良好；（4）身体健康；（5）在基层法律服务所实习满 1 年，但具有 2 年以上其他法律职业经历的除外。各省、自治区、直辖市的自治县（旗），国务院审批确定的国家扶贫开发工作重点县，西部地区省、自治区、直辖市所辖县，可以将上述第二项规定的学历专业条件放宽为高等学校法律专业专科毕业，或者非法律专业本科毕业并具有法律专业知识。具有法律职业资格或者曾经取得基层法律服务工作者执业资格的人员，符合上述第一、三、四、五项规定的，也可以申请基层法律服务工作者执业核准。[③]

有下列情形之一的人员，不得参加上述第二项规定的考试或者申请执业核准：（1）因故意犯罪受到刑事处罚的；（2）被开除公职的；（3）无民事行为能力或者限制民事行为能力的。[④]

设区的市级或者直辖市的区（县）司法行政机关负责基层法律服务工作者执业核准，颁发“基层法律服务工作者执业证”。[⑤]

基层法律服务工作者可以从事下列业务：（1）担任法律顾问；（2）代理参加民事、行政诉讼活动；（3）代理非诉讼法律事务；（4）接受委托，参加调解、仲裁活动；（5）解答法律咨询；（6）代写法律事务文书。基层法律服务工作者办理上述第二项规定的业务，应当符合下列条件之一：（1）至少有一方当事人的住所位于其执业的基层法律服务所所在的县级行政区划辖区或者直辖市的区（县）行政区划辖区内。（2）案件由其执业的基层法律服务所所在的县级行政区划辖区或者直辖市的区（县）行政区划辖区内的基层人民法院审理；该案进入二审、审判监督程序的，可以继续接受原当事人的委托，担任诉讼代理人。省、自治区、直辖市司法行政机关根据本地实际，认为确有必要的，可以适当调整上述条件。[⑥]

---

① 参见司法部 2017 年《基层法律服务工作者管理办法》第 2 条。

② 参见司法部 2017 年《基层法律服务工作者管理办法》第 3 条。

③ 参见司法部 2017 年《基层法律服务工作者管理办法》第 6 条、第 7 条。

④ 参见司法部 2017 年《基层法律服务工作者管理办法》第 8 条。

⑤ 司法部 2017 年《基层法律服务工作者管理办法》第 9 条。

⑥ 参见司法部 2017 年《基层法律服务工作者管理办法》第 26 条、第 27 条。

2017 年《基层法律服务工作者管理办法》第五章对基层法律服务工作者的伦理作了基本规定。

五、司法鉴定人员

司法鉴定活动与法律职业活动有着密切联系[①]，法律职业人员需要了解司法鉴定人员的职业伦理。因此，尽管司法鉴定人员不是法律职业人员，笔者仍将司法鉴定人员职业伦理作为本书的一部分内容加以介绍。

司法鉴定是指在诉讼活动中鉴定人运用科学技术或者专门知识对于诉讼涉及的专门性问题进行鉴别和判断并提供鉴定意见的活动。[②] 因此，司法鉴定人员，是指运用科学技术或者专门知识，对于诉讼涉及的专门性问题进行鉴别和判断并提出鉴定意见的人员。[③] 严格地讲，使用司法鉴定人员所提供的意见的领域，并不完全局限于诉讼。证明活动是人类生产、生活的方式、方法之一，因此，作为证明活动依据之一的鉴定意见，也不会完全限于诉讼活动。例如，就非正常死亡的鉴定意见进行流行病学调查取得的结果，对于国家安全具有重要的意义。在这个意义上讲，将司法鉴定科学称为“法证科学”，将司法鉴定人员称为“法证科学工作者”更为适当。

司法鉴定人员显然不属于法律职业人员，因为法律职业人员应当具有相同的准入资格，各个法律职业之间存在相互流动的机制。司法鉴定人员显然不具有法律职业人员这样的共同特点，但是司法鉴定人员显然应当属于职业的一种。如前所述，一个行业作为一种职业而存在，需要具备几个条件：第一，该行业所提供的服务具有专业性，通常为其他人所难以理解和控制；第二，该行业具有独立性或者客观性。第三，该行业具有公共性，其适当服务为社会所必需。在传统上，法律、医学和宗教被视为三大职业。然而，司法鉴定活动也具有职业的根本特征：首先，司法鉴定活动涉及诸多科学问题，一般而言，这些问题对于司法鉴定服务的需求者而言，是完全陌生的领域；对于法律职业人员而言，这也往往并非其背景知识的一部分。司法鉴定活动通过科学活动，为司法活动提供了有用的相关信息。其次，司法鉴定活动以科学为重要的指导原则，强调司法鉴定活动的不偏不倚、科学求实。最后，现代诉讼涉及的科学问题越来越多，可以说，如果没有司法鉴定活动，就不能保证准确认定案件事实，做到案结事了。[④] 因此，司法鉴定活动具有职业的根本特征。这些特征又派生出诸多对司法鉴定活动的要求。例如，司法鉴定活动的专业性，使缺乏相关知识的人无法对这些专业活动进行有效监督，因而产生了自我治理的必要性；司法鉴定活动的独立性，也

---

① 例如，《刑事诉讼法》《民事诉讼法》《行政诉讼法》都规定鉴定意见是证据种类之一。

② 参见全国人大常委会 2015 年《关于司法鉴定管理问题的决定》第 1 条。

③ 参见司法部 2005 年《司法鉴定人登记管理办法》第 3 条第 1 款。

④ 例如，美国兰德公司在 20 世纪末的一项调查发现，86%的审判使用了专家作证，每件案件平均使用了 3.3 名专家证人。See Samuel R. Cross, “Expert Evidence”, 1991 *Wisconsin Law Review* 1113, 1119.

要求通过一定的自我治理形式，保证司法鉴定工作不受干扰。在建立这种自我治理机制的过程中，司法鉴定职业伦理（职业道德）发挥着重要作用。“制定有职业道德守则，这是将一个行业界定为职业的根本属性。除了适当的专业化教育要求、通过职业所制定的程序展示称职性之外，界定职业活动中适当行为的职业道德守则的存在，是职业的一个标识。”①

全国人大常委会 2015 年《关于司法鉴定管理问题的决定》第 2 条规定，国家对从事下列司法鉴定业务的鉴定人和鉴定机构实行登记管理制度：（1）法医类鉴定；（2）物证类鉴定；（3）声像资料鉴定；（4）根据诉讼需要由国务院司法行政部门商最高人民法院、最高人民检察院确定的其他应当对鉴定人和鉴定机构实行登记管理的鉴定事项。

为满足环境损害诉讼需要，加强环境发展、环境保护和环境修复工作，推进生态文明建设，根据全国人大常委会 2015 年《关于司法鉴定管理问题的决定》和《最高人民法院、最高人民检察院关于办理环境污染刑事案件适用法律若干问题的解释》等有关规定，经研究，最高人民法院、最高人民检察院和司法部于 2015 年决定将环境损害司法鉴定纳入统一登记管理范围。②

法律对上述规定事项的鉴定人和鉴定机构的管理另有规定的，从其规定。③

全国人大常委会 2015 年《关于司法鉴定管理问题的决定》第 4 条规定，具备下列条件之一的人员，可以申请登记从事司法鉴定业务：（1）具有与所申请从事的司法鉴定业务相关的高级专业技术职称；（2）具有与所申请从事的司法鉴定业务相关的专业执业资格或者高等院校相关专业本科以上学历，从事相关工作 5 年以上；（3）具有与所申请从事的司法鉴定业务相关工作 10 年以上经历，具有较强的专业技能。

因故意犯罪或者职务过失犯罪受过刑事处罚的，受过开除公职处分的，以及被撤销鉴定人登记的人员，不得从事司法鉴定业务。

尽管全国人大常委会 2005 年《关于司法鉴定管理问题的决定》旨在建立统一的司法鉴定管理体制④，但是由于各种原因，这一目的并没有实现。司法部于 2005 年 9 月 30 日公布了《司法鉴定人登记管理办法》和《司法鉴定机构登记管理办法》；公安部于 2005 年 12 月 29 日发布了《公安机关鉴定人登记管理办法》（2019 年修订）和《公安

① Peter D. Barnett，*Ethics in Forensic Science：Professional Standards for Practice of Criminalistics*，6 (CRC Press，2001).

② 参见最高人民法院、最高人民检察院、司法部 2015 年《关于将环境损害司法鉴定纳入统一登记管理范围的通知》（司发通〔2015〕117 号）。

③ 法医类鉴定，包括法医病理鉴定、法医临床鉴定、法医精神病鉴定、法医物证鉴定和法医毒物鉴定；物证类鉴定，包括文书鉴定、痕迹鉴定和微量鉴定；声像资料鉴定，包括对录音带、录像带、磁盘、光盘、图片等载体上记录的声音、图像信息的真实性、完整性以及其所反映的情况过程进行的鉴定，对记录的声音、图像中的语言、人体、物体作出种类或者同一认定。参见全国人大常委会 2015 年《关于司法鉴定管理问题的决定》第 17 条。

④ 该决定第 3 条规定，“国务院司法行政部门主管全国鉴定人和鉴定机构的登记管理工作。省级人民政府司法行政部门依照本决定的规定，负责对鉴定人和鉴定机构的登记、名册编制和公告”。

机关鉴定机构登记管理办法》（2019 年修订）；最高人民检察院于 2006 年 11 月 30 日公布了《人民检察院鉴定人登记管理办法》、《人民检察院鉴定机构登记管理办法》和《人民检察院鉴定规则（试行）》。这些法律、法规构成了我国新的司法鉴定体制的法律渊源。

司法部 2005 年《司法鉴定人登记管理办法》适用于在侦查机关设立的司法鉴定机构之外的司法鉴定机构执业的司法鉴定人。① 该办法对全国人大常委会 2005 年《关于司法鉴定管理问题的决定》第 4 条规定的从事司法鉴定业务的人员的条件又作了进一步细化，分为积极条件和消极条件两个方面。

所谓积极条件，即从正面对申请从事司法鉴定业务的人员提出的要求。该办法第 12 条规定，个人申请从事司法鉴定业务，应当具备下列条件：（1）拥护《中华人民共和国宪法》，遵守法律、法规和社会公德，品行良好的公民；（2）具有相关的高级专业技术职称；或者具有相关的行业执业资格或者高等院校相关专业本科以上学历，从事相关工作 5 年以上；（3）申请从事经验鉴定型或者技能鉴定型司法鉴定业务的，应当具备相关专业工作 10 年以上经历和较强的专业技能；（4）所申请从事的司法鉴定业务，行业有特殊规定的，应当符合行业规定；（5）拟执业机构已经取得或者正在申请“司法鉴定许可证”；（6）身体健康，能够适应司法鉴定工作需要。

所谓消极条件，即从反面对申请从事司法鉴定业务的人员提出的要求。该办法第 13 条规定，有下列情形之一的，不得申请从事司法鉴定业务：（1）因故意犯罪或者职务过失犯罪受过刑事处罚的；（2）受过开除公职处分的；（3）被司法行政机关撤销司法鉴定人登记的；（4）所在的司法鉴定机构受到停业处罚，处罚期未满的；（5）无民事行为能力或者限制行为能力的；（6）法律、法规和规章规定的其他情形。

此外，个人兼职从事司法鉴定业务的，除应当符合法律、法规的规定外，还应当提供所在单位同意其兼职从事司法鉴定业务的书面意见。

经审核符合条件的，省级司法行政机关应当作出准予执业的决定，颁发“司法鉴定人执业证”；不符合条件的，作出不予登记的决定，书面通知其所在司法鉴定机构并说明理由。“司法鉴定人执业证”由司法部统一监制，是司法鉴定人的执业凭证。

公安部 2019 年《公安机关鉴定人登记管理办法》第 9 条规定，个人申请鉴定人资格，应当具备下列条件：（1）在职或者退休的具有专门技术知识和技能的人民警察，公安机关聘用的具有行政编制或者事业编制的专业技术人员；（2）遵守国家法律、法规，具有人民警察职业道德；（3）具有与所申请从事鉴定项目相关的高级警务技术职务任职资格或者高级专业技术职称，或者高等院校相关专业本科以上学历，从事相关工作或研究 5 年以上，或者具有与所申请从事鉴定项目相关工作 10 年以上经历和较强的专业技能；（4）所在机构已经取得或者正在申请“鉴定机构资格证书”；

① 该办法第 34 条规定：“本办法所称司法鉴定人不含《全国人民代表大会常务委员会关于司法鉴定管理问题的决定》第七条规定的鉴定机构中从事鉴定工作的鉴定人。”

（5）身体状况良好，适应鉴定工作需要。第 11 条第 2 款规定，登记管理部门对符合登记条件的，应当作出授予鉴定资格的决定，在 10 个工作日内颁发“鉴定人资格证书”；对不符合登记条件的，应当作出不授予鉴定资格的决定。

最高人民检察院 2006 年《人民检察院鉴定人登记管理办法》第 8 条规定，遵守国家法律、法规和检察人员职业道德，身体状况良好，适应鉴定工作需要的检察技术人员具备下列条件之一的，可以申请鉴定人资格：（1）具有与所申请从事的鉴定业务相关的高级专业技术职称；（2）具有与所申请从事的鉴定业务相关的专业执业资格或者高等院校相关专业本科以上学历，从事相关工作 5 年以上；（3）具有与所申请从事的鉴定业务相关工作 10 年以上经历和较强的专业技能。第 10 条第 1 款规定，登记管理部门收到登记申请材料后，应当及时进行审查，并在 20 日以内作出决定。对准予登记的，经检察长批准，颁发“人民检察院鉴定人资格证书”。对于不予登记的，书面通知申请单位。

司法部 2009 年印发的《司法鉴定职业道德基本规范》对司法鉴定人员的职业伦理进行了基本规定。

思考题

1. 什么是法律职业？我国的法律职业包括哪些人员？

2. 什么是律师一般许可执业制度？就一般执业许可而言，申请律师执业，应当具备哪些条件？

3. 担任法官、检察官应当具备哪些条件？

4. 担任公证员应当具备哪些条件？

5. 根据司法部 2005 年《司法鉴定人登记管理办法》，担任司法鉴定人应当具备哪些条件？

6. 担任监察官应当具备哪些条件？

第二章
法律职业伦理概述

第一节　法律职业伦理的概念和渊源

一、法律职业伦理的概念与特征

法律职业伦理，是指律师、检察官、法官、公证员等法律职业人员、其辅助人员以及其他相关人员和/或所属机构，在与其职业身份有关的活动中应当遵守的行为规范的总称。

法律职业伦理具有以下特征：

第一，法律职业伦理的适用对象，是法律职业人员、其辅助人员以及其他相关人员和/或所属机构。法律职业人员的辅助人员的行为，往往是法律职业人员的职业活动的重要支撑和组成部分，因此，其行为也受到法律职业伦理的调整。例如，关于法官的职业伦理，不仅调整法官的职业行为，而且调整其人民法院其他工作人员的职业行为。[①] 法律职业人员的所属机构，在法律职业人员的职业活动中往往发挥着组织、领导、管理的重要作用，其内部管理上的上下级关系和平等地位关系往往对法律职业人员的职业活动有着至关重要的影响。因此，法律职业人员的所属机构往往也是法律职业伦理的适用对象。例如，律师职业伦理的适用对象，既包括律师，也包括律师事务所。[②]

第二，法律职业伦理调整的是法律职业人员、其辅助人员以及其他相关人员和/或所属机构在与其职业身份有关的活动中的行为。并非上述人员及其所属机构的所有行为都受到法律职业伦理的调整，只有与上述人员及其所属机构的职业身份有关的活动才受到法律职业伦理的调整。换言之，法律职业伦理所关注的核心问题是上述人员

---

① 例如，中华全国律师协会 2017 年《法官职业道德基本准则》（法发〔2010〕53 号）第 27 条规定："人民陪审员依法履行审判职责期间，应当遵守本准则。人民法院其他工作人员参照执行本准则。"2004 年最高人民法院、司法部《关于规范法官和律师相互关系维护司法公正的若干规定》（法发〔2004〕9 号）第 15 条第 2 款规定："对人民法院其他工作人员和律师辅助人员的纪律约束，参照本规定的有关内容执行。"

② 例如，中华全国律师协会 2017 年《律师执业行为规范（试行）》第 5 条规定："本规范适用于作为中华全国律师协会会员的律师和律师事务所，律师事务所其他从业人员参照本规范执行。"

及其所属机构的行为对其职业能力、职业形象的影响，以确保这些人员和机构的行为符合职业的要求，具有职业上的适正性。

第三，法律职业伦理所调整的与法律职业人员、其辅助人员以及其他相关人员的职业身份有关的活动，包括业内活动和业外活动两个方面。[①] 法律职业人员的业内活动与法律职业的人员的职业身份有着直接关系，毫无疑问，它是法律职业伦理所调整的主要内容。但是，法律职业人员的业外活动与其业内活动是不能截然分开的。他们的业外活动同样可能使人们对其履行职务的能力和品格产生怀疑，会造成其难以履行职务的情况，因此有必要对法律职业人员的业外活动加以调整，以维护法律职业的形象，保障法律职务的适当履行。例如，2019 年《法官法》第 22 条规定："法官不得兼任人民代表大会常务委员会的组成人员，不得兼任行政机关、监察机关、检察机关的职务，不得兼任企业或者其他营利性组织、事业单位的职务，不得兼任律师、仲裁员和公证员。"如果有法官兼任企事业单位的职务，兼任律师等业外活动，毫无疑问会造成诉讼中的回避、其他法官的职业独立性和裁决的稳定性受到影响等问题。

第四，并不存在什么统一的法律职业伦理或者法律职业伦理典。法律职业伦理是调整不同法律职业的行为的规则。每个法律职业的运作背景都有所不同。不考虑具体背景而适用这些规则几乎是不可能的。由于不同背景下所涉及的角色、关系不同，各个法律职业的职业伦理需要进行区别，它们在内容和含量上都存在显著差别。以法官和律师的职业伦理为例，法官职业活动的主要特点是中立性与被动性，所涉及的社会关系较少，因此，其职业伦理在总体含量上较少；律师职业活动的特点则是当事人性与主动性，所涉及的社会关系较多，因此，其职业伦理在总体含量上较多。此外，就每个具体法律职业而言，从我国的实际情况来看，也不存在统一的职业伦理，职业伦理有着法律、法规、司法解释、行业规范等诸多渊源。因此，就同一行为，在法律、法规或者行业规范中均可能找到相应的规范。

第五，违反法律职业伦理应当承担一定的后果。从应然角度来看，法律职业伦理本质上是法律，只有是法律，才能够超越各个法律职业本身的狭隘性而得到广泛的适用；只有具备法律这样的品质，才能够在实践中与法律背景相适应。因此，法律职业伦理不同于一般的道德，违反了这些法律职业伦理，应当承担一定的后果，否则，法律职业伦理就会因为缺乏执行机制而被束之高阁。从我国现行的规范来看，违反法律职业伦理，可能会带来刑事、民事、行政和行业纪律上的后果。

二、法律职业伦理/道德与法律职业行为规则/法

在我国，本学科的内容往往被称为法律职业伦理或者法律职业道德。在规范性文件和政策性文件中，最常见的用法是法律职业道德。例如，中国共产党十八届三中全

① 例如，2010 年《法官职业道德基本准则》第 3 条规定："法官应当自觉遵守法官职业道德，在本职工作和业外活动中严格要求自己，维护人民法院形象和司法公信力。"

会《关于全面深化改革若干重大问题的决定》明确提出，要加强律师职业道德建设；十八届四中全会《中共中央关于全面推进依法治国若干重大问题的决定》中提到“全面推进依法治国，必须大力提高法治工作队伍思想政治素质、业务工作能力、职业道德水准，着力建设一支忠于党、忠于国家、忠于人民、忠于法律的社会主义法治工作队伍，为加快建设社会主义法治国家提供强有力的组织和人才保障。”“加强律师事务所管理，发挥律师协会自律作用，规范律师执业行为，监督律师严格遵守职业道德和职业操守，强化准入、退出管理，严格执行违法违规执业惩戒制度。”2019 年《法官法》第 5 条规定：“法官应当勤勉尽责，清正廉明，恪守职业道德。”2017 年《律师法》第 3 条规定，“律师执业必须遵守宪法和法律，恪守律师职业道德和执业纪律”。2014 年司法部作出了《关于进一步加强律师职业道德建设的意见》。[①] 司法部编写的《2018 年国家统一法律职业资格考试大纲》所列考试科目包括中国特色社会主义法治理论、法理学、宪法、中国法律史、刑法、民法、刑事诉讼法、民事诉讼法（含仲裁制度）、行政法与行政诉讼法、经济法、知识产权法、商法、国际法、国际私法、国际经济法、环境资源法、劳动与社会保障法、司法制度和法律职业道德。[②]

在规范性文件中，还有将伦理与道德并用的现象。例如，中共中央办公厅、国务院办公厅 2015 年 12 月印发的《关于完善国家统一法律职业资格制度的意见》规定，要“加大法律职业伦理的考查力度，使法律职业道德成为法律职业人员入职的重要条件。”“对违反宪法法律、妨害司法公正、违背职业伦理道德获得法律职业资格人员，实行告诫或暂停、吊销法律职业资格等惩戒制度，对被终身禁止从事法律职业的人员，及时依法吊销法律职业资格证书，并向社会公布。”司法部 2018 年《国家统一法律职业资格考试实施办法》第 20 条规定：“取得法律职业资格人员有违反宪法和法律、妨害司法公正、违背职业伦理道德等行为的，由司法行政机关根据司法部有关规定，视其情节、后果，对其给予相应处理。”在相关著述中，法律职业伦理还被称为法律职业行为规则或者法律职业行为法。[③]

在关于法学类专业教学的相关文件中，本学科的内容则被称为法律职业伦理。例如，2018 年 1 月，教育部发布的《法学类专业教学质量国家标准》明确规定，法学专业核心课程采取“10＋X”分类设置模式。“10”指法学专业学生必须完成的 10 门专业必修课，其中包括法律职业伦理。教育部、中央政法委 2018 年 9 月发布的《关于坚持德法兼修实施卓越法治人才教育培养计划 2.0 的意见》明确规定，要“加大学生法律职业伦理培养力度，面向全体法学专业学生开设‘法律职业伦理’必修课，实现法律职业伦理教育贯穿法治人才培养全过程。坚持‘一课双责’，各门课程既要传

---

① 司发〔2014〕8 号。

② 参见司法部编：《2018 年国家统一法律职业资格考试大纲》，法律出版社 2018 年版。

③ 参见王进喜：《法律职业行为法》（第二版），中国人民大学出版社 2014 年版；王进喜等主编：《律师职业行为规则概论》，国家行政学院出版社 2004 年版。

授专业知识，又要注重价值引领，传递向上向善的正能量。”

由此可见，在我国的正式文件话语中，法律职业道德和法律职业伦理往往是混用的。法学研究甚至伦理学研究中，往往也不区分伦理与道德问题。[①] 但是，也有学者就二者进行了区分。例如，有学者认为，伦理与道德存在下列区别：首先，伦理范畴侧重于反映人伦关系以及维持人伦关系所必须遵循的规则，道德范畴侧重于反映道德活动或者道德活动主体自身行为之应当；其次，伦理义务对成员的要求具有双向性特征，即要求处于特定伦理关系的双方都要恪守同样的“理”。道德义务的要求具有单向性特征，道德始终立足于自己，始终强调自我之应当；再次，伦理是客观法，是他律的。道德是主观法，是自律的；最后，伦理是对人们行为应当理由的说明，而道德则是对人们行为应当境界的表达。[②] 还有学者认为：在古典中国伦理学中，“伦理”一词主要是指称客观的宗法等级“关系”；道德、德性属于“伦理”中角色个体的内在精神。但是，“道德”离不开“伦理”，不能将道德从伦理关系中抽离出来、孤立起来，否则就搞不清“道德”为何物；作为现实的角色个体也搞不清自己应尽的道德义务是什么。总之，在中国古代，“伦理”是宗法等级关系的实体存在，而“道德”是这个“伦理实体”中角色个体的内在德性，有“伦理”才有“道德”可言。[③]

把本学科内容称为法律职业伦理或者法律职业道德，忽视了法律职业伦理或者道德与法律的本质差别。毫无疑问，所有的法律都有一定的伦理或者道德基础。但是，本学科的绝大多数内容，是对法律职业人员及其所属机构的具体职业活动加以指导的规范，其主体内容从性质上讲，应当是一种程序法。而就伦理或者道德而言，它们是具有实体性要求的规范。实体性要求的实现和体现，在很大程度上要依赖于程序的保障。因此，从实然角度看，本学科的内容不同于一般意义上的伦理或者道德，主要是一种程序法，将其称为法律职业行为规则或者法律职业行为法，更为贴切。将本学科的内容赋予伦理或者道德之名，忽视或者低估了这些规范的程序性。

在法学研究中，在探讨法律职业行为规则/法律职业行为法伦理和法律职业伦理/

① 参见李旭东：《“伦理”与“道德”的概念区别——以黑格尔文本为核心》，载《金陵法律评论》，2015年秋季卷（“法哲学研究通常在讨论法律与道德关系时，并不区分伦理与道德问题。一般的《法律学》教材在‘法与道德’一节讨论两者关系时，普遍不区分伦理与道德”；“通常的伦理学著作和教材，对中文和西文的伦理、道德，甚至伦、理、道、德，进行了词源分析，最后得出的结论是伦理和道德一般是同义的。”）；邹渝：《厘清伦理与道德的关系》，载《道德与文明》，2004年第5期（“长期以来，我们都认为，在通常情况下，伦理与道德是含义相同的两个概念。比如，在罗国杰教授主编的《伦理学教程》一书中，罗国杰教授就认为：‘“伦理”和“道德”的词源含义虽然不尽相同，但大体上是相通的。’‘无论在中国还是外国，“伦理”和“道德”这两个概念，在一定的词源含义上，可以视为同义异词，指的都是社会道德现象。’”）；朱贻庭：《“伦理”与“道德”之辨——关于“再写中国伦理学”的一点思考》，载《华东师范大学学报（哲学社会科学版）》，2018年第1期［“长期以来，我们的伦理学教科书都将‘道德’（morality）与‘伦理’（ethics）这两个用词，视为‘相近相通，在一定的程度上可以互相替用’，似乎无需作出区别。”］。

② 参见邹渝：《厘清伦理与道德的关系》，载《道德与文明》，2004年第5期。

③ 参见朱贻庭：《“伦理”与“道德”之辨——关于“再写中国伦理学”的一点思考》，载《华东师范大学学报（哲学社会科学版）》，2018年第1期。

道德之间的区别时，还往往以其表现形式和效力作为主要的参考标准。在对法律职业行为的规制问题上，如果相应规则是法律所规定的，我们就称其为法律职业行为规则或者职业行为法；如果相应的规则不具有这样的法律效力，而是由相应的规制机构（如律师协会、公证员协会）所制定的，我们就称其为法律职业伦理/道德。然而，从实际情况来看，这种区分存在相当的难度，因为同样的行为既可能受到法律的规制，也可能受到职业伦理/道德的规制。例如，从实然的中国目前关于律师职业行为的规范渊源来看，一部分是以法律、部门规章等法律规范形式体现的，如 2017 年《律师法》、司法部 2010 年《律师和律师事务所违法行为处罚办法》，另一部分则是以律师协会所制定的行业规范的形式体现的，如中华全国律师协会 2017 年《律师执业行为规范（试行）》。许多职业行为规范，如关于利益冲突问题、保密问题的规范，在这些规范性文件中都有体现。例如，2017 年《律师法》第 39 条规定："律师不得在同一案件中为双方当事人担任代理人，不得代理与本人或者其近亲属有利益冲突的法律事务。"中华全国律师协会 2017 年《律师执业行为规范（试行）》第四章第四节详细规定了利益冲突审查，我们很难说哪些职业行为受法律职业行为法/规则调整，哪些受法律职业伦理调整。同样，关于法官的职业行为（如回避）的规范，既有诉讼法、2019 年《法官法》、最高人民法院 2011 年《关于审判人员在诉讼活动中执行回避制度若干问题的规定》[①] 这样的渊源，也有最高人民法院 2010 年《法官职业道德基本准则》这样的行业性渊源。从实然的角度来看，法律活动背景下的行为规范如果不具有法律的性质，则难以得到普遍的执行和有效的适用。例如，律师违反关于利益冲突的规定，可能会影响到审判的质量，面对不是法律的所谓律师职业伦理/道德，主持庭审的法官很难，甚至拒绝执行这样的职业伦理/道德。因此，从应然的角度来看，所谓的法律职业伦理/道德，都应当是具有强制力的法律。只有这样，才能保证其所体现的行为要求得到有效的实施。

国外一些学者也对法律职业伦理这一术语的使用提出了质疑。例如有美国学者强烈反对使用"法律职业伦理"一词来指代美国州律师惩戒规则或者一般调整律师的法律规定的义务。这是因为：首先，以这种方式使用这个术语需要发明一个尴尬的新术语，比如"真正的伦理"，来描述非法律人士所称的伦理。其次，一些律师可能忍不住会把"伦理"规则仅仅看作是追求性的或者理论性的，而实际上各州的职业行为规则是法律，违反这些规则可能会带来令人不快的法律后果。最后，因为职业行为规则是法律，它们有错综复杂和微妙之处，即使是在伦理上进行沉思的人可能也意识不到。[②]

为适应当前的话语习惯，以及教育部 2018 发布的《法学类专业教学质量国家标

---

① 法释〔2011〕12 号。

② See W. Bradley Wendel, *Professional Responsibility: Examples and Explanations*, 5th edition, 33 (New York: Wolters Kluwer, 2016).

准》中关于本学科名称的表述，本书定名为法律职业伦理。但是，读者在阅读本书时，应当谨记本学科内容的法律性和实证性。

三、法律职业伦理与社会道德

社会道德通常有两个重要应用原则或者条件：首先，社会道德具有固有的抽象性，遵守普适、一般化原则。社会道德通常要求同样地对待所有的人，在行为人行为时，每个相关人都有权要求得到同等的尊重和考虑。其次，社会道德的应用前提是这样的假设，即我们已经完全知晓判断通常所依据的事实，是在完全事实基础上行事。虽然社会道德按照普适原则设定了人们的行为规则，但是在日常生活中，不考虑具体的情况而适用社会道德几乎是不可能的。在日常生活中，由于角色、关系、具体实践的需要，社会道德的应用显然需要进行区别，需要一套更为复杂理由和规则体系。这就是职业伦理产生的理由。

在司法和法律服务中适用社会道德的两个应用条件并不充分。首先，司法和法律服务活动存在角色区分，法官、检察官、律师、其他法律职业人员都各司其职，每个人都有其有其优先考虑的事项，即法定的职责。例如，在律师职业活动中，律师被要求对委托人进行优先考虑，因此，律师职业伦理的中心问题，就是如何处理委托人的优先地位与每个人都享有的平等地位之间的紧张关系。如果每个人都扮演着法律制度分配的角色，法律制度就能发挥最佳的功能。如果一个人离开了分配给他的角色，做了别人职责范围内的事情，例如律师承担了检控职能，主动披露对检控方有利的信息，委托人可能就会不再信任他们，这可能导致律师难以为被告人进行有效的辩护。司法系统可能会崩溃。其次，司法和法律服务活动中，法律职业人员可能并不完全知晓有关事实，就事实存在相互矛盾的证据，甚至法律要求有关法律职业人员不得预先知晓有关事实。例如，各国通常要求事实认定者不得因预先知晓有关事实而形成预断，进而丧失中立性。这种事实的不确定性，导致很难简单地适用善恶、好坏这样的实体性判断标准。

因此，与社会道德相比，法律职业伦理更具角色性，更具有程序性色彩。

四、法律职业伦理与业务操作规范

法律职业活动需要遵循特定的业务操作规范来进行，这些业务操作规范主要表现为程序法，例如《刑事诉讼法》《民事诉讼法》等法律及相关司法解释。法律职业伦理的主要内容也是一种程序法。从实证法的角度来看，这两种程序法存在一定程度的重合，例如关于法官、检察官的回避。但是，二者间也存在着诸多区别。

第一，法律职业伦理除对法律职业人员的业内活动进行规范外，还对法律职业人员的业外活动进行了约束；业务操作规范则不涉及法律职业人员的业外活动。

第二，法律职业伦理的程序性，主要是为了展现法律职业人员从事相关职业活动的适正性；业务操作规范的程序性，则主要是为了保证业务操作的秩序性、效率性。

第三，法律职业伦理的主线，是法律职业人员的行为；业务操作规范的主线，则是具体案件的运行程序，即具体案件的主体和事实所涉及的处理步骤和方法。

第四，法律职业伦理主要体现为法律职业的自我约束，或者是法律职业的行业意志与国家意志①；业务操作规范主要是以法律或者司法解释形式表现出来的，直接体现的是国家的意志。

第五，法律职业伦理的调整范围是跨越各个具体部门法的，例如，法官的职业伦理在刑事诉讼、民事诉讼抑或行政诉讼情境下都应当适用；而业务操作规范仅仅适用于某个领域，例如关于刑事诉讼的操作规范仅仅适用于刑事诉讼领域。

第六，在同一空间内，可以运行多种法律职业的职业伦理，例如，在法庭审理过程中，法官、检察官和律师要遵行各自的职业伦理；而在同一空间内，只能运行一种业务操作规范，例如在刑事法庭上，通常只能允许适用刑事诉讼法。

五、法律职业伦理的作用

法律职业伦理作为调整法律职业人员、其辅助人员以及其他相关人员和/或所属机构在与其职业身份有关的活动中应当遵守的行为规范，具有重要的作用。

首先，法律职业伦理对法律职业行为具有重要的指导作用。法律职业伦理的主体内容是程序法，它规定的是法律职业的行为规则而不是业务规则，通过精心设计的行为规则来加强对法律职业活动的约束与指导，通过对违反法律职业伦理的行为加以处罚来指导法律职业如何处理好各种职业关系，使法律职业活动能够以看得见的公正、看得见的称职、看得见的平等等方式进行，从而展现法律职业应有的尊严和专业性，促进法律事务的有效解决。

其次，法律职业伦理是维护法律职业理想，塑造法律职业精神的重要机制。法律职业之所以成为职业，原因在于其职业活动的公共性或者利他性。法律职业在服务于他人利益、服务于公共利益时，必须能够超越法律职业自身的利益。在律师、检察官、法官等职业的职业活动中，都存在其私人利益与公共利益、他人利益的冲突，尽管表现形式不同。回避规则、利益冲突规则就是对这种冲突加以调整的规则的集中体现。以律师职业为例：律师职业的个人利益表现为律师职业活动的商业化。律师职业活动的商业化固然能够改善服务的质量、增加委托人的选择机会，但是在法律服务市场中，信息是不对称的，总的来看，委托人群体难以通过市场机制来对律师的服务进行有效淘汰。律师职业活动商业化的绝对性，必然会导致律师在商业性竞争活动中丧失其职业性。因此，如何在二者之间寻求适当的平衡点，使律师对经济利益的追求和对公共利益的伸张之间保持一种适度的平衡，是一个重要的理论和实践问题。这种冲

---

① 例如联合国《关于律师作用的基本原则》第26条规定："应由法律界通过其有关机构或经由立法，按照本国法律和习惯以及公认的国际标准和准则，制定律师职业行为守则。"

突与平衡是律师职业伦理的中心问题。一个以利益权衡为基本出发点，强调律师职业性因素的律师职业伦理，能为律师的职业活动提供有效指南。总之，法律职业有责任保证其制定的有关规则是基于公共利益而不是为了促进法律职业自身的狭隘利益，否则就会损害法律职业的独立性及所服务的公共利益，损害法律职业的职业理想。

最后，法律职业行为规则具有保护法律职业人员的作用。规范、科学的职业伦理，将实现职业行为后果的可预测性，将成为保护法律职业的一道屏障。在规范、科学的职业伦理指导下的法律职业行为，应当受到保护。法律职业因其职业活动在当代社会中的重要作用而具有相对的独立性，这种独立性同时产生了自治的特殊职责。法律职业伦理的很多内容是法律职业本身所制定的，很多内容是对法律职业本身的自我约束和限制①，因此，法律职业伦理在相当程度上体现了法律职业的独立与自治性。例如，联合国《关于律师作用的基本原则》规定，“律师在任何时候都应根据法律和公认的准则以及律师的职业道德，自由和勤奋地采取行动”。各国政府应确保律师“不会由于其按照公认的专业职责、准则和道德规范所采取的任何行动而受到或者被威胁会受到起诉或行政、经济或其他制裁”，“律师如因履行其职责而其安全受到威胁时，应当得到当局给予的充分保障”。该法律文件要求各成员国应在其本国立法和习惯做法范围内考虑和尊重这些原则，并提请律师以及其他人员例如法官、检察官、行政和立法机关成员以及一般公众予以注意，以“促进和确保律师发挥正当作用”。因此，法律职业伦理是一块界碑，法律职业活动只要符合“公认的专业职责、准则和道德规范”，任何制裁均不可越入。因此，法律职业伦理是保护法律职业不受不公正限制和侵权的武器之一。

六、我国现行法律职业伦理的渊源

法律职业因其在国家政治、经济生活中占据重要的地位而受到严格的规范，并非一个“自由职业”。从我国的情况来看，经过四十多年的建设，我国调整法律职业行为的规范形成了一个多层次的规范体系。调整法律职业行为的规范，既包括立法层面的规范，也包括职业协会的规范；既有法典模式的综合性职业伦理，也有针对个别问题的单行性规定。因此，其渊源非常复杂。我国现行的法律职业伦理主要由以下几部分组成：

（一）法律

关于法律职业行为的法律文件主要是《宪法》《刑事诉讼法》《民事诉讼法》《行政诉讼法》《刑法》等基本法律，以及《法官法》《检察官法》《律师法》《公证法》

① 例如，中华全国律师协会 2017 年《律师执业行为规范（试行）》第 2 条规定：“本规范是律师规范执业行为的指引，是评判律师执业行为的行业标准，是律师自我约束的行为准则。”

《公务员法》中有关法律职业行为的法律规范。这些规范是法律职业伦理的最高层次的法律规范，法律效力最高。

（二）司法解释类

例如，最高人民法院 2011 年《关于审判人员在诉讼活动中执行回避制度若干问题的规定》。①

（三）行政法规和部门规章类

如司法部 2010 年《律师和律师事务所违法行为处罚办法》，司法部 2016 年《律师执业管理办法》，司法部 2018 年《律师事务所管理办法》等。

（四）国务院部委有关规范性文件

这类规范性文件主要体现为司法部发布的有关律师工作的通知、办法、批复、答复、函等，如司法部 2001 年《对关于律师从事经营性活动的批复》（已失效）②，司法部 1999 年《关于律师事务所不得在两个以上办公场所开展业务的批复》③，等等。这类规范性文件往往只涉及具体的部门和具体的事务。

（五）行业性规范

例如最高人民法院 2010 年《法官职业道德基本准则》④，最高人民检察院 2010 年《检察官职业行为基本规范（试行）》，中华全国律师协会 2017 年《律师执业行为规范（试行）》，最高人民法院 2020 年《关于对配偶父母子女从事律师职业的法院领导干部和审判执行人员实行任职回避的规定》⑤，最高人民法院、司法部 2004 年《关于规范法官和律师相互关系维护司法公正的若干规定》。⑥ 从实证法角度看，这些规定虽然不属于法律规范，但是对本行业的法律职业人员具有约束力。

（六）地方性规范性文件

这类规范比较复杂，有的体现为地方性法规，如 2017 年《河北省律师执业保障和规范条例》、2019 年《海南经济特区律师条例》、2019 年《深圳经济特区律师条例》；有的是地方行业性组织制定的规范，如 2011 年《上海市律师协会律师执业行为规范（试行）》。⑦ 这类规范性文件的效力往往只及于当地和本行业，具有地域性和行业限制。

总体上，我国已经初步形成了法律职业伦理的基本体系框架，但是考察这些法律法规和规范性文件的内容，也会发现其中存在许多重复、重叠甚至冲突的地方，并且

---

① 法释〔2011〕12 号。

② 司复〔2001〕2 号。

③ 司复〔1999〕8 号

④ 法发〔2010〕53 号。

⑤ 法发〔2020〕13 号。

⑥ 法发〔2004〕9 号。

⑦ 中华全国律师协会 2017 年《律师执业行为规范（试行）》第 107 条规定："地方律师协会可以依据本规范，结合本地区情况制定实施细则。该实施细则与本规范不得冲突，并报全国律师协会备案后实施。"

在基本体系上还相当不成熟，呈现出明显的碎片化，因此，对于法律职业的指导作用和保护作用都明显不足，特别是对于诉讼活动中的一些敏感性的问题缺乏明确的规定。在这种情况下，法律职业活动难免出现盲目性，从而容易造成当事人、律师、检察官和法官之间的冲突，造成法律职业管理上的空白。因此，加强对法律职业伦理的研究，为中国特色法律工作者提供最基本的职业行为规范，具有重要意义。

第二节　法律职业伦理的学科发展

法律职业伦理是律师、检察官、法官、公证员等法律职业人员、其辅助人员和/或所属机构开展职业活动的重要指南，其规制伴随法律职业人员的职业生涯，是司法质量和法律服务质量的重要保障措施。"徒法不足以自行"，只有通过人来执行，纸面上的抽象、枯燥的法律才能变成生活中的生动、鲜活的法律。而执行法律的人如非良人，同样不能实现法律所要维护的公序良俗。正是因为如此，习近平法治思想明确提出：要坚持建设德才兼备的高素质法治工作队伍。建设法治国家、法治政府、法治社会，实现科学立法、严格执法、公正司法、全民守法，离不开一支高素质的法治工作队伍。为政之要，唯在得人。法治人才培养保障有力，法治领域人才辈出，是全面依法治国的基础性工作。因此，加强法律职业伦理的研究、教学和立法，对于全面依法治国建设，对于法律职业人员的发展，都具有重要意义。

长期以来，我国理论界和实务界对法律职业伦理的建设并不重视，往往把法律职业伦理简单地视为一种修养性的职业道德，认为其仅仅具有一种道德教化作用，而不具有可操作性，并且在理论分析上往往套用一般性的道德理论，忽视了各个法律职业具体角色和情境的要求，同实践还有相当的差距。近十几年来，司法部、中华全国律师协会和一些地方律师协会在律师职业行为规范的完善上做了大量工作，各级人民法院和人民检察院也制定了一些加强法官和检察官职业行为规范建设的规定。例如中华全国律师协会 2004 年 3 月 20 日发布的《律师执业行为规范（试行）》作为律师的职业行为规范有条文 190 条，包括了律师在执业机构中的纪律，律师在诉讼、仲裁活动中的纪律，律师与委托人、对方当事人的纪律，律师与同行之间的纪律等内容。① 与司法部和中华全国律师协会以前发布的关于律师职业道德的规定相比，该规范在律师职业行为规则的系统化方面已经有了重大突破，并大大增加了律师职业活动中的技术性因素，改变了人们将律师职业伦理视为修养性道德的传统认识。最高人民法院在

① 为了贯彻落实 2007 年《律师法》对律师职业行为的要求，中华全国律师协会在 2009 年对《律师执业行为规范（试行）》进行了修改，形成了新的《律师执业行为规范》，并于 2011 年 11 月颁布施行。该修改后的《律师执业行为规范》也有条文 108 条。2017 年 1 月 8 日第九届全国律协常务理事会第二次会议审议通过的《律师执业行为规范（试行）》有 109 条。

2001年制定的《法官职业道德基本准则》，初步体现了法官职业伦理的体系。这些制定规制法律职业行为的规范性文件的活动，表明加强法律职业伦理的建设已经成为一种明确的实践诉求。因此，加强理论研究和教学，尽快完善律师、检察官、法官和公证员的职业伦理，以保证法律职业活动的有序化，已经成为当务之急。我们应当将其纳入司法改革的大视野中，作为加强法官、检察官司法能力以及律师、公证员服务能力建设的重要组成部分。

尽管20世纪初开始的中国大学法律教育始建阶段，法律职业伦理已经受到重视，如1933年东吴大学法学院的课程编制计划中，“法律伦理学”是第二学年的2学分选修课，此后还被定为必修课，但是法律职业伦理在改革开放后的法学教育和研究中都没有得到应有的重视。[①] 从20世纪90年代开始，一些法律院校陆续以“律师学”“律师实务”“司法职业伦理”等课程形式开展了这方面的教学和研究，但是由于我国缺乏法律职业伦理的制度建设，这些课程往往限于对相关法律制度的介绍，或者是没有法律技术含量的一般性宣教，而没有从法律职业伦理的角度建立应有的学科体系，没有形成自己的学科语言，没有形成自己的学科技术点。1999年6月14日全国法律硕士专业学位教育指导委员会秘书处制定的《法律硕士专业学位研究生指导性培养方案》中，法律硕士课程包括必修课、推荐选修课和自选课三类，其中“司法伦理学（法律职业道德与执业规则）”属于2学分的推荐选修课。但是，从实际情况来看，法律职业伦理受到忽视的状况并没有得到根本改变，其中的一个重要原因就是这门学科所立足的规范建设依然薄弱，在不具有技术含量的规范基础上的教学很容易沦为空洞的说教、对现行制度的简单注解或者对其他部门法相关内容的重复性介绍，缺乏应有的理论体系。

随着调整法律职业行为的规范不断增加，法律职业伦理问题日益引起理论界与实务界的重视，一些关注法律职业伦理的著作和教材开始出现。[②] 此外，国家统一司法考试制度中，法律职业道德已经成为必考科目这一事实，也促使人们开始加强对这一问题的教学和研究。如中国政法大学法学院2002年在原先“律师学”课程的基础上，为本科生开设了2学分的“法律职业行为规则”课程，主要内容是“通过对利益冲突、保密、广告与劝诱、单方交流、诉讼宣传、回避等法律职业行为规则的教学，帮助学生正确掌握职业活动中的具体程序，认识职业行为规则的重要性，增强学生的公正理念和规则意识，塑造合格的律师、检察官、法官等法律职业者，促进公正司法和公正执法”。

---

① 造成这种状况的一个重要原因是，计划经济体制下的学科设置造成学科格局多年不变，新的学科内容无法融入，使该学科的研究缺乏应有的资源和人才梯队；另外，这种状况造成的学术研究的荒芜，反过来又影响着法律职业伦理的制定，造成了一大批低质量的规范性文件，无法形成看得见的学术体系，从而又影响了这一学科的教学。

② 例如，王进喜等主编：《律师职业行为规则概论》，国家行政学院出版社2002年版；曹建明主编：《法官职业道德教程》，法律出版社2003年版；马宏俊：《法律人的职业行为规则》，中国法制出版社2003年版；王进喜：《美国律师职业行为规则理论与实践》，中国人民公安大学出版社2005年版。

中国政法大学法学院还在“律师学”硕士研究生研究方向的基础上，设置了“法律职业伦理”硕士研究生研究方向。中国人民大学法学院也为本科生开设了“法律伦理”选修课，从2007年开始，该课程成为2005级本科生的必修课。吉林大学法学院2008年以后开始为法学专业本科生设立法律职业伦理选修课程，从2010年开始，按照《法学专业指导性教学计划及其进程表（2009版）》，法律职业伦理课程调整为专业教育课程模块中的必选课，从2010年开始为法律硕士设立法律职业伦理选修课程。

然而，这些加强法律职业伦理教育的举措仍然不能与《律师法》《检察官法》《法官法》《公证法》等法律关于法律职业准入的品行良好要求相呼应，不能根据各个法律职业的特质深入阐发其行为要求和价值逻辑，存在学科地位不明确、学科界限不清晰、学科语言不纯粹、学科体系不周延、师资力量薄弱、教材建设相对贫乏等诸多问题。这些问题严重影响着法律职业人员的培养，严重影响着社会正义的实现，也严重影响司法改革取得的成效。因此，法律职业伦理的建设及其教育应当引起业内外足够的重视。

2017年5月，中共中央总书记、国家主席、中央军委主席习近平同志视察中国政法大学，提出“法学教育要坚持立德树人，不仅要提高学生的法学知识水平，而且要培养学生的思想道德素养”。2018年1月，教育部发布我国高等教育领域首个教学质量国家标准，其中《法学类专业教学质量国家标准》明确规定，法学专业核心课程采取“10＋X”分类设置模式，“10”指法学专业学生必须完成的10门专业必修课，其中包括法理学、宪法学、中国法律史、刑法、民法、刑事诉讼法、民事诉讼法、行政法与行政诉讼法、国际法和法律职业伦理。

为深入贯彻习近平新时代中国特色社会主义思想和中国共产党十九大精神，贯彻落实习近平总书记在中国政法大学考察时重要讲话精神，教育部、中央政法委于2018年10月发布《关于坚持德法兼修实施卓越法治人才教育培养计划2.0的意见》，明确规定“加大学生法律职业伦理培养力度，面向全体法学专业学生开设‘法律职业伦理’必修课，实现法律职业伦理教育贯穿法治人才培养全过程。坚持‘一课双责’，各门课程既要传授专业知识，又要注重价值引领，传递向上向善的正能量”。2019年，中国政法大学将法律职业伦理新设为目录外二级学科博士点，成为国内首个招收法律职业伦理方向博士研究生的高等院校。

总之，法律职业伦理正在逐渐成为一个具有相当影响力的、日益复杂的体系，其内容不能为当前任何一个法学二级学科所涵盖。在实务领域，其重要性凸显，识别法律职业伦理问题被许多国家视为律师的基本技能之一，甚至在一些国家出现了以律师职业伦理（职业责任）为专业的律师。[①] 在律师事务所管理中，法律职业伦理是风险

① 例如，参见王进喜：《法律伦理的50堂课：美国律师职业行为规范与实务》，五南图书出版股份有限公司2008年版，第50页；Geoffrey C. Hazard，Jr.，“Lawyer for Lawyers：The Emerging Role of Law Firm Legal Counsel”，53 *U. Kan. L. Rev.* 795（2005）。

防范的重要路径。这门课程在法学教育中能够引起人们足够的重视，既是法学人才培养的必然要求，也是司法实践的必然要求。我国法律职业伦理教育在师资培养、教材建设等方面，还面临着繁重的任务。

第三节 法律职业伦理的学习方法

就法律职业伦理的学习而言，有两个重要的学习方法。

一是理论联系实际的学习方法。这是学习法律职业伦理的根本方法。法律职业伦理必须与丰富的法律实践相结合，因为只有在法律实践中才能于人与人之间的关系中表现职业行为，在改造客观世界的同时改造主观世界。在丰富的法律实践中，正面经验与反面教训，无不表明社会评价。特别是在我国法律职业伦理的发展过程中，对各种法律职业行为的规范还存在许多空白，还存在许多争论。只有理论联系实际，才能不断认识法律职业伦理的重要作用，才能不断强化依据法律职业伦理行事的自觉性。

二是比较研究的方法。诺瓦里斯云："一切认识、知识均可溯源于比较。"① 各国法律职业的发展与其政治、历史、文化渊源密切而五彩缤纷，各国的法律职业伦理也因此异彩纷呈。通过法律之间的比较，不仅可以了解外国的法律，加深对本国法律的认识，还可以就如何改进和发展本国的法律获得灵感。联合国关于律师、检察官、法官行为的国际法律文件表明，在法律职业伦理方面，各国法律职业伦理存在诸多的共通之处。在一个全球化的时代，法律服务已经跨越司法辖区边界。比较研究既是一种学术研究方法，也是学术视野和学术胸怀的体现，是法律职业规制（特别是法律服务规制）的必然要求。近些年来随着对法律职业伦理的关注，关于法律职业伦理的译介也有了长足的进步。② 这些译介既涉及具体的职业伦理，也涉及职业伦理背后的基础理论和历史背景，为法律职业伦理的比较研究提供了初步基础。

---

① 转引自［德］K. 茨威格特等：《比较法总论》，潘汉典等译，法律出版社 2003 年版，德文第二版序。

② 近些年来，关于法律职业伦理的主要译介成果有：美国律师协会：《美国律师协会职业行为示范规则（2004）》，王进喜译，中国人民公安大学出版社 2005 年版；［美］罗伯特·W. 希尔曼：《论律师的流动管理：合伙人退伙和律师事务所解散的法律及道德问题》，王进喜等译，中国人民公安大学出版社 2005 年版；［美］Mary Ann Altman、Robert I. Weil：《律师事务所管理》，冯蕊等译，社会科学文献出版社 2006 年版；［美］蒙罗·H. 弗里德曼、阿贝·史密斯：《律师职业道德的底线》（第三版），王卫东译，北京大学出版社 2009 年版；［美］理查德·埃贝尔：《美国律师》，张元元、张国峰译，中国政法大学出版社 2009 年版；［日］森际康友编：《司法伦理》，丁晓棋、沈军译，商务印书馆 2010 年版；［美］安索尼·T. 克罗曼：《迷失的律师：法律职业理想的衰落》，田凤常译，法律出版社 2010 年版；北京市律师协会组编：《境外律师行业规范汇编》，中国政法大学出版社 2011 年版；［美］德博拉·L. 罗德等：《律师的职业责任与规制》（第二版），王进喜等译，中国人民大学出版社 2013 年版；美国律师协会：《面向新世纪的律师规制》，中国法制出版社 2016 年版；《加拿大律师协会联合会职业行为示范守则》，王进喜译，中国法制出版社 2016 年版；《苏格兰诉辩律师协会诉辩律师职业行为指引和惩戒规则》，王进喜译，中国法制出版社 2017 年版；［英］劳拉·恩普森编：《现代律师事务所管理：新的挑战，新的视角》，王进喜译，中国人民大学出版社 2017 年版；等等。

思考题

1. 什么是法律职业伦理？法律职业伦理具有哪些特征？
2. 法律职业伦理与业务操作规范有哪些区别？
3. 法律职业伦理有哪些作用？
4. 我国的法律职业伦理有哪些渊源？

第三章
法律职业伦理的基本原则

第一节 法律职业伦理基本原则概述

法律职业伦理基本原则，是指贯穿于全部法律职业伦理规范，在法律职业伦理的制定、解释、培育和践行中所要遵循的具有全局性和根本性意义的要求。法律职业伦理基本原则是对法律职业伦理理论和实践的高度概括与总结，鲜明地表达了法律职业伦理不同于其他职业伦理的价值观。

首先，法律职业伦理基本原则，贯穿于所有法律职业的职业伦理规范。专门法治工作队伍和法律服务队伍，因其职业活动的方式、方法不同，其具体职业伦理规范在内容上也有所不同。无论是法官、检察官等专门法治工作人员的职业伦理，还是律师等法律服务人员的职业伦理，都应当体现法律职业伦理的基本原则。如果说各个法律职业的伦理规范是散落的珍珠，则法律职业伦理基本原则就是将这些璀璨的珍珠串联在一起的金线。法律职业伦理基本原则是各个法律职业的最大公约数，是“共同的行为准则”。

其次，法律职业伦理基本原则，贯穿于法律职业伦理规则的制定和解释活动。法律职业伦理基本原则体现了法律职业伦理的基本价值观，法律职业伦理规则的制定和解释活动应当成为体现这些基本价值观的载体和手段，把法律职业伦理基本原则的要求体现到各个法律职业的伦理规范中，转化为具有刚性约束力的法律职业伦理规范。

最后，法律职业伦理基本原则，贯穿于法律职业伦理的培育和践行活动。法律职业伦理的培育和践行的根本目标，是要让法律职业伦理规范及其体现的价值观内化于心、外化于行。毫无疑问，法律职业伦理规范无法穷尽日常司法和法律服务活动中的每一个情境和细节，因此，法律职业的培育和践行要依靠一套基本原则来加以丰富和贯通。

法律职业伦理基本原则主要包括坚持以社会主义核心价值观为引领，拥护中国共产党的领导和社会主义制度，维护法律正确实施、维护社会公平和正义，维护当事人合法权益，依法独立履行职责，维护法律职业尊严和荣誉，以及权责相适。

第二节　坚持以社会主义核心价值观为引领

2006 年 10 月，中国共产党十六届六中全会第一次提出“建设社会主义核心价值体系”这一重大命题和战略任务。2007 年 10 月，中国共产党十七大进一步指出了“社会主义核心价值体系是社会主义意识形态的本质体现”。2012 年 11 月，中国共产党十八大报告强调指出，要加强社会主义核心价值体系建设。“社会主义核心价值体系是兴国之魂，决定着中国特色社会主义发展方向。要深入开展社会主义核心价值体系学习教育，用社会主义核心价值体系引领社会思潮、凝聚社会共识。”“倡导富强、民主、文明、和谐，倡导自由、平等、公正、法治，倡导爱国、敬业、诚信、友善，积极培育和践行社会主义核心价值观。”这是对社会主义核心价值观的最新概括。2013 年 12 月，中共中央办公厅《关于培育和践行社会主义核心价值观的意见》指出，培育和践行社会主义核心价值观，是推进中国特色社会主义伟大事业、实现中华民族伟大复兴中国梦的战略任务。“富强、民主、文明、和谐是国家层面的价值目标，自由、平等、公正、法治是社会层面的价值取向，爱国、敬业、诚信、友善是公民个人层面的价值准则，这 24 个字是社会主义核心价值观的基本内容，为培育和践行社会主义核心价值观提供了基本遵循。”2017 年 10 月，中国共产党十九大报告进一步强调，“社会主义核心价值观是当代中国精神的集中体现，凝结着全体人民共同的价值追求。要以培养担当民族复兴大任的时代新人为着眼点，强化教育引导、实践养成、制度保障，发挥社会主义核心价值观对国民教育、精神文明创建、精神文化产品创作生产传播的引领作用，把社会主义核心价值观融入社会发展各方面，转化为人们的情感认同和行为习惯。”2018 年 3 月 11 日，第十三届全国人大第一次会议通过《中华人民共和国宪法修正案》，将“国家提倡爱祖国、爱人民、爱劳动、爱科学、爱社会主义的公德”修改为“国家倡导社会主义核心价值观，提倡爱祖国、爱人民、爱劳动、爱科学、爱社会主义的公德”，为把社会主义核心价值观融入法治建设提供了宪法依据、法理引领和制度保障。

社会主义核心价值观支配着法律职业伦理的建设。社会主义核心价值体系是国家层面所倡导的价值观，它既包括反映国家制度本质的价值取向，也包括调节社会和规范公民个人生活的价值取向。国无德不兴，人无德不立，法律职业伦理既调整法律职业的业内行为，与国家机构的运作直接相关，又调整法律职业的业外行为，与法律职业的个人生活密切相关。因此，社会主义核心价值观同法律职业伦理的价值观水乳交融，在性质和诉求上具有根本一致性。因此，社会主义核心价值观居于核心和支配地位，能够引领法律职业伦理的制定、解释、培育和践行。

法律职业伦理坚持以社会主义核心价值观为引领，是把社会主义核心价值观融入法治建设的直接举措。中共中央办公厅、国务院办公厅于 2016 年 12 月印发《关于进一步把社会主义核心价值观融入法治建设的指导意见》，指出，“法律法规体现鲜明价值导向，社会主义法律法规直接影响人们对社会主义核心价值观的认知认同和自觉践行。要坚持以社会主义核心价值观为引领，恪守以民为本、立法为民理念，把社会主义核心价值观的要求体现到宪法法律、法规规章和公共政策之中，转化为具有刚性约束力的法律规定”。法律职业伦理在本质上，是体现权利公平、机会公平、规则公平的法律制度，是依法保障公民权利、维护公平正义的基础设施；法律法规是法律职业伦理的重要渊源，是社会主义核心价值观的重要实现途径。法律职业伦理规范作为具有刚性约束力的规范，应当更好地体现国家的价值目标、社会的价值取向、公民的价值准则。法律职业伦理规范与社会主义核心价值观相统一，能培养人们对社会主义核心价值观的信念和对法律职业伦理规范的忠诚与遵守；法律职业伦理规范与社会主义核心价值观相背离，会导致人们对社会主义核心价值观的质疑。对与社会主义核心价值观的要求不相适应的法律职业伦理规范，要及时进行修改和废止。

坚持以社会主义核心价值观为引领的法律职业伦理，反过来将推动社会主义核心价值观深入人心。司法是维护社会公平正义的最后一道防线，司法公正对社会公正具有重要引领作用。加强法律职业伦理建设，是全面深化司法体制改革、加快建立健全公正高效权威的社会主义司法制度的重要内容，有利于确保审判机关、检察机关依法独立公正行使审判权、检察权，提供优质高效的司法服务和保障；有利于人民群众获得高质量的法律服务，让人民群众在每一个司法案件中都感受到公平正义，推动社会主义核心价值观落地生根。

第三节　拥护中国共产党的领导和社会主义制度

2018 年《宪法》第 1 条第 2 款规定，“社会主义制度是中华人民共和国的根本制度。中国共产党领导是中国特色社会主义最本质的特征。禁止任何组织或者个人破坏社会主义制度”。中国特色社会主义制度是中国共产党和人民在长期实践探索中形成的科学制度体系，我国国家治理的一切工作和活动都依照中国特色社会主义制度展开。中国共产党是中国特色社会主义的开辟者、领导者和推动者，中国共产党的领导是当代中国最大的国情、最大特色和最本质特征。当前，中国共产党总揽全局、协调各方的领导核心地位在国家运行机制和各项制度中得到了充分体现，已经形成一套坚持中国共产党的领导的制度规范和工作机制，并转化为国家治理有序、事业发展高效、社会和谐稳定的制度优势，使中国特色社会主义制度显示出了无可比拟的优越性，是中国特色社会主义制度的最大优势。

2018 年宪法修正案把“中国共产党领导是中国特色社会主义最本质的特征”写入宪法，将坚持中国共产党的领导从具体制度层面上升到国家根本制度层面，深刻揭示了中国共产党领导与中国特色社会主义之间内在的统一性，从社会主义本质属性的高度确定了中国共产党在国家中的领导地位，使中国共产党总揽全局、协调各方的领导核心地位在国家运行机制和各项制度中具有更强的制度约束力、更高的法律效力，有利于把中国共产党的领导贯彻落实到国家政治生活和社会生活的各个领域，实现全党全国人民思想上、政治上、行动上一致，确保中国特色社会主义事业始终沿着正确轨道向前推进，推动中国共产党的领导通过社会主义制度的执行有效落实到国家治理的各个领域、各个环节、各个方面。

在法律职业伦理的理论和实践层面拥护中国共产党的领导和社会主义制度，是坚持中国共产党对全面依法治国的领导的重要方面。中国共产党的全面领导，包括中国共产党领导人大、政府、政协、监察机关、审判机关、检察机关、武装力量、人民团体、企事业单位、基层群众自治组织、社会组织等。法律职业伦理是全社会公平正义法治保障制度的重要组成部分，是确保司法公正高效权威，努力让人民群众在每一个司法案件中感受到公平正义的重要制度。完善审判制度、检察制度，全面落实司法责任制，完善律师制度，加强对司法活动的监督，都离不开法律职业伦理规范。在法律职业伦理建设中体现中国共产党的领导和社会主义制度，是提高中国共产党依法治国、依法执政能力的重要途径。

拥护中国共产党的领导和社会主义制度，要求在法律职业伦理的制定、解释中落实和加强中国共产党的领导。2020 年 11 月，习近平总书记在中央全面依法治国工作会议上强调：要坚持建设德才兼备的高素质法治工作队伍。建设法治国家、法治政府、法治社会，实现科学立法、严格执法、公正司法、全民守法，离不开一支高素质的法治工作队伍。建设德才兼备的高素质法治工作队伍的重要内容之一，就是加强法律职业伦理建设。中国共产党总揽全局、协调各方的领导核心地位当然要体现在法律职业伦理的制定、解释、培育和践行的全过程中，实现法律职业与全党全国人民思想上、政治上、行动上一致，确保中国特色社会主义事业始终沿着正确轨道向前推进。

拥护中国共产党的领导和社会主义制度，要求在法律职业人员的选拔、法律职业伦理的培育和践行中坚持中国共产党的领导。拥护中国共产党的领导和社会主义制度，是成为法律职业一员的基本条件。2019 年《法官法》第 12 条、2019 年《检察官法》第 12 条规定，担任法官、检察官的条件之一是“拥护中华人民共和国宪法，拥护中国共产党领导和社会主义制度”。2017 年《律师法》第 5 条规定，申请律师执业的条件之一是拥护《中华人民共和国宪法》。司法部 2016 年《律师执业管理办法》第 2 条、中华全国律师协会 2017 年《律师执业行为规范（试行）》第 3 条规定，“律师应当把拥护中国共产党领导、拥护社会主义法治作为从业的基本要求”。2018 年《公务员法》第 13 条规定，公务员应当具备的条件之一是“拥护中华人民共和国宪法，拥护中国共产党领导和社会主义制度”。拥护中国共产党的领导和社会主义制度不仅应当是成为法律职业一员的基本条件，还应当在法律职业伦理实践中得到体现，在日常立法、执法、司法和法律服务活动中得到贯彻。

第四节　维护法律正确实施，维护社会公平和正义

2019 年《法官法》第 3 条规定："法官必须忠实执行宪法和法律，维护社会公平正义，全心全意为人民服务。"2019 年《检察官法》第 3 条规定："检察官必须忠实执行宪法和法律，维护社会公平正义，全心全意为人民服务。"2017 年《律师法》第 2 条第 2 款规定："律师应当维护当事人合法权益，维护法律正确实施，维护社会公平和正义。"这些规定表明，维护法律正确实施，维护社会公平和正义，是法律职业的共同的伦理底线。

维护法律正确实施，维护社会公平和正义，是法律职业共同体的建立基础之一。法律职业共同体的构建，不仅要基于共同的知识，还要基于共同的价值观。立法者、执法者、司法者、法律服务工作者、法学教育工作者，虽然职责分工不同，但都是社会主义法治工作队伍的重要组成部分，都承担着维护法律正确实施、促进社会公平正义的使命。只有基于共同的价值观，才能够凝聚共识，理解彼此的职业角色；才能互相尊重，相互支持，良性互动；才能解放思想，克服职业偏见，强化法治思维，着眼"四个全面"的战略布局，从政治责任、历史责任、法治使命的高度来把握包括律师权利保障和队伍建设等在内的法治队伍建设问题。[①]

维护法律正确实施，维护社会公平和正义，是各法律职业伦理的共同基准。各个法律职业的具体职责不同，职业伦理的内容也有所不同，但是，维护法律正确实施、维护社会公平和正义是共同的法律职业伦理底线。[②] 这种共同的法律职业伦理底线，与各个法律职业的具体角色相结合，进一步演绎出具体的职业伦理规则。[③]

---

① 参见徐显明：《构建法律职业共同体》，《人民日报》，2014-09-23（05）（"法官、检察官、律师等职业，内容各不相同，职业活动甚至是对立的、冲突的……他们都把法律等同为正义，把司法的过程理解为实现公平正义的艺术，把实现公平正义作为共同的追求。他们间的争执、对立，不是为了远离公正，而是为了向对方表明自己更接近公正。公正是他们的共同修养、共同境界。正是为了实现公正才将司法分成了若干链条，也正是公正又最终将断开的链条衔接起来。他们是公正链条上的独立的环，但任何一环都无法独立实现公正，只有用公正这根线再将他们串在一起，公正才有可能实现"）；叶竹盛：《以考试改革体现法治伦理》，载《人民日报》，2015-12-23（05）（"法律岗位虽然有分工，但根本利益不应有分立；不同法律职业不是司法流程上的对手，而是法治的共同队友"）。

② 参见徐显明：《构建法律职业共同体》，载《人民日报》，2014-09-23（05）（"尤其重要的是，要有一体化的职业伦理要求，对于法官、检察官、律师而言更是如此。三者要以相同的伦理底线共约，如果允许三类职业有三类道德水准，其结果一定是低水准的道德把高水准的道德拉低，最后使高的向低的屈服。只有三者水准相同时，三者的道德才能共守共进。"）。

③ 参见李奋飞：《论辩护律师忠诚义务的三个限度》，载《华东政法大学学报》2020 年第 3 期（"公平和正义是人类追求的永恒目标，也是法治社会的核心价值。因此，无论是代表国家的警察、检察官和法官，还是以维护当事人合法权益为己任的辩护律师，都承担着维护公平和正义的使命。不过，作为不具有公权属性的诉讼主体，律师维护公平和正义的方式与公检法人员大相径庭，因为，其只能站在有利于被告人的立场上发挥作用"）。

维护法律正确实施、维护社会公平和正义，是法律职业内部人员流动的前提条件。中国共产党十八届四中全会通过的《中共中央关于全面推进依法治国若干重大问题的决定》提出“建立从符合条件的律师、法学专家中招录立法工作者、法官、检察官制度”，2019 年《法官法》和《检察官法》已经将此转化为具体法律规定。如果律师不以维护法律正确实施、维护社会公平和正义为价值观，则很难确立从律师中选任法官、检察官的正当性。

第五节　维护当事人合法权益

“法律的权威源自人民的内心拥护和真诚信仰。人民权益要靠法律保障，法律权威要靠人民维护。”坚持以人民为中心，是习近平法治思想的根本立场，是落实全面依法治国战略、建设社会主义法治国家、实现国家治理体系和治理能力现代化的重要要求。全面依法治国最广泛、最深厚的基础是人民，法律职业应当自觉坚持以人民为中心，积极回应人民群众的新要求、新期待，系统研究谋划和解决法治领域人民群众反映强烈的突出问题，不断增强人民群众的获得感、幸福感、安全感，谱写新时代全面依法治国新篇章。这在司法和法律服务活动中，集中体现为维护当事人合法权益。法律职业伦理规范的主要内容是程序法，是维护当事人合法权益的重要手段之一。2019 年《法官法》第 10 条、2019 年《检察官法》第 10 条规定，法官、检察官应当履行的义务包括“依法保障当事人和其他诉讼参与人的诉讼权利”和“维护国家利益、社会公共利益，维护个人和组织的合法权益”；2017 年《律师法》第 2 条第 2 款规定：“律师应当维护当事人合法权益，维护法律正确实施，维护社会公平和正义。”这些规定表明，维护当事人合法权益，是法律职业的重要任务之一，是与当事人关系的重要规范内容。

维护当事人合法权益，不仅要求法律职业应当维护当事人的实体权益，同时也要维护当事人的各项程序权利。中国共产党十八届四中全会通过的《中共中央关于全面推进依法治国若干重大问题的决定》明确提出，要强化诉讼过程中当事人和其他诉讼参与人的知情权、陈述权、辩护辩论权、申请权、申诉权的制度保障。法律职业伦理规范中有大量的内容规范法律职业行为，为维护当事人的合法权益提供了遵循。例如，最高人民法院 2010 年《法官职业道德基本准则》第 10 条规定：“牢固树立程序意识，坚持实体公正与程序公正并重，严格按照法定程序执法办案，充分保障当事人和其他诉讼参与人的诉讼权利，避免执法办案中的随意行为。”第 13 条规定：“自觉遵守司法回避制度，审理案件保持中立公正的立场，平等对待当事人和其他诉讼参与人，不偏袒或歧视任何一方当事人，不私自单独会见当事人及其代理人、辩护人。”2017 年《律师法》第 31 条规定：“律师担任辩护人的，应当根据事实和法律，提出犯罪嫌疑人、被告人无罪、罪轻或者减轻、免除其刑事责任的材料和意见，维护犯罪嫌疑人、被告人的诉讼权利和其他合法权益。”

维护当事人合法权益，是司法文明的要求。尊重和保障人权先后被写入宪法和刑事诉讼法；无论是理念、制度还是细节，我国刑事诉讼人权保障都发生了巨大的变化，人权保障也日臻完善。作为人权、公平正义保障制度组成部分的法律职业伦理，应当体现司法文明的要求，特别是体现对犯罪嫌疑人、被告人合法权益的保护。

维护当事人合法权益，并不是维护当事人所有权益。特别是对于律师而言，尽管律师是接受委托或者指定，为当事人提供法律服务的执业人员，但是律师并不是当事人的“受雇用的枪”。律师执业必须遵守宪法和法律，恪守律师职业道德和执业纪律，必须以事实为根据、以法律为准绳。2017 年《律师法》第 32 条第 2 款规定：“律师接受委托后，无正当理由的，不得拒绝辩护或者代理。但是，委托事项违法、委托人利用律师提供的服务从事违法活动或者委托人故意隐瞒与案件有关的重要事实的，律师有权拒绝辩护或者代理。”

第六节 依法独立履行职责

依法独立履行职责，是指法律职业人员依照法律规定独立履行职责，不受不当干预。法律职业人员的独立性与其进行判断的职业特点相适应，也是法治发展到一定程度的产物。中国特色社会主义法治要求保障法律职业人员依照法律规定独立履行职责。

首先，法律职业人员应当严格依照法律规定独立履行职责。2018 年《人民法院组织法》第 4 条规定：“人民法院依照法律规定独立行使审判权，不受行政机关、社会团体和个人的干涉。”2019 年《法官法》第 7 条规定：“法官依法履行职责，受法律保护，不受行政机关、社会团体和个人的干涉。”2018 年《人民检察院组织法》第 4 条规定：“人民检察院依照法律规定独立行使审判权，不受行政机关、社会团体和个人的干涉。”2019 年《检察官法》第 6 条规定：“检察官依法履行职责，受法律保护，不受行政机关、社会团体和个人的干涉。”2017 年《律师法》第 32 条第 2 款规定：“律师接受委托后，无正当理由的，不得拒绝辩护或者代理。但是，委托事项违法、委托人利用律师提供的服务从事违法活动或者委托人故意隐瞒与案件有关的重要事实的，律师有权拒绝辩护或者代理。”这些规定都表明，法律职业人员在履行职责时，都具有不同程度的独立性。法律职业人员在履行职责时的独立，必须以法律规定为依据。例如，法官、检察官的独立行使职权，是建立在人民法院和人民检察院整体独立基础上的，因此，应当建立与此相适应的职业伦理规则。例如，最高人民法院 2010 年《法官职业道德基本准则》第 8 条规定：“坚持和维护人民法院依法独立行使审判权的原则，客观公正审理案件，在审判活动中独立思考、自主判断，敢于坚持原则，不受任何行政机关、社会团体和个人的干涉，不受权势、人情等因素的影响。”

第 14 条规定："尊重其他法官对审判职权的依法行使，除履行工作职责或者通过正当程序外，不过问、不干预、不评论其他法官正在审理的案件。"换言之，人民法院整体独立，并不意味着人民法院内部不存在独立行使审判权问题。

其次，法律职业人员依照法律规定独立履行职责，不受不当干预。中国共产党十八届四中全会通过的《中共中央关于全面推进依法治国若干重大问题的决定》明确要求：要完善确保依法独立公正行使审判权和检察权的制度："各级党政机关和领导干部要支持法院、检察院依法独立公正行使职权。建立领导干部干预司法活动、插手具体案件处理的记录、通报和责任追究制度。任何党政机关和领导干部都不得让司法机关做违反法定职责、有碍司法公正的事情，任何司法机关都不得执行党政机关和领导干部违法干预司法活动的要求。对干预司法机关办案的，给予党纪政纪处分；造成冤假错案或者其他严重后果的，依法追究刑事责任。"

再次，法律职业人员依照法律规定独立行使职权，要正确理解与中国共产党的领导的关系。中国共产党的领导是中国特色社会主义最本质的特征，是社会主义法治最根本的保证。把中国共产党的领导贯彻到依法治国全过程和各方面，是中国社会主义法治建设的一条基本经验。我国宪法确立了中国共产党的领导地位。坚持中国共产党的领导，是社会主义法治的根本要求，是全面推进依法治国的题中应有之义。政法委员会是党委领导政法工作的组织形式，各级党委政法委员会要把工作着力点放在把握政治方向、协调各方职能、统筹政法工作、建设政法队伍、督促依法履职、创造公正司法环境上，带头依法办事，保障宪法法律正确统一实施。政法机关党组织要建立健全重大事项向党委报告制度，加强政法机关党的建设，在法治建设中充分发挥党组织政治保障作用和党员先锋模范作用。

最后，法律职业人员依照法律规定独立行使职权，要正确理解与国家权力机关、监察机关的监督的关系。根据宪法，人民法院和人民检察院由各级国家权力机关产生，对其负责并报告工作。各级监察委员会依法对所有行使公权力的公职人员进行监察，调查职务违法和职务犯罪，开展廉政建设和反腐败工作，维护宪法和法律的尊严。设立监察委员会，是加强中国共产党对反腐败工作的集中统一领导，完善党和国家自我监督的重要举措。这些监督和监察都有自己的特定范围与程序，与法律职业人员依照法律规定独立行使职权并不矛盾。

第七节　维护法律职业尊严与荣誉

法律职业是建立在每个职业成员个人基础上的共同体，其职业使命的实现有赖于各个成员的共同努力，其职业尊严有赖于各个成员的共同维护。各个成员应当成为法律职业尊严的自觉维护者，成为法律职业理想的自觉践行者。这本身就是一项职业要求。

维护法律职业尊严与荣誉，要求法律职业维护法律的正确实施，维护社会公平和正义。法律职业的职业尊严与荣誉最终来自法律的权威，而“法律的权威源自人民的内心拥护和真诚信仰”。法律职业行为是否规范，不仅影响法律职业的形象，还影响公众对法治的信仰、对社会公平正义的信心。

维护法律职业的职业尊严与荣誉，要求法律职业之间相互尊重。法律职业人员之间彼此尊重、平等相待，是社会主义法治文明的一个重要标志。法律职业人员分工不同，但是都是社会主义法治工作队伍重要组成部分，都承担着维护当事人合法权益、保障法律正确实施、促进社会公平正义的使命，从事的都是追求正义的事业。法律职业的这一共同追求，决定了法官、检察官、律师等人员在扮演好各自角色的同时，要平等相待、相互尊重、相互支持，构建法律职业之间的新型关系，坚决避免从狭隘的本位利益出发的不当行为，甚至职业报复。

维护法律职业尊严与荣誉，要求法律职业之间相互支持。法律职业人员都是社会主义法治事业的建设者、捍卫者，有着共同的价值追求，都以维护法律正确实施、维护社会公平正义、维护公民合法权益为价值目标。为了共同目标相互支持，是法律职业共同体的应有之义。一方面，在司法实践中，各法律职业人员应当为其他法律职业人员正常履职提供必要的便利条件；另一方面，在法律职业的正当权益受到侵害时，法律职业要共同维护法律职业的尊严。

维护法律职业尊严与荣誉，要求法律职业之间相互监督。法律职业人员在执业活动中相互监督的过程，就是双方在事实认定和法律适用上统一认识、共同维护社会公平正义的过程。这种监督，不仅是指法律职业按照程序法机制进行相互监督，还包括按照职业伦理规则进行相互监督。如果没有相互监督，权力就会被滥用；如果没有相互监督，也就没有相互尊重。法律职业活动的专业性，可能会导致公众难以进行有效监督，如果再缺失了法律职业之间的相互监督，则很难保证司法活动的公正性。司法实践表明，缺乏相互监督，不仅是发生冤错案件的主要原因之一，也是造成司法腐败的主要原因之一。因此，法律职业伦理规范的重要内容之一，是法律职业之间的相互监督。例如最高人民法院、司法部 2014 年作出《关于规范法官和律师相互关系维护司法公正的若干规定》。

维护法律职业尊严与荣誉，要求法律职业共同维护法律服务市场秩序。法律服务市场的秩序与人民群众对法律的感知息息相关，混乱的法律服务秩序不仅会破坏法律服务的质量，也会滋生各种腐败，从而损害法律职业的尊严与荣誉。因此，规范法律服务市场秩序，是各法律职业的共同责任。最高人民法院、最高人民检察院、公安部、司法部等 2015 年《关于依法保障律师执业权利的规定》第 46 条规定：“依法规范法律服务秩序，严肃查处假冒律师执业和非法从事法律服务的行为。对未取得律师执业证书或者已经被注销、吊销执业证书的人员以律师名义提供法律服务或者从事相关活动的，或者利用相关法律关于公民代理的规定从事诉讼代理或者辩护业务非法牟利的，依法追究责任，造成严重后果的，依法追究刑事责任。”

第八节 权责相适

法律职业伦理的权责相适原则，是指法律职业伦理规则要与各个法律职业的职责相适应，并且要对违反法律职业伦理规则的行为加以问责。

法律职业伦理规则，要与各法律职业的权力/权利相适应。各个法律职业的具体职责各不相同，法律职业伦理规则的具体内容也不尽相同。例如，尽管各个法律职业都有保密职责，但是其具体要求是不同的。法官、检察官要保守国家秘密和审判、检察工作秘密，对履行职责中知悉的商业秘密和个人隐私予以保密；律师应当保守在执业活动中知悉的国家秘密、商业秘密，不得泄露当事人的隐私，此外，辩护律师对在执业活动中知悉的委托人的有关情况和信息，还有权予以保密。[①] 再如，律师在执业活动中有收取律师费和进行广告宣传的权利，与此相适应，律师职业伦理规则对律师费的收取、广告宣传活动有相应的规范，而作为公职人员的法官、检察官则因无相应活动，故其职业伦理规则中并无相应的规范。

法律职业伦理规则不仅应当设定相应的职责和义务，对于违反法律职业伦理规则的行为，还应当设定相应的处罚措施。权责相适原则要求的是权力/权利与法律责任的统一，做到有权必有责、用权受监督、违规受追究、侵权须赔偿。每个法律职业的职业伦理规则，都对应于相应的职业责任。例如，对于律师违反职业伦理规则的行为，司法行政机关有权作出行政处罚，律师协会有权作出纪律处分。法官就违规行为则要承担审判责任和纪律责任。

思考题

1. 什么是法律职业伦理的基本原则？
2. 法律职业伦理的基本原则有哪些？
3. 如何理解维护法律正确实施、维护社会公平和正义这一法律职业伦理基本原则？
4. 如何理解依法独立履行职责这一法律职业伦理基本原则？

① 参见2018年《刑事诉讼法》第48条。

第四章 委托人—律师关系规则

第一节　委托人—律师关系概述

一、委托人—律师关系的性质

委托人—律师关系，是指委托人与律师之间基于委托或者指定而形成的权利、义务关系。如果没有委托人—律师关系，也就没有律师的职责问题。委托人—律师关系涉及律师职业活动的始终，体现在律师职业活动的方方面面。因此，在委托人—律师关系建立、维持和终止时需要特别注意相关事项。委托人—律师关系是法律职业伦理所要调整的最重要的关系之一。

委托人—律师关系是一种复合性关系，既受到合同法的调整，也受到法律职业伦理的调整。只有将这些法律结合在一起考察，我们才能得出关于委托人—律师关系的完整结论。采用任何单视角的考察方法，都可能造成对委托人—律师关系的曲解。

（一）委托人—律师关系与合同法

2017 年《律师法》第 25 条第 1 款规定：“律师承办业务，由律师事务所统一接受委托，与委托人签订书面委托合同，按照国家规定统一收取费用并如实入账。”因此，律师—委托人关系，首先是一种合同关系。律师—委托人关系的建立，首先来自委托人的委托，律师—委托人关系的建立过程实际上是二者洽商的过程，委托关系的双方主体分别是律师事务所和委托人，二者是平等的民事主体。

1. 律师事务所

2017 年《律师法》第 14 条第 1 款规定：“律师事务所是律师的执业机构。”由律师事务所接受委托人的委托，是律师事务所对律师和律师业务进行有效管理的重要手段。通过这项制度，可以有效地监督、促使律师在职业活动中严格遵纪守法，尽职尽责地履行义务，从而防止违法乱纪现象、不公平竞争现象，维护法律服务市场的健康、有序，维护委托人的合法权益。此外，现代律师事务所具有通过规模化、管理制度化来加强法律服务职能、提高法律服务的数量和质量的作用。由律师事务所来对委托人进行统一管理，有利于处理好利益冲突、保密等各种问题，保证法律服务的质量，进一步促进委托人—律师关系。因此，律师办理业务，在收案时应当以律师事务所的名义接受委托。律师事务所在收案后应当指派律师提供法律服务。[①]

我国目前律师事务所有三种组织形式：（1）合伙律师事务所。合伙律师事务所可以采用普通合伙或者特殊的普通合伙形式设立。合伙律师事务所的合伙人按照合伙形式对该律师事务所的债务依法承担责任。（2）个人律师事务所。个人律师事务所的设立人对律师事务所的债务承担无限责任。（3）国家出资设立的律师事务所。国家出资设立的律师事务所以该律师事务所的全部资产对其债务承担责任。[②]

2. 委托人

根据2017年《律师法》第28条，律师可以接受自然人、法人和其他组织的委托，从事诉讼或者非诉讼法律服务。因此，作为委托关系一方的委托人，在范围上包括自然人、法人和其他组织。

随着我国政治体制改革和经济体制改革的不断深化，律师接受包括政府机构在内的法人和其他组织的聘请，从事法律服务的业务量越来越大。所谓法人，是指具有民事权利能力和民事行为能力，依法独立享有民事权利和承担民事义务的组织。[③] 法人包括营利法人、非营利法人和特别法人。[④] 法人机关由意思机关、执行机关、代表机关和监察机关构成。法人的行为，由组成这些机关的自然人予以实现。作为委托人的其他组织与此类似。其他组织，即非法人组织，是指不具有法人资格，但是能够依法以自己的名义从事民事活动的组织。[⑤] 与此同时，法人和其他组织内部也存在各种各样的关系。因此，律师在接受法人和其他组织的委托事项时，应当就委托人进行识别，以明确代理关系的范围，避免产生利益冲突等问题。

（二）委托人—律师关系与法律职业伦理

除了受到合同法的调整，委托人—律师关系也受到法律职业伦理的调整。委托人—律师关系之所以要受到法律职业伦理的调整，是因为在委托人与律师之间，因为能力、处境等原因，存在事实上的不平等，还涉及经济学上所称的市场外部性问题，即律师为委托人提供的法律服务的质量会影响到他人的福祉和公共利益。换言之，委托人—律师关系中的一些方面是受到合同法的调整，在这一点上律师服务合同和其他服务合同没有什么区别，但是这种关系中的其他一些方面则受到法律职业伦理的调

① 例如中华全国律师协会2000年《律师法律顾问工作规则》（中华全国律师协会四届六次常务理事会通过）第4条明确规定："受律师事务所指派担任法律顾问的律师必须是依《律师法》及有关规定取得了律师执业证并在律师事务所执业的执业律师。""未经律师事务所指派，律师个人不得以任何形式或名义担任法律顾问。""律师助理人员不得独立担任法律顾问，但可以协助律师完成法律顾问工作。"

② 参见2017年《律师法》第15条、第16条、第20条。

③ 参见2020年《民法典》第57条。

④ 参见2020年《民法典》第一编第三章第二节至第四节。此外，司法部2000年《关于〈关于律师为政府担任法律顾问的法律依据问题的请示〉的批复》指出："根据《中华人民共和国律师法》第25条规定，律师可以接受公民、法人和其他组织的委托担任法律顾问；根据《中华人民共和国民法通则》第50条规定，各级政府机关具有法人资格，因此，律师可以受聘担任各级政府机关的法律顾问。"

⑤ 参见2020年《民法典》第一编第四章。

整，律师和委托人都不能对此任意加以改变。这是因为以下几点：

首先，委托人与律师在能力方面存在事实上的不平等。委托人往往缺乏法律知识，律师则受过专业法律训练，甚至被称为在“说服的艺术”方面受过专门训练的人。这导致委托人往往对法律服务的质量等问题难以作出判断。这在经济学上被称为“信息不对称”。虽然现在人们已经认识到信息不对称并不适用于所有的法律服务市场，但是它仍然存在于许多法律服务市场，仍然是继续规制这些法律服务市场和法律职业人员的一个有说服力的理由。

其次，委托人与律师在处境问题上存在事实上的不平等。委托人往往深陷法律困境，而律师则相对超然。这种不平等往往造成委托人与律师在判断能力上的差异。

最后，委托人—律师关系除涉及委托人的合法权益外，还涉及诉讼等程序的效率，涉及委托人和律师之外的主体的利益，涉及社会公平与正义等重大社会政策，因而需要法律职业伦理的介入，而不能仅仅将其视为商业性的合同关系。

虑及这些情况，法律职业伦理对委托人—律师关系又设定了众多规则，以实现对委托人的保护，对其他利益相关者的保护，对各个利益的保护。例如，2017 年《律师法》第 32 条规定：“委托人可以拒绝已委托的律师为其继续辩护或者代理，同时可以另行委托律师担任辩护人或者代理人。”“律师接受委托后，无正当理由的，不得拒绝辩护或者代理。但是，委托事项违法、委托人利用律师提供的服务从事违法活动或者委托人故意隐瞒与案件有关的重要事实的，律师有权拒绝辩护或者代理。”考虑到律师任意退出代理，必将加剧委托人的法律困境，影响法律程序的顺利进行，该法对律师拒绝辩护或者代理的权利进行了必要的限制，即“律师接受委托后，无正当理由的，不得拒绝辩护或者代理。”法律职业伦理中关于律师利益冲突的规则，也体现了对委托人利益的保护。

2017 年《律师法》上述规定仅仅规定了律师—委托人关系建立以后的拒绝辩护与代理问题，而没有规定律师—委托人关系建立之前的拒绝辩护与代理问题。换言之，我国法律中没有英格兰与威尔士出庭律师（Barrister）那样的“出租车待雇规则”[①]，对于当事人的委托，律师没有一般性的接受辩护或者代理的义务。但是，2017 年《律师法》第 42 条规定：“律师、律师事务所应当按照国家规定履行法律援助义务，为受援人提供符合标准的法律服务，维护受援人的合法权益。”2003 年《法律援助条例》第 6 条规定：“律师应当依照律师法和本条例的规定履行法律援助义务，为受援人提供符合标准的法律服务，依法维护受援人的合法权益，接受律师协会和司法行政部门的监督。”第 27 条规定：“律师事务所拒绝法律援助机构的指派，不安排

① 《英格兰与威尔士出庭律师标准理事会行为守则》rC29 规定，一般情况下，出庭律师必须遵守“出租车待雇规则”，即如果出庭律师收到了职业委托人的指示，并且虑及经验、资历和/或执业领域，该指示是适当的，则出庭律师必须接受具体针对其提出的指示，无论委托人的身份，与指示有关的案件的性质，委托人的资金来源是私人的还是公共的，以及出庭律师就委托人的品性、声望、案由、行为、是否有罪可能形成的任何信念或者意见。

本所律师办理法律援助案件的，由司法行政部门给予警告、责令改正；情节严重的，给予 1 个月以上 3 个月以下停业整顿的处罚。”第 28 条第 1 款规定：“律师有下列情形之一的，由司法行政部门给予警告、责令改正；情节严重的，给予 1 个月以上 3 个月以下停止执业的处罚：（一）无正当理由拒绝接受、擅自终止法律援助案件的；（二）办理法律援助案件收取财物的。”接受法律援助机构指派，是委托人—律师关系得以建立的另一种形式，这种情况下，律师履行法律援助的义务，关涉社会公平与正义。因此，律师—委托人关系的建立不是一个平等洽商的过程，而是一种行政性的管理方式，体现了法律援助的国家管理属性。

一般而言，法律职业伦理中关于委托人—律师关系的规定，是以委托人为未受过法律训练的自然人为假设前提的，在这种情况下，以委托人为这种关系的保护重点。但是在实践中，也存在对律师加以保护的需要，这主要涉及委托人处于强势的情形，例如，公司律师的委托人公司往往处于强势地位。对于这种情况，需要在法律职业伦理规则中加强对律师独立性的保护。

我国法律对于律师与潜在委托人之间的关系并没有明确规定。司法部 1994 年《关于对海南省司法厅以政治部名义对吴清滚律师停职检查处理问题的批复》[①] 称：“根据我部《律师惩戒规则》和刚刚颁布的《律师职业道德和执业纪律规范》，律师为当事人提供法律咨询意见的行为，无论发生在委托代理关系成立之前，还是成立之后，都属于律师职业行为，如确有违反律师职业道德和执业纪律的，都应适用《律师惩戒规则》给予惩戒。”因此，即使是为潜在委托人提供法律咨询意见的行为，也受到法律职业伦理的调整。律师与潜在委托人之间往往要就是否建立正式的委托人—律师关系进行磋商，因而存在必要的信息交流。这将引发律师的保密义务，进而可能导致利益冲突问题。

（三）委托人—律师关系：律师事务所与委托人的角度

就委托人—律师关系而言，一方面，从律师事务所的管理角度来看，可以将其视为律师事务所、律师和委托人就委托人事务的具体处理所确立的管理关系；另一方面，从委托人的角度来看，作为委托关系之基础的委托人的信任可以有三种情况：第一种是委托人对律师事务所的信任，因而委托人要与律师事务所建立委托关系，并由律师事务所为其指派律师来提供法律服务；第二种是委托人对律师的信任，委托人基于这种信任才和律师所在的律师事务所建立委托关系；第三种则是委托人基于对律师事务所和律师事务所全部或者部分律师的混合信任，才与律师事务所建立委托关系。[②] 与此同时，委托人的信任在委托人—律师关系存续期间是动态

① 司发函〔1994〕015 号，已废止。

② 例如，有论者指出，非诉讼业务主要是团队运作，委托人主要是跟从律师事务所而不是跟从律师个人，而诉讼业务主要依靠律师个人运作，委托人主要跟从律师个人而不是跟从律师事务所。参见赵小鲁：《律师事务所规模化的几个问题》，载《中国律师》，2003 年第 2 期。

的。因此，律师事务所作为律师的执业机构，在委托人—律师关系的构建上，可能仅仅起到沟通桥梁的作用。从律师事务所的管理角度来看，对委托人—律师关系进行有效管理，是律师事务所管理的重要方面。在律师变更执业机构时，未办结业务的委托人如何行使其选择权来选择律师事务所和律师的重要问题，就是在这一情境下产生的。

二、委托人—律师关系的类型

委托人—律师关系的类型，是指根据不同标准对委托人—律师关系进行的划分，以揭示不同样态下委托人—律师关系的特点。在理论上，委托人—律师关系可以分为以下类型。

（一）自然人委托人—律师关系与组织性委托人—律师关系

这是以委托人的自然条件为标准进行的划分。自然人包括在我国领域内的外国人、无国籍人。组织性委托人包括法人和非法人组织。根据 2020 年《民法典》的规定，法人包括营利法人、非营利法人和特别法人；非法人组织包括个人独资企业、合伙企业和不具有法人资格的专业服务机构等。

在自然人委托人—律师关系中，在委托人—律师关系存续期间，同律师进行交流并根据律师的法律意见作出决策的，一般情况下都是同一人。在组织性委托人—律师关系中，组织的行为要通过组成该组织的自然人加以实现，而这些自然人与所属组织是不同的法律关系主体，而因此，律师与组织性委托人的关系和律师与该委托人的组成机构、人员的关系，在法律性质上是有所区别的。律师在接受组织性委托人的委托时，应当注意委托人与其组成机构和组成人员之间的区别，明确自己的委托人是谁，并进行必要沟通，避免有关人员产生误解。

与自然人委托人相比，组织性委托人的另一个重要特点是，许多组织性委托人建立了内部法律部门，因此，与自然人委托人不同，就许多组织性委托人而言，可能不存在妨碍委托人对法律服务质量进行评估的信息不对称。

（二）潜在委托人—律师关系、现行委托人—律师关系、前委托人—律师关系

这是根据委托人—律师关系的形成、持续与终止的时间顺序而进行的划分。

潜在委托人，是指就某委托事项同律师探讨形成委托人—律师关系的可能性，并可能依据律师的建议采取法律行动的人。因此，潜在委托人—律师关系，是指潜在委托人与律师建立正式的委托人—律师关系之前的潜在委托人—律师关系样态。如果行为人不存在就某委托事项同律师探讨形成委托人—律师关系的可能性的意图，则并不是潜在委托人。由于潜在委托人与律师进行了这种包含各种信息的探讨，并且可能依据律师的法律意见采取法律行动，律师在处理与潜在委托人的关系方面也承担一定的责任，例如就获悉的有关信息保密，就提供的法律意见尽到合理注意。因为获悉有关信息，律师还有可能受到利益冲突规则的限制。因此，对于律师而言，委托人—律师

关系最终没有建立并不等于不存在丝毫的义务。如前所述，司法部 1994 年《关于对海南省司法厅以政治部名义对吴清滚律师停职检查处理问题的批复》（已废止）称："……律师为当事人提供法律咨询意见的行为，无论发生在委托代理关系成立之前，还是成立之后，都属于律师职业行为，如确有违反律师职业道德和执业纪律的，都应适用《律师惩戒规则》给予惩戒。"[①] 对此，我们应当理解为，法律职业伦理的部分保护，是及于潜在委托人的。[②]

现行委托人—律师关系，是指委托人与律师已经建立了委托人—律师关系的委托人—律师关系样态。现行委托人—律师关系是潜在委托人—律师关系进一步发展的结果。现行委托人—律师关系是法律职业伦理规则的关注重点，与潜在委托人和前委托人相比，现行的实在委托人得到了更为充分的保护，律师职业伦理规则的大多数内容体现了对现行委托人的保护。

前委托人—律师关系，是指委托人—律师关系终止后的委托人—律师关系样态。委托人—律师关系的终止并不意味着律师的职责和义务的终止。在委托人—律师关系终止后，律师还受到关于保密、利益冲突问题的法律职业伦理规则的约束。委托人—律师委托关系终止后律师仍然要承担这些职责和义务，恰恰是为了促进进行中的委托人—律师关系。如果没有这样的规则，在委托人—律师关系存续的时候，律师就有可能因为某种原因（如为了获取更高的律师费）终止这种关系而代理其他委托人。律师在该代理活动中所获得的秘密信息可能会增加其对于其他委托人的价值。在这种情况下，该委托人就有可能担心律师的背叛而不敢、不愿向律师敞开心扉，倾诉秘密。这无疑将会严重影响委托人—律师关系和代理活动的质量。但是，与现行委托人—律师关系相比，这种对前委托人—律师关系的保护也是有限的，例如关于前委托人利益冲突规则的保护范围要小于关于现行委托人利益冲突规则的保护范围。这既是为了保护律师的利益，也是为了保护所有委托人的利益。

（三）单数委托人—律师关系与复数委托人—律师关系

这是以委托人的内部关系和为其提供服务的律师内部关系为标准，对委托人—律师关系进行的划分。

单数委托人—律师关系，是指委托人与律师事务所接受委托后指派的直接承办该事务的律师都是单数的样态。这是最为简单的委托人—律师关系样态，可以称之委托人—律师关系的原型。

复数委托人—律师关系，是指委托人和/或者直接承办该事务的律师是复数的样态。如果委托人是复数，则律师在处理委托人—律师关系时，会受到关于利益冲突的

---

① 尽管该批复因适用期已过而被废止，但是其所涉及的法律问题依然存在，其处理意见仍然具有合理性。

② 需要指出的是，除该批复外，我国现行法律职业伦理对潜在委托人的保护并没有明确的规定。就对潜在委托人的保护，可以参阅美国律师协会《职业行为示范规则》之规则 1.18（对潜在委托人的职责）。

职业伦理的限制。① 如果律师是复数，即多个律师参与服务，则涉及律师之间的合作与分工等关系。②

（四）外部委托人—律师关系与内部委托人—律师关系

外部委托人—律师关系与内部委托人—律师关系的区分标准，是律师的执业活动情境。

外部委托人—律师关系，是指委托人处于律师所在执业机构外部的委托人—律师关系样态。

内部委托人—律师关系，是指委托人和律师都处于同一组织的委托人—律师关系样态。

中国共产党十八届四中全会通过的《中共中央关于全面推进依法治国若干重大问题的决定》明确提出，要构建社会律师、公职律师、公司律师等优势互补、结构合理的律师队伍。社会律师，即在律师事务所执业的律师，相对于委托人而言，是外部律师。社会律师与委托人所建立的关系，属于外部委托人—律师关系；公职律师和公司律师，则可以称为内部律师。公职律师和公司律师所建立的委托人—律师关系，属于内部委托人—律师关系。

进行这种区分的意义在于，区分律师对委托人的相对独立性。社会律师的委托人是外部委托人，对社会律师的控制相对较少，律师相对具有更多的独立性和执业自由；内部律师的委托人是内部委托人，对内部律师的控制相对较多，律师则相对有着更少的独立性和执业自由。例如，司法部 2018 年《公司律师管理办法》第 4 条第 2 款规定，“公司律师所在单位对公司律师进行日常管理。”在这种情境中，律师的独立职业判断会受到各种因素的影响。因此，为内部律师的独立职业判断提供保护，则是法律职业伦理的重要内容。

第二节 委托人—律师关系的建立、维持与保护

一、委托人—律师关系建立的前提

如前所述，从律师事务所内部的管理关系来看，委托人—律师关系实际上是委托

① 例如，司法部 1991 年《关于一个律师可否为同一案件两个以上被告人辩护等问题的批复》（司发函〔1991〕052 号）指出：“我国刑事诉讼法规定：‘辩护人的责任是根据事实和法律，提出证明被告人无罪、罪轻或者减轻、免除其刑事责任的材料和意见，维护被告人的合法权益。’在同一案件中，几个被告人在案件中所处的地位和所起的作用不同，他们之间的利害关系既有相互一致的方面，又有相互冲突的一面，同一案件中，一个律师同时为几个被告人进行辩护，就可能使辩护人处于自相矛盾的境地，难以同时维护几个被告人的合法权益。因此，一个律师不能同时为同一案件中的两个或两个以上的被告人担任辩护人。”

② 例如，中华全国律师协会 2003 年《律师办理民事诉讼案件规范》第 13 条规定：“收案后，如发现委托人已经委托了一名其他代理人时，应当与该代理人交换意见。如果意见基本一致，可以共同代理；如果意见不一致，应当向委托人讲明情况，由委托人选任一名代理人，或者两个代理人就不同的事项接受委托，分别接受不同的代理权限。”

人—律师事务所关系；从法律服务的具体操作来看，委托人—律师关系是委托人与承办案件的律师之间的关系。因此，委托人—律师关系的建立前提，既涉及律师个体，也涉及律师事务所对律师的管理。一般而言，律师在建立委托人—律师关系时，应当符合下列前提条件。

（一）具备必要的法律知识和技能

律师服务的价值，在于其具有为他人所需要的具有市场价值的法律知识和技能。称职的律师应当能够就法律向委托人提供足够的信息，以便有效解决法律问题。如果缺少处理某事务的法律知识和技能，则律师不得接受该法律事务的委托。我国关于律师法律知识和技能的管理是通过两种方式进行的。

1. 执业许可前审查

2017 年《律师法》第 5 条第 1 款规定，申请律师执业，应当通过国家统一法律职业资格考试取得法律职业资格，并在律师事务所实习满 1 年。国家统一法律职业资格考试主要测试应试人员所应具备的法律专业知识和从事法律职业的能力，考试的内容包括：中国特色社会主义法治理论、法理学、宪法、中国法律史、国际法、司法制度和法律职业道德、刑法、刑事诉讼法、行政法与行政诉讼法、民法、知识产权法、商法、经济法、环境资源法、劳动与社会保障法、国际私法、国际经济法、民事诉讼法（含仲裁制度）。[①] 一般认为，所取得的律师执业证书是律师所具有的法律知识和技能的外在化表现。只要取得了律师执业证书，即应认为该律师已经具备了向社会提供法律服务的最低法律知识与技能要求。

为了规范申请律师执业人员的实习活动，完善律师执业准入制度，确保为律师队伍培养、输送合格人才，2006 年 11 月，中华全国律师协会颁布了《申请律师执业人员实习管理规则（试行）》；2021 年 3 月，中华全国律师协会印发了经第九届全国律协常务理事会第十九次会议修订后的《申请律师执业人员实习管理规则》，自 2021 年 5 月 1 日起施行。该 2021 年规则规定，实习人员的实习期为一年，自“申请律师执业人员实习证”签发之日起计算。实习人员在实习期间应当参加律师协会组织的集中培训和律师事务所安排的实务训练，遵守实习管理规定，实习期满接受律师协会的考核。拟申请专职律师执业的实习人员为中国共产党党员的，实习期间应当按照规定转接组织关系。实习人员的集中培训，由省、自治区、直辖市律师协会或者设区的市级律师协会组织进行。每期集中培训的时间不得少于一个月。集中培训大纲由中华全国律师协会制定。集中培训教材，由中华全国律师协会组织编写或者指定。集中培训包括下列内容：（1）习近平新时代中国特色社会主义思想，特别是习近平法治思想；（2）党的路线、方针、政策；（3）中国共产党党史、国史教育；（4）律师制度和律师的定位以及其职责使命；（5）律师执业管理规定；（6）律师职业道德和执业纪律；（7）律师实务知识和执业技能。集中培训结束时，应当对参加集中培训的实习人员进

① 司法部《2019 年国家统一法律职业资格考试公告》。

行考核。实习人员的实务训练，由接收其实习的律师事务所负责组织实施。律师事务所应当按照中华全国律师协会制定的实务训练指南，指派符合条件的律师指导实习人员进行实务训练，并为实习人员进行实务训练提供必要的条件和保障。实习人员应当自实习期满之日起一年内，通过其实习的律师事务所向负责实习考核的律师协会提出实习考核申请。律师协会出具的考核合格意见，是实习人员符合申请律师执业条件的有效证明文件。经律师协会考核合格的实习人员，考核合格意见有效期为一年。逾期后实习人员申请重新出具考核意见的，区别下列情形予以处理：(1) 超过一年但未满三年的，应当由律师协会重新对其进行考核；(2) 超过三年的，原实习考核合格意见失效，实习人员应当重新进行为期一年的实习。①

2. 执业许可后继续教育

随着社会政治、经济情况的不断变化，法律也在不断地发展。为了保持必需的法律知识和技能，律师应当与法律和法律服务的变化并进，参加继续学习和教育，并遵守律师应当遵循的关于继续法律教育的所有要求。参加继续法律教育，是律师保持称职性的重要措施之一。

为加强和规范对执业律师的继续教育，提高执业律师的职业道德水准和业务水平，努力为社会提供优质法律服务，1996 年中华全国律师协会制定了《执业律师继续教育试行办法》，建立了律师强制继续教育制度。根据该办法，凡在中国注册的执业律师均有权利也有义务定期接受继续教育。中华全国律师协会和各省级律师协会应当成立律师继续教育委员会，具体指导继续教育工作。继续教育委员会由司法行政部门、律师协会、教育部门的有关人员和执业律师组成。中华全国律师协会和各省级律师协会应当组建培训机构，具体负责继续教育工作的组织实施。中华全国律师协会每年发布执业律师继续教育培训要点，各省级律师协会应当根据此要点编制年度培训计划，并报全国律师协会备案。执业律师的继续教育应当结合执业律师的特点，采取举办脱产或业余的短期培训班、讲习班、讲座等多种形式进行。执业律师继续教育的内容包括：律师职业道德和执业纪律教育；专门法律实务培训；新颁布法律法规培训；律师执业技能培训；律师管理法规培训以及涉外进修、学历教育、专业资格教育等。鼓励执业律师参加各种在职学历教育学习。凡读法律专业的本科、研究生、双学位课程者，在读期间可以不参加其他继续教育培训。执业律师每年应当参加全国律师协会或省级律师协会培训机构举办的不少于 30 课时的继续教育学习。没有完成规定课时学习，律师管理部门不予年度注册。

(二) 具有适当的工作条件

所谓适当的工作条件，是指律师在接受委托事务后，能够有充分的精力、时间和

---

① 司法部 1998 年《关于对律师停止执业后申请重新执业如何办理执业证的批复》(司发函〔1998〕100 号，已失效) 曾规定：因患病、上学、出国等其他原因停业又申请重新执业的，律管部门应审核其执业条件是否符合法定要求，如无法定不发证的情形，可发证注册。对申请重新执业的人员不再要求实习。

便利的条件来准备该事务。如果由于其他职业事项不能或者缺乏足够的精力、时间来为该事务的处理进行准备工作，则律师不得接受委托办理该事务。在律师没有充分精力、时间和条件来就案件进行准备的情况下，法律服务的质量很难得到保障。因此，律师在办理案件时，应当根据具体情况来保持适当的工作流量，这是律师事务所管理的重要方面。[①] 2017年《律师法》第27条规定："律师事务所不得从事法律服务以外的经营活动。"这也是保证律师具有适当的工作条件的重要措施。

（三）在律师事务所执业

在律师事务所执业，是指律师在提供法律服务时，应当在律师执业证书所列律师事务所执业，并遵守律师事务所的相应管理制度。这是律师向社会提供法律服务的基本要求之一。2017年《律师法》第14条第1款规定："律师事务所是律师的执业机构。"律师的执业活动必须接受律师事务所的管理、监督。律师在执业时应当接受律师事务所的管理，一方面是为了保证律师法律服务的称职性[②]；另一方面是为了保障委托人的基本权益。因此，处于律师事务所的有效管理中，也是律师的执业前提之一。[③]

律师在律师事务所执业，主要有以下几个含义。

1. 律师应当专职执业

司法部2016年《律师执业管理办法》第47条第2款规定："律师在从业期间应当专职执业，但兼职律师或者法律、行政法规另有规定的除外。"专职律师违规兼职，主要包括专职律师在执业期间担任党政机关、人民团体、事业单位、社会团体在编工作人员（兼职律师除外）；担任企业的法定代表人、董事（不含外部独立董事）、监事（不含外部独立监事）、高级管理人员或者员工；与律师事务所以外的其他单位签订劳动合同或形成劳动关系的；在律师事务所以外的其他单位参加全日制工作的（律师事务所接受委托并指派本所律师到相关单位提供法律服务的除外）。[④]

2. 律师只能在一个律师事务所执业

2017年《律师法》第10条规定："律师只能在一个律师事务所执业。"司法部2016年《律师执业管理办法》第47条第1款规定："律师只能在一个律师事务所执业。""律师在从业期间应当专职执业，但兼职律师或者法律、行政法规另有规定的除外。"中华全国律师协会2017年《律师执业行为规范（试行）》第12条第2款规定：

---

① 例如司法部1997年发布的《关于创建司法部部级文明律师事务所实施办法》（已失效）就曾规定，律师事务所具有高度自律、科学规范的运行机制的标准之一，就是"建立统一接受委托、统一收取服务费用、合理分配案件制度，并严格执行"。

② 例如中华全国律师协会2000年《律师法律顾问工作规则》第22条规定："顾问律师应将聘方交与承办的重大的、疑难的或事关聘方重大利益的法律事务提交律师事务所讨论，以保证工作质量。"

③ 例如中华全国律师协会2000年《律师法律顾问工作规则》第4条第1、2款规定："受律师事务所指派担任法律顾问的律师必须是依《律师法》及有关规定取得了律师执业证并在律师事务所执业的执业律师。""未经律师事务所指派，律师个人不得以任何形式或名义担任法律顾问。"

④ 司法部办公厅《关于在律师队伍中开展违规兼职等行为专项清理活动的通知》（司办通〔2020〕63号）。

"律师只能在一个律师事务所执业。"司法部 2010 年《律师和律师事务所违法行为处罚办法》第 5 条规定："有下列情形之一的，属于《律师法》第四十七条第一项规定的律师'同时在两个以上律师事务所执业的'违法行为：（一）在律师事务所执业的同时又在其他律师事务所或者社会法律服务机构执业的；（二）在获准变更执业机构前以拟变更律师事务所律师的名义承办业务，或者在获准变更后仍以原所在律师事务所律师的名义承办业务的。"其他社会法律服务机构，主要是指公证处、基层法律服务所、提供法律服务的公司等。① 司法部 2017 年《基层法律服务工作者管理办法》第 46 条第 1 款第 5 项也规定，基层法律服务工作者"同时在基层法律服务所和律师事务所或者公证机构执业，或者同时在两个以上基层法律服务所执业的"，由所在地县级司法行政机关或者直辖市的区（县）司法行政机关予以行政处罚。

律师不得在两个以上法律服务机构执业，一方面是为了促进律师事务所的有效管理，避免管理混乱，避免陷入利益冲突；另一方面，是为了保证律师具有办理案件的适当工作条件。②

3. 律师在执业期间不得以非律师身份从事法律服务

中华全国律师协会 2017 年《律师执业行为规范（试行）》第 12 条第 1 款规定："律师在执业期间不得以非律师身份从事法律服务。"中华全国律师协会 2017 年《律师协会会员违规行为处分规则（试行）》第 27 条规定，律师在执业期间不能以非律师身份从事有偿法律服务。禁止律师在执业期间以非律师身份提供法律服务，一方面是为了避免律师事务所陷入利益冲突，另一方面是为了维护律师事务所在案源方面的利益。

司法部 2002 年《关于律师以非律师身份参与诉讼并提供伪造证据是否适用〈律师法〉予以处罚的批复》③ 规定，"律师以非律师身份参与诉讼并向法院提供伪造的证据，隐瞒事实真相，妨碍了人民法院诉讼程序，应适用《律师法》第四十五条第三款、《律师违法行为处罚办法》第七条第三款的规定，对其进行处罚"。司法部 2005 年《关于执业律师以公民身份接受当事人委托参与诉讼并在诉讼中牟取当事人争议的

① 司法部 1997 年《关于北京市司法局〈关于"律师同时在一个律师事务所又在另一个法律服务所执业"是否适用"同时在两个以上律师事务所执业"问题的请示〉的答复》（司发函〔1997〕289 号，已失效）中规定："基层法律服务所与律师事务所在业务范围上基本相同，从法律的角度看，可视其为性质相同的法律服务机构。因此，律师同时在一个律师事务所又在另一个法律服务所执业，应当适用《律师法》第十二条关于'律师应当在一个律师事务所执业，不得同时在两个以上律师事务所执业'的规定。"

② 有观点认为，律师之所以只能在一个律师事务所执业，还因为在律师给当事人造成损失的情况下，当事人可以获得相应的赔偿。如果允许律师同时在两个以上律师事务所执业，可能造成律师事务所对赔偿责任的推诿，不利于律师赔偿制度的落实。参见王胜明、赵大程主编：《中华人民共和国律师法释义》，法律出版社 2007 年版，第 29 页。然而，根据 2017 年《律师法》，律师承办业务，由律师事务所统一接受委托，与委托人签订书面委托合同。因此，当事人的赔偿只能由接受委托人委托，签订书面委托合同的律师事务所来承担，应当不存在多个律师事务所互相推诿的问题。

③ 司复〔2002〕5 号。

权益应当适用〈律师法〉有关规定给予处罚的批复》[①] 规定："律师无论以律师身份还是非律师身份接受委托承办案件，其行为均应当符合《律师法》的规定。对于有违反《律师法》规定的行为的，应当依法处理。因此，执业律师以公民身份接受当事人委托参与诉讼并在诉讼过程中谋取当事人争议的权益的，应当适用《律师法》第四十四条第（七）项规定给予处罚。"换言之，在律师以非律师身份提供法律服务的情况下，应当适用关于律师的更为严格的处罚措施。

司法部 2003 年《关于进一步加强律师执业管理若干问题的通知》（已废止）也曾规定，律师"从事经营性活动或在各类企业担任管理类职务的"，应当根据《律师法》《律师执业证管理办法》及时收回律师执业证书。

（四）不存在不可克服的利益冲突

2017 年《律师法》第 23 条规定："律师事务所应当建立、健全执业管理、利益冲突审查、收费与财务管理、投诉查处、年度考核、档案管理等制度，对律师在执业活动中遵守职业道德、执业纪律的情况进行监督。"第 39 条规定："律师不得在同一案件中为双方当事人担任代理人，不得代理与本人或者其近亲属有利益冲突的法律事务。"司法部 2016 年《律师执业管理办法》第 26 条规定："律师承办业务，应当由律师事务所统一接受委托，与委托人签订书面委托合同，并服从律师事务所对受理业务进行的利益冲突审查及其决定。"第 28 条第 1 款规定："律师不得在同一案件中为双方当事人担任代理人，或者代理与本人及其近亲属有利益冲突的法律事务。律师接受犯罪嫌疑人、被告人委托后，不得接受同一案件或者未同案处理但实施的犯罪存在关联的其他犯罪嫌疑人、被告人的委托担任辩护人。"中华全国律师协会 2017 年《律师执业行为规范（试行）》第 49 条规定："律师事务所应当建立利益冲突审查制度。律师事务所在接受委托之前，应当进行利益冲突审查并作出是否接受委托决定。"第 50 条规定："办理委托事务的律师与委托人之间存在利害关系或利益冲突的，不得承办该业务并应当主动提出回避。"律师利益冲突规则是一种预防性的规则，在接受委托之前，律师及其所属律师事务所应当进行利益冲突查证。只有在委托人之间没有不可克服的利益冲突的情况下才可以建立委托代理关系。[②]

（五）执业行为能力未受到限制

所谓执业行为能力未受到限制，是指律师没有受到停止执业处罚或者其执业范围没有依法受到限制，从而就特定法律事务享有执业权利的情形。律师执业能力受到限制，主要包括以下三种情况。

1. 律师担任各级人民代表大会常务委员会组成人员

全国人大常委会办公厅、司法部 1989 年《关于各级人大常委会组成人员不宜履行律师职务的通知》曾规定："各级人大常委会是同级国家权力机关的常设机关，有

① 司发函〔2005〕234 号。

② 参见本书第六章"律师利益冲突"。

监督同级人民政府、人民法院、人民检察院的工作和依法任免人民法院审判人员、人民检察院检察人员的职责。各级人大常委会组成人员，如果担任律师并履行律师职务，将会产生诸多不便，体制上也不尽合适。因此，今后对各级人大常委会组成人员，司法机关一律不再批准其担任专职、兼职律师，履行律师职务；已取得律师资格的专职、兼职律师当选为各级人大常委会委员的，自当选之日起，停止履行律师职务，但可以保留律师资格。”1996 年《律师法》第 13 条规定：“律师担任各级人民代表大会常务委员会组成人员期间，不得执业。”2007 年《律师法》第 11 条第 2 款将此规定修改为：“律师担任各级人民代表大会常务委员会组成人员的，任职期间不得从事诉讼代理或者辩护业务。”司法部 2016 年《律师执业管理办法》第 27 条第 1 款规定：“律师担任各级人民代表大会常务委员会组成人员的，任职期间不得从事诉讼代理或者辩护业务。”中华全国律师协会 2017 年《律师执业行为规范（试行）》第 14 条也作了同样的规定。现行规定缩小了对于律师担任各级人民代表大会常务委员会组成人员期间在执业范围上的限制，更有利于促进律师参与国家政治生活。

这一限制主要基于以下三方面原因：(1) 律师的业务之一是代理诉讼案件，而根据宪法的规定，承担办案职责的人民法院、人民检察院均要受同级人民代表大会及其常务委员会的监督。如果律师在担任人民代表大会常务委员会组成人员期间从事诉讼代理或者辩护业务，势必使办案单位有所顾虑。换言之，律师在担任各级人民代表大会常务委员会组成人员期间从事诉讼代理或者辩护业务将会因律师双重身份而带来冲突。(2) 从律师执业的公平角度来看，如果律师在担任各级人民代表大会常务委员会组成人员期间继续执业，会导致律师之间的不公平竞争。如果允许具有人大常委会委员身份的律师继续从事诉讼代理或者辩护业务，就难免会导致不同身份的律师之间的不公平竞争，也会破坏法律适用上的平等性与严肃性。(3) 由于人民代表大会常务委员会拥有审判人员、检察人员的任免权[①]，律师在担任各级人民代表大会常务委员会组成人员期间继续从事诉讼代理与辩护业务，也不利于客观、公正地行使该国家权力。

司法部 2003 年《关于进一步加强律师执业管理若干问题的通知》(已废止) 曾规定，“专职律师调出律师事务所，担任国家机关、人民团体、企事业单位工作人员或各级人民代表大会常务委员会组成人员的”，应当根据《律师法》《律师执业证管理办法》及时收回律师执业证书。

2. 律师有应当回避之情形

2017 年《律师法》第 41 条规定：“曾经担任法官、检察官的律师，从人民法院、人民检察院离任后二年内，不得担任诉讼代理人或者辩护人。”司法部 2016 年《律师执业管理办法》第 28 条第 2 款规定：“曾经担任法官、检察官的律师从人民法院、人民检察院离任后，二年内不得以律师身份担任诉讼代理人或者辩护人；不得担任原任

① 参见 2019 年《法官法》第 18 条、2019 年《检察官法》第 18 条。

职人民法院、人民检察院办理案件的诉讼代理人或者辩护人，但法律另有规定的除外。”司法部2010年《律师和律师事务所违法行为处罚办法》第8条规定：“曾经担任法官、检察官的律师，从人民法院、人民检察院离任后二年内，担任诉讼代理人、辩护人或者以其他方式参与所在律师事务所承办的诉讼法律事务的，属于《律师法》第四十七条第四项规定的‘从人民法院、人民检察院离任后二年内担任诉讼代理人或者辩护人的’违法行为。”2019年《法官法》第36条规定：“法官从人民法院离任后两年内，不得以律师身份担任诉讼代理人或者辩护人。”“法官从人民法院离任后，不得担任原任职法院办理案件的诉讼代理人或者辩护人，但是作为当事人的监护人或者近亲属代理诉讼或者进行辩护的除外。”“法官被开除后，不得担任诉讼代理人或者辩护人，但是作为当事人的监护人或者近亲属代理诉讼或者进行辩护的除外。”2019年《检察官法》第37条规定：“检察官从人民检察院离任后两年内，不得以律师身份担任诉讼代理人或者辩护人。”“检察官从人民检察院离任后，不得担任原任职检察院办理案件的诉讼代理人或者辩护人，但是作为当事人的监护人或者近亲属代理诉讼或者进行辩护的除外。”“检察官被开除后，不得担任诉讼代理人或者辩护人，但是作为当事人的监护人或者近亲属代理诉讼或者进行辩护的除外。”这些回避规定都对委托人—律师关系的建立形成了不同程度的限制。按照司法部2010年《律师和律师事务所违法行为处罚办法》第8条规定的精神，所有这些应当回避的情形，不仅要求相关律师在相关期限内不得从事诉讼代理或者辩护业务，也要求相关律师不得以其他方式参与所在律师事务所承办的诉讼法律事务。

为深入学习贯彻中国共产党十九大和十九届二中、三中、四中、五中全会精神，全面贯彻习近平法治思想，在依法推进企业合规改革试点工作中建立健全涉案企业合规第三方监督评估机制，有效惩治预防企业违法犯罪，服务保障经济社会高质量发展，助力推进国家治理体系和治理能力现代化，最高人民检察院、司法部、财政部、生态环境部、国务院国有资产监督管理委员会、国家税务总局、国家市场监督管理总局、全国工商联、中国国际贸易促进委员会于2021年研究制定了《关于建立涉案企业合规第三方监督评估机制的指导意见（试行）》。根据该意见，涉案企业合规第三方监督评估机制（以下简称第三方机制），是指人民检察院在办理涉企犯罪案件时，对符合企业合规改革试点适用条件的，交由第三方监督评估机制管理委员会（以下简称第三方机制管委会）选任组成的第三方监督评估组织（以下简称第三方组织），对涉案企业的合规承诺进行调查、评估、监督和考察，考察结果作为人民检察院依法处理案件的重要参考。人民检察院在办理涉企犯罪案件时，应当注意审查是否符合企业合规试点以及第三方机制的适用条件，并及时征询涉案企业、个人的意见。涉案企业、个人及其辩护人、诉讼代理人或者其他相关单位、人员提出适用企业合规试点以及第三方机制申请的，人民检察院应当依法受理并进行审查。人民检察院经审查认为涉企犯罪案件符合第三方机制适用条件的，可以商请本地区第三方机制管委会启动第三方机制。第三方机制管委会应当根据案件具体情况以及涉案企业类型，从专业人员名录库中分类随机抽取人员组成第三方组织，并向社会公示。第三方组织组成人员系律师、注册会计师、税务师（注册税务师）等中介组织人员的，在履行第三方监督评估职责期间不得违反规定接受可能有利益关系的业务；在履行第三方监督评估职责结束后一年以内，上述人员及其所在中介组织不得接受涉案企业、个人或者其他有利益关系的单位、人员的业务。因此，作为第三方组织组成人员的律师及其所在律师事务所，在上述情况下应当回避，不得办理相关业务。

3. 律师被停止执业或者从事特定业务的资格受到限制

2017 年《律师法》第六章针对各种律师违法相关情况，规定了停止执业的处罚措施。停止执业是允许律师继续保持其律师身份，但是在特定期限内其执业权被暂停行使的处罚。律师在受到停止执业处罚期间，不得执业，也就无法建立委托人—律师关系。司法部 2016 年《律师执业管理办法》第 48 条第 2 款规定："律师受到停止执业处罚的，应当自处罚决定生效后至处罚期限届满前，将律师执业证书缴存其执业机构所在地县级司法行政机关。"中华全国律师协会 2017 年《律师执业行为规范（试行）》第 12 条第 3 款规定："律师不得在受到停止执业处罚期间继续执业，或者在律师事务所被停业整顿期间、注销后继续以原所名义执业。"此外，中国证券监督管理委员会、司法部 2007 年《律师事务所从事证券法律业务管理办法》第 10 条规定："律师被吊销执业证书的，不得再从事证券法律业务。""律师被中国证监会采取证券市场禁入措施或者被司法行政机关给予停止执业处罚的，在规定禁入或者停止执业的期间不得从事证券法律业务。"

（六）符合诉讼代理人、辩护人数量要求

2018 年《刑事诉讼法》第 33 条第 1 款规定，犯罪嫌疑人、被告人除自己行使辩护权以外，还可以委托一至二人作为辩护人。2017 年《民事诉讼法》第 58 条第 1 款规定，当事人、法定代理人可以委托一至二人作为诉讼代理人。因此，司法部 2016 年《律师执业管理办法》第 27 条第 2 款规定："律师明知当事人已经委托两名诉讼代理人、辩护人的，不得再接受委托担任诉讼代理人、辩护人。"

总之，律师办理案件的称职性，既包括宏观的法律知识和技能以及律师事务所管理方面的要求，也包括个案中需要具体考虑的利益冲突等问题。因此，建立委托人—律师关系的前提条件是否符合，是一个具体事实问题。律师在确定是否应当接受某案件的委托时，应当进行多方面的考察。

二、委托范围与委托人—律师权限划分

律师提供具体法律服务，以接受委托或者指定为前提，即形成委托人—律师关系或者潜在委托人—律师关系，是律师提供法律服务的必要条件。司法部 2016 年《律师执业管理办法》第 38 条第 1 项规定，"未经当事人委托或者法律援助机构指派，以律师名义为当事人提供法律服务、介入案件，干扰依法办理案件"，是以不正当方式

影响依法办理案件的行为。[①] 在形成委托人—律师关系时，委托范围和权限划分是律师与委托人进行磋商并加以确定的重要内容。在一定意义上讲，每一个案件都是律师和委托人的共同事业，而清晰的委托范围和明确的权限划分是营造好这一事业的前提条件。中华全国律师协会 2017 年《律师执业行为规范（试行）》第 35 条规定：“律师应当与委托人就委托事项范围、内容、权限、费用、期限等进行协商，经协商达成一致后，由律师事务所与委托人签署委托协议。”

1. 委托范围

委托范围，就是律师接受委托提供服务的范围。一方面，在法律规定的范围内，委托人对于通过委托律师所要达到的目标有最终的决定权；另一方面，律师对于委托有一定的限定权。2017 年《律师法》第 32 条第 2 款规定：“律师接受委托后，无正当理由的，不得拒绝辩护或者代理。但是，委托事项违法、委托人利用律师提供的服务从事违法活动或者委托人故意隐瞒与案件有关的重要事实的，律师有权拒绝辩护或者代理。”由此推之，对于违法的委托事项，律师不得接受委托。

因此，委托范围的确立是律师和委托人协商的结果。在该磋商过程中，律师应当坦诚说明有关事项，不得作虚假承诺。司法部 2016 年《律师执业管理办法》第 33 条第 1 款规定：“律师承办业务，应当告知委托人该委托事项办理可能出现的法律风险，不得用明示或者暗示方式对办理结果向委托人作出不当承诺。”中华全国律师协会 2017 年《律师执业行为规范（试行）》第 79 条第 6 项规定，“明示或者暗示可以帮助委托人达到不正当目的，或者以不正当的方式、手段达到委托人的目的”，是律师执业不正当竞争行为。在实现手段问题上也是如此。中华全国律师协会 2017 年《律师执业行为规范（试行）》第 37 条规定：“律师与所任职律师事务所有权根据法律规定、公平正义及律师执业道德标准，选择实现委托人或者当事人目的的方案。”委托人同样有权就实现代理目标所要使用的手段同律师进行协商。

2. 委托人与律师的权限划分

委托权限的确定，主要存在于律师的代理活动中。2017 年《律师法》第 30 条规定：“律师担任诉讼法律事务代理人或者非诉讼法律事务代理人的，应当在受委托的权限内，维护委托人的合法权益。”中华全国律师协会 2017 年《律师执业行为规范（试行）》第 41 条规定：“律师接受委托后，应当在委托人委托的权限内开展执业活动，不得超越委托权限。”2017 年《民事诉讼法》第 59 条第 1、2 款规定：“委托他人代为诉讼，必须向人民法院提交由委托人签名或者盖章的授权委托书。”“授权委托书必须记明委托事项和权限。诉讼代理人代为承认、放弃、变更诉讼请求，进行和

① 中华全国律师协会 2018 年《关于律师办理黑恶势力犯罪案件辩护代理工作若干意见》（律发通〔2018〕9 号）也重申，“律师担任黑恶势力犯罪案件的辩护人或诉讼代理人，必须遵守律师事务所统一接受委托、签订书面委托合同、收取费用各项制度……未经当事人委托或者法律援助机构指派，不得以律师名义为当事人提供法律服务、介入案件，干扰依法办理案件”。

解，提起反诉或者上诉，必须有委托人的特别授权。”第 60 条规定：“诉讼代理人的权限如果变更或者解除，当事人应当书面告知人民法院，并由人民法院通知对方当事人。”中华全国律师协会 2000 年《律师办理民事诉讼案件规范》第 10 条第 2 款第 3 项规定：“律师事务所与委托人签订委托代理合同及委托人签署授权委托书时，应当记明具体的委托事项和权限，委托权限应注明是一般授权还是特别授权。变更、放弃、承认诉讼请求和进行和解，提起反诉和上诉，转委托，签收法律文书，应当有委托人的特别授权。”因此，律师在进行代理活动时，应当通过委托合同和授权委托书，对自身的权限进行明确的界定。中华全国律师协会 2003 年《律师参与仲裁工作规则》第 12 条也规定：“与委托人订立委托代理合同和办理授权委托书时，其代理权限应明确、具体。”

在刑事诉讼中，辩护律师被认为具有独立诉讼地位，即可以独立于犯罪嫌疑人、被告人的意志进行辩护。2018 年《刑事诉讼法》第 37 条规定：“辩护人的责任是根据事实和法律，提出犯罪嫌疑人、被告人无罪、罪轻或者减轻、免除其刑事责任的材料和意见，维护犯罪嫌疑人、被告人的诉讼权利和其他合法权益。”中华全国律师协会 2017 年《律师办理刑事案件规范》第 5 条第 1 款规定：“律师担任辩护人，应当依法独立履行辩护职责。”因此，即使律师进行辩护来自当事人的委托或者指定，但是委托人—律师关系一经建立，辩护律师就具有了独立诉讼地位。

2018 年《刑事诉讼法》确立了认罪认罚从宽制度。该法第 15 条规定：“犯罪嫌疑人、被告人自愿如实供述自己的罪行，承认指控的犯罪事实，愿意接受处罚的，可以依法从宽处理。”第 176 条规定：“人民检察院认为犯罪嫌疑人的犯罪事实已经查清，证据确实、充分，依法应当追究刑事责任的，应当作出起诉决定，按照审判管辖的规定，向人民法院提起公诉，并将案卷材料、证据移送人民法院。”“犯罪嫌疑人认罪认罚的，人民检察院应当就主刑、附加刑、是否适用缓刑等提出量刑建议，并随案移送认罪认罚具结书等材料。”第 201 条第 1 款中规定，“对于认罪认罚案件，人民法院依法作出判决时，一般应当采纳人民检察院指控的罪名和量刑建议”。实践中的一个关键问题是：在犯罪嫌疑人、被告人已经签署认罪认罚具结书的情况下，辩护律师是否可以进行无罪辩护?

作为一种诉讼策略，在犯罪嫌疑人、被告人已经签署认罪认罚具结书的情况下，辩护律师进行无罪辩护，有给委托人带来无罪的可能。但是，这也可能导致委托人被认为没有真诚悔罪，丧失获得从宽处理的可能性。因此，在采取这种诉讼策略时，辩护律师应当获得委托人的明确授权。

三、转委托

转委托，是指代理人为了被代理人的利益，将其享有的代理权的全部或一部分转委托给他人行使的行为。转委托可以分为转委托其他律师和转委托其他律师事务所。

中华全国律师协会 2017 年《律师执业行为规范（试行）》第 56 条规定："未经委托人同意，律师事务所不得将委托人委托的法律事务转委托其他律师事务所办理。但在紧急情况下，为维护委托人的利益可以转委托，但应当及时告知委托人。"第 57 条规定："受委托律师遇有突患疾病、工作调动等紧急情况不能履行委托协议时，应当及时报告律师事务所，由律师事务所另行指定其他律师继续承办，并及时告知委托人。"第 58 条规定："非经委托人的同意，不能因转委托而增加委托人的费用支出。"司法部 2017 年《关于进一步加强律师惩戒工作的通知》① 规定：律师因涉嫌犯罪被采取刑事强制措施的，司法行政机关、律师协会应当暂停其履行律师职务和会员权利。律师被停止履行职务的，所在律师事务所不再安排该律师接受新的委托，已经接受委托、正在承办的案件和法律事务转交该所其他律师承办。律师事务所应向当事人做好说明解释工作。案件办结后，司法行政机关、律师协会应当依据司法机关生效判决、裁定、决定，依法依规作出行政处罚、行业惩戒，或者恢复其律师执业和会员权利。

根据这些规定，转委托是在律师事务所、律师丧失执业资格或者执业权利受到限制等紧急情况下为委托人的利益而进行的。转委托应取得委托人的事先同意或者事后追认。

此外，司法部 2016 年《律师执业管理办法》第 45 条规定："律师应当按照国家规定履行法律援助义务，为受援人提供符合标准的法律服务，维护受援人的合法权益，不得拖延、懈怠履行或者擅自停止履行法律援助职责，或者未经律师事务所、法律援助机构同意，擅自将法律援助案件转交其他人员办理。"

四、委托人—律师关系的维持

律师—委托人关系确立以后的重要问题就是这种关系的有效维持。从实践中的情况来看，律师—委托人关系得不到有效的维持，将为律师和委托人之间的纠纷埋下伏笔。在律师—委托人关系存续期间，最重要的是律师与委托人之间的持续信息交流。

中华全国律师协会 2017 年《律师执业行为规范（试行）》第 38 条规定："律师应当严格按照法律规定的期间、时效以及与委托人约定的时间办理委托事项。对委托人了解委托事项办理情况的要求，应当及时给予答复。"第 43 条规定："律师在承办受托业务时，对已经出现的和可能出现的不可克服的困难、风险，应当及时通知委托人，并向律师事务所报告。"司法部 2016 年《律师执业管理办法》第 33 条第 2 款规定："律师承办业务，应当及时向委托人通报委托事项办理进展情况；需要变更委托事项、权限的，应当征得委托人的同意和授权。"根据这些规定，委托人—律师关系存续期间的信息交流，应当满足两个要求：一是及时，即对于委托人有关信息的合理

① 司发通〔2017〕70 号。

要求要在合理的时间限度内予以满足；二是充分，即这种交流的目的在于使委托人就有关事项作出合理的判断、明智的决定。

五、对委托人—律师关系的保护

法律职业伦理对委托人—律师关系的保护是全面的。除了在委托人—律师关系内部设定了各种保护措施，还在委托人—律师关系外部设定了保护措施，即为了防止委托人—律师关系受到干扰和破坏，对司法人员、其他律师等主体的行为进行了限制。[①] 进行这种限制，对委托人—律师关系进行保护的目的主要有三：(1) 防止委托人—律师关系受到干扰，维护委托人—律师关系的稳定性；(2) 保护委托人不受他人的不当接触，避免委托人不当披露有关信息；(3) 维护委托人—律师关系中受委托律师的利益。

司法部1995年《关于反对律师行业不正当竞争行为的若干规定》第4条第7项规定，“故意在当事人与其代理律师之间制造纠纷”的，是律师或律师事务所的不正当竞争行为。中华全国律师协会2017年《律师执业行为规范（试行）》第79条第3项规定，“故意在委托人与其代理律师之间制造纠纷”，是律师执业不正当竞争行为。

最高人民法院、最高人民检察院、公安部、国家安全部、司法部2015年《关于进一步规范司法人员与当事人、律师、特殊关系人、中介组织接触交往行为的若干规定》[②] 第5条规定，严禁司法人员与当事人、律师、特殊关系人、中介组织“为当事人推荐、介绍诉讼代理人、辩护人，或者为律师、中介组织介绍案件，要求、建议或者暗示当事人更换符合代理条件的律师”。

从这些规定来看，我国对委托人—律师关系的保护似乎侧重于对律师的保护，认为故意在当事人与其代理律师之间制造纠纷仅仅是律师或律师事务所的不正当竞争行为，而忽视了对这种关系进行不当介入给委托人带来的不利影响。

第三节　委托人—律师关系的终止

一、委托人—律师关系的终止概述

委托人—律师关系的终止也是法律职业伦理特别关注的事项。之所以要对委托人—律师关系的终止进行规制，是因为委托人—律师关系的终止不仅涉及委托人与律

---

① 例如，美国律师协会《职业行为示范规则》4.2规定：“在代理某委托人时，律师不应就代理事项同律师知道在该事务中已由其他律师代理的人进行交流，除非该律师已征得该其他律师的同意，或者法律或者法庭命令授权律师可以这样做。”这一规则被称为反对接触规则。应当注意，该规则为律师—委托人关系提供了高度保护，即委托人都不能放弃该规则的保护，只有律师才可同意其委托人与对方律师直接接触。

② 法〔2015〕264号。

师的利益，也可能影响到正在进行的诉讼程序。

首先，委托人—律师关系的终止可能会对委托人的利益造成不利影响。律师任意终止委托人—律师关系，可能会使委托人不能及时获得其他律师的帮助，从而使其法律困境更加窘迫，甚至可能会造成对委托人不利的推论，影响委托人对保密的合理期待，影响委托人的利益。[①]

其次，委托人—律师关系的终止可能会对律师和律师事务所的利益造成不利影响。律师任意终止委托人—律师关系，不仅会损害律师的职业声誉，也会影响律师和律师事务所的经济利益，律师和律师事务所甚至可能要因此承担民事赔偿责任。

最后，委托人—律师关系的终止可能会影响诉讼程序的效率。在委托人—律师关系终止的情况下，委托人另行委托律师进行辩护或者代理，无疑会造成诉讼等程序的迟滞，影响程序的效率，影响其他诉讼参与人的利益。委托人在临近审判时或者在审判过程中解雇律师，有可能被认为是一种为了达到拖延诉讼目的而采取的间接行为。同样，律师无正当理由当庭拒绝辩护、代理，被视为“扰乱法庭、仲裁庭秩序，干扰诉讼、仲裁活动的正常进行的”违法行为。[②]

对委托人—律师关系的终止，可以进行以下划分。

（一）自然终止与干预终止

这是根据委托人—律师关系终止的原因所进行的划分。所谓委托人—律师关系的自然终止，是指因委托事项办理完毕、委托期限届满、案件终止审理或者撤销等原因，委托人—律师关系宣告终结的情形。所谓委托人—律师关系的干预终止，是指在委托事项尚未办理完毕的情况下，基于法律规定等原因，人为终结委托人—律师关系的情形。干预终止是法律职业伦理关注的重点。

（二）委托人终止与律师终止

这是根据委托人—律师关系终止活动的启动权所进行的划分。委托人—律师关系的委托人终止，即委托人行使拒绝辩护或者代理权终结委托人—律师关系的情形。2017 年《律师法》第 32 条第 1 款规定：“委托人可以拒绝已委托的律师为其继续辩护或者代理，同时可以另行委托律师担任辩护人或者代理人。”委托人—律师关系的律师终止，即律师行使拒绝辩护或者代理权终结委托人—律师关系的情形。2017 年《律师法》第 32 条第 2 款规定：“律师接受委托后，无正当理由的，不得拒绝辩护或者代理。但是，委托事项违法、委托人利用律师提供的服务从事违法活动或者委托人故意隐瞒与案件有关的重要事实的，律师有权拒绝辩护或者代理。”

① 2017 年《律师法》第 32 条第 2 款规定：“律师接受委托后，无正当理由的，不得拒绝辩护或者代理。但是，委托事项违法、委托人利用律师提供的服务从事违法活动或者委托人故意隐瞒与案件有关的重要事实的，律师有权拒绝辩护或者代理。”因此，在律师拒绝辩护或者代理的情况下，可能会导致事实认定者作出委托事项违法、委托人利用律师提供的服务从事违法活动或者委托人故意隐瞒与案件有关的重要事实的推论，从而有损于委托人的利益。

② 参见司法部 2010 年《律师和律师事务所违法行为处罚办法》第 19 条。

（三）有因终止与无因终止

这是根据终止委托人—律师关系是否需要有明确的原因所进行的划分。委托人—律师关系的有因终止，是指行使拒绝辩护或者代理权终结委托人—律师关系时需要有法律上的明确原因的情形。2017年《律师法》第32条第2款规定的律师行使拒绝辩护或者代理权情形，即属有因终止。有因终止限制了律师拒绝辩护或者代理的权利，目的在于保护委托人的合法权益和保障诉讼等程序活动的效率。司法部2010年《律师和律师事务所违法行为处罚办法》第19条第4项规定，无正当理由，当庭拒绝辩护或者代理的，是“扰乱法庭、仲裁庭秩序，干扰诉讼、仲裁活动的正常进行的”违法行为。委托人—律师关系的无因终止，是指行使拒绝辩护或者代理权终结委托人—律师关系时不需要提出法律上的明确原因的情形。2017年《律师法》第32条第1款规定的委托人行使拒绝辩护或者代理权情形即属无因终止。无因终止确立了委托人之选择权的绝对地位，有利于尊重委托人的选择权，为其他律师的进入留下了充分的空间。

（四）可分割终止与不可分割终止

这是根据委托事项在委托人—律师关系终止时是否可以分割所进行的划分。委托人—律师关系的可分割终止，即委托事项可以区分，部分委托事项可以终止的情形。委托人—律师关系的不可分割的终止，是指委托事项不可分割，全部委托事项均告终止的情形。在可行情况下进行可分割终止，能最大限度地维护委托人的利益。

（五）强制性终止与任选性终止

这是根据律师有无终止委托人—律师关系的自由裁量权所进行的划分。委托人—律师关系的强制性终止，是指律师无终止委托人—律师关系的自由裁量权的情形。委托人拒绝律师继续辩护或者代理的情形即属强制性终止。委托人—律师关系的任选性终止，是指律师有终止委托人—律师关系的自由裁量权的情形。在事先无法预见的前提下，律师向委托人提供法律服务将会给律师带来不合理的费用负担，或给律师造成难以承受的、不合理的困难的，即属于任选性终止情形。

二、委托人—律师关系的强制性终止

根据2017年《律师法》、中华全国律师协会2017年《律师执业行为规范（试行）》、国务院2003年《法律援助条例》、司法部2016年《律师事务所管理办法》、司法部2012年《办理法律援助案件程序规定》等规定，委托人—律师关系的强制性终止分为以下情况。

（一）委托人提出终止委托人—律师关系

2017年《律师法》第32条第1款规定：“委托人可以拒绝已委托的律师为其继续辩护或者代理，同时可以另行委托律师担任辩护人或者代理人。”中华全国律师协会2017年《律师执业行为规范（试行）》第59条第1项规定，“委托人提出终止委托协议的”，律师事务所应当终止委托关系。国务院 2003 年《法律援助条例》第 23 条第 4 项规定，“受援人要求终止法律援助的”，办理法律援助案件的人员应当向法律援助机构报告，法律援助机构经审查核实的，应当终止该项法律援助。如前所述，在委托人提出终止委托人—律师关系的情况下，委托人—律师关系必须终止，以便为委托人选择其他律师或者律师事务所留下必要的空间。

在押的犯罪嫌疑人、被告人解除委托关系，是上述规定的一种具体情形。在押的犯罪嫌疑人、被告人解除委托关系时，还往往涉及其代为委托辩护律师的监护人、近亲属。最高人民法院、最高人民检察院、公安部、国家安全部、司法部 2015 年《关于依法保障律师执业权利的规定》[①] 第 8 条规定：“在押的犯罪嫌疑人、被告人提出解除委托关系的，办案机关应当要求其出具或签署书面文件，并在三日以内转交受委托的律师或者律师事务所。辩护律师可以要求会见在押的犯罪嫌疑人、被告人，当面向其确认解除委托关系，看守所应当安排会见；但犯罪嫌疑人、被告人书面拒绝会见的，看守所应当将有关书面材料转交辩护律师，不予安排会见。”“在押的犯罪嫌疑人、被告人的监护人、近亲属解除代为委托辩护律师关系的，经犯罪嫌疑人、被告人同意的，看守所应当允许新代为委托的辩护律师会见，由犯罪嫌疑人、被告人确认新的委托关系；犯罪嫌疑人、被告人不同意解除原辩护律师的委托关系的，看守所应当终止新代为委托的辩护律师会见。”公安部、司法部 2019 年《关于进一步保障和规范看守所律师会见工作的通知》[②] 也规定：“在押犯罪嫌疑人、被告人提出解除委托关系的，辩护律师要求当面向其确认解除委托关系的，看守所应当安排会见；犯罪嫌疑人、被告人书面拒绝会见的，看守所应当将有关书面材料转交辩护律师。”

上述 2017 年《律师法》第 32 条第 1 款之规定，意味着委托人有选择辩护人或者代理人的权利，这包括有权选择委托辩护还是指定辩护。针对实践中存在的个别办案机关通过指定辩护来限制委托辩护的情况，2021 年《法律援助法》第 27 条规定：“人民法院、人民检察院、公安机关通知法律援助机构指派律师担任辩护人时，不得限制或者损害犯罪嫌疑人、被告人委托辩护人的权利。”

（二）律师被吊销执业证书、停止执业或者律师事务所终止

司法行政机关对律师的行政处罚包括吊销执业证书和停止执业。吊销执业证书和停止执业是对律师最严重的惩戒[③]，分别是对律师执业权的剥夺和限制，意味着律师在客观上丧失了执业的可能性。因此，中华全国律师协会 2017 年《律师执业行为规

① 司发〔2015〕14 号。

② 公监管〔2019〕372 号。

③ 2017 年《律师法》和司法部 2010 年《律师和律师事务所违法行为处罚办法》规定，对律师的行政处罚有警告、罚款、没收违法所得、停止执业处罚和吊销执业证书。中华全国律师协会 2017 年《律师协会会员违规行为处分规则（试行）》第 15 条规定，律师协会对会员的违规行为实施纪律处分的种类有训诫、警告、通报批评、公开谴责、中止会员权利一个月以上一年以下和取消会员资格。从这些对律师的惩戒措施的严重程度来看，吊销执业证书和停止执业是对律师最严重的惩戒。

范（试行）》第 59 条第 2 项规定，“律师受到吊销执业证书或者停止执业处罚的，经过协商，委托人不同意更换律师的”，律师事务所应当终止委托关系。

司法部 2018 年《律师事务所管理办法》第 32 条第 1、2 款规定：“律师事务所在终止事由发生后，不得受理新的业务。”“律师事务所在终止事由发生后，应当向社会公告，依照有关规定进行清算，依法处置资产分割、债务清偿等事务。”此外，国家工商行政管理总局、司法部 2012 年《律师事务所从事商标代理业务管理办法》第 18 条规定：“律师事务所在终止事由发生后，有未办结的商标代理业务的，应当及时与委托人协商终止委托代理关系，或者告知委托人办理变更委托代理手续；委托人为外国人或者外国企业的，应当协助其办理变更委托代理手续。”“律师变更执业机构、终止执业或者受到停止执业处罚的，应当在律师事务所安排下，及时办妥其承办但尚未办结的商标代理业务的交接手续。”因此，在律师被吊销执业证书、停止执业或者律师事务所因被吊销执业证书或者其他事由而终止的情况下，委托人—律师关系应当强制终止。

我国现行法律法规对于律师事务所停业整顿期间的委托人—律师关系问题没有作出明确规定，从保护委托人利益的角度出发，对此应当理解为，停业整顿期间，律师事务所不应当接办新的业务，已经接办的业务应当继续执行。

（三）存在不可克服的利益冲突

中华全国律师协会 2017 年《律师执业行为规范（试行）》第 59 条第 3 项规定，“当发现有本规范第五十一条规定的利益冲突情形的”，律师事务所应当终止委托关系。利益冲突可以分为可以克服的利益冲突和不可克服的利益冲突两种类型。可以克服的利益冲突是指尽管存在利益冲突，在受到影响的当事人作出明智同意的情况下，法律允许继续进行辩护或者代理的情形。不可克服的利益冲突是指在存在利益冲突的情况下，法律不允许继续进行辩护或者代理，即使受到影响的当事人表示同意。中华全国律师协会 2017 年《律师执业行为规范（试行）》第 51 条所列利益冲突情况属于不可克服的利益冲突。在这种情况下进行辩护或者代理不仅可能影响当事人的利益，也可能影响纠纷解决程序的效率和纠纷解决结果的质量。

（四）律师的健康状况不适合继续履行委托协议

中华全国律师协会 2017 年《律师执业行为规范（试行）》第 59 条第 4 项规定，“受委托律师因健康状况不适合继续履行委托协议的，经过协商，委托人不同意更换律师的”，律师事务所应当终止委托关系。这一规定既满足、强化了对律师的称职性要求和对委托人的协作要求，也满足了法院与其他机构提高工作效率的需要。

（五）继续履行委托协议将导致律师违规

2017 年《律师法》第 32 条第 2 款规定：“律师接受委托后，无正当理由的，不得拒绝辩护或者代理。但是，委托事项违法、委托人利用律师提供的服务从事违法活动或者委托人故意隐瞒与案件有关的重要事实的，律师有权拒绝辩护或者代理。”中华全国律师协会 2017 年《律师执业行为规范（试行）》第 59 条第 5 项规定，"继续履行委托协议违反法律、法规、规章或者本规范的"，律师事务所应当终止委托关系。律师作为法律职业人员，应当维护当事人合法权益，维护法律正确实施，维护社会公平和正义。2017 年《律师法》第 3 条第 1 款规定："律师执业必须遵守宪法和法律，恪守律师职业道德和执业纪律。"因此，在继续履行委托协议将导致律师违规的情况下，例如继续履行委托协议将导致不可克服的利益冲突的，应当终止委托人—律师关系。

（六）法律援助的受援条件不再存在

2021 年《法律援助法》第 48 条第 1 款规定："有下列情形之一的，法律援助机构应当作出终止法律援助的决定：（一）受援人以欺骗或者其他不正当手段获得法律援助；（二）受援人故意隐瞒与案件有关的重要事实或者提供虚假证据；（三）受援人利用法律援助从事违法活动；（四）受援人的经济状况发生变化，不再符合法律援助条件；（五）案件终止审理或者已经被撤销；（六）受援人自行委托律师或者其他代理人；（七）受援人有正当理由要求终止法律援助；（八）法律法规规定的其他情形。"法律援助是为了保障经济困难或者特殊案件的当事人获得必要的法律服务而设立的法律救助制度。法律援助资金是一种稀缺资金，法律援助人员是稀缺资源。在受援人的经济收入状况发生变化、不符合法律援助的经济条件等情况下，为了保证其他社会成员能够获得法律援助，该项法律援助应当终止，其所涉及的委托人—律师关系也告消灭。

（七）被人民法院命令终止

最高人民法院、司法部 2018 年《关于依法保障律师诉讼权利和规范律师参与庭审活动的通知》规定，"律师被依法责令退出法庭、强行带出法庭或者被处以罚款后，具结保证书，保证服从法庭指令、不再扰乱法庭秩序的，经法庭许可，可以继续担任同一案件的辩护人、诉讼代理人；具有擅自退庭、无正当理由不按时出庭参加诉讼、被拘留或者具结保证书后再次被依法责令退出法庭、强行带出法庭的，不得继续担任同一案件的辩护人、诉讼代理人"。最高人民法院 2021 年《刑事诉讼法解释》第 310 条第 3 款进一步规定："辩护人、诉讼代理人具有下列情形之一的，不得继续担任同一案件的辩护人、诉讼代理人：（一）擅自退庭的；（二）无正当理由不出庭或者不按时出庭，严重影响审判顺利进行的；（三）被拘留或者具结保证书后再次被责令退出法庭、强行带出法庭的。"人民法院出于维护法庭秩序之目的而命令终止委托人—律师关系，是人民法院的诉讼指挥权的进一步延伸。

三、委托人—律师关系的任选性终止

委托人—律师关系的任选性终止，是指律师在终止委托人—律师关系时有一定的自由裁量权。中华全国律师协会 2017 年《律师执业行为规范（试行）》第 60 条规定：

“有下列情形之一，经提示委托人不纠正的，律师事务所可以解除委托协议：（一）委托人利用律师提供的法律服务从事违法犯罪活动的；（二）委托人要求律师完成无法实现或者不合理的目标的；（三）委托人没有履行委托合同义务的；（四）在事先无法预见的前提下，律师向委托人提供法律服务将会给律师带来不合理的费用负担，或给律师造成难以承受的、不合理的困难的；（五）其他合法的理由的。”所谓“律师事务所可以解除委托协议”，是指在这些情况下，律师事务所解除委托协议时，要根据具体情况判断，既可以立即解除委托协议，也可以暂时不解除委托协议。律师在考虑是否立即解除委托协议时，应当综合考虑所掌握的信息、委托人行为的性质与严重性、给委托人之利益造成的损害、给律师的利益造成的影响等因素。委托人—律师关系的任选性终止主要涉及以下四种情况。

（一）委托人利用律师提供的法律服务从事违法、犯罪活动

在这种情况下，律师提供法律服务本身不存在违反法律规定的问题，只是委托人利用了这种合法的法律服务从事违法、犯罪活动。在这种情况下，委托人滥用了律师的信任。委托人的违法、犯罪活动具有隐秘性，而律师可能并不完全知晓这种违法、犯罪活动。因此，中华全国律师协会2017年《律师执业行为规范（试行）》对这种情况没有规定强制性的终止。

（二）委托人要求律师完成无法实现或者不合理的目标

所谓无法实现或者不合理的目标，是指在律师看来，委托人所设定的目标无法实现或者可能会给委托人造成严重损害，律师与委托人的分歧如此严重，以至于大多数理性的律师不会继续进行代理。不能仅仅因为律师与委托人意见不一就轻易终止委托人—律师关系。

（三）委托人没有履行委托合同义务

这主要是指委托人没有履行支付律师费的义务，以及未能向律师提供必需的证据等情况。委托人的这些做法会严重影响律师代理的质量和律师的权益。在这种情况下，律师有终止委托人—律师关系的自由裁量权。

（四）在事先无法预见的前提下，律师向委托人提供法律服务将会给律师带来不合理的费用负担，或给律师造成难以承受的、不合理的困难

这主要是指费用计算错误、预见不足等情况给律师的代理造成不合理的费用负担或者困难等情况。在这种情况下，律师有终止委托人—律师关系的自由裁量权。

总之，律师与委托人建立委托代理关系后，就应当尽职尽责地为委托人提供法律服务。一般情况下，律师应当自始至终地维护委托人的权益，不得随便拒绝辩护或者代理，否则，就会使委托人的利益得不到及时的维护。但在某些情况下，由于主、客观原因，律师和委托人之间的代理关系难以继续存在，如果律师继续代理将损害委托人或者律师的利益。在这种情况下，律师应当做好对委托人的说服、教育工作，在委托人拒不接受教育的情况下，律师可以拒绝辩护或代理。

四、委托人—律师关系终止的程序

（一）委托人—律师关系终止的程序要求

委托人—律师关系的终止涉及律师和委托人之间的权利、义务关系，涉及人民法院、仲裁机构等有关机关/机构的效率，因此，这种关系的终止同样应当遵循一定的程序要求。我国关于委托人—律师关系终止的程序要求是不够系统的。从我国的有关规定来看，主要有以下几点。

1. 查证和通知

中华全国律师协会 2000 年《律师办理民事案件规范》第 18 条规定："委托人利用律师提供的服务从事违法活动或者隐瞒事实的，律师可以拒绝代理，经律师事务所收集证据，查明事实后，告知委托人，解除委托关系，记录在卷，并整理案卷归档。"这种查证和通知要求应当不限于民事案件。律师事务所在查证后，应当尽可能提前向委托人发出通知，以便为委托人委托其他律师留下尽可能多的时间，同时也有利于避免法院等有关机关/机构的工作效率因律师的退出而受到影响。

2. 申请休庭

最高人民法院、最高人民检察院、公安部、国家安全部、司法部 2015 年《关于依法保障律师执业权利的规定》第 34 条第 1、2 项规定，法庭审理过程中，辩护律师因法定情形拒绝为被告人辩护的，或者被告人拒绝辩护律师为其辩护的，律师可以向法庭申请休庭。鉴于庭审中终止委托人—律师关系可能会对审判活动产生影响，我们认为，在这种情况下，律师不仅要向法院申请休庭，还要就终止委托人—律师关系获得法庭的批准。

3. 批准

当律师被法律援助机构指定担任辩护人或者代理人时，律师退出辩护或者代理通常需要得到指定机构的批准。2021 年《法律援助法》第 48 条第 2 款规定，法律援助人员遇有应当终止法律援助情形的，应当及时向法律援助机构报告。司法部 2004 年《律师和基层法律服务工作者开展法律援助工作暂行管理办法》第 12 条规定："律师和基层法律服务工作者在承办法律援助案件过程中，发现受援人有《法律援助条例》第二十三条规定列举的情形时，应当及时向法律援助机构报告，由法律援助机构负责审查核实，决定是否终止该项法律援助。"司法部 2012 年《办理法律援助案件程序规定》第 33 条第 2 款也规定：在需要终止法律援助的情况下，法律援助人员应当向法律援助机构报告。法律援助机构经审查核实，决定终止法律援助的，应当制作终止法律援助决定书，并发送受援人，同时函告法律援助人员所属单位和有关机关、单位。法律援助人员所属单位应当与受援人解除委托代理协议。

此外，最高人民法院 2021 年《刑事诉讼法解释》第 312 条规定，"法庭审理过程中，辩护人拒绝为被告人辩护，有正当理由的，应当准许"。因此，法庭审理过程中辩护律师拒绝为被告人辩护，以人民法院批准为前提，这种批准权是人民法院诉讼指挥权的重要组成部分。

（二）委托人—律师关系终止后律师的义务

在委托人—律师关系终止时，律师需要采取适当的措施来保护委托人的权益。律师在依法拒绝辩护或代理而退出时，应当采取合理、可行的措施来维护委托人的合法权益，不应因此给委托人造成更大的损失。

一般而言，律师在委托人—律师关系终止后负有以下义务：

1. 采取明确措施表明委托关系的终止，并处理好有关交接事宜

这种做法有利于避免不必要的误解。在律师认为委托人—律师关系已经终止的情况下，委托人可能会认为律师仍然在关照委托人的事务，维护委托人的利益，而这有可能给律师带来持续的责任。因此，为了将责任风险降到最低程度，律师应当采取肯定性措施来确认双方的职业关系已经结束。美国许多律师事务所在工作结束后，发出服务终止函（termination letter）来解释法律关系的终止。这是一种非常有益的做法。①

2. 退还当事人的材料

中华全国律师协会 2017 年《律师执业行为规范（试行）》第 62 条规定，“律师事务所与委托人解除委托关系后，应当退还当事人提供的资料原件、物证原物、视听资料底版等证据，并可以保留复印件存档”。这一规定既肯定了当事人对证据材料的所有权，也肯定了律师事务所保留有关材料复制件的权利。律师事务所在委托人案卷上的权利应当得到基本的尊重。律师事务所保留这些案卷有很多原因，如保留关于本案的信息，以便应对前委托人可能提出的有关不当执业赔偿的诉讼；为以后更好地提供法律服务提供研究的样本，等等。律师事务所保留有关材料的复制件就可以满足这样的权利要求。

3. 返还尚未耗用的律师费

中华全国律师协会 2017 年《律师执业行为规范（试行）》第 61 条规定，“律师事务所依照本规范第五十九条、第六十条的规定终止代理或者解除委托的，委托人与律师事务所协商解除协议的，委托人单方终止委托代理协议的，律师事务所有权收取已提供服务部分的费用”。

4. 不接受与委托人有利害关系的对方当事人的委托，办理法律事务

律师的保密义务决定了律师不得在与委托人解除委托代理关系以后，再接受对方

---

① 北京市律师协会 2008 年《律师事务所管理评价体系标准及评估指南》7.4.1“事务终结”规定：“律师事务所应当有程序文件来保证在事务终结时，律师事务所：（a）向委托人报告事务的结果，解释需要委托人为事务采取的进一步的措施，以及律师事务所将要采取的行动；（b）与委托人结算任何未支付的费用；（c）在委托人要求的情况下，返还属于委托人的原始文件和其他财产，根据协议由律师事务所保管的除外；（d）在适当的情况下，就所保留的文件和其他物品的保管和收回制度向委托人提供咨询；（e）就委托人将来是否需要评审其事务提出建议，如果需要进行该评审，要说明进行该评审的时间；（f）对事务进行最终的风险评估，并依照程序文件毫不迟延地向风险管理人报告。”这一规定是关于律师及律师事务所应当如何终止委托人—律师关系的有益尝试。

当事人的委托，从而损害原委托人的利益。

5. 向有关方面进行报告

一些法律、法规规定了在委托人—律师关系终止后，律师进行报告的义务。例如中国证券监督管理委员会、司法部 2007 年《律师事务所从事证券法律业务管理办法》第 17 条规定："律师在从事证券法律业务时，委托人应当向其提供真实、完整的有关材料，不得拒绝、隐匿、谎报。""律师发现委托人提供的材料有虚假记载、误导性陈述、重大遗漏，或者委托人有重大违法行为的，应当要求委托人纠正、补充；委托人拒不纠正、补充的，律师可以拒绝继续接受委托，同时应当按照规定向有关方面履行报告义务。"

思考题

1. 如何理解委托人—律师关系的性质？
2. 委托人—律师关系有哪些类型？
3. 委托人—律师关系建立的前提是什么？
4. 委托人—律师关系的终止有哪些类型？
5. 委托人—律师关系的强制性终止有哪些情形？
6. 委托人—律师关系终止时有哪些程序性要求？

第五章
律师保密规则

第一节　律师保密概述

律师的职业秘密问题是贯穿于整个律师职业活动的一个基本问题，对委托人和律师的权利、义务有着重要的影响。“委托人—律师关系的一个基本原则是，在没有委托人的明智同意的情况下，律师不得披露与代理有关的信息。这有利于促成作为委托人—律师关系的标志的信任。这样，才能鼓励委托人寻求法律帮助，并与律师进行充分、坦率的交流，即使是令人尴尬的或者在法律上不利的事项。为了对委托人进行有效的代理，并且在必要的情况下为了建议委托人不要从事错误行为，律师需要这一信息。几乎没有例外，委托人找到律师，是为了在法律和法规的迷宫中确定他们的权利是什么，以及什么被认为是合法的、正确的。根据经验，律师们知道，几乎所有的委托人都采纳了他们的建议，并且法律得到了维护。”① 律师在职业活动中有会见权、调查取证权、阅卷权等权利，因此，也应当承担相应的保密义务。与此同时，在诉讼活动背景下，律师的职业活动具有一定的对抗性，这种对抗性也要求对律师所获悉的委托人秘密进行特别的保护。

随着我国律师事业的迅猛发展，律师的职业秘密问题也越来越引起人们的重视，关于律师的职业秘密问题的规定也在不断完善。根据我国当前的法律规定，律师的保密职责可以划分为保守委托人秘密的职责和保守国家秘密与其他职业秘密的职责。

律师保守委托人保密的职责可以以委托人—律师关系为分界点，划分为律师—委托人特免权和律师的保密义务两个方面。律师—委托人特免权的主要功能是，排除外界力量的干预来保护律师—委托人关系，促进委托人与律师的坦率交流。律师保密义务的主要功能则是，强调律师对委托人的保密职责，促进委托人与律师的坦率交流。

无论是律师—委托人特免权，还是律师对委托人的保密义务，在适用上都具有一个共同特点，即“委托人”和“律师”在概念上都是主体群。律师一方包括律师和律师的代表，委托人一方包括委托人和委托人的代表。这是因为在委托人与律师的交流中，往往涉及其他辅助人员。将“委托人”和“律师”视为主体群，有利于最大限度

---

① 美国律师协会：《职业行为示范规则》，规则 1.6，注释〔2〕。

地实现规定律师—委托人特免权和律师保密义务的宗旨。

律师的保密问题除了涉及下文所述的律师—委托人特免权和律师保密义务，还涉及律师如何处理委托人的伪证、欺诈问题。对此我国现行律师职业伦理并没有作出明确规定。①

第二节　律师—委托人特免权

一、律师—委托人特免权的一般理论

律师—委托人特免权是证据法上的一项重要特免权，是指在诉讼活动中，律师就其因提供法律服务而从委托人那里知悉的委托人的秘密信息拒绝作证的权利。

证据法的主要功能之一是促进查明真相，促进案件事实的认定，从而解决纠纷。大多数证据规则都与这一功能有关。但是，促进发现真相和准确认定事实并不是证据法的唯一维度。除了促进发现真相和准确认定事实，证据法还有促进公平公正、效率效益、特定社会政策等价值目标。证据法中的特免权规则就是为了促进特定社会政策而进行的制度设计。"大多数证据规则旨在促进事实认定程序，但创设证据特免权的规则与此不同。从总体上看，它们排除具有相关性的证据，这是为了促进与准确事实认定无关的外部政策。它们的主要目的，是保护法庭世界之外的特定关系和利益，这些关系和利益被认为具有充分的重要性，值得司法程序以失去有用证据的方式来承担这些成本。"②

从历史来看，在特免权中，律师—委托人特免权是第一个得到认可的特免权。③从英国的判例来看，该特免权最早可以追溯至1577年。在Berd v. Lovelace④案件中，托马斯·霍特里（Thomas Hawtry）是本案的沙律师（solicitor），收到了传票，要求其就其所知的诉状与供词的不一致问题作证。托马斯·霍特里宣誓说他曾是并且还是本案被告的沙律师。掌卷法官（Master of the Rolls）判定，就该同一事项，不得强迫托马斯·霍特里作证；就此他没有藐视法庭的危险。该案件被视为确立了最早的律师—委托人特免权。威格莫尔（Wigmore）曾指出："特免权的历史可以追溯至伊利莎白一世统治时期，这个时候的特免权似乎已经毋庸置疑。"⑤ 在这个时期，律师—

① 对此问题有兴趣者，可参阅［美］德博拉·L. 罗德等：《律师的职业责任与规制》，王进喜等译，中国人民大学出版社2013年版，第55-56页。

② Ronald J. Allen，Richard B. Kuhns and Eleanor Swift，*Evidence：Text，Cases，and Problems*，3rd ed.，Aspen Law & Business，2002，p. 923.

③ United States v. Zolin，491 U. S. 554，562（1989）；Ford Motor Co. v. Leggat，904 S. W. 2d 643，647（Tex. 199 5）；8 Wigmore，Evidence §2290，at 542（McNaughton rev.，1961）.

④ 21 Eng. Rep. 33（1577）.

⑤ Wigmore，Evidence §2290，at 542 n. 1（McNaughton rev.，1961）.

委托人特免权的理论基础被认为是圣贤之士的礼仪规范（Code of Gentleman）与律师的荣誉感。律师在进行职业宣誓时，要宣称保守秘密，因此，基于委托人的信赖，律师负有职业上的保密义务。未经委托人授权而披露委托人的秘密，是一种不道德的背叛行为。因此，传唤律师来公开其委托人的不名誉之事而使律师处于尴尬境地是不妥当的，需要为律师设立绝对的特免权。

随着产生这一规则的社会理念的衰微，该特免权的理论基础也发生了变化。到了18世纪，对律师尊严的强调逐渐减少，人们逐渐开始强调这一特免权对于发现事实真相这一司法目的的服务作用。这一在今天仍然是支持该特免权的主要理由的观点认为：律师—委托人特免权是建立在三个假设基础上的。第一个假设是，由于法律的复杂性，为了保证社会成员能够遵守这些法律，解决他们之间的争端，他们需要获得专业人员的帮助，因此，一个人获得律师的帮助是有益的。第二个假设是，律师的法律服务和帮助必须建立在委托人对有关事实充分公开的基础上。如果律师对委托人的状况没有尽可能充分地了解，律师就不可能有效履行这一职责。第三个假设是，如果不能向委托人保证律师不会被强迫在法庭上披露委托人的秘密，则委托人就不会向律师充分披露有关信息。为了保证委托人充分公开有关事实，律师必须向委托人保证其与律师的私下交流能够处于保密状态。根据这一理论，保证委托人能够向律师推心置腹的利益，超过了法庭能够获得所有相关证据的利益。“这一假定特免权能够引导委托人从事某种行为的明显功利的理由，在常识上普遍受到认同。委托人向律师倾吐其案情时会略去他认为会对其不利的部分，这一倾向每天都会看到。这使得一个审慎的律师有必要在询问其委托人时，找出可能不利的事实。在刑事案件中，从被告人那里获得信息全面的披露，其困难是众所周知的，因此如果被告人知道能够强迫律师重复所被告知的一切时，被告人对案情的披露当然会绝对不可能。”①

这些理由，从没有使所有的人信服。英国功利主义法学家边沁对此提出了尖锐的批评。边沁认为，由于律师—委托人特免权使违法者抱了这样的希望，即向律师披露的不利信息不会在法庭上被用来反对他们，因而削弱了法律的阻却效果（deterrent effect）。边沁认为，这一特免权对无辜者是不必要的，对有罪者则不应当给其这样的帮助。② 对此，美国证据法学者威格莫尔进行了辩驳。威格莫尔指出：这一观点错误地认为，一方当事人的所有事实和行为都是完全正确的和合法的，另一方的则完全是错误的和非法的。但是就大部分案件而言，每一方当事人都有所顾忌。如果没有特免权的保护，案件部分对其有利的人常常会因为案件的不利部分或者可能不利的部分而不敢去寻求咨询。因此，威格莫尔认为，为了促进委托人与法律建议者之间磋商的自由性，必须消除可以强迫法律建议者披露有关信息的顾虑。因此，法律必须禁止法律

① John W. Strong, ed., *McCormick on Evidence*, 5th ed., Aspen Law & Business, 1999, p. 344.

② See Ronald J. Allen, Richard B. Kuhns and Eleanor Swift, *Evidence: Text, Cases, and Problems*, 2nd ed., Aspen Law & Business, 1997, p. 1044.

建议者披露有关信息，除非得到委托人的同意。①

尽管关于该特免权的存在有多种理论，从实践来看，各国均确认律师职业秘密问题的公共利益理论基础。律师—委托人特免权问题的基本内核，实际上是利益权衡原则，换言之，保证任何人都能够自由地获得法律上的帮助和建议，并且无须担心上述信息会被公开。这一社会利益，超过了披露有关事实而获得的社会利益。

诉讼的最大目标就是发现案件真实，而律师—委托人特免权的直接目标——保证委托人告知的秘密信息不被泄露——的实现是以排除某些证据进入诉讼程序为代价的，实现律师—委托人特免权的直接目标意味着要贬抑诉讼发现案件真实的机能，从而与诉讼目标的实现存在着直接的对抗性。这种难以避免的对抗性迫使实践中对律师特免权进行了严格的限制性解释，以保证诉讼发现真实的机能不受到过分的抑制。这表现在以下几个方面。

第一，通常情况下，律师—委托人特免权所要保护的内容，被限定为委托人与律师所进行的秘密交流。委托人与律师进行交流时，应当存在保密的合理期待。

第二，该秘密交流是为获得法律帮助而进行的。非为获得法律帮助而进行的交流不受律师—委托人特免权的保护。例如，如果委托人是为了寻求商业或者经济咨询，或者因为会计问题而不是法律问题而找到律师，那么他们之间所进行的任何交流都不受特免权保护。

第三，在设立律师—委托人特免权的一般规则的同时，各国立法还往往设定相应的例外。②

在国际法律文件中，律师—委托人特免权往往受到特别的重视。例如，联合国1990年《关于律师作用的基本原则》明确规定，“遭逮捕、拘留或监禁的所有的人应有充分机会、时间和便利条件，毫无迟延地、在不被窃听、不经检查和完全保密情况下接受律师来访和与律师联系协商。这种协商可在执法人员能看得见但听不见的范围内进行”；“各国政府应确认和尊重律师及其委托人之间在其专业关系内的所有联络和磋商均属保密”。这一原则确立了律师与委托人交流的秘密性。

---

① See Ronald J. Allen，Richard B. Kuhns and Eleanor Swift，*Evidence*：*Text*，*Cases*，*and Problems*，2nd ed.，Aspen Law & Business，1997，pp. 1045 - 1046.

② 例如，美国《联邦证据规则（建议稿）》规则503规定，在下列情况下，不存在本规则所规定的特免权：(1) 促进犯罪或者欺诈。律师的服务被用于实施或者帮助任何人实施或者策划实施委托人知道或者应当合理知道的犯罪或者欺诈活动；(2) 通过同一已亡委托人提出主张者。某个与通过同一已亡委托人提出主张的当事人之间的争议相关的交流，无论该主张是遗嘱继承、非遗嘱继承还是生前行为；(3) 律师或者委托人违反职责。某个与律师违反其对委托人的职责或者委托人违反其对律师的职责的问题相关的交流；(4) 律师见证的文件。某个与律师作为见证人的见证文件的问题相关的交流；或者 (5) 共同委托人。就某个与两位或者以上的委托人之间的共同利益事项相关的交流而言，且该交流是其中任何人向其共同聘请或者咨询的律师所作出的，并在任何委托人之间的诉讼中被提出。澳大利亚《1995年证据法》第121条至第126条也就同意、共同委托人、不端行为等例外情况作了规定。参见《澳大利亚联邦证据法（中英对照）》，王进喜译，中国法制出版社2013年版，第171 - 181页。

二、我国关于律师—委托人特免权的规定

2007年《律师法》第38条规定："律师应当保守在执业活动中知悉的国家秘密、商业秘密，不得泄露当事人的隐私。""律师对在执业活动中知悉的委托人和其他人不愿泄露的情况和信息，应当予以保密。但是，委托人或者其他人准备或者正在实施的危害国家安全、公共安全以及其他严重危害他人人身、财产安全的犯罪事实和信息除外。"有观点认为，2007年《律师法》第38条第2款实际上确立了律师—委托人特免权。这种观点认为，"表面上看，这一部分内容是以义务的形式出现的。而一旦律师依法严格履行了这一义务，则必然不再存在律师就其在执业活动中知悉的情况和信息进行举报、作证的问题。律师即使遇到了这样一种要求，也可以履行保密义务为正当理由，予以拒绝，而不会产生法律上的不利后果。因此，就上述规定的实质而言，其实是赋予了律师举报作证义务豁免的权利。从这种意义上来讲，律师就其在执业活动中知悉的有关情况和信息予以保密，既是义务，也是一种权利。"① 律师—委托人特免权与律师的保密义务存在一定的重叠，但是二者是不能等同的。前者存在着妨碍事实发现和认定的可能，因而在范围上往往受到严格限制，从各国的立法例看，一般限于律师与委托人进行的秘密交流；而后者则适用于委托人—律师关系，因此范围倾向于尽可能地大，以促进委托人与律师的坦率交流。从2007年《律师法》的实际执行情况看，委托人与律师之间的秘密交流也没有得到尊重。从这些角度看，2007年《律师法》并没有明确确立律师—委托人特免权。

2012年我国对《刑事诉讼法》进行了修改，第一次明确确立了刑事诉讼中的律师—委托人特免权。2012年《刑事诉讼法》第46条规定："辩护律师对在执业活动中知悉的委托人的有关情况和信息，有权予以保密。但是，辩护律师在执业活动中知悉委托人或者其他人，准备或者正在实施危害国家安全、公共安全以及严重危害他人人身安全的犯罪的，应当及时告知司法机关。"②

根据上述规定，我国律师—委托人特免权具有以下特点。

第一，我国目前仅《刑事诉讼法》明确规定了刑事诉讼中的律师—委托人特免权，《民事诉讼法》和《行政诉讼法》以及《律师法》中都没有明确规定律师—委托人特免权。

第二，我国刑事诉讼中律师—委托人特免权的保护范围，是辩护律师在执业活动中知悉的委托人的有关情况和信息。这一规定在界限上是不明确的：其一，对于"委托人的有关情况和信息"的来源规定不明确，这些"委托人的有关情况和信息"是不是必须来源于委托人并不清楚；其二，"有关情况和信息"是限于口头交流还是包括其他实物证据，规定得也不是很清楚。在《刑事诉讼法》实施过程中，有关机关应当

---

① 王胜明、赵大程主编：《中华人民共和国律师法释义》，法律出版社2007年版，第119页。

② 现为2018年《刑事诉讼法》第48条。

对这些问题作出明确解释。

第三，我国刑事诉讼中现行律师—委托人特免权的例外，包括委托人或者其他人，准备或者正在实施危害国家安全、公共安全以及严重危害他人人身安全的犯罪这三种情况。最高人民法院 2021 年《刑事诉讼法解释》第 67 条规定："辩护律师向人民法院告知其委托人或者其他人准备实施、正在实施危害国家安全、公共安全以及严重危害他人人身安全犯罪的，人民法院应当记录在案，立即转告主管机关依法处理，并为反映有关情况的辩护律师保密。"

律师—委托人特免权的重要功能之一，就是保证委托人与律师交流的秘密性。委托人与律师的交流可以区分为当面交流和书面交流，我国立法和司法实践对二者提供了不同的保护。

2007 年《律师法》第 33 条规定："犯罪嫌疑人被侦查机关第一次讯问或者采取强制措施之日起，受委托的律师凭律师执业证书、律师事务所证明和委托书或者法律援助公函，有权会见犯罪嫌疑人、被告人并了解有关案件情况。律师会见犯罪嫌疑人、被告人，不被监听。"2012 年《刑事诉讼法》第 37 条第 4 款再次重申了该规定。此后，2012 年《律师法》第 33 条相应修改为："律师担任辩护人的，有权持律师执业证书、律师事务所证明和委托书或者法律援助公函，依照刑事诉讼法的规定会见在押或者被监视居住的犯罪嫌疑人、被告人。辩护律师会见犯罪嫌疑人、被告人时不被监听。"

律师—委托人特免权的重要运行条件之一，是律师与委托人交流的秘密性。然而，对律师会见"不被监听"的理解，凸显了侦查部门和当事人、律师之间的利益冲突。有侦查部门认为，"监听"仅仅指利用监控设备对律师与犯罪嫌疑人、被告人的谈话进行监督。① 换言之，受委托的律师会见在押的犯罪嫌疑人，向犯罪嫌疑人了解有关案件情况时，侦查机关根据案件情况和需要可以派员在场。然而，会见犯罪嫌疑人并了解有关情况，是律师在刑事诉讼中发挥其辩护职能的前提条件。会见只有在保密的条件下进行，才能促进律师与委托人之间的坦率交流而具有实质的意义。律师—委托人特免权得以存在的前提条件之一，就是这种交流是秘密进行的。因此，"不被监听"应当被理解为不受任何形式的监听，而不仅仅是不受通过仪器设备进行的监

---

① 例如，上述观点，可参见陈学权：《"会见不被监听"对律师职业伦理的挑战及应对》，载《法学杂志》2012 年第 11 期；邓楚开：《论新〈律师法〉实施中有关律师会见的两个争议问题》，载《法治研究》2009 年第 2 期（"从新《律师法》实施以来的司法实践情况来看，多数地方采纳了将律师会见'不被监听'理解为不被技术监听的意见，在律师会见时根据具体情况决定是否派员在场。笔者认为，这种做法并不违反新《律师法》的规定，新《律师法》第 33 条的规定与《刑事诉讼法》第 96 条中的'侦查机关根据案件情况和需要可以派员在场'并不矛盾，律师会见'不被监听'，指的是不被电子监听，侦查阶段律师会见时侦查机关可以派员在场"）；刘子海：《关于"律师会见犯罪嫌疑人不被监听"的思考》，载 http://www.tj.jcy.gov.cn/ReadNews.asp?NewsID=1232，2009 年 7 月 15 日访问（"新《律师法》规定律师会见犯罪嫌疑人时不被监听，应是指不得利用技术手段、设备等进行监听，不包括侦查人员在场旁听，这与《刑事诉讼法》第 96 条规定的侦查人员可以在场并不矛盾"）。

听。最高人民法院、最高人民检察院、公安部、国家安全部、司法部 2015 年《关于依法保障律师执业权利的规定》第 7 条第 4 款规定："辩护律师会见犯罪嫌疑人、被告人时不被监听，办案机关不得派员在场。在律师会见室不足的情况下，看守所经辩护律师书面同意，可以安排在讯问室会见，但应当关闭录音、监听设备。"① 因此，"不被监听"是指不得以任何形式听取律师与委托人进行的交流，包括使用录音、监听设备，以及在场旁听。

辩护律师与犯罪嫌疑人、被告人的交流并不限于面对面的交流。对于辩护律师与委托人的书面交流也应当提供适当的保护。最高人民法院、最高人民检察院、公安部、国家安全部、司法部 2015 年《关于依法保障律师执业权利的规定》第 13 条规定："看守所应当及时传递辩护律师同犯罪嫌疑人、被告人的往来信件。看守所可以对信件进行必要的检查，但不得截留、复制、删改信件，不得向办案机关提供信件内容，但信件内容涉及危害国家安全、公共安全、严重危害他人人身安全以及涉嫌串供、毁灭证据等情形的除外。"可见，这种书面交流的秘密性是相对的。

第三节　律师保密义务

一、律师保密义务概述

律师的保密义务，是指律师应当保守在执业活动中得知的案情秘密的义务。这一义务是律师为委托人提供有效代理的前提，是各国法律对律师的普遍要求。律师在职业活动中，经常接触国家秘密、商业秘密、个人隐私，以及委托人的违法、犯罪的情况。如果律师不负有保密义务，则律师和委托人之间就不可能有坦率的交流，律师所参与的诉讼程序就可能受到不利影响。因此，律师的保密义务是律师取信于委托人的基本前提，是律师参与诉讼的前提。

我国关于律师的保密义务的规定，是随着我国法制建设的不断完善而逐步发展的。1980 年《律师暂行条例》第 7 条第 3 款规定："律师对于在业务活动中接触的国家机密和个人阴私，有保守秘密的责任。"司法部 1993 年《律师职业道德和执业纪律规范》第 14 条第 4 项规定："（律师）不得泄露在执行职务中得悉的委托人的隐私、秘密和委托人不愿公开的其他事实和材料。"随着我国经济的不断发展，1996 年《律师法》对律师的保密义务的范围进行了拓展，该法在第 33 条规定："律师应当保守在执业活动中知悉的国家秘密和当事人的商业秘密，不得泄露当事人的隐私。"此后，

① 公安部、司法部 2019 年《关于进一步保障和规范看守所律师会见工作的通知》（公监管〔2019〕372 号）重申："要加强会见场所建设，新建看守所律师会见室数量要按照设计押量每百人 4 间的标准建设，老旧看守所要因地制宜、挖掘潜力，通过改建、扩建等办法，进一步增加律师会见室数量。在律师会见室不足的情况下，经书面征得律师同意，可以使用讯问室安排律师会见，但应当关闭录音、监听设备。"

中华全国律师协会 2004 年《律师执业行为规范（试行）》对律师的保密义务范围作了进一步拓展，该规范第 56 条规定："律师事务所、律师及其辅助人员不得泄露委托人的商业秘密、隐私，以及通过办理委托人的法律事务所了解的委托人的其他信息。但是律师认为保密可能会导致无法及时阻止发生人身伤亡等严重犯罪及可能导致国家利益受到严重损害的除外。"此后，2007《律师法》第 38 条吸收了该规定的合理内容，作出规定："律师应当保守在执业活动中知悉的国家秘密、商业秘密，不得泄露当事人的隐私。""律师对在执业活动中知悉的委托人和其他人不愿泄露的情况和信息，应当予以保密。但是，委托人或者其他人准备或者正在实施的危害国家安全、公共安全以及其他严重危害他人人身、财产安全的犯罪事实和信息除外。"与 1996 年《律师法》的规定相比，2007 年《律师法》的一个重大突破就是增加规定了律师保密义务的例外情形，其中重要的一点是免除了律师对已经发生的违法、犯罪活动的检举、揭发义务。这一点反映了我们对律师保密义务的性质的认识在不断提升，也解决了有关法律的冲突问题。2012 年，《律师法》第 38 条第 2 款修正为："律师对在执业活动中知悉的委托人和其他人不愿泄露的有关情况和信息，应当予以保密。但是，委托人或者其他人准备或者正在实施危害国家安全、公共安全以及严重危害他人人身安全的犯罪事实和信息除外。"这样，该款规定的"但书"部分与现行 2018 年《刑事诉讼法》第 48 条的规定实现了表述上的统一。

律师的保密义务贯穿于律师的职业活动，并且是许多其他规则的理论基础。例如，在利益冲突规则中，如果律师在对前一委托人的代理中所获得的秘密信息可能会被用来促进后一委托人的利益，则律师就可能不能代理该委托人。因此，律师的保密规则被一些学者称为律师职业行为的核心规则。律师的保密义务在律师事务所的日常管理中也具有重要影响，律师事务所在案卷管理、信函管理、信息传输、人事管理方面，都应当采取必要的措施，保证律师的职业秘密信息不被不当披露。例如，司法部 1991 年《律师业务档案管理办法》第 14 条规定："凡涉及国家机密或个人隐私的律师业务档案，以及当事人要求保密的档案，一般不得借阅和查阅。特殊情况必须查阅的，需报同级司法行政机关批准。"第 15 条规定："凡经批准允许查阅的档案，可以摘抄或复印所查阅的内容，但密级档案不在此列。"第 17 条规定："档案管理人员必须严格遵守保密制度，保守国家机密和当事人秘密。不得违反制度向任何人提供档案和扩大利用范围，不得向他人泄露档案的内容。"律师事务所在日常管理中应当切实贯彻这些要求。

律师保守职业秘密的义务可以分为保守当事人秘密的义务和保守国家秘密及其他职业秘密的义务。

二、律师应当保守的当事人秘密

2017 年《律师法》第 38 条规定："律师应当保守在执业活动中知悉的国家秘密、

商业秘密，不得泄露当事人的隐私。”“律师对在执业活动中知悉的委托人和其他人不愿泄露的情况和信息，应当予以保密。但是，委托人或者其他人准备或者正在实施的危害国家安全、公共安全以及其他严重危害他人人身安全的犯罪事实和信息除外。”司法部2010年《律师和律师事务所违法行为处罚办法》第13条规定：“律师未经委托人或者其他当事人的授权或者同意，在承办案件的过程中或者结束后，擅自披露、散布在执业中知悉的委托人或者其他当事人的商业秘密、个人隐私或者其他不愿泄露的情况和信息的，属于《律师法》第四十八条第四项规定的‘泄露商业秘密或者个人隐私的’违法行为。”

根据上述规定，律师应当保守的当事人秘密可以分为以下情况。

（一）商业秘密

根据2019年《反不正当竞争法》第9条，所谓商业秘密，是指“不为公众所知悉、具有商业价值并经权利人采取相应保密措施的技术信息、经营信息等商业信息。”根据该规定，商业秘密的构成，包括实体和程序两个方面的要求。

1. 实体要求

商业秘密应当不为公众所知悉、具有商业价值。不为公众所知悉，是指有关信息不为其所属领域的相关人员普遍知悉和容易获得。具有商业价值，是指有关信息能为权利人带来竞争优势。

2. 程序要求

商业秘密作为技术信息、经营信息等商业信息，应当经权利人采取相应保密措施。相应保密措施，是指权利人为防止信息泄露所采取的与其商业价值等具体情况相适应的合理保护措施。具有下列情形之一，在正常情况下足以防止涉密信息泄露的，应当认定权利人采取了保密措施：（1）限定涉密信息的知悉范围，只对必须知悉的相关人员告知其内容；（2）对于涉密信息载体采取加锁等防范措施；（3）在涉密信息的载体上标有保密标志；（4）对于涉密信息采用密码或者代码；（5）签订保密协议；（6）对于涉密的机器、厂房、车间等场所限制来访者或者提出保密要求；（7）确保信息秘密的其他合理措施。①

（二）当事人隐私

依2020年《民法典》第1032条，隐私是自然人的私人生活安宁和不愿为他人知晓的私密空间、私密活动、私密信息；自然人享有隐私权，任何组织或者个人不得以刺探、侵扰、泄露、公开等方式侵害他人的隐私权。

（三）委托人不愿泄露的情况和信息

委托人不愿泄露的情况和信息，是指除商业秘密和个人隐私之外的委托人不愿泄露的所有情况和信息。这项规定的重要内容之一，是委托人已经实施完毕但是尚未受

① 参见最高人民法院2020年《关于审理不正当竞争民事案件应用法律若干问题的解释》（法释〔2020〕19号）。

到有关机关追诉的违法犯罪行为。根据《刑事诉讼法》的规定，凡是了解案件真实情况的人，都有作证的义务。而律师在与委托人的交流中，往往获悉一些不利于委托人的信息。如果律师就此作证或者举报，则会破坏委托人与律师之间的信赖关系。2017年《律师法》第38条第2款规定："律师对在执业活动中知悉的委托人和其他人不愿泄露的情况和信息，应当予以保密。但是，委托人或者其他人准备或者正在实施的危害国家安全、公共安全以及其他严重危害他人人身安全的犯罪事实和信息除外。"因此，对于委托人已经实施完毕但尚未受到有关机关追诉的违法、犯罪行为，律师应当保密。当然，在这种情况下，律师首先应当依法劝说委托人向有关机关投案，如果委托人最终表示拒绝，则律师仍然应当保密。

根据2017年《律师法》的上述规定，就委托人的商业秘密和个人隐私而言，无论委托人是否提出了保守秘密的明确要求，律师都应当保守有关秘密。我们可以将这一规定称为律师保密义务的"自动化"，这体现了律师作为代理人所应当具有的职业特点，有利于最大限度地保护委托人的秘密信息。但是对于委托人的其他情况和信息，因为立法采用了"不愿泄露"一语来修饰"情况和信息"，从字面意思来看，可能需要委托人作出明确的要求，律师才负有保密义务。但是笔者认为，"商业秘密"和"个人隐私"都是具有复杂法律含义的术语，如果要求委托人就其他情况和信息提出明确的保密要求，实际上是要求委托人就商业秘密、个人隐私和其他情况与信息进行明确的区分，这对于一般不谙法律的委托人而言，要求似乎过高。因此，对于委托人的其他情况和信息，律师也应当负有保密义务，法律另有规定者除外。

需要指出的是，律师保守委托人秘密的义务具有推定性，并且是不可辩驳的推定，即只要建立了律师—委托人关系，就视为律师已经获悉了委托人的秘密信息。如果允许律师就这一点进行反驳，则前委托人不得不披露其旨在加以保守的信息。在这种情况下，该律师如果在先前代理中没有获得有关秘密信息的话，则在这一反驳过程中会知悉有关秘密信息。这将无从促进委托人与律师进行的坦率交流，无疑会对公众对律师制度的信任产生不利影响。

三、律师应当保守的国家秘密及其他职业秘密

除了委托人的秘密信息，律师还应当保守在执业活动中知悉的国家秘密及其他职业秘密。

（一）国家秘密

所谓国家秘密，依照2010年《保守国家秘密法》第2条的规定，是指"关系国家安全和利益，依照法定程序确定，在一定时间内只限一定范围的人员知悉的事项"。国家秘密的密级分为"绝密"、"机密"和"秘密"三级。绝密级国家秘密是最重要的国家秘密，泄露会使国家安全和利益遭受特别严重的损害；机密级国家秘密是重要的国家秘密，泄露会使国家安全和利益遭受严重的损害；秘密级国家秘密是一般的国家

秘密，泄露会使国家安全和利益遭受损害。[①] 2010 年《保守国家秘密法》第 9 条第 6 项规定，“维护国家安全活动和追查刑事犯罪中的秘密事项”泄露后可能损害国家在政治、经济、国防、外交等领域的安全和利益的，应当确定为国家秘密。根据 2018 年《刑事诉讼法》和 2017 年《律师法》的规定，律师有查阅案卷的权利，与之相应，律师对于在查阅案卷过程中知悉的案卷材料所包含的本案国家秘密，在开庭审理之前甚至之后，有保守秘密的义务，不得向他人披露。对此，最高人民法院、最高人民检察院、公安部、国家安全部、司法部 2015 年《关于依法保障律师执业权利的规定》第 14 条第 4 款规定，“辩护律师查阅、摘抄、复制的案卷材料属于国家秘密的，应当经过人民检察院、人民法院同意并遵守国家保密规定。律师不得违反规定，披露、散布案件重要信息和案卷材料，或者将其用于本案辩护、代理以外的其他用途”。

此外，最高人民检察院 2014 年《关于辩护人要求查阅、复制讯问录音、录像如何处理的答复》称：“根据《刑事诉讼法》第五十六和《人民检察院刑事诉讼规则(试行)》第七十四条、第七十五的规定，在人民检察院审查起诉阶段，辩护人对讯问活动合法性提出异议，申请排除以非法方法收集的证据，并提供相关线索或者材料的，可以在人民检察院查看（听）相关的录音、录像。对涉及国家秘密、商业秘密、个人隐私或者其他犯罪线索的内容，人民检察院可以对讯问录音、录像的相关内容作技术处理或者要求辩护人保密；在人民法院审判阶段，人民法院调取讯问犯罪嫌疑人录音、录像的，人民检察院应当将讯问录音、录像移送人民法院。必要时，公诉人可以提请法庭当庭播放相关时段的录音、录像。但辩护人无权自行查阅、复制讯问犯罪嫌疑人录音、录像。”

律师在会见在押犯罪嫌疑人、被告人时所获悉的案件信息，属于“追查犯罪中的秘密事项”。对此，司法部 2007 年《关于律师透露案情等行为是否适用〈律师和律师事务所违法行为处罚办法〉的批复》[②] 曾规定：“律师向被告人亲属透露其会见在押被告人时得知的案件信息，致使被告人亲属得以串通证人改变证言，造成了被告人亲属构成妨害作证罪的严重后果，干扰了诉讼活动的进行。根据《中华人民共和国律师法》第四十四条第十一项以及《律师和律师事务所违法行为处罚办法》第八条第二十一项的规定，应当给与相应的处罚。”

1997 年《刑法》第 398 条规定：“国家机关工作人员违反保守国家秘密法的规定，故意或者过失泄露国家秘密，情节严重的，处三年以下有期徒刑或者拘役；情节特别严重的，处三年以上七年以下有期徒刑。”“非国家机关工作人员犯前款罪的，依照前款的规定酌情处罚。”这一规定也适用于律师泄露国家秘密的行为。

（二）其他职业秘密

律师应当保守的其他职业秘密，包括其他人不愿意泄露的情况和信息，以及出于

---

① 2010 年《保守国家秘密法》第 10 条。

② 司复〔2007〕13 号，已失效。

证人保护目的而应当保守的秘密。

2017 年《律师法》第 38 条第 2 款规定："律师对在执业活动中知悉的委托人和其他人不愿泄露的有关情况和信息，应当予以保密。"所谓其他人不愿意泄露的情况和信息，主要包括两种情况：（1）律师参与不公开审判时所知悉的其他人不愿泄露的情况和信息。最高人民法院 2021 年《刑事诉讼法解释》第 55 条规定："……对不公开审理案件的信息、材料，或者在办案过程中获悉的案件重要信息、证据材料，不得违反规定泄露、披露，不得用于办案以外的用途。人民法院可以要求相关人员出具承诺书"。（2）律师在调查取证中知悉的证人、被害人等其他诉讼参与人不愿泄露的情况和信息。应当注意的是，这里所说的诉讼参与人不愿泄露的情况和信息，指的是诉讼参与人不愿向社会公开的有关情况和信息，不包括在诉讼中为作证而披露的有关情况和信息。

律师应当保守的其他职业秘密，还包括出于证人保护目的而应当保守的证人、鉴定人、被害人的真实姓名、住址和工作单位等个人信息，以及其他可以进行人身识别的信息。最高人民法院 2021 年《刑事诉讼法解释》第 256 条第 1 款规定："证人、鉴定人、被害人因出庭作证，本人或者其近亲属的人身安全面临危险的，人民法院应当采取不公开其真实姓名、住址和工作单位等个人信息，或者不暴露其外貌、真实声音等保护措施。辩护律师经法庭许可，查阅对证人、鉴定人、被害人使用化名情况的，应当签署保密承诺书。"

四、律师保密义务的例外

律师保密义务的主要目的之一，是促进律师与委托人之间的交流，这种交流被认为是发挥律师作用的前提之一。在这种情况下，保证委托人与律师坦率交流的利益超过了获取委托人信息追诉犯罪的利益。但是，如果准备或者正在实施的严重违法、犯罪行为有可能危害国家安全、公共安全或者严重危害他人人身、财产安全，则可能会打破这一平衡。在这种情况下，律师保守在执业活动中知悉的秘密信息将会带来社会负价值。因此，2017 年《律师法》第 38 条第 2 款规定："律师对在执业活动中知悉的委托人和其他人不愿泄露的有关情况和信息，应当予以保密。但是，委托人或者其他人准备或者正在实施危害国家安全、公共安全以及严重危害他人人身安全的犯罪事实和信息除外。"我们可以将这一例外称为"防止未来严重犯罪"的例外。该例外有以下两个特点。

1. 危害的未来性

这一例外的适用条件是未来的严重危害。因此，对于已经实施完成的犯罪，律师不存在披露有关秘密信息的问题。在诉讼中，律师不承担侦查职能和审查起诉职能，因此，律师将有关已经实施完毕的违法犯罪行为的信息加以披露的行为，违反了法律规定的律师的职责。[①] 因此，不需要律师承担对此进行披露的义务。

① 2017 年《律师法》第 31 条规定，律师担任辩护人的职责是，"根据事实和法律，提出犯罪嫌疑人、被告人无罪、罪轻或者减轻、免除其刑事责任的材料和意见，维护犯罪嫌疑人、被告人的诉讼权利和其他合法权益"。

2. 危害的严重性

这一规定注意到了犯罪活动的严重性与保密规则的社会价值之间的平衡问题，仅要求律师披露关于严重罪行的事实和信息，即委托人或者其他人准备或者正在实施危害国家安全、公共安全以及严重危害他人人身安全的犯罪的事实和信息。对此需要注意的是，危害国家安全、公共安全的犯罪，无论情节严重，都属该例外的范围，但是危害他人人身安全的犯罪，以情节“严重”为例外。对于危害他人财产安全的犯罪，上述立法没有进行规定。

中华全国律师协会2004年《律师执业行为规范（试行）》还曾规定了“委托人同意”的例外和“律师自我防护”的例外，[①] 但是这些规定在中华全国律师协会2011年《律师执业行为规范》中已经被删除。

笔者认为，当前我国关于律师保密义务的例外规定还是不充分的。这不仅不利于保护他人的利益，也不利于保护律师本身的利益。例如，如果没有自我防护例外，律师将承受不公平的负担，因为“委托人总是可以自由地披露秘密信息，但是如果委托人可以防止律师出于自我防护而进行披露，那么寡廉鲜耻的委托人就可以错误地指控律师行为不端，并阻止律师为自己辩护”[②]。

思考题

1. 律师—委托人特免权的理论根据是什么？
2. 我国刑事诉讼中关于律师—委托人特免权的规定有哪些？
3. 律师保密义务的范围涉及哪些内容？
4. 律师保密义务有哪些例外？
5. 请结合我国的实际案例思考律师保密义务的重要性。

---

① 中华全国律师协会2004年《律师执业行为规范（试行）》第57条规定：“律师可以公开委托人授权同意披露的信息。”第58条规定：“律师在代理过程中可能无辜地被牵涉到委托人的犯罪行为时，律师可以为保护自己的合法权益而公开委托人的相关信息。”

② See W. Bradley Wendel, *Professional Responsibility: Examples and Explanations*, 5th edition, New York: Wolters Kluwer, 2016, p. 261.

第六章 律师利益冲突

第一节 利益冲突概述

一、律师利益冲突的概念

利益冲突是律师在执业活动中面临的一个具有普遍意义的重大问题，处理利益冲突是律师生活的固有部分。这不仅仅是说律师的业务活动是为了帮助他人消除争端、解决争端或者预防争端，还意味着律师本身往往会卷入某种形式的利益冲突。律师与委托人的关系、律师事务所的管理结构、律师的流动、律师事务所的合并等事项，都可能产生利益冲突问题。[①] 律师和律师事务所的专业化，也带来了越来越多的利益冲突问题。[②] 利益冲突问题对律师执业活动而言，不仅无所不在，而且具体可见。无论是律师个人还是律师事务所，无论是规模较大的律师事务所还是规模较小的律师事务所，都面临着如何有效处理执业活动中的利益冲突这一棘手问题。利益冲突在各种业务活动中都可能出现，且形式多种多样。律师如果不能有效地处理利益冲突，不仅可能受到职业惩戒，可能要退出对委托人的代理，导致发生不必要的费用，甚至还可能受到民事责任追究。因此，调整利益冲突的规则是关于律师的职业伦理的重要组成部分。

在律师职业活动中，利益冲突问题很早就受到了规制，有文献称英国早在 1280 年就存在相应的规定。[③] 我国司法部 1993 年《律师职业道德和执业纪律规范》（已失

---

① 参见［美］罗伯特·W. 希尔曼：《论律师的流动管理》，王进喜等译，中国人民公安大学出版社 2005 年版；另请参见司法部 2018 年《律师事务所管理办法》第 30 条（“律师事务所因分立、合并，需要对原律师事务所进行变更或者注销原律师事务所、设立新的律师事务所的，应当在自行依法处理好相关律师事务所的业务衔接、人员安排、资产处置、债务承担等事务后，提交分立协议或者合并协议等申请材料，按照本办法的相关规定办理”）。律师事务所合并时处理业务衔接时的一个重要方面，就是避免产生利益冲突，或者就利益冲突作出妥善处理。在就这种利益冲突进行查核时，往往需要披露委托人的秘密信息。我国目前的律师职业伦理并没有就此规定律师保密的例外。

② See Deborah L. Rhode and Geoffrey C. Hazard, Jr., *Professional Responsibility and Regulation*, 123 (Foundation Press, second edition, 2007)（“与此类似，律师事务所内部以及律师事务所之间在法律服务上的日益专业化，也使对相互冲突的利益进行同时性或者连续性代理的可能性越来越大。”）。

③ See H. Cohen, *History of the English Bar*, 233 - 34 (Sweet & Maxwell, Limited., 1929).

效）中也对利益冲突问题作出了初步规定。[①] 如何有效地识别和处理利益冲突问题，也是律师事务所日常管理的重要事项，是风险管理的重要组成部分。例如，美国律师协会《职业行为示范规则》规定："律师应当采用与该律师事务所及其业务的规模和类型相适应的适当程序，来测定在诉讼和非诉讼事务中涉及哪些当事人和问题，来确定是否存在实际或潜在的利益冲突。"[②] 利益冲突规则有着密集的技术点。从我国目前的情况来看，现行有关规定在处理纷繁复杂的利益冲突问题方面还显不足。因此，如何提高识别和处理利益冲突问题的能力必须引起广大律师的注意。

对于律师职业活动而言，所谓律师利益冲突，是指律师为委托人的辩护或者代理将因律师自身的利益，律师对其他现委托人、前委托人或者第三人的职责而受到严重不利影响的重大风险状态。

律师利益冲突规则具有以下特点。

第一，制订利益冲突规则的目的，在于保护律师为现行委托人提供的辩护与代理的质量。利益冲突能够破坏律师职业判断的独立性，会削弱律师提供辩护与代理时的热忱。为了保证律师职业判断的独立性，使律师在为委托人提供服务时具有适当的热忱，应当通过利益冲突规则对律师的行为进行规制，否则，委托人得到有效辩护与代理的期待就会遇到挫折，有效的律师帮助就会落空。即使是为前委托人提供保护的连续性利益冲突的规则，在根本目的上，也是对当时进行中的委托人—律师关系提供保护，以保证辩护与代理的质量。

第二，利益冲突产生的根源，是律师有自身利益，律师对其他现委托人、前委托人或者第三人担负着职责，而这些利益与职责和对现行委托人的职责相悖或者不一致。"律师应当维护当事人合法权益，维护法律正确实施，维护社会公平和正义。"[③] 律师在维护当事人的合法权益的时候，应当超越自身的利益，并在委托人（包括前委托人）的利益之间、委托人与第三人的利益之间进行适当的平衡。正是因为如此，律师行业才被塑造为一个职业而不是商业。

第三，利益冲突规则是一种以预防为目的规则。不仅在对律师的辩护与代理存在实际影响的情况下存在利益冲突问题，而且在存在这种严重不利影响的重大风险的情况下，也视为存在利益冲突问题。以造成实际影响为标准来确立利益冲突规则，将严重降低律师的职业行为水准，严重影响法律服务的质量，大大增加律师事务所的风险。

第四，"利益冲突"仅仅是一个随近逐便的表述。利益冲突规则在很大程度上是预防性规则，并不一定发生了实际可见的冲突。把这种规则叫作"利益冲突"规则是含混的、不准确的。[④] 利益冲突在存在样态上既可能是潜在的，也可能是实际存在

---

① 参见司法部 1993 年《律师职业道德和执业纪律规范》第 12 条、第 14 条。

② 美国律师协会：《职业行为示范规则》，规则 1.7，注释〔1〕。

③ 2017 年《律师法》第 2 条第 2 款。

④ 有学者提出利益冲突问题更为准确的表述应当是"其他利益（additional interests）"、"复合利益（compound interests）"或者"不一致利益（differing interests）"问题。See Charles W. Wolfram, *Modern Legal Ethics*, 313 (West Publication, 1986).

的；在表现形式上既可能是针锋相对、相互冲突的，也可能是方向不一的。

第五，对利益冲突的考察是一个个案的具体事实问题。利益冲突的概念难以有一个界限非常明确的界定，对其存在的风险需要根据案件的具体情况，在考虑律师—委托人关系的性质、委托人的性质、相关委托人、前委托人等的态度等因素的基础上综合加以评估。

我国法律层面上关于律师利益冲突的规定相当简陋。2017 年《律师法》第 39 条规定："律师不得在同一案件中为双方当事人担任代理人，不得代理与本人或者其近亲属有利益冲突的法律事务。"第 47 条对于违反该规定的行为规定了行政处罚措施。这样的规定显然不足以解决实践中的问题。司法部 2010 年《律师和律师事务所违法行为处罚办法》第 7 条规定："有下列情形之一的，属于《律师法》第四十七条第三项规定的律师'在同一案件中为双方当事人担任代理人，或者代理与本人及其近亲属有利益冲突的法律事务的'违法行为：（一）在同一民事诉讼、行政诉讼或者非诉讼法律事务中同时为有利益冲突的当事人担任代理人或者提供相关法律服务的；（二）在同一刑事案件中同时为被告人和被害人担任辩护人、代理人，或者同时为二名以上的犯罪嫌疑人、被告人担任辩护人的；（三）担任法律顾问期间，为与顾问单位有利益冲突的当事人提供法律服务的；（四）曾担任法官、检察官的律师，以代理人、辩护人的身份承办原任职法院、检察院办理过的案件的；（五）曾经担任仲裁员或者仍在担任仲裁员的律师，以代理人身份承办本人原任职或者现任职的仲裁机构办理的案件的。"显而易见，这一解释与立法的字面含义差距很大，很显牵强、笨拙，进一步暴露了立法本身的局限性。[①] 此外，各地律师协会从实际需要出发，制定了一些地方性的利益冲突规则[②]，但是总的来看，在规则原理、适用范围、效力及执行等方面仍然存在很多问题[③]，一

① 《律师法》的上述粗陋规定在司法实践中造成了诸多困惑。例如，最高人民法院（2016）最高法民申 3404 号民事裁定书称："《中华人民共和国律师法》第三十九条仅规定了律师不得在同一案件中为双方当事人担任代理人，而并未就同一律师事务所的不同律师不得担任争议双方当事人的代理人作出禁止性规定。""《律师执业行为规范》第五十条第（五）项虽然规定在民事诉讼、行政诉讼、仲裁案件中，同一律师事务所的不同律师同时担任争议双方当事人的代理人的，律师事务所不得与当事人建立或维持委托关系，但该文件是全国律师协会制定的行业性规范，而不属于法律、行政法规的强制性规定，故杨某主张双方的代理律师由同一律师事务所的不同律师担任严重违反法律规定、原审法院剥夺了当事人辩论权利的理由因缺乏事实与法律依据，不能成立。"诸如此类的裁判，对《律师法》的立法体例、中华全国律师协会及其制定的行为规范的性质均提出了挑战。

② 例如，北京市律师协会 2001 年《北京市律师业避免利益冲突的规则（试行）》，上海市律师协会 2019 年《上海市律师协会律师执业利益冲突认定和处理规则》，广东省律师协会 2018 年《广东省律师防止利益冲突规则》。

③ 参见徐莹：《律师执业利益冲突探讨》，载《河南司法警官职业学院学报》2008 年第 1 期（"我国目前的律师执业利益冲突规范体系较为凌乱，发布主体众多，效力层次混乱，内容既有交叉又有矛盾。制定主体和效力层次的混乱、内容的不统一冲淡了利益冲突规范本身的严肃性和重要性，使得我国的利益冲突规范长期处于'说有看似无，说无看似有'的尴尬境地，从而无法真正起到指导和评价律师执业行为的作用"）。

些地方律师协会制定的利益冲突规则甚至明显彼此冲突。①

二、律师利益冲突规则及例外规定的理论基础

（一）律师利益冲突规则的理论基础

一般而言，律师利益冲突规则的理论基础主要有三个。

1. 律师保守职业秘密的职责

如前所述，律师保守职业秘密的职责是律师职业活动中最为重要的职责，体现在众多的方面。2017 年《律师法》第 38 条规定：“律师应当保守在执业活动中知悉的国家秘密、商业秘密，不得泄露当事人的隐私。”“律师对在执业活动中知悉的委托人和其他人不愿泄露的有关情况和信息，应当予以保密。但是，委托人或者其他人准备或者正在实施危害国家安全、公共安全以及严重危害他人人身安全的犯罪事实和信息除外。”② 律师的保密义务具有延续性，一般情况下不因委托事项的终结而消灭。③ 在利益冲突规则中，该保守职业秘密的职责有许多具体的运用。例如，如果律师同时代理委托人 A 和 B，或者现在所代理的是委托人 B，以前代理的是委托人 A，则律师可能知道有关委托人 A 的秘密信息，且该信息对委托人 B 来讲具有一定的利益。如果律师在明知有关 A 的秘密信息的情况下不向 B 披露这些信息，则律师违反了真诚代理委托人 B 的职责；如果律师向委托人 B 透露了这些信息，则律师就会违反对委托人 A 所承担的保守职业秘密的职责。

设定利益冲突规则，就是为了促进律师对委托人秘密的保守，减少律师向他人披露委托人秘密的机会和动机，减少律师利用该信息为自己的利益或者为他人的利益服务而滥用该信息的行为，从而促进委托人同律师开诚布公地进行交流，保证律师的辩护与代理服务建立在充分的信息的基础上。

2. 律师忠诚于委托人的职责

2017 年《律师法》第 2 条第 2 款规定：“律师应当维护当事人合法权益，维护法律正确实施，维护社会公平和正义。”中华全国律师协会 2017 年《律师执业行为规范

① 例如，上海市律师协会 2019 年《上海市律师协会律师执业利益冲突认定和处理规则》第 5 条规定，“同一律师事务所律师在对抗性案件或非诉讼案件中结束与一方当事人的委托关系后一年之内，在同一案件后续审理或处理中又接受对方当事人委托的”，属于直接利益冲突；广东省律师协会 2018 年《广东省律师防止利益冲突规则》第 10 条规定，“同一律师事务所或者同一律师在同一诉讼、仲裁案件后续审理或者处理中又接受对方当事人委托的”，属于直接利益冲突。后者显然没有“一年之内”这一时间的限制。

② 中华全国律师协会 2011 年《律师执业行为规范》第 8 条作出了同样的规定，并沿用至中华全国律师协会 2017 年《律师执业行为规范（试行）》第 9 条。另请参见司法部 1989 年《关于律师担任政府法律顾问的若干规定》第 9 条（“担任政府法律顾问的律师，对其工作中接触、了解到的机密和不宜公开的情况，负有保守秘密的责任。”），司法部 1992 年《关于律师担任企业法律顾问的若干规定》第 15 条（“担任企业法律顾问的律师，对在工作中接触、了解到的有关企业生产、经营管理和对外联系活动中的业务秘密，负有保守秘密的责任。”）。

③ 中华全国律师协会 2004 年《律师执业行为规范（试行）》第 59 条曾规定：“律师代理工作结束后，仍有保密义务。”遗憾的是，不知出于何种原因，中华全国律师协会 2011 年《律师执业行为规范》删除了这一规定。

(试行)》第7条规定：“律师应当诚实守信、勤勉尽责，依据事实和法律，维护当事人合法权益，维护法律正确实施，维护社会公平和正义。”根据这些规定，可以推论出律师负有忠诚于委托人的职责。律师忠诚于委托人的职责是一种不可分割的职责，是利益冲突产生的重要基础之一。前述案例中既涉及律师保守职业秘密的职责，也涉及律师忠诚于委托人的职责。但是，即使在不存在律师违反有关职业秘密的职责的情况下，律师也可能因违反忠诚于委托人的职责而导致利益冲突问题。例如，在离婚案件中，律师代理妻子反对丈夫，同时律师又在另一案件中代理丈夫索取工伤赔偿。虽然这两个案件本身是不相关的，并不会产生在一个案件中使用在另一个案件中了解的秘密信息的问题，但是这种情况下存在律师对忠诚于委托人职责的违反。在这种情况下，存在损害某个委托人之利益的可能性。如果丈夫是律师的长期的、稳定的委托人，律师就有可能不能做到如单独代理妻子那样热忱地维护她的利益。再如，如果同一律师在刑事诉讼中为共同被告人进行辩护，律师可能会发现，如果其要为其中一个委托人（被告人）进行无罪或者罪轻的辩护，则其为另一个委托人（被告人）所进行的辩护就可能会受到影响。

律师没有履行其负有的不可分割的忠诚职责，不仅会损害委托人的利益，还会损害律师职业，会贬低律师职业在公众中的形象，进而会损害对与司法活动有关的行为的公共信任。

3. 司法制度的有效运作机制

利益冲突规则的目的之一是促进司法制度的有效运作。信息的充分披露和有力的诉辩，是保障司法制度有效运作的前提。在存在利益冲突的情况下，律师承担的保密职责和忠诚职责会削弱律师提出的信息的充分性和降低诉辩的力度，因而影响裁决的质量。例如，律师不能在诉讼中同时代理双方当事人，将有利于保证双方能够充分提出自己的意见，避免同一律师因同时代理双方当事人而降低辩论的力度，从而有利于保证司法裁决活动的质量。“如果律师试图代理争端的双方，则就可能不能提供明智裁决所必需的有力诉辩。无论是事实还是看得见的正义都会遭受风险，公布的判例也是这么认识的。”① 事实上，随着现代诉讼程序的不断发展，对利益冲突的规制也成为法院维护诉讼程序正当性的一个方面。在实践中，法院对利益冲突的调整应当是一种预先工作而不是事后工作。在诉讼事务中，法院对利益冲突的规制，既可以依照当事方的申请来进行，也可以依照职权采取行动。

（二）律师利益冲突规则例外规定的理论基础

然而，利益冲突在律师的执业生活中是不可避免的，利益冲突的回避可能给委托人和律师带来很高的成本问题，因此，对利益冲突的禁止应当被限制在具体情况所必需的范围内。为此，在利益冲突规则本体之外，还有例外的规定。例外规定的理论基

① See Deborah L. Rhode and Geoffrey C. Hazard, Jr., *Professional Responsibility and Regulation*, 127 (Foundation Press, second edition, 2007).

础主要有以下几个。

1. 避免法律服务活动的高昂代价

利益冲突的回避可能会使代理活动代价昂贵。在某些情况下，如果禁止一个律师对多个委托人进行同时代理，则一些委托人将不得不去寻求其他律师的帮助。在这种情况下，不仅可能带来更高的代理成本问题，而且后续律师的代理称职性也可能得不到保障。

2. 实现委托人对律师的合理期待

利益冲突规则的规制，意味着降低了律师服务的可得性。绝对严格地执行利益冲突规则有可能挫伤委托人对律师的合理期待，因为过分严格地执行该规则将使律师在很多情况下无法代理案件，或者律师事务所因为担心在未来会造成利益冲突，经权衡后拒绝代理委托人。这无疑将大大削弱委托人选择律师的自主权。

3. 降低对律师和律师事务所执业活动的消极影响

绝对严格执行利益冲突规则，会影响律师的流动和律师事务所吸纳人才的能力。例如，如果律师事务所的规模很大，人员众多，则会存在很多的利益冲突问题。当一个律师代理过很多当事人的时候，在他从一个律师事务所流动到另外一个律师事务所的时候，也会存在很多利益冲突问题。如果不设定适当的例外，这些律师流动的自由将会受到限制，律师流动所能带来的各种社会效益就无从谈及。例如，利益冲突规则越是严格，律师事务所就越难以通过横向招聘或者合并实现快速增长。设定适当的例外，有利于保证律师和律师事务所的健康发展。

三、律师利益冲突的理论分类

利益冲突在理论上可以分为以下类型。

（一）委托人和律师的利益冲突与委托人之间的利益冲突

这是根据利益冲突风险的来源所进行的划分。

委托人和律师的利益冲突，是指律师因为其自身的经济利益或者立场利益而可能严重影响其对委托人的辩护或者代理的情形。

委托人之间的利益冲突，是指现行委托人之间以及现行委托人与前委托人之间的利益冲突。现行委托人之间的利益冲突主要源于律师忠诚的分割；现行委托人与前委托人之间的利益冲突主要源于律师对前委托人之秘密信息的保密义务。

（二）同时性利益冲突与连续性利益冲突

在职业伦理上，根据影响委托人利益的风险，可以把利益冲突分为同时性利益冲突和连续性利益冲突。同时性利益冲突，是指因对若干委托人进行同时代理，造成忠诚分割，而发生利益冲突的情形。连续性利益冲突，是指律师在与前委托人的代理关系结束后，在同一或者有实质联系的事务中代理他人，或者因前职业关系，而发生利益冲突的情形。

虽然每种冲突都会对忠诚和保密问题造成影响，但是禁止同时性利益冲突规则的侧重点是保证律师的忠诚职责不受影响，而禁止连续性利益冲突规则的侧重点是律师的保密职责。

在存在同时性利益冲突的情形中，律师的忠诚可能要分割给不同的委托人。例如，在民事案件中担任共同被告的代理人或者在刑事案件中担任共同被告人的辩护人时，可能会发现他们彼此在推卸责任，这是委托人之间的同时性利益冲突。同时性利益冲突并不限于委托人之间的同时性冲突，律师也可能发现自己的利益同委托人的利益存在不一致。这些情形对律师的忠诚问题和保密问题产生了影响。

在连续性利益冲突中，问题的侧重点是律师的保密职责。假设律师在案件中代理A，以维护专利的合法性，且该律师的工作是成功的。此后，委托人B聘请该律师起诉A来主张该专利的非法性。在代理B时，该律师对前委托人A承担什么样的义务？忠诚职责在代理关系结束后是否继续存在？无论忠诚问题如何，律师保守职业秘密的问题是难以回避的，律师在代理A时可能获知了有关秘密信息，律师不能利用该秘密信息为B服务。因此在调整连续性利益冲突的规则中，与案件有关的秘密信息是保护的重点。

（三）个人性利益冲突与推认性利益冲突

个人性利益冲突，是指利益冲突规则的规制影响仅及于应受该利益冲突规则规制的律师本人的情形。

推认性利益冲突，是指利益冲突规则的规制影响不仅及于应受该利益冲突规则规制的律师本人，还及于该律师所在律师事务所的其他律师的情形。这是考虑到同一律师事务所的律师不仅可能存在信息上的交流，还可能存在经济上的联系这一事实。中华全国律师协会2017年《律师执业行为规范（试行）》第51条第7项规定，“在委托关系终止后，同一律师事务所或同一律师在同一案件后续审理或者处理中又接受对方当事人委托的”，律师及律师事务所不得与当事人建立或维持委托关系。这一规定就涉及推认性利益冲突问题。①

（四）可以克服的利益冲突与不能克服的利益冲突

这是根据受利益冲突影响的当事人是否可以作出明智同意，取消利益冲突规则的限制而进行的划分。

可以克服的利益冲突，是指因受影响的委托人或者前委托人就利益冲突的限制作出了明智同意，而可以继续进行辩护或者代理的情形。可以克服的利益冲突情形下，因受到影响的委托人或者前委托人的同意，利益冲突规则的执行成本被限制在了合理

① 中华全国律师协会2004年《律师执业行为规范（试行）》第83条曾规定：“委托人拟聘请律师处理的法律事务，是该律师从事律师职业之前曾以政府官员或司法人员、仲裁人员身份经办过的事务，律师和其律师事务所应当回避。”这一条涉及的就是推认性利益冲突问题。这一规定在中华全国律师协会2011年《律师执业行为规范》及其后续版本中已经被删除。

范围内。可以克服的利益冲突，也叫作可以容许的利益冲突。

不可克服的利益冲突，是指即使受影响的委托人或者前委托人就利益冲突的限制作出了明智同意，因法律职业伦理的明确限制而不能继续进行辩护或者代理的情形。不可克服的利益冲突情形下，往往不仅涉及受影响的委托人或者前委托人的利益，还涉及他人的利益以及司法质量等公共利益。不可克服的利益冲突，也叫作不可容许的利益冲突。

中华全国律师协会将委托人或者前委托人的"明智同意"的表现方式规定为"知情同意书"。中华全国律师协会2017年《律师执业行为规范（试行）》第52条第2款规定，律师和律师事务所发现存在可以克服的利益冲突情形的，"应当告知委托人利益冲突的事实和可能产生的后果，由委托人决定是否建立或维持委托关系。委托人决定建立或维持委托关系的，应当签署知情同意书，表明当事人已经知悉存在利益冲突的基本事实和可能产生的法律后果，以及当事人明确同意与律师事务所及律师建立或维持委托关系"。第53条规定，"委托人知情并签署知情同意书以示豁免的，承办律师在办理案件的过程中应对各自委托人的案件信息予以保密，不得将与案件有关的信息披露给相对人的承办律师"。

第二节　同时性利益冲突

一、现行委托人之间的利益冲突

现行委托人之间利益冲突的主要根据是，在对委托人进行同时性代理的情况下，律师的忠诚会遭到分割。根据我国现行规定，委托人—委托人利益冲突规则主要有三项，以下分别探讨。

（一）律师不得在同一案件中为双方当事人担任代理人

2017年《律师法》第39条规定："律师不得在同一案件中为双方当事人担任代理人，不得代理与本人或者其近亲属有利益冲突的法律事务。"中华全国律师协会2017年《律师执业行为规范（试行）》第13条作了同样的规定。该规范第51条第1项还规定，"律师在同一案件中为双方当事人担任代理人，或代理与本人或者其近亲属有利益冲突的法律事务的"，律师及律师事务所不得与当事人建立或维持委托关系。此外，六机关2012年《刑事诉讼规定》第4条第2款规定："一名辩护人不得为两名以上的同案犯罪嫌疑人、被告人辩护，不得为两名以上的未同案处理但实施的犯罪存在关联的犯罪嫌疑人、被告人辩护。"最高人民法院2021年《刑事诉讼法解释》第43条规定："一名被告人可以委托一至二人作为辩护人。""一名辩护人不得为两名以上的同案被告人，或者未同案处理但犯罪事实存在关联的被告人辩护。"中华全国律师协会2018年《关于律师办理黑恶势力犯罪案件辩护代理工作若干意见》规定，"同一名律师不得为两名或两名以上的同案犯罪嫌疑人、被告人辩护；不得为两名或两名以上的未同案处理但涉嫌的犯罪存在关联的犯罪嫌疑人、被告人辩护；同一律师事务所在接受两名或两名以上的同案犯罪嫌疑人、被告人的委托，分别指派不同的律师担任辩护人的，须告知委托人并经其同意。”

这些规定就这些情况下现行委托人之间的利益冲突设定了不可克服的利益冲突规则。

这些是我国目前关于现行委托人之间利益冲突的规定，这些规定的基本理由是：律师如果在同一案件中为双方当事人或有利害关系的第三人担任代理人，将会导致律师保守职业秘密的职责和忠诚于委托人的职责发生冲突。以律师在同一案件中为双方当事人担任代理人为例：如果律师同时为民事诉讼原告和被告担任代理人，则律师与原告存在秘密信息的交流，也同被告存在秘密信息的交流。按照忠诚于委托人的职责，律师应当利用从被告那里了解的秘密信息来为原告服务，但是这样将违反其对被告的保守职业秘密的职责，损害被告的利益，同时违反了忠诚于被告的职责。反之，按照忠诚于委托人的职责，律师应当利用从原告那里了解的秘密信息来为被告服务，但是这样将违反其对原告的保守职业秘密的职责，损害原告的利益，同时违反了忠诚于原告的职责。

上述规定对于解决律师在执业活动中的利益冲突起到了重要的作用，但是需要指出的是，上述规定仍然具有很大的局限性，即上述规定的适用范围狭窄。这主要表现在上述规定没有规定非诉讼业务中的委托人—委托人利益冲突问题。律师经常在同一事务中代理两个或者两个以上的委托人。例如，几个委托人可能会要求同一律师来为他们创设一个实体，或者律师受委托负责起草一个涉及多个委托人的法律文件。再如，如果律师在商务谈判中代理一方的几个委托人，在这几个委托人之间也可能存在利益上的某些分歧。这种情况下，律师能不能为多个委托人提供代理服务？在多数情况下，多个委托人雇请同一个律师办理某法律事务是具有积极意义的。这样的安排有利于减少律师费用的支出，能够减少交流渠道而节约时间和金钱。但是，这种操作也存在产生利益冲突的可能性。在这种情况下，律师需要进行仔细权衡，在多方利益能够共存的情况下才能进行代理活动。换言之，在这种情况下，并不是绝对禁止进行同时性代理。

律师在执业过程中，可能同时存在诸多并行性的代理关系，例如同时担任若干企业的法律顾问。一般而言，这种非诉讼事务中的并行代理并不存在利益冲突。但是在律师的这些并行代理的委托人之间发生严重利益冲突的情况下，则可能不能进行这种并行性的代理。并行性委托人发生争讼性事件的情况下，则律师不能对双方进行同时性代理。例如，司法部1992年《关于律师担任企业法律顾问的若干规定》第13条规定：“担任企业法律顾问的律师，不得从事有损于聘请单位合法权益的活动，不得在民事、经济、行政诉讼或仲裁活动中担任对立一方当事人的代理人。”第14条规定：“担任企业法律顾问的律师在其受聘的两个（或两个以上）的企业之间发生争议时，应当进行调解，但律师不得代理任何一方参加诉讼或仲裁。”

此外，司法部2010年《律师和律师事务所违法行为处罚办法》第7条规定，有下列情形之一的，属于《律师法》第47条第3项规定的律师“在同一案件中为双方当事人担任代理人，或者代理与本人及其近亲属有利益冲突的法律事务的”违法行为：(1) 在同一民事诉讼、行政诉讼或者非诉讼法律事务中同时为有利益冲突的当事人担任代理人或者提供相关法律服务的；(2) 在同一刑事案件中同时为被告人和被害人担任辩护人、代理人，或者同时为2名以上的犯罪嫌疑人、被告人担任辩护人的；(3) 担任法律顾问期间，为与顾问单位有利益冲突的当事人提供法律服务的；(4) 曾担任法官、检察官的律师，以代理人、辩护人的身份承办原任职法院、检察院办理过的案件的；(5) 曾经担任仲裁员或者仍在担任仲裁员的律师，以代理人身份承办本人原任职或者现任职的仲裁机构办理的案件的。显而易见，该第4项和第5项的内容属于我们以下所讨论的连续性利益冲突问题。因此，上述规定所讲的“同一案件”涉及同时性利益冲突和连续性利益冲突两种情况。

（二）同一律师事务所的律师不得担任有利益冲突的双方当事人的代理人

与律师为同一案件双方当事人担任代理人的问题实质相同的另一个问题是，同一律师事务所的律师是否可以为同一案件的双方当事人担任代理人的问题。同一律师事务所的律师为同一案件双方当事人担任代理人，主要涉及两个问题。首先，律师事务所在形式上是一个代理人。在与当事人签订委托协议时，均由同一律师事务所作为协议的一方主体。因此，如果同一律师事务所的不同律师为同一案件双方当事人担任代理人，则在形式上是双方当事人委托了同一个代理人，从而使律师事务所对委托人忠诚的职责受到了挑战。其次，在律师事务所内部存在重大案件讨论制度，即对于重大、复杂的案件，律师事务所的律师要进行集体讨论。这种发挥律师事务所集体智慧的制度被认为是律师优越于其他非律师代理人员的基本因素之一。但是在集体讨论中不可避免要存在信息的交流，在这种情况下，双方委托人披露给各自律师的信息的秘密性会遭到破坏，一方当事人的信息可能会被另一方获悉而用来损害该对方当事人。

司法部在1991年《关于一个律师可否为同一案件两个以上被告人辩护等问题的批复》中曾规定：“关于同一律师事务所的两个律师可否分别担任同一经济、民事案件或非诉讼事件双方当事人的代理人和同一律师事务所可否为自诉案件中的自诉人、被告人分别指派律师担任代理人参加诉讼问题。我们亦基本同意你厅意见。鉴于我国大多数县目前一般只设有一个律师事务所的实际情况，我们认为在地处偏远、交通不便，且只设一个律师事务所的县，在当事人分别聘请不同律师事务所的律师确有困难的情况下，如当事人一方已请律师作为代理人，而另一方亦请同一律师事务所的律师作为代理人时，该律师事务所应向当事人说明已指派律师为对方当事人担任代理人的情况，如当事人继续坚持要求，该律师事务所可以接受其委托，为其指派另一律师作代理人。在交通方便、且设有两个以上律师事务所的县和大、中城市中，双方当事人分别聘请不同律师事务所的律师并无困难，且不会增加负担的情况下，如双方当事人欲同时聘请同一律师事务所两个律师作代理人时，该律师事务所则应建议另一方当事人聘请其他律师事务所律师作代理人。”上述规定的基本精神仍是正确的。但是需要指出的是，双方当事人均同意聘请同一律师事务所律师作为代理人的情况下，律师事务所应当采取必要的信息保密措施，避免对双方秘密信息的内部沟通，如不应当再采用案件讨论制度。这实际上是当事人放弃了自己应得的一部分优势。为了避免因此发生争议，律师事务所应当同双方当事人分别制作书面文件，确认该事态的基本情况及委托人对该事态的明确认知和同意。

中华全国律师协会 2017 年《律师执业行为规范（试行）》第 51 条就上述问题的规定，涉及三个方面。

（1）刑事案件。该条第 4 项规定，“同一律师事务所的不同律师同时担任同一刑事案件的被害人的代理人和犯罪嫌疑人、被告人的辩护人”，构成利益冲突，“但在该县区域内只有一家律师事务所且事先征得当事人同意的除外”。

（2）民事诉讼、行政诉讼、仲裁案件。该条第 5 项规定，“在民事诉讼、行政诉讼、仲裁案件中，同一律师事务所的不同律师同时担任争议双方当事人的代理人，或者本所或其工作人员为一方当事人，本所其他律师担任对方当事人的代理人的”，构成利益冲突。

（3）非诉讼业务。该条第 6 项规定，“在非诉讼业务中，除各方当事人共同委托外，同一律师事务所的律师同时担任彼此有利害关系的各方当事人的代理人的”，构成利益冲突。“各方当事人共同委托”，实际上就是要求各方当事人就共同代理所涉及的不利情况作出明智同意。

需要注意的是，中国证券监督管理委员会、司法部 2007 年《律师事务所从事证券法律业务管理办法》第 11 条第 1 款规定，“同一律师事务所不得同时为同一证券发行的发行人和保荐人、承销的证券公司出具法律意见，不得同时为同一收购行为的收购人和被收购的上市公司出具法律意见，不得在其他同一证券业务活动中为具有利害关系的不同当事人出具法律意见”。这一规定是上述规定的例外，是不可克服的利益冲突。中国证券监督管理委员会 2007 年《〈律师事务所从事证券法律业务管理办法〉第十一条有关规定的适用意见》[①] 规定，下列情形，属于同一律师事务所“同时为同一证券发行的发行人和保荐人、承销的证券公司出具法律意见”，应予禁止：（1）同一律师事务所以口头或书面等形式，有偿或无偿地同时接受同一证券发行的发行人和保荐人、承销的证券公司委托，为同一证券发行的发行人、保荐人、承销的证券公司出具法律意见的；（2）同一律师事务所虽未同时接受同一证券发行的发行人和保荐人、承销的证券公司委托，但在接受发行人委托为证券发行人出具法律意见的同时，另外向同一证券发行的保荐人、承销的证券公司出具作为保荐人、承销的证券公司履行自身法定职责依据的专项法律意见，或者出具作为保荐人、承销的证券公司用以证

① 证券期货法律适用意见〔2007〕第 2 号。

明自己勤勉尽责及减免法律责任目的的专项法律意见的；（3）同一律师事务所虽未同时接受同一证券发行的发行人和保荐人、承销的证券公司委托，但在接受发行人委托为证券发行人出具法律意见的同时，将该法律意见向同一证券发行的保荐人、承销的证券公司出具，供保荐人、承销的证券公司作为自己履行法定职责的依据，或者用以证明自己勤勉尽责及减免法律责任目的的。

（三）律师在未征得委托人同意的情况下，不得接受对方当事人办理其他法律事务的委托

中华全国律师协会 2017 年《律师执业行为规范（试行）》第 52 条第 3 项规定，“同一律师事务所接受正在代理的诉讼案件或者非诉讼业务当事人的对方当事人所委托的其他法律业务的”，律师应当告知委托人并主动提出回避，但委托人同意其代理或者继续承办的除外。

这个规定的理论基础是律师对委托人的忠诚职责。律师在未征得委托人同意的情况下，接受对方当事人办理其他法律事务的委托，将可能与律师对委托人的忠诚相抵牾，甚至使律师出卖其委托人的利益，因此有必要进行限制，即使两个事务之间没有任何联系。根据上述规定，在办结委托事项后，该律师可以接受对方当事人办理其他法律事务的委托。从该规定来看，该规范认为律师对委托人的忠诚职责在该事务办结后终止，不具有延续性。

中华全国律师协会 2017 年《律师执业行为规范（试行）》第 52 条第 4 项规定，“律师事务所与委托人存在法律服务关系，在某一诉讼或仲裁案件中该委托人未要求该律师事务所律师担任其代理人，而该律师事务所律师担任该委托人对方当事人的代理人的”，律师应当告知委托人并主动提出回避，但委托人同意其代理或者继续承办的除外。这一条是一项可以克服的利益冲突规则，实际上是上述第三项的例外。

二、律师—现行委托人利益冲突

律师与现行委托人之间的冲突是律师执业活动中最常见的类型之一。每个人在现实生活中都要扮演着多种角色。律师也一样，有其自身的利益。从这个角度来讲，律师并不是委托人的十全十美的利益维护者，他们的自身利益有时使他们在代理委托人的利益时处于非常困难的境地。事实上，可以说委托人—律师关系的建立就是利益冲突的起点，每一个辩护与代理活动都开始于律师和委托人之间的冲突。例如，律师的经济利益促使律师在收费问题上存在追求最大化的倾向，而委托人的经济利益则促使委托人在付费问题上存在追求最小化的倾向。在这种情况下，对律师—委托人之间的利益进行调整的必要性是显而易见的。

中华全国律师协会 2017 年《律师执业行为规范（试行）》第 50 条规定：“办理委托事务的律师与委托人之间存在利害关系或利益冲突的，不得承办该业务并应当主动提出回避。”律师—现行委托人利益冲突的根源包括律师的经济利益与立场利益。所

谓经济利益，就是在一定社会经济形态中满足人们经济需要的生产成果。所谓立场利益，是指满足律师在诸如情感、个人关系、公共政策立场等方面需求的社会关系。以下分别探讨。

（一）因律师个人经济利益产生的律师—现行委托人利益冲突

中华全国律师协会 2017 年《律师执业行为规范（试行）》第 46 条规定：“律师和律师事务所不得利用提供法律服务的便利，牟取当事人争议的权益。”第 47 条规定：“律师和律师事务所不得违法与委托人就争议的权益产生经济上的联系，不得与委托人约定将争议标的物出售给自己；不得委托他人为自己或为自己的近亲属收购、租赁委托人与他人发生争议的标的物。”这些规则涉及以下两个方面。

1. 律师与现行委托人的直接经济利益冲突

律师和律师事务所不得利用提供法律服务的便利，牟取当事人争议的权益。这一规则的主要目的是防止所谓助讼图利问题。所谓助讼图利，就是受到帮助的人承诺与帮助者分享任何赔偿，使帮助他人诉讼的人成了一种有利益的投资者。由于这些行为会鼓励不必要、无价值的诉讼，提出过度的损失要求，导致隐匿证据、贿赂证人等不法行为，因而被认为会导致司法腐败。从历史发展来看，禁止律师助讼图利规则本身关注的焦点主要是这种行为对公正司法的影响，强调的是律师与法院之间的关系。但是从我国的规定来看，上述规则主要反映的是律师在委托人—律师关系中应当遵行的规则。换言之，“根据法律规定，律师享有广泛的权利，能够了解案件的有关情况。特别是基于律师和委托人之间的信任关系，律师能够知悉很多涉及委托人利益的不为他人所知的信息。这一方面有利于律师维护委托人的合法权益，另一方面也存在需要制止律师利用职务之便牟取当事人争议的权益的问题”①。因此，我国的上述规定应当说一定程度上是律师职业秘密规则的进一步延伸。

需要指出的是，风险代理收费是一种典型的助讼图利行为，但是其具有替代法律援助等积极功能，故在法律的框架内是允许的。除国家发展和改革委员会、司法部 2006 年《律师服务收费管理办法》明确规定允许律师依法采取风险代理收费方式外，中华全国律师协会 2017 年《律师执业行为规范（试行）》第 48 条也规定：“律师事务所可以依法与当事人或委托人签订以回收款项或标的物为前提按照一定比例收取货币或实物作为律师费用的协议。”

此外，司法部 2010 年《律师和律师事务所违法行为处罚办法》第 12 条规定，有下列情形之一的，属于《律师法》第 48 条第 3 项规定的律师“利用提供法律服务的便利牟取当事人争议的权益的”违法行为：（1）采用诱导、欺骗、胁迫、敲诈等手段获取当事人与他人争议的财物、权益的；（2）指使、诱导当事人将争议的财物、权益转让、出售、租赁给他人，并从中获取利益的。这些行为也涉及律师与委托人之间的利益冲突。

① 肖胜喜主编：《律师执业概论》，法律出版社 1998 年版，第 158 页。

2. 律师与现行委托人的商业往来

律师和委托人之间的交易是难以避免的，律师对委托人的辩护或者代理行为本身就是一种交易行为。除法律服务之外，就其他与法律服务无关的事项，律师也可能与委托人进行商业交易活动。但是，交易行为的双方之间是存在利益冲突的，而这种冲突在委托人—律师关系之下会给委托人带来更大的风险。

根据上述规定，律师和律师事务所不得与委托人约定将争议标的物出售给自己，不得委托他人为自己或为自己的近亲属收购、租赁委托人与他人发生争议的标的物。这一规则的理论根据是，在律师和委托人进行商业交易的过程中，在律师和委托人之间实际上同时存在两种关系，一种是商业交易关系，另一种就是委托人—律师关系。委托人和律师的关系是一种受托关系。委托人将依靠律师来保护其利益，而律师可能了解委托人的秘密信息，处于优势地位。在这种情况下，律师同委托人的商业交易可能会影响律师的独立职业判断，律师对委托人的忠诚可能会受到影响，律师可能会利用委托人的秘密信息来为自己服务。总之，在这种情况下，委托人对律师的信任可能会持续存在，并从委托人—律师关系扩展到他们之间的商业关系。正是这种误解可能会为律师所利用。

（二）因律师个人立场利益产生的律师—现行委托人利益冲突

2017 年《律师法》第 39 条规定："律师不得在同一案件中为双方当事人担任代理人，不得代理与本人或者其近亲属有利益冲突的法律事务。"中华全国律师协会 2017 年《律师执业行为规范（试行）》第 13 条作了同样的规定。该规范第 51 条第 1、2 项还规定，"律师在同一案件中为双方当事人担任代理人，或代理与本人或者其近亲属有利益冲突的法律事务的"，以及"律师办理诉讼或者非诉讼业务，其近亲属是对方当事人的法定代表人或者代理人的"，律师及律师事务所不得与当事人建立或维持委托关系。这些规定就这些情况下的个人立场利益冲突设定了不可克服的利益冲突规则。

中华全国律师协会 2017 年《律师执业行为规范（试行）》第 52 条第 1、2 项规定，在"接受民事诉讼、仲裁案件一方当事人的委托，而同所的其他律师是该案件中对方当事人的近亲属的"，或者"担任刑事案件犯罪嫌疑人、被告人的辩护人，而同所的其他律师是该案件被害人的近亲属的"情况下，律师应当告知委托人并主动提出回避，但委托人同意其代理或者继续承办的除外。在这种情况下，律师的立场利益具有一定的间接性，故设定了可以克服的利益冲突规则。

（三）因律师个人利益冲突而产生的推断性利益冲突

中国证券监督管理委员会、司法部 2007 年《律师事务所从事证券法律业务管理办法》第 11 条第 2 款规定："律师担任公司及其关联方董事、监事、高级管理人员，或者存在其他影响律师独立性的情形的，该律师所在律师事务所不得接受所任职公司的委托，为该公司提供证券法律服务。"根据该规定，由于律师存在担任公司及其关联方董事、监事、高级管理人员等情形，律师的独立性受到了影响，而律师本身与所在律师事务所其他成员存在经济、信息等方面的联系，因此，其所在律师事务所不得接受所任职公司的委托，为该公司提供证券法律服务。

第三节 连续性利益冲突

一、律师和律师事务所的业务引起的连续性利益冲突

律师和律师事务所的业务引起的连续性利益冲突，是利益冲突的主要模式之一。从实践中的情况来看，这种连续性利益冲突有多种表现形式。如在一审活动中，在与前委托人解除委托代理关系后，在同一审级中担任对方当事人的代理人；在一审中担任原告的代理人，在与前委托人解除委托代理关系后在二审活动中担任原审被告的代理人；等等。如前所述，连续性利益冲突的主要关注点是律师和委托人所交流的信息。保密是律师首要的和基本的职责，如果没有保密义务，律师就不可能获得委托人对有关信息的倾情披露。如果律师在与委托人依法解除委托代理关系后，在同一案件中担任有利益冲突的他方当事人的代理人，则前委托人告知律师的有关信息会被律师用来反对该前委托人，损害该前委托人的合法权益。退一步而言，即使律师实际上试图维护前委托人信息的秘密性，也是不可行的，因为后一委托人的利益将可能得不到彻底的维护。在这种情况下律师采取适当法律行动的热忱将受到自身动力的限制，使后一委托人得到的只能是一种有限度的代理。

具体而言，这种保护前委托人秘密信息的必要性服务于以下目的：

第一，该利益冲突规则的直接目的，是保护和促进现行的委托人—律师关系。委托人—律师关系的终止并不意味着律师的职责和义务的终止。一般而言，委托人—律师关系终止后，律师的保密义务继续存在。律师所担负的这种保密义务，恰恰是为了促进进行中的委托人—律师关系。如果没有这样的规则，在委托人—律师关系存续的时候，律师就有可能因为某种原因（如为了获取更高的律师费）终止这种关系而代理其他委托人，律师在该代理活动中所获得的秘密信息可能会增加其对其他委托人的价值。在这种情况下，该委托人就有可能担心律师的背叛而不敢、不愿向律师敞开心扉，倾诉秘密。这无疑将会严重影响委托人—律师关系和代理活动的质量。

第二，该规则也有利于保护律师的利益。与同时性利益冲突规则为委托人提供的保护相比，连续性利益冲突规则为委托人提供的是一种相对有限的保护，即仅仅在具有实质联系的案件中取消有关律师的代理资格。设置这种有限度的保护，是为了在保护前委托人利益的同时，兼顾律师的利益。按照同时性利益冲突规则，只要是不利于其现行委托人的案件，无论是否与本案有实质联系，律师一般均不得代理。这实际上赋予了其现行委托人以否决权，他可以否决律师对于对其利益不利的案件的代理。如

果在连续性利益冲突案件中适用这种标准，即前委托人对于律师以后所要代理的不利于该前委托人的案件具有否决权，则随着律师办理案件的数量的不断积淀，拥有这种否决权的前委托人的数量也会不断增加，律师所能代理的案件的数量也就会相应不断减少。“按照适用于现行委托人的同样标准来永久保护前委托人，实际上会破坏律师业的独立性。律师一旦为某个委托人服务，就再也不能承办对该委托人不利的事务。随着律师职业生涯的累进，他们前委托人的数量会与日俱增，他们接办新的案件的能力也会同比例下降。实际上，律师会与特定的委托人和案件永远同条共贯。”① 长此以往，律师的生计都可能出现问题。因此，对前委托人的保护必须受到必要的限制。

第三，该规则也有利于保护委托人本身和其他委托人的利益。在前委托人对于律师以后所要代理的不利于该前委托人的案件具有否决权的情况下，律师所能代理的案件必然不断减少，其他委托人获得称职律师代理的机会必然也会减少。与此有关的另一个可能结果就是，对于一些小案件，律师可能会担心对该案件的代理会排除律师未来对一些大案件的代理机会，因而拒绝接受委托，从而损害委托人获得代理的权利。因此，设定连续性利益冲突规则的时候，必须考虑到委托人对法律服务的选择权问题。②

第四，该规则有利于保护委托人解雇律师的权利。2017 年《律师法》第 32 条第 1 款规定：“委托人可以拒绝已委托的律师为其继续辩护或者代理，同时可以另行委托律师担任辩护人或者代理人。”委托人解雇律师的权利是一项重要的权利。如果没有这项权利，将使律师—委托人关系受到重大影响。这是因为在委托人与律师建立委托关系以后，如果这种关系的继续存在因各种原因处于微妙状态，在缺乏上述规定的情况下，委托人也不敢随时解雇律师，而只能在委托人—律师关系的基础已经遭到破坏的情况下继续维持该关系，从而使委托人获得满意的、有效的法律帮助的权利遭到了损害。设定上述规则有利于保障委托人及时行使解雇律师的权利。

中华全国律师协会 2017 年《律师执业行为规范（试行）》第 51 条第 7 项规定，“在委托关系终止后，同一律师事务所或同一律师在同一案件后续审理或者处理中又接受对方当事人委托的”，律师及律师事务所不得与当事人建立或维持委托关系。这是一条不可克服的利益冲突规则。第 52 条第 5 项规定，“在委托关系终止后一年内，律师又就同一法律事务接受与原委托人有利害关系的对方当事人的委托的”，律师应当告知委托人并主动提出回避，但委托人同意其代理或者继续承办的除外。这是一条可以克服的利益冲突规则。但是，“同一法律事务”的界定是不清楚的，其与“同一案件”是什么关系并没有得到清晰的界定，这可能造成上述第 51 条和第 52 条的执行

① Deborah L. Rhode and Geoffrey C. Hazard, Jr., *Professional Responsibility and Regulation*, 135 - 36 (Foundation Press, second edition, 2007).

② 参见王进喜：《法律伦理的 50 堂课：美国律师职业行为规范与实务》，五南图书出版股份有限公司 2008 年版，第 208 - 210 页。

冲突问题。

二、前职业关系造成的连续性利益冲突

司法部2010年《律师和律师事务所违法行为处罚办法》第7条第4、5项规定，“曾担任法官、检察官的律师，以代理人、辩护人的身份承办原任职法院、检察院办理过的案件的”，以及“曾经担任仲裁员或者仍在担任仲裁员的律师，以代理人身份承办本人原任职或者现任职的仲裁机构办理的案件的”，属于《律师法》第47条第3项规定的律师“在同一案件中为双方当事人担任代理人，或者代理与本人及其近亲属有利益冲突的法律事务的”违法行为。中华全国律师协会2017年《律师执业行为规范（试行）》第51条第3项规定，“曾经亲自处理或者审理过某一事项或者案件的行政机关工作人员、审判人员、检察人员、仲裁员，成为律师后又办理该事项或者案件的”，律师及律师事务所不得与当事人建立或维持委托关系。上述规定是我国关于前职业关系造成的连续性利益冲突规则。此外，最高人民法院、司法部2017年《关于开展律师调解试点工作的意见》[①] 第13条第2款规定：“律师调解员不得再就该争议事项或与该争议有密切联系的其他纠纷接受一方当事人的委托，担任仲裁或诉讼的代理人，也不得担任该争议事项后续解决程序的人民陪审员、仲裁员、证人、鉴定人以及翻译人员等。”

这一规则的理论根据有：第一，保守职业秘密。行政机关工作人员、审判人员、检察人员、仲裁员都有保守职业秘密的义务。一般情况下，这种保密职责并不因为前职业关系的终止而消灭。第二，维护裁判、决定的稳定性。处理过或者审理过某一事项或者案件的行政机关工作人员、审判人员、检察人员、仲裁员，成为律师后又办理该事项或者案件的，不利于维护所作出的裁判、决定的稳定性。第三，维护相关程序的公平性。处理过或者审理过某一事项或者案件的行政机关工作人员、审判人员、检察人员、仲裁员，成为律师后又办理该事项或者案件的，不可避免地涉及利用因职务便利而获得的信息，甚至不利于对方当事人的信息，这对于对方当事人而言是不公平的。

需要指出的是，上述中华全国律师协会的规范将利益冲突情形限定为“曾经亲自处理或者审理过某一事项或者案件”是比较适当的，司法部2010年《律师和律师事务所违法行为处罚办法》的上述规定失于宽泛。例如，该办法第7条第5项规定，“曾经担任仲裁员或者仍在担任仲裁员的律师，以代理人身份承办本人原任职或者现任职的仲裁机构办理的案件的”，属于《律师法》第47条第3项规定的律师“在同一案件中为双方当事人担任代理人，或者代理与本人及其近亲属有利益冲突的法律事务的”违法行为。在严格执行该规定的情况下，律师参与仲裁机构活动的积极性无疑会

① 司发通〔2017〕105号。

受到抑制，从而不利于仲裁机构发挥应有的作用。

此外，如果律师在某事务中曾居间调解，则律师也有可能获得双方当事人的秘密信息。在这种情况下，律师也受这样的连续性利益冲突规则的限制。[①]

思考题

1. 什么是利益冲突？设置利益冲突规则的理论根据是什么？

2. 利益冲突有哪些分类？

3. 同时性利益冲突有哪些表现形式？

4. 连续性利益冲突有哪些表现形式？设定律师和律师事务所的业务引起的连续性利益冲突规则的理论根据是什么？

5. 前职业关系造成的律师连续性利益冲突规则的理论根据是什么？

① 可参见本书第九章“律师非争讼性业务规则”。

第七章

律师服务收费、财物保管与纳税规则

第一节　律师服务收费制度概述

一、律师服务收费的概念

律师服务收费，是指律师事务所在承办业务接受委托人的委托时，基于本律师事务所为委托人提供法律服务的情况，依法收取一定数量报酬的职业活动。

首先，律师服务收费的主体是律师事务所。尽管现实生活中人们将律师服务收费习惯地称为律师收费，但是根据法律，律师服务收费的主体是律师事务所。2017 年《律师法》第 25 条第 1 款明确规定："律师承办业务，由律师事务所统一接受委托，与委托人签订书面委托合同，按照国家规定统一收取费用并如实入账。"这是法律上对律师事务所的收费主体地位的明确规定。律师事务所作为律师服务收费的主体，也承担相应的义务。2017 年《律师法》第 54 条规定："律师违法执业或者因过错给当事人造成损失的，由其所在的律师事务所承担赔偿责任。律师事务所赔偿后，可以向有故意或者重大过失行为的律师追偿。"①

其次，律师服务收费活动是依法进行的职业活动。律师服务收费制度不仅体现了律师和委托人的关系，还体现了律师同司法制度和司法利益的关系。就前者而言，不同的律师服务收费方式决定了委托人和律师的利益的结合程度以及案件损失风险的分配模式；就后者而言，不同的律师服务收费决定了委托人诉诸司法制度的可能性，并影响着司法效率以及社会关于司法制度公平性的观念。因此，律师服务收费不是一个完全自由的市场行为，对律师服务收费活动进行规制是对委托人—律师关系的规范的一个重要方面。2017 年《律师法》第 59 条规定："律师收费办法，由国务院价格主管部门会同国务院司法行政部门制定。"

最后，律师服务收费是依法收取一定数量服务报酬的职业活动。这些报酬反映了

① 再如，司法部 1996 年《关于认真受理当事人对律师投诉的通知》（司发通〔1996〕148 号）规定："在投诉的问题中，凡涉及追要代理费和赔偿金，并经查证确是事实的，应先由被投诉律师所在的律师事务所如数支付，然后由律师事务所追究律师个人的责任。"

律师服务的市场价值。律师事务所在提供法律服务过程中代委托人支付的诉讼费、仲裁费、鉴定费、公证费和查档费，不属于律师服务费，由委托人另行支付。[①]

二、我国律师服务收费制度的历史发展

中华人民共和国成立以后、1996 年《律师法》颁布之前，我国在律师服务收费问题上先后发布了三个主要文件，即 1956 年 5 月司法部颁发的《律师收费暂行办法》（已失效），1981 年司法部、财政部颁布的《律师收费试行办法》（已失效），1990 年司法部、财政部、国家物价局颁布的《律师业务收费管理办法及收费标准》（已失效）。由于历史原因，这些规定都具有浓厚的计划经济的色彩，其基本特点就是按规定标准收费，限制律师与委托人之间的协商收费。体现律师与委托人协商收费的风险代理制度自然不在其列。这些规定显然没有体现律师的劳动与案件的难易复杂程度之间的关系，难以调动律师的工作积极性，也不利于保护委托人的合法权益。1996 年《律师法》颁布后，根据中国共产党十四届三中全会《关于建立社会主义市场经济体制若干问题的决定》和《国民经济和社会发展“九五”计划和 2010 年远景目标纲要》的精神，为促进律师服务业的发展，充分发挥律师事务所的市场中介组织作用，1997 年国家计划委员会、司法部颁布了《律师服务收费管理暂行办法》。就《律师服务收费管理暂行办法》的实质内容来看，国家主管部门在律师服务收费方面的改革仍然是相当有限的，律师事务所在收费上的自主权仍然受到了严格限制。在相当长的时期内，与《律师服务收费管理暂行办法》配套的收费标准由于种种原因并未出台，适应形势发展需要的全国性官方层面的新的律师服务收费管理办法也没有出台。2000 年，考虑到“各地经济发展水平和律师业的发展状况差异较大，律师服务的成本和群众的承受能力也有较大差异，目前制定全国统一的律师服务收费标准尚有一定困难”，国家计划委员会、司法部发布通知，暂由各地制定律师服务收费临时标准。[②] 在这种情况下，许多省、市、自治区制定了自己的律师服务费临时标准。这些临时标准对于规范律师服务收费行为、促进律师业健康发展起到了积极作用。但是，随着我国经济的快速发展，原来的一些规定已经不能完全适应新形势的要求，律师收费管理上还存在一些矛盾和问题，例如收费不透明，收费行为不规范；律师服务收费管理滞后，一些新的律师服务收费没有被纳入政府监管范围；律师服务收费争议解决机制不健全，律师事务所与委托人因收费发生争议时无章可循；一些地方对律师服务收费缺乏监督检查，律师服务乱收费、多收费现象比较严重。

2004 年 12 月，中共中央转发的《中央司法体制改革领导小组关于司法体制和工作机制改革的初步意见》，把改革和完善律师收费制度作为专门问题加以规定，明确

---

① 参见国家发展和改革委员会、司法部 2006 年《律师服务收费管理办法》第 19 条。

② 参见《国家计委、司法部关于暂由各地制定律师服务收费临时标准的通知》（计价费〔2000〕392 号，已失效）。

指出要完善律师收费制度，制定律师诉讼代理收费指导性标准，建立、健全律师收费争议解决制度，完善对律师违法违纪收费行为的处罚办法。2006年4月国家发展和改革委员会、司法部出台了《律师服务收费管理办法》，于2006年12月1日起实施。《律师服务收费管理办法》确立了公开公平、自愿有偿、诚实信用的律师服务收费原则，并要求律师事务所便民利民，加强内部管理，降低服务成本，为委托人提供方便、优质的法律服务。[①]

第二节　律师服务收费的标准和方式

一、律师服务收费的标准

律师服务收费的标准，是指确定律师服务收费具体数额的依据。律师服务收费实行政府指导价和市场调节价。[②] 政府指导价，是指政府价格主管部门会同同级司法行政部门制定的律师服务收费标准；市场调节价，是指由律师事务所与委托人，根据案件的复杂程度、律师服务的开支及法律服务市场的需求状况等因素，协商确定的律师服务收费标准。

（一）政府指导价

国家发展和改革委员会、司法部2006年《律师服务收费管理办法》规定，律师事务所依法提供下列法律服务实行政府指导价：（1）代理民事诉讼案件；（2）代理行政诉讼案件；（3）代理国家赔偿案件；（4）为刑事案件犯罪嫌疑人提供法律咨询、代理申诉和控告、申请取保候审，担任被告人的辩护人或自诉人、被害人的诉讼代理人；（5）代理各类诉讼案件的申诉。[③] 政府指导价的基准价和浮动幅度由各省、自治区、直辖市人民政府价格主管部门会同同级司法行政部门制定。政府制定律师服务收费标准，应当广泛听取社会各方面意见，必要时可以实行听证。政府制定的律师服务收费标准应当充分考虑当地经济发展水平、社会承受能力和律师业的长远发展，按照补偿律师服务社会平均成本，加合理利润与法定税金确定。

为贯彻落实中国共产党十八届三中全会精神，按照国务院常务会议部署，使市场在资源配置中起决定性作用，促进相关服务行业发展，2014年12月，国家发展和改革委员会发出《关于放开部分服务价格的通知》[④]，明确要求，除律师事务所和基层法律服务机构（包括乡镇、街道法律服务所）提供的下列律师服务收费实行政府指导价外，其他律师服务收费实行市场调节价：（1）担任刑事案件犯罪嫌疑人、被告人的

① 参见国家发展和改革委员会、司法部2006年《律师服务收费管理办法》第3条。
② 参见国家发展和改革委员会、司法部2006年《律师服务收费管理办法》第4条。
③ 参见国家发展和改革委员会、司法部2006年《律师服务收费管理办法》第5条第1款。
④ 发改价格〔2014〕2755号。

辩护人以及刑事案件自诉人、被害人的代理人；(2) 担任公民请求支付劳动报酬、工伤赔偿，请求给付赡养费、抚养费、扶养费，请求发给抚恤金、救济金，请求给予社会保险待遇或最低生活保障待遇的民事诉讼、行政诉讼的代理人，以及担任涉及安全事故、环境污染、征地拆迁赔偿（补偿）等公共利益的群体性诉讼案件代理人；(3) 担任公民请求国家赔偿案件的代理人。

(二) 市场调节价

律师事务所提供其他法律服务的收费实行市场调节价。实行市场调节的律师服务收费，由律师事务所与委托人协商确定。

律师事务所与委托人协商律师服务收费应当考虑以下主要因素：(1) 耗费的工作时间；(2) 法律事务的难易程度；(3) 委托人的承受能力；(4) 律师可能承担的风险和责任；(5) 律师的社会信誉和工作水平等。从实践来看，律师事务所与委托人协商律师服务收费时还可以考虑所涉及的问题的鲜见程度、律师接受该特定工作将不能从事其他工作的机会成本、所在地提供类似法律服务通常收取的费用、所涉及的标的额、委托人规定的或由事态本身所限定的期限、与委托人之间的职业关系的性质和存续的时间等因素。①

二、律师服务收费的方式

律师服务收费的方式，是指律师在向当委托人提供法律服务时所采用的计算、收取服务报酬的形式。现行《律师服务收费管理办法》规定了四种律师服务收费方式。

1. 计件收费

计件收费，是指以律师提供法律服务的件数来计算、确定收费数额的收费形式。计件收费一般适用于不涉及财产关系的法律事务。

2. 按标的额比例收费

按标的额比例收费，是指根据律师办理法律事务涉及的标的额，确定一定比例来计算律师收费数额的收费形式。按标的额比例收费适用于涉及财产关系的法律事务。

3. 计时收费

计时收费，是指根据律师办理法律事务实际花费的有效工作时间，来确定收费数额的收费方式。计时收费可适用于全部法律事务。

4. 风险代理收费

风险代理收费，是指将律师收费与办理法律事务的结果相挂钩，依据办理法律事务的结果来确定律师费数额的收费方式。律师的风险代理费制度在我国也被叫作律师的“胜诉取酬”制度。

根据国家发展和改革委员会、司法部2006年《律师服务收费管理办法》的规定，

① 参见国家发展和改革委员会、司法部2006年《律师服务收费管理办法》第9条。

办理涉及财产关系的民事案件时，委托人被告知政府指导价后仍要求实行风险代理的，律师事务所可以实行风险代理收费，但下列情形除外：（1）婚姻、继承案件；（2）请求给予社会保险待遇或者最低生活保障待遇的；（3）请求给付赡养费、抚养费、扶养费、抚恤金、救济金、工伤赔偿的；（4）请求支付劳动报酬的等。①

此外，现行《律师服务收费管理办法》禁止办理刑事诉讼案件、行政诉讼案件、国家赔偿案件以及群体性诉讼案件时实行风险代理收费。②

实行风险代理收费，律师事务所应当与委托人签订风险代理收费合同，约定双方应承担的风险责任、收费方式、收费数额或比例。实行风险代理收费，最高收费金额不得高于收费合同约定标的额的30%。③

三、律师服务收费的监督检查

对律师服务收费活动进行监督检查，是保证律师事务所依法收费的重要保障机制。公民、法人和其他组织认为律师事务所或律师存在价格违法行为，可以通过函件、电话、来访等形式，向价格主管部门、司法行政部门或者律师协会举报、投诉。

（一）价格主管部门的监督检查

各级价格主管部门应加强对律师事务所收费的监督检查。律师事务所、律师有下列价格违法行为之一的，由政府价格主管部门依照《价格法》和《价格违法行为行政处罚规定》实施行政处罚：（1）不按规定公示律师服务收费管理办法和收费标准的；（2）提前或者推迟执行政府指导价的；（3）超出政府指导价范围或幅度收费的；（4）采取分解收费项目、重复收费、扩大范围等方式变相提高收费标准的；（5）以明显低于成本的收费进行不正当竞争的；（6）其他价格违法行为。

（二）司法行政部门的监督检查

各级司法行政部门应加强对律师事务所、律师法律服务活动的监督检查。律师事务所、律师有下列违法行为之一的，由司法行政部门依照《律师法》以及《律师和律师事务所违法行为处罚办法》实施行政处罚：（1）违反律师事务所统一接受委托、签订书面委托合同或者收费合同规定的；（2）违反律师事务所统一收取律师服务费、代委托人支付的费用和异地办案差旅费规定的；（3）不向委托人提供预收异地办案差旅费用概算，不开具律师服务收费合法票据，不向委托人提交代交费用、异地办案差旅费的有效凭证的；（4）违反律师事务所统一保管、使用律师服务专用文书、财务票据、业务档案规定的；（5）违反律师执业纪律和职业道德的其他行为。

---

① 参见国家发展和改革委员会、司法部2006年《律师服务收费管理办法》第11条。

② 参见国家发展和改革委员会、司法部2006年《律师服务收费管理办法》第12条。

③ 参见国家发展和改革委员会、司法部2006年《律师服务收费管理办法》第13条。

第三节 律师服务收费行为规则

一、统一收费、规范收费

（一）统一收费

统一收费，是指律师服务费、代委托人支付的费用和异地办案差旅费由律师事务所统一收取，律师不得私自向委托人收取任何费用。除上述所列三项费用外，律师事务所及承办律师不得以任何名义向委托人收取其他费用。

1980年《律师暂行条例》即确立了“法律顾问处”统一收费制度。2012年《律师法》第25条第1款明确规定：“律师承办业务，由律师事务所统一接受委托，与委托人签订书面委托合同，按照国家规定统一收取费用并如实入账。”第48条针对“私自接受委托、收取费用，接受委托人财物或者其他利益的”行为规定了处罚措施。①司法部2008年《律师事务所管理办法》第33条第1款规定：“律师承办业务，由律师事务所统一接受委托，与委托人签订书面委托合同。”第35条规定：“律师事务所应当按照有关规定统一收费，建立、健全收费管理制度，及时查处有关违规收费的举报和投诉。”律师事务所接受委托，应当与委托人签订律师服务收费合同或者在委托代理合同中载明收费条款。收费合同或收费条款应当包括收费项目、收费标准、收费方式、收费数额、付款和结算方式、争议解决方式等内容。律师事务所与委托人签订合同后，不得单方变更收费项目或者提高收费数额；确需变更的，律师事务所必须事先征得委托人的书面同意。

律师事务所应当接受指派承办法律援助案件。办理法律援助案件不得向受援人收取任何费用。② 对于经济确有困难，但不符合法律援助范围的公民，律师事务所可以酌情减收或免收律师服务费。

司法部2010年《律师和律师事务所违法行为处罚办法》第10条规定，有下列情形之一的，属于《律师法》第48条第1项规定的律师“私自接受委托、收取费用，接受委托人财物或者其他利益的”违法行为：（1）违反统一接受委托规定或者在被处以停止执业期间，私自接受委托，承办法律事务的；（2）违反收费管理规定，私自收取、使用、侵占律师服务费以及律师异地办案差旅费用的；（3）在律师事务所统一收费外又向委托人索要其他费用、财物或者获取其他利益的；（4）向法律援助受援人索要费用或者接受受援人的财物或者其他利益的。

---

① 所谓“其他利益”，是指财物以外的其他不正当的好处，如接受委托人的安排，进行各种享乐，等等。参见王胜明、赵大程主编：《中华人民共和国律师法释义》，法律出版社2007年版，第124页。

② 国务院2003年《法律援助条例》第2条规定：“符合本条例规定的公民，可以依照本条例获得法律咨询、代理、刑事辩护等无偿法律服务。”

（二）规范收费

律师事务所向委托人收取律师服务费，应当向委托人出具合法票据。律师事务所在提供法律服务过程中代委托人支付的诉讼费、仲裁费、鉴定费、公证费和查档费，不属于律师服务费，由委托人另行支付。

律师事务所需要预收异地办案差旅费的，应当向委托人提供费用概算，经协商一致，由双方签字确认。确需变更费用概算的，律师事务所必须事先征得委托人的书面同意。

律师事务所在结算有关费用时，应当向委托人提供代其支付的费用和异地办案差旅费清单及有效凭证。对于不能提供有效凭证的部分，委托人可不予支付。

律师事务所异地设立的分支机构，应当执行分支机构所在地的收费规定。

关于律师异地服务收费问题，1997 年国家计划委员会、司法部印发的《律师服务收费管理暂行办法》（已失效）第 9 条曾规定，"律师为异地委托人提供法律服务时，应执行该律师注册地的律师服务收费标准"。现行《律师服务收费管理办法》第 25 条则明确规定，律师事务所异地提供法律服务，可以执行律师事务所所在地或者提供法律服务所在地的收费规定，具体办法由律师事务所与委托人协商确定。这一规定增加了律师收费的灵活性，有利于减少律师以利益为导向而跨地区流动的现象。

根据司法部律师司 1998 年《关于对中国律师与外国律师合作办理境外的诉讼或非诉讼法律事务如何收取律师费用的批复》①，"中国律师参与境外诉讼活动，其所得报酬应与外国律师一致。律师收费可参考诉讼活动所在国的律师收费标准或惯例，采取协商收费或计时收费的办法，由中国律师事务所同当事人之间或同合作办案的外国律师事务所订立收费合同，收取律师费用"。

二、遵守计时收费和风险代理收费的特别规则

（一）关于计时收费的特别规则

如上所述，国家发展和改革委员会、司法部 2006 年《律师服务收费管理办法》规定了四种律师收费方式。在这四种收费方式中，计时收费和风险代理收费因为涉及律师与委托人之间的利益冲突等问题，在律师职业行为规则中受到了特别的规制。

就计时收费而言，收费的结果等于小时收费额乘以消耗的小时数量。一般而言，小时收费额是固定的，它一般与律师的经验等因素相适应。而案件所消耗的小时数量取决于案件的对抗性、事务的复杂程度、委托人追求的目标等因素。计时收费方式使律师与委托人之间存在直接的利益冲突。正如有学者所指出的那样，"律师的目标是其收益的最大化，委托人的目标是价值的最大化和成本的最小化。如果律师按小时数

① 司律字（98）12 号。

收费，并且就其时间而言没有其他同样有利可图的用途，他们就有动机来尽可能地延长工作。如果他们的收费影响到其在律师事务所内的权力、晋升和报偿，这些动机就会被强化。在时间决定收费且收费又决定那么多其他的事情的情况下，效率就不是一个美德"①。因此，计时收费是律师服务收费规则调整的重要对象。从我国当前的情况看，尚未有全国统一的计时收费规则。但是一些地方如北京、上海等地的律师协会②从实际需要出发，制定了地方性的计时收费规则。

计时收费规则一般包括以下内容。

1. 确定计时收费标准和有效工作时间

(1) 确定计时收费标准。

以《北京市律师事务所计时收费指引》为例，该指引第 6 条明确规定："律师事务所提供《北京市律师服务收费管理实施办法（试行）》第 7 条所列法律服务（以下简称诉讼类法律服务）采用计时收费方式时依法实行政府指导价；律师事务所提供《北京市律师服务收费管理实施办法（试行）》第 7 条所列以外法律服务采用计时收费的，实行市场调节价，具体的标准和价格由律师事务所与委托人协商确定。"第 7 条规定："律师事务所在提供诉讼类法律服务时，应当考虑下列因素来确定具体计时收费的价格，但该价格不能超出政府指导价标准：（一）承办案件的类型；（二）承办案件本身的复杂程度，以及事务所可能承担的风险和责任；（三）承办案件是否涉及到异地、国外等。"

(2) 确定有效工作时间。

有效工作时间是指律师事务所指定的承办律师为委托人提供的法律服务所耗费的工作时间。根据《北京市律师事务所计时收费指引》，承办法律服务时，下列时间属于有效工作时间：1）承办律师应委托人要求进行的不违反法律规定的代理工作所耗费的时间；2）承办律师应公安机关、检察机关、人民法院及其他机构要求围绕委托事项进行的代理工作所耗费的时间；3）承办律师在提供法律服务过程中，向委托人了解委托事项情况及要求、解答委托人提出的问题、与委托人研究交换对委托事项的看法、向委托人通报工作进展等工作所耗费的时间；4）承办律师查阅有关资料、法规、研讨委托事项的时间；5）承办律师围绕委托事项进行的法律、法规及行业规范规定的代理工作所耗费的时间。承办法律服务时，因工作需要，律师事务所为承办律师指派的辅助人员的工作时间，经律师事务所与委托人协商确定后，可以计入有效工作时间。承办法律服务时，承办律师为两人以上的，应当按各自提供有效法律服务所耗费的时间单独累计计算有效工作时间。律师有效工作时间的计算期限，从双方协商

① Deborah L. Rhode, *In the Interests of Justice: Reforming the Legal Profession*, 170 (Oxford University Press, 2000).

② 参见北京市律师协会 2010 年《北京市律师事务所计时收费指引》（第八届北京市律师协会理事会第九次会议审议通过），上海市律师协会 2011 年《上海市律师协会律师服务计时收费规则》（上海市律师协会第八届理事会第八次会议通过，2011 年 3 月 5 日上海市律师协会第八届理事会第十六次会议第一次修订）。

确定委托关系之时起至委托合同终止之日止，双方另有约定的除外。律师在办理委托事项过程中，乘坐车、船、飞机所耗费的路途时间以及因差旅所耗费的时间，可以比照有效工作时间收取律师费，双方另有约定的除外。①

承办法律服务时，计时收费清单中的有效工作时间以每 6 分钟为一个最小计时单位，记为 0.1 小时，不足 6 分钟的，按一个计费单位计算。②

2. 制作并提供计时收费记录

计时收费记录是律师记录有效法律服务内容和相应耗费的有效工作时间的记录及相关的证明文件。计时收费记录既是律师主张收费的根据，也是委托人对律师计时收费活动进行事后审查的根据。因此，制作并提供计时收费记录是维护律师和委托人合法权益的重要手段。律师事务所应当高度重视计时收费记录的制作与保存。

根据北京市律师协会 2010 年《北京市律师事务所计时收费指引》，律师计时收费清单是律师已提供有效法律服务的内容及所耗费有效工作时间和相对应律师费的单据，计时收费清单一式两份，一份给委托人，一份随卷存档。承办法律服务时，律师计时收费清单应记载下列内容：（1）委托人、受托人、承办律师及计时收费标准；（2）提供法律服务的具体工作内容及对应的工作小时；（3）提供法律服务内容的累计小时数；（4）律师报酬的数额及支付方式、支付期限。律师事务所应当对律师出具的收费清单进行审核确认。承办法律服务时，律师事务所应严格按照合同约定的时间，向委托人出具计时收费清单。承办法律服务时，律师事务所应当将计时收费清单以传真、电子邮件或通知委托人到所领取等方式，向委托人出具；同时，应委托人的要求，可附上工作记录和相关材料。③

承办律师应当妥善保管完整的律师工作记录、计时清单及相应的案卷材料，并在代理工作结束后整理归档。④

（二）关于风险代理收费的特别规则

如前所述，中华人民共和国成立以后、1996 年《律师法》颁布之前，我国在律师收费问题上先后发布了四个主要文件，即 1956 年 5 月司法部颁发的《律师收费暂行办法》，1981 年司法部、财政部颁布的《律师收费试行办法》，1990 年司法部、财政部、国家物价局颁布的《律师业务收费管理办法及收费标准》，以及 1997 年国家计划委员会、司法部颁布的《律师服务收费管理暂行办法》。这些规定都没有明确规定风险代理费制度。20 世纪 90 年代是中国律师业汲取多方经验突飞发展的时代。尽管当时的律师服务收费管理规范并没有规定风险代理费制度，但是从实践的需要出发，一些律师事务所已经开始借鉴国外经验，采用该收费方式。2000 年，考虑到“各地

① 参见北京市律师协会 2010 年《北京市律师事务所计时收费指引》第 9 条至第 13 条。

② 参见北京市律师协会 2010 年《北京市律师事务所计时收费指引》第 18 条。

③ 参见北京市律师协会 2010 年《北京市律师事务所计时收费指引》第 14 条至第 19 条。

④ 参见北京市律师协会 2010 年《北京市律师事务所计时收费指引》第 23 条。

经济发展水平和律师业的发展状况差异较大，律师服务的成本和群众的承受能力也有较大差异，目前制定全国统一的律师服务收费标准尚有一定困难”，国家计划委员会、司法部发布通知，暂由各地制定律师服务收费临时标准。在这种情况下，许多省、市、自治区制定了自己的律师服务费临时标准。相当多的这种规定对风险代理收费作出了明确的许可，但有的地方制定的律师服务费临时标准中没有对风险代理收费作出规定，或者规定不明确。2004 年 3 月 20 日，中华全国律师协会发布了《律师执业行为规范（试行）》。该规范第 96 条规定，“以诉讼结果或其他法律服务结果作为律师收费依据的，该项收费的支付数额及支付方式应当以协议形式确定，应当明确计付收费的法律服务内容、计付费用的标准、方式，包括和解、调解或审判不同结果对计付费用的影响，以及诉讼中的必要开支是否已经包含于风险代理酬金中等。”第 97 条规定：“律师和律师事务所不能以任何理由和方式向赡养费、扶养费、抚养费以及刑事案件中的委托人提出采用根据诉讼结果协议收取费用，但当事人提出的除外。”这是我国当时关于律师风险代理收费最为明确的规定。2006 年 4 月国家发展和改革委员会、司法部出台的《律师服务收费管理办法》，则以行政法规的形式第一次明确规定了风险代理收费制度。

从利益结合角度看，风险代理收费无疑将委托人和律师的利益高度结合在了一起，荣辱与共，一损俱损，一荣俱荣。律师有动机来最大化委托人的诉讼回报，他没有鲜明的动机来回避案件或者在很低的标准上调解案件。此外，与固定收费或者计时收费中律师对风险的态度相比，在风险代理收费中律师对风险的态度更接近于委托人对风险的态度。因此，按照这种逻辑，附条件收费的律师应当能成为委托人利益的热忱维护者。从风险转移角度看，风险代理收费为委托人提供了资助，并将绝大多数的损失风险转移给了附条件收费的律师。从这个角度看，律师也有动机实现委托人的利益，因此，风险代理收费可以使律师与委托人紧密团结在一起。与固定收费和计时收费制度相比，缺少资源的人可以利用可能获得的经济利益来雇用律师，从而明显增加了委托人诉诸司法制度的机会。

但是像计时收费一样，风险代理收费也存在着严重的道德问题。首先，在风险代理收费中对风险的评估能力存在不平衡问题。在确定风险代理收费是否比其他收费方式更为有利时，委托人缺乏进行诉讼的经济能力，并且缺乏对诉讼风险的理解能力，而律师比委托人更有经验，这使律师在与委托人就风险代理收费协议进行谈判的时候，处于更为有利的地位。其次，风险代理收费在律师和委托人之间制造了潜在的利益冲突。在某个时间点上，律师就会有调解解决纠纷的动机，从而最大化他的收益，而对于委托人而言，此时此刻其利益并不能实现最大化。① 因此，在律师采用风险代理收费方式时，也存在着进行明确规制的必要性。

---

① 参见［美］理查德·A. 波斯纳：《法律的经济分析》（下），蒋兆康译，中国大百科全书出版社 1997 年版，第 740 页。

1. 风险代理收费的程序性规则

（1）根据现行《律师服务收费管理办法》的规定，办理涉及财产关系的民事案件时，委托人被告知政府指导价后仍要求实行风险代理收费的，律师事务所可以实行风险代理收费。换言之，委托人首先应当就采用风险代理费方式还是其他收费方式作出明智决定，然后才涉及确定收费具体细节的问题。这样一个前置性的程序，有利于律师和律师事务所以委托人可以理解的方式详细说明本案的风险情况、委托人可以选择的其他收费形式等内容，从而保证委托人作出明智同意，减少律师与委托人在事后发生纠纷的风险。

（2）实行风险代理收费，律师事务所应当与委托人签订风险代理收费合同，约定双方应承担的风险责任、收费方式、收费数额或比例。实行风险代理收费，最高收费金额不得高于收费合同约定标的额的30%。中华全国律师协会2017年《律师执业行为规范（试行）》第48条规定："律师事务所可以依法与当事人或委托人签订以回收款项或标的物为前提按照一定比例收取货币或实物作为律师费用的协议。"据此，风险代理费可以采用货币或者实物形式。

2. 禁止采用风险代理收费方式的情形

尽管风险代理收费方式能够以未来的回报为诱惑，帮助委托人获得律师的帮助，能够使律师与委托人紧密团结在一起，但是其最主要的局限性是政策原因导致其适用范围有限。根据现行《律师服务收费管理办法》的规定，下列情形下不得采用风险代理收费方式：（1）婚姻、继承案件；（2）请求给予社会保险待遇或者最低生活保障待遇的；（3）请求给付赡养费、抚养费、扶养费、抚恤金、救济金、工伤赔偿的；（4）请求支付劳动报酬的等。此外，现行《律师服务收费管理办法》还禁止办理刑事诉讼案件、行政诉讼案件、国家赔偿案件以及群体性诉讼案件时实行风险代理收费。最高人民法院、最高人民检察院、司法部2017年《关于逐步实行律师代理申诉制度的意见》[①] 也规定，对于有与申诉人订立风险代理协议行为的，司法行政部门或者律师协会应当相应给予行政处罚和行业处分。

需要指出的是，就家事案件和刑事诉讼案件禁止律师风险代理收费，是许多国家和地区的做法，例如美国律师协会《职业行为示范规则》即有类似规定。[②] 但是，对工伤赔偿案件、行政诉讼案件、群体性诉讼案件一律禁止适用风险代理收费，则禁止范围过宽。对于这类案件中根据现行法律援助规定无法享受法律援助又事先支付不起律师报酬的那部分当事人而言，实际上阻碍了他们实现诉诸司法的权利，在根本上损害了当事人诉诸司法的能力和机会。[③]

---

① 法发〔2017〕8号。

② 参见美国律师协会：《职业行为示范规则》，规则1.5；王进喜：《法律伦理的50堂课》，五南图书出版股份有限公司2008年版，第110－111页。

③ 参见王进喜、张玲：《论律师服务可得性的制度保障》，载《中国司法》，2010年第6期。

三、积极履行律师服务收费争议调解协议

与其他纠纷解决机制相比，律师服务收费纠纷调解机制具有简便和快捷的优点，可以将律师与委托人从纠纷中及时解脱出来。国家发展和改革委员会、司法部2006年《律师服务收费管理办法》第30条规定："因律师服务收费发生争议的，律师事务所应当与委托人协商解决。协商不成的，可以提请律师事务所所在地的律师协会、司法行政部门和价格主管部门调解处理，也可以申请仲裁或者向人民法院提起诉讼。"第31条规定："律师服务收费争议调解办法另行制定。"为及时、公正地调解律师服务收费争议，保障收费争议双方当事人的合法权益，2007年1月25日中华全国律师协会第六届常务理事会第七次会议审议通过了《律师服务收费争议调解规则（试行)》，2007年1月25日起施行。

根据中华全国律师协会2007年《律师服务收费争议调解规则（试行)》，中华全国律师协会、各省、自治区、直辖市律师协会成立律师收费争议调解指导委员会，负责指导律师服务收费争议调解工作。直辖市律师协会、地市级律师协会设立律师收费争议调解委员会，依据上述规则进行律师服务收费争议的调解。申请调解，应当向被申请人注册地的直辖市律师协会、地市级律师协会提出。申请收费争议调解，无须缴纳费用。申请调解应具备以下条件：(1) 申请人应为收费争议的当事人，具有法律服务协议；(2) 有明确的请求事项；(3) 属于上述规则第2条规定的适用范围。收费争议的当事人应当自收费争议发生之日起一年内，以书面或口头的形式向律师协会申请调解。双方达成调解协议后，各方当事人和调解员在调解协议书上签字，加盖调解委员会公章。收费争议双方当事人达成调解协议后，视为其对各自民事权利的处分，应当遵照执行。律师事务所无正当理由不履行调解过程中所负义务或不履行已达成的调解协议的，律师协会有权依据律师职业道德基本准则，按照处分程序对该律师事务所进行处分。

四、不得与非律师人员分享律师服务费用

律师职业活动中的一个重要规则，是不得与非律师人员分享律师服务费用，除非是与律师事务所雇员分享律师费。这一规则的主要目的有三：一是保护律师的独立性以及职业判断，维护委托人的合法权益；二是防止律师之间的不正当竞争；三是防止非律师人员通过与律师合作间接取得执业权，破坏律师执业准入和退出制度。

司法部1995年《关于反对律师行业不正当竞争行为的若干规定》第4条第6项规定，律师或者律师事务所"采用给予客户或介绍人提取'案件介绍费'或其它好处的方式承揽业务的"，是不正当竞争行为。2017年《律师法》第26条规定："律师事务所和律师不得以诋毁其他律师事务所、律师或者支付介绍费等不正当手段承揽业务。"第50条第1款第4项针对"以诋毁其他律师事务所、律师或者支付介绍费等不

正当手段承揽业务的”的律师事务所规定了处罚措施。中华全国律师协会 2017 年《律师执业行为规范（试行）》第 79 条第 2 项规定，“无正当理由，以低于同地区同行业收费标准为条件争揽业务，或者采用承诺给予客户、中介人、推荐人回扣、馈赠金钱、财物或者其他利益等方式争揽业务”的，是律师执业不正当竞争行为。中华全国律师协会 2018 年《律师业务推广行为规则（试行）》第 13 条第 3 款规定：“律师、律师事务所不得以支付案件介绍费、律师费收入分成等方式与第三方合作进行业务推广。”这些规定中提出的“案件介绍费”、“回扣”、馈赠的“金钱、财物或者其他利益”、“收入分成”等等，都是律师服务费用的表现形式。

从上述规定来看，我国禁止律师与非律师人员分享律师服务费用，主要出发点是防止律师之间的不正当竞争。

第四节　律师财物保管规则

一、律师财物保管规则概述

律师在职业活动过程中，经常要对委托人或者第三人的财物进行保管，例如代委托人支付的费用，为委托人代管资金、保管必要的证据资料。这种行为是建立在对法律职业的信任之基础上的。与此同时，为维护这种信任，律师职业往往对未尽这种财物保管责任的行为予以严厉处罚。①

律师事务所受托保管的财物，可以分为资金类财物和非资金类财物。

我国关于律师财物保管的规则还相对简陋。近年来，我国发生了若干起挪用、侵占律师代为保管的财物的案件，不仅给委托人造成了严重损失，也给律师职业的社会声誉造成了极为恶劣的影响。因此，这一规则也越来越引起人们的重视。②

二、律师财物保管规则

（一）资金类财物保管规则

与非资金类财物相比，资金类财物属于种类物而非特定物，因而易于混同。这一特点，对于资金类财物的保管提出了区分保管的特别要求。区分保管规则也被称为禁止混同原则，即律师或者律师事务所应当将受托保管的资金，与律师事务所或者律师的资金区分开来加以妥善保管的要求。司法部 2004 年《律师事务所收费程序规则》

---

① 例如在美国 *In re Wilson*［81 N. J. 451，409 A. 2d 1153（1979）］案中，法院曾经指出，在律师侵占、挪用委托人交给律师经手的资金的情况下，法院认为取消律师资格是唯一适当的惩戒，而且一般情况下，这种案件都应当导致取消律师资格。

② 关于对国外律师财物保管制度的介绍和对我国相关制度建设的设想，可参见林野丽、柴磊：《信托账户在律师事务所的规范运行》，载《中国律师》2008 年第 6 期。

第17条规定："律师事务所经有关部门批准，可以设立用于存放代委托人保管的合同资金、执行回款、履约保证金等款项的专用账户。""律师事务所应当严格管理专用账户，防范风险。对专用账户资金的支付，必须严格审核把关，专款专用。严禁将专用账户的资金挪作他用。"中华全国律师协会2017年《律师执业行为规范（试行）》第55条规定："律师事务所受委托保管委托人财产时，应当将委托人财产与律师事务所的财产、律师个人财产严格分离。"

执行资金类财物的区分保管规则，涉及账户的设立、管理、交易记录、账户利息的处置、第三方对这些资金的权利主张、对账户的监督等问题，具有很强的技术性。我国上述规定明显过于简陋，迫切需要建立相关的账户管理规则。

2006年，北京市律师协会纪律委员会根据实践需要，发布了《北京市律师协会纪律委员会规范执业指引第1号——关于资金托管》，就资金托管问题作了一些初步的规定。该指引指出，"律师费（包括经费包干方式）是律师的工作报酬，在支付时发生权属的转移；而为委托人代管的资金具有明显的信托特性，并不发生权属的转移，即其所有权仍然属于委托人而并非属于律师事务所或者承办律师，因此，律师和律师事务所必须正确区分和对待律师业务收入和律师代委托人管理并代为支付的款项"。对于受托代委托人保管的资金，律师事务所和受指派的律师必须做到：（1）代管资金必须具有合同依据或者明确的书面形式的委托并存入案卷；（2）代管资金必须及时存入律师事务所专项账户或者律师事务所财务部门可以控制的保证安全的其他账户，严禁使用律师私人账户，或者将代管资金与律师事务所以及律师个人的资金混存；（3）代管资金的支出事项必须事先得到委托人的书面授权或者确认并存入案卷。在紧急情况下无法取得委托人授权或者确认时，承办律师必须以绝对必要和有利于委托人为原则，审慎处理代管资金的支出项目，并在条件许可时尽快告知委托人；（4）承办律师应当在案卷中保留代管资金使用的明细账目以及凭证复印件；（5）承办律师应当定期（最长不得超过3个月）向委托人报告代管款项的使用情况以及余额；（6）受托事项完成后，如无特别约定，代管款项余额及利息应当退还委托人；（7）律师事务所和承办律师不得以任何理由私自挪用代委托人管理的款项；（8）受托代管委托人资金的律师事务所应当在该款到账后的两个工作日内将委托人的书面授权、已开设的专项账户、代管资金金额、承办律师姓名、业务种类五项基本信息以书面报告、原始凭证的复印件的形式报送律师协会秘书处行业纪律部备案，并保证随时接受核查。

（二）非资金类财物保管规则

律师事务所代为保管的非资金类财物，包括争讼性事务中的证据、非争讼事务中对当事人有法律意义的文书等。这些物品对委托人往往具有重要意义，遗失、毁灭或者损坏往往导致委托人权益的受损或者丧失。因此，律师事务所应当就非资金类财物保管建立相应的制度。中华全国律师协会2017年《律师执业行为规范（试行）》第54条规定："律师事务所可以与委托人签订书面保管协议，妥善保管委托人财产，严格履行保管协议。"司法部2000年《关于对律师遗失当事人重要文件原件的行为如何进行处罚的批复》[①] 曾规定："对于律师遗失当事人重要文件原件致使当事人在以后的诉讼中无法举证的行为，在具体应用法律进行处理时，可以适用《中华人民共和国律师法》第四十四条第（十一）项'应当给予处罚的其他行为'实施行政处罚。"

第五节 律师费转付

一、律师费转付制度概述

律师费转付，又称败诉方付费，是指在争讼性事务中，败诉方不仅承担自己的律师费，还要承担胜诉方合理律师费的规则。就争讼性事务中当事人花费的律师费由谁来承担，在理论上存在美国规则和英国规则之分。所谓的美国规则，就是争讼性事务当事人必须承担自己的律师费，无论输赢都是如此；与此相反，英国规则采取的是败诉方承担对方律师费的原则，因此英国规则也叫作败诉方付费原则（loser-pays）。两种规则各有优劣。[②] 理论上认为，建立律师费用转付制度，一是可以使经济贫困的人们不再因为律师费用的困扰而放弃权利，提高当事人的诉讼能力，对侵害方、违约方起到警示、惩罚作用；二是督促当事人采取更为谨慎的诉讼态度，根据对诉讼的可预测性而采取理性的诉讼策略，减少滥用诉权的现象发生；三是在一定程度上促成当事人和解，减少对司法资源的占用，形成良性的诉讼环境，保障当事人享受基本的法律服务，平等地依法维护自己的合法权利。[③]

二、我国关于律师费转付的相关规定

我国相关法律法规就律师费由谁来承担，并没有具有普遍约束力的规定，实践中我国普遍采用的是当事人自己承担的模式。近些年来，相关法律、司法解释或者规范性文件在部分领域把律师费视作胜诉方因诉讼行为所造成的损失和合理开支而列入诉讼请求的追偿范围。这些规定主要包括：（1）最高人民法院 1999 年《关于适用〈中华人民共和国合同法〉若干问题的解释（一）》（已失效）第 26 条规定，"债权人行使撤销权所支付的律师代理费、差旅费等必要费用，由债务人承担"。（2）最高人民法院 2007 年《关于全面加强知识产权审判工作为建设创新型国家提供司法保障的意见》（法发［2007］1 号）第 13 条规定，"当事人为诉讼支付的符合规定的律师费，应当

① 司复〔2000〕2 号，已失效。

② 参见王进喜：《法律伦理的 50 堂课》，五南图书出版股份有限公司 2015 年版，第 123 页。

③ 参见最高人民法院《关于政协十三届全国委员会第一次会议第 3944 号（政治法律类 409 号）提案的答复》。

根据当事人的请求，综合考虑其必要性、全部诉讼请求的支持程度、请求赔偿额和实际判赔额的比例等因素合理确定，并计入赔偿范围”。（3）2020 年《专利法》第 71 条规定，“侵犯专利权的赔偿数额……赔偿数额还应当包括权利人为制止侵权行为所支付的合理开支”。（4）2020 年《著作权法》第 54 条规定，“侵犯著作……赔偿数额还应当包括权利人为制止侵权行为所支付的合理开支”。最高人民法院 2020 年《关于审理著作权民事纠纷案件运用法律若干问题的解释》第 26 条规定：“著作权法第四十八条第一款规定的制止侵权行为所支付的合理开支，包括权利人或者委托代理人对侵权行为进行调查、取证的合理费用。”“人民法院根据当事人的诉讼请求和具体案情，可以将符合国家有关部门规定的律师费用计算在赔偿范围内”。（5）2019 年《商标法》第 63 条规定：“侵犯商标专用权的赔偿数额……包括权利人为制止侵权行为所支付的合理开支。”最高人民法院 2020 年《关于审理商标民事纠纷案件运用法律若干问题的解释》第 17 条规定：“商标法第六十三条第一款规定的制止侵权行为所开支的合理开支，包括权利人或者委托代理人对侵权行为进行调查、取证的合理费用。”“人民法院根据当事人的诉讼请求和案件具体情况，可以将符合国家有关部门规定的律师费用计算在赔偿范围内”。（6）最高人民法院 2016 年《关于进一步推进案件繁简分流优化司法资源配置的若干意见》（法发〔2016〕21 号）第 22 条规定，“……当事人存在滥用诉讼权利、拖延承担诉讼义务等明显不当行为，造成诉讼对方或第三人直接损失的，人民法院可以根据具体情况对无过错方依法提出的赔偿合理的律师费用等正当要求予以支持”。（7）最高人民法院 2016 年《关于人民法院进一步深化多元化纠纷解决机制改革的意见》（法发〔2016〕14 号）第 38 条规定：“发挥诉讼费用杠杆作用。当事人自行和解而申请撤诉的，免交案件受理费。当事人接受法院委托调解的，人民法院可以适当减免诉讼费用。一方当事人无正当理由不参与调解或者不履行调解协议、故意拖延诉讼的，人民法院可以酌情增加其诉讼费用的负担部分。”

此外，为加大对虚假诉讼、恶意诉讼等非诚信诉讼行为的打击力度，充分发挥诉讼费用、律师费用调节当事人诉讼行为的杠杆作用，强化法院对诚信、理性诉讼的引导，一些地方法院也开始探索律师费转付制度。例如深圳前海合作区人民法院为落实最高人民法院《关于进一步推进案件繁简分流优化司法资源配置的若干意见》，在 2017 年制定了《关于正确裁判律师费用推进诚信理性诉讼的若干规定》，对不诚信诉讼行为及惩罚措施进行细化，允许法官根据案件情况裁量律师费用全部或部分由败诉方承担，将律师费用作为控制诉讼进程和惩罚不当诉讼行为的手段，为法官正确裁判律师费提供了具有较强操作性的工作指南。

此外，北京仲裁委员会 2019 年《仲裁规则》第 52 条第 4 项也规定：“仲裁庭有权根据当事人的请求在裁决书中裁定败诉方补偿胜诉方因办理案件支出的合理费用，包括但不限于律师费、保全费、差旅费、公证费等。仲裁庭在确定上述费用时，应考虑案件的裁决结果、复杂程度、当事人或代理人的实际工作量以及案件的争议金额等有关因素。”

第六节　律师事务所和律师依法纳税义务

一、律师事务所和律师依法纳税义务概述

税收是国家公共财政最主要的收入形式和来源，是国家为满足社会公共需要，凭借公共权力，按照法律所规定的标准和程序，参与国民收入分配，强制取得财政收入所形成的一种特殊分配关系。作为国家公共服务的享有者，每个公民都应当承担依法纳税义务。2018 年《宪法》第 56 条规定："中华人民共和国公民有依照法律纳税的义务。"2017 年《律师法》第 25 条第 2 款规定，"律师事务所和律师应当依法纳税"。司法部 2018 年《律师事务所管理办法》第 47 条第 3 款规定，"律师事务所应当依法纳税"。中华全国律师协会 2017 年《律师执业行为规范（试行）》第 90 条规定："律师及律师事务所必须依法纳税。"专门从事法律工作的律师应当成为依法纳税的表率和遵纪守法的模范。

除了同样适用于律师事务所和律师的《个人所得税法》《增值税暂行条例》《国务院关于印发个人所得税专项附加扣除暂行办法的通知》等法律、法规和规范性文件，近些年来，国家税务总局出台过一系列直接针对律师行业的税收政策文件，如（1）国家税务总局 2000 年《关于律师事务所从业人员取得收入征收个人所得税有关业务问题的通知》[①]；（2）国家税务总局 2002 年《关于强化律师事务所等中介机构投资者个人所得税查账征收的通知》[②]；（3）国家税务总局 2012 年《关于律师事务所从业人员有关个人所得税问题的公告》。[③] 此外，针对个体工商户出台的一些税收政策文件，同样适用于律师事务所，如（1）国务院 1997 年《关于批转国家税务总局加强个体私营经济税收征管强化查帐征收工作意见的通知》[④]；（2）国家税务总局 1997 年《关于印发〈个体工商户个人所得税计税办法（试行）〉的通知》[⑤]；（3）财政部、国家税务总局 2000 年《关于印发〈关于个人独资企业和合伙企业投资者征收个人所得税的规定〉的通知》[⑥]；（4）财政部、国家税务总局 2008 年《关于调整个体工商户个人独资企业和合伙企业个人所得税税前扣除标准有关问题的通知》[⑦]；（5）财政部、国家税务总局 2008 年《关于合伙企业合伙人所得税问题的通知》[⑧]；（6）财政部、国家税务

① 国税发〔2000〕149 号，部分修改。
② 国税发〔2002〕123 号，部分失效。
③ 国家税务总局公告 2012 年第 53 号，部分修改。
④ 国发［1997］12 号，已失效。
⑤ 国税发［1997］43 号，已失效。
⑥ 财税〔2000〕91 号，部分失效。
⑦ 财税〔2008〕65 号，部分失效。
⑧ 财税〔2008〕159 号

总局2011年《关于调整个体工商户业主、个人独资企业和合伙企业自然人投资者个人所得税费用扣除标准的通知》[①]；（7）国家税务总局2018年《个体工商户个人所得税计税办法》[②] 等。

二、律师事务所纳税义务

律师事务所应当缴纳的税种主要是增值税、城市维护建设税、教育费附加、地方教育费附加。

财政部、国家税务总局2016年《营业税改征增值税试点实施办法》[③] 规定，法律服务属于鉴证咨询服务。2017年《增值税暂行条例》第1条规定："在中华人民共和国境内销售货物或者加工、修理修配劳务（以下简称劳务），销售服务、无形资产、不动产以及进口货物的单位和个人，为增值税的纳税人，应当依照本条例缴纳增值税。"根据2017年《增值税暂行条例》第2条第1款第3项、第12条，作为一般纳税人的律师事务所销售服务适用的税率为6%；作为小规模纳税人，增值税征收率为3%。

根据2020年《城市维护建设税法》、2011年《征收教育费附加的暂行规定》[④] 等的规定，律师事务所还应当缴纳城市维护建设税、教育费附加、地方教育费附加。这些税种以律师事务所依法实际缴纳的增值税、消费税税额为计税依据。

三、律师纳税义务

从纳税角度，可以将律师事务所律师区分为出资律师、雇员律师和兼职律师。根据国家税务总局2000年《关于律师事务所从业人员取得收入征收个人所得税有关业务问题的通知》和2012年《关于律师事务所从业人员有关个人所得税问题的公告》等的规定，这三类律师的纳税义务如下。

（一）出资律师的纳税义务

律师个人出资兴办的独资和合伙性质的律师事务所的年度经营所得，从2000年1月1日起，停止征收企业所得税，作为出资律师的个人经营所得，按照有关规定，比照"个体工商户的生产、经营所得"应税项目征收个人所得税。在计算其经营所得时，出资律师本人的工资、薪金不得扣除。其中，合伙制律师事务所应将年度经营所得全额作为基数，按出资比例或者事先约定的比例计算各合伙人应分配的所得，据以

① 财税〔2011〕62号，已失效。

② 2014年12月27日国家税务总局令第35号发布，根据2018年6月15日《国家税务总局关于修改部分税务部门规章的决定》修正。

③ 财税〔2016〕36号。

④ 1986年4月28日国务院发布，根据1990年6月7日《国务院关于修改〈征收教育费附加的暂行规定〉的决定》第一次修订，根据2005年8月20日《国务院关于修改〈征收教育费附加的暂行规定〉的决定》第二次修订，根据2011年1月8日《国务院关于废止和修改部分行政法规的决定》第三次修订。

征收个人所得税。合伙人律师在计算应纳税所得额时，应凭合法有效凭据按照个人所得税法和有关规定扣除费用；对于确实不能提供合法有效凭据而实际发生的与业务有关的费用，经当事人签名确认后，可再按下列标准扣除费用：个人年营业收入不超过50万元的部分，按8%扣除；个人年营业收入超过50万元至100万元的部分，按6%扣除；个人年营业收入超过100万元的部分，按5%扣除。不执行查账征收的，不适用上述规定。

（二）雇员律师的纳税义务

律师事务所支付给雇员律师的所得，按“工资、薪金所得”应税项目征收个人所得税。作为律师事务所雇员的律师与律师事务所按规定的比例对收入分成，律师事务所不负担律师办理案件支出的费用（如交通费、资料费、通讯费及聘请人员等费用），律师当月的分成收入扣除办理案件支出的费用后，余额与律师事务所发给的工资合并，按“工资、薪金所得”应税项目计征个人所得税。律师从其分成收入中扣除办理案件支出费用的标准，由各省级地方税务局根据当地律师办理案件费用支出的一般情况、律师与律师事务所之间的收入分成比例及其他相关参考因素，在律师当月分成收入的30%比例内确定。

（三）兼职律师的纳税义务

兼职律师从律师事务所取得工资、薪金性质的所得，律师事务所在代扣代缴其个人所得税时，不再减除个人所得税法规定的费用扣除标准，以收入全额（取得分成收入的，为扣除办理案件支出费用后的余额）直接确定适用税率，计算扣缴个人所得税。兼职律师应于次月7日内自行向主管税务机关申报两处或两处以上取得的工资、薪金所得，合并计算缴纳个人所得税。

2021年《法律援助法》第52条规定，“法律援助机构应当依照有关规定及时向法律援助人员支付法律援助补贴”，“法律援助补贴免征增值税和个人所得税”。这对于鼓励广大律师积极提供法律援助具有重要的意义。

四、对律师事务所的税收征收方式

对律师事务所的税收征收方式，有查账征收和核定征收两种方式。

国家税务总局2000年《关于律师事务所从业人员取得收入征收个人所得税有关业务问题的通知》曾规定：“律师个人出资兴办的律师事务所，凡有《中华人民共和国税收征收管理法》第二十三条所列情形之一的，主管税务机关有权核定出资律师个人的应纳税额。”后国家税务总局2002年《关于强化律师事务所等中介机构投资者个人所得税查账征收的通知》第1条规定：任何地区均不得对律师事务所实行全行业核定征税办法。要按照税收征管法和国发〔1997〕12号文件的规定精神，对具备查账征收条件的律师事务所，实行查账征收个人所得税。第3条规定：对按照税收征管法第35条的规定确实无法实行查账征收的律师事务所，经地市级地方税务局批准，应根据《财政部、国家税务总局关于印发〈关于个人独资企业和合伙企业投资者征收个人所得税的规定〉的通知》（财税［2000］91号）中确定的应税所得率来核定其应纳税额。各地要根据其雇员人数、营业规模等情况核定其营业额，并根据当地同行业的盈利水平从高核定其应税所得率，应税所得率不得低于25%。对实行核定征税的律师事务所，应督促其建账建制，符合查账征税条件后，应尽快转为查账征税。但是，2010年国家税务总局《关于进一步加强高收入者个人所得税征收管理的通知》又规定："税务师、会计师、律师、资产评估和房地产估价等鉴证类中介机构不得实行核定征收个人所得税。"国家税务总局2015年《关于贯彻落实〈国务院关于第一批取消62项中央指定地方实施行政审批事项的决定〉的通知》明确取消了地方税务机关对律师事务所征收方式的核准权。国家税务总局2016年《关于3项个人所得税事项取消审批实施后续管理的公告》规定："《国家税务总局关于强化律师事务所等中介机构投资者个人所得税查账征收的通知》（国税发〔2002〕123号）第三条废止后，统一按照《中华人民共和国税收征收管理法》及其实施细则、《财政部 国家税务总局关于印发〈关于个人独资企业和合伙企业投资者征收个人所得税的规定〉的通知》（财税〔2000〕91号）等相关规定实施后续管理。"

因此，根据现有规定，对律师事务所采用哪种征收方式，由税务机关根据《税收征收管理法》等相关规定确定。查账征收是我国税收征管的基本原则，可以说查账征收是常态，核定征收是个例。

思考题

1. 律师收费有哪些标准？
2. 律师收费有哪些方式？
3. 律师计时收费应当遵守什么规则？
4. 律师采取风险代理收费方式时应当遵守什么规则？
5. 律师不得与非律师人员分享律师服务费用规则的目的是什么？
6. 律师事务所和律师有哪些纳税义务？

第八章

律师争讼性业务规则

第一节　律师争讼性业务规则概述

一、律师的业务分类

律师办理的业务可以分为争讼性业务和非争讼性业务。根据 2017 年《律师法》第 28 条，律师可以从事的争讼性业务包括：（1）接受民事案件、行政案件当事人的委托，担任代理人，参加诉讼；（2）接受刑事案件犯罪嫌疑人、被告人的委托或者依法接受法律援助机构的指派，担任辩护人，接受自诉案件自诉人、公诉案件被害人或者其近亲属的委托，担任代理人，参加诉讼；（3）接受委托，代理各类诉讼案件的申诉；（4）接受委托，参加调解、仲裁活动。

争讼性业务的特点之一就是具有争议性，当事人之间存在着利益冲突，并且诉讼和仲裁这两种业务涉及多方面的社会关系。在争讼性业务活动中，律师的行为往往对事务的最终结果有着重要的影响。因此，法律和律师职业道德都对律师在诉讼和仲裁活动中的纪律作了明确、严格的规定，以保证案件裁决的公正性，维护法庭和仲裁庭的尊严。

二、争讼程序的正当性

程序是与实体相对应而存在的概念。程序法除了保障实体法的实施，本身也具有独立的价值。保证程序的正当性，对于正确解决纠纷具有重要意义。程序本身包含主体、行为和客体三个要素。争讼程序的正当性主要体现在程序的主体和行为方面。

（一）程序的主体应当具有正当性

程序的主体包括程序的启动者、受动者、裁决者和救济者。对于律师而言，程序主体的正当性关注点，是程序的主体的合格性，特别是程序启动者、裁决者和救济者的合格性。我们以裁判庭的正当性为例。联合国《世界人权宣言》第 10 条规定："人人完全平等地有权由一个独立而无偏倚的法庭进行公正的和公开的审讯，以确定他的权利和义务并判定对他提出的任何刑事指控。"联合国《公民权利和政治权利国际公约》第 14 条第 1 项规定："所有的人在法庭和裁判所前一律平等。在判定对任何人提出的任何刑事指控或确定他在一件诉讼案中的权利和义务时，人人有资格由一个依法设立的合格的、独立的和无偏倚的法庭进行公正的和公开的审讯。”因此，一个人受到具有适正性的裁判庭的听审，是一项重要人权。

根据这些规定，裁判庭的正当性包括以下因素：（1）裁判庭的能力。裁判庭的能力合格，包括裁判庭的人员组成合法、裁判庭具有相应的管辖权。（2）裁判庭的独立性。裁判庭的独立性，是指裁判庭应当以事实为根据、以法律为准绳来裁决其所受理的案件，而不应有任何约束，也不应为任何直接或者间接不当影响、怂恿、压力、威胁或者干涉所左右。（3）裁判庭的不偏不倚性。裁判庭的不偏不倚性，是指裁判庭应当就案件保持中立，不偏袒任何一方。

（二）争讼性程序行为应当具有正当性

争讼性程序行为的正当性，是指程序行为本身除应当符合特定程序本身的具体要求外，在执行中应当具有公正性和秩序性。以听审程序为例：听审程序的正当性主要体现为听审程序的公正性、秩序性与公开性。听审程序的公正性，是指裁判庭的听审程序在事实上和表面上对控辩双方一律平等；秩序性，是指听审程序应当按照法律业已确立的程序进行，裁判庭的正当秩序应得到维护；公开性，是指听审程序应当公开进行，接受公众监督，除非“由于民主社会中的道德的、公共秩序的或国家安全的理由，或当诉讼当事人的私生活的利益有此需要时，或在特殊情况下法庭认为公开审判会损害司法利益因而严格需要的限度下，可不使记者和公众出席全部或部分审判；但对刑事案件或法律诉讼的任何判决应公开宣布，除非少年的利益另有要求或者诉讼系有关儿童监护权的婚姻争端”[①]。

对律师在争讼性程序中的行为进行调整，就是要保证争讼性程序的正当性。律师在争讼性程序中，应当遵守庭审仪表与言论、律师回避、会见、调查取证与阅卷、对案件承办机关的坦诚性、庭外宣传等方面的职业伦理。

第二节　庭审仪表与言行

一、律师庭审着装要求

职业装束是一个职业的文化符号之一，是体现一个职业的精神风貌的重要载体。我国在律师制度恢复之初，对律师并没有统一的着装要求。1987 年国务院在《关于对司法系统整顿着装实施方案报告的批复》[②] 中规定，“……为衣着整齐，考虑到工作的实际需要，对经正式任命的专职律师和涉外公证人员，可制作冬、夏制服各一

① 联合国《公民权利与政治权利国际公约》第 14 条。
② 国函〔1987〕9 号。

套，并配有明显标志，供工作时穿用。这些人员一律不得穿着警服”。1988 年，我国曾一度实行律师统一着装制度[①]，但是，由于各种原因，律师统一着装制度并没有坚持下来。

经司法部批准，自 2003 年 1 月 1 日起，律师担任辩护人、代理人出庭时，必须着全国统一律师出庭服装、佩戴律师出庭徽章。这对于树立律师队伍良好形象、规范律师执业行为，具有重要的意义。[②] 为实施这一制度，中华全国律师协会此前颁布了《律师出庭服装使用管理办法》[③] 和《律师协会标识使用管理办法》[④]，对律师出庭统一着装问题作出明确规定。中华全国律师协会 2002 年《律师出庭服装使用管理办法》第 2 条规定：“律师担任辩护人、代理人参加法庭审理，必须穿着律师出庭服装。”中华全国律师协会 2017 年《律师执业行为规范（试行）》第 71 条规定：“律师担任辩护人、代理人参加法庭、仲裁庭审理，应当按照规定穿着律师出庭服装，佩戴律师出庭徽章，注重律师职业形象。”这一规定将着装的场合范围扩大到了仲裁庭审理。最高人民法院 2016 年《人民法院法庭规则》第 12 条第 1 款规定：“出庭履行职务的人员，按照职业着装规定着装。”第 24 条规定：“律师违反本规则的，人民法院可以向司法行政机关及律师协会通报情况并提出处理建议。”这些规定更有利于体现法庭的尊严，彰显司法文明。最高人民法院、最高人民检察院、公安部、国家安全部、司法部 2015 年《关于依法保障律师执业权利的规定》第 26 条要求“有条件的人民法院应当设置专门的律师更衣室”，为律师参与诉讼提供便利。

中华全国律师协会 2002 年《律师出庭服装使用管理办法》规定：律师出庭服装由律师袍和领巾组成。律师出庭服装的式样、面料、颜色等由中华全国律师协会常务理事会审定。中华全国律师协会负责统一制作律师出庭服装。各级律师协会对律师出庭服装的使用实行监督检查。律师事务所负责本所律师出庭服装的管理。律师出庭服装的购置、更新或因遗失、严重坏损而需要重新购置的，由律师事务所向所在地地市级律师协会提出申请，省、自治区、直辖市律师协会汇总各地申请，统一向中华全国律师协会申请购置律师出庭服装。中华全国律师协会每年 6 月 1 日至 20 日、12 月 1 日至 20 日受理购置律师出庭服装的申请。律师出庭服装的费用由律师事务所承担。律师调离律师事务所时，需将律师出庭服装交还律师事务所。律师出庭服装不得转送、转借给非律师人员。如有遗失、损坏，要及时向所在地律师协会报告。

根据上述规定，律师出庭着装时，应遵守以下规定：第一，律师出庭服装仅使用于庭审过程中，不得在其他任何时间、场合穿着。庭审包括法院庭审和仲裁机构庭

---

① 参见司法部、财政部 1988 年《关于专职律师、涉外公证人员制装的通知》（〔88〕司发计字第 010 号，已失效）。

② 参见司法部 2003 年《关于实行律师出庭统一着装制度的通知》（司发通〔2003〕32 号）。

③ 2002 年 3 月 30 日中华全国律师协会四届十二次常务理事会通过。

④ 2001 年 4 月 5 日经中华全国律师协会四届十次常务理事会通过，2002 年 3 月中华全国律师协会四届十二次常务理事会修订。

审；第二，律师出庭统一着装时，应按照规定配套穿着：内着浅色衬衣，佩戴领巾，外着律师袍，律师袍上佩戴律师徽章。下着深色西装裤、深色皮鞋，女律师可着深色西装套裙；第三，保持律师出庭服装的洁净、平整，服装不整洁或有破损的，不得使用；第四，律师穿着律师出庭服装时，应表现出严肃、庄重的精神风貌。律师出庭服装外不得穿着或佩戴其他衣物或饰品。

根据中华全国律师协会 2002 年《律师出庭服装使用管理办法》第 13 条，对违反上述要求的，参照中华全国律师协会《律师协会会员处分规则》，由律师协会予以训诫处分，情节严重者，予以通报批评。

二、佩戴律师徽章要求

律师徽章是律师的职业标识之一。中华全国律师协会 2002 年《律师协会标识使用管理办法》第 7 条规定："执业律师出庭必须佩戴徽章。"中华全国律师协会 2017 年《律师执业行为规范（试行）》第 71 条规定："律师担任辩护人、代理人参加法庭、仲裁庭审理，应当按照规定穿着律师出庭服装，佩戴律师出庭徽章，注重律师职业形象。"

律师徽章内圈图案为律师协会标识，外圈标有"中国律师"黑体、中英文字样，为纯铜镀镍材质，直径分 40 毫米和 18 毫米两种。40 毫米徽章为执业律师出庭佩戴专用标识；18 毫米徽章为律师平时佩戴标志。律师协会标识是全国律师行业使用的统一标志。该标识由一大一小两个同心圆、五颗五角星、三组正反相背代表律师的"L"图案组成，象征着由广大律师组成的律师协会，沿着有中国特色律师制度的道路，在党和政府的领导和支持下开拓进取，不断壮大。蓝色、淡黄色为会徽主要色调。律师徽章由中华全国律师协会统一制作和发放，任何单位和个人不得私自制作。各级律师协会对律师协会标识、会徽及其徽章的使用，实行监督管理。

根据中华全国律师协会 2002 年《律师协会标识使用管理办法》，律师对徽章要加以妥善保管，防止丢失，不得转送他人佩戴；如有丢失，应立即报告当地律师协会和省级律师协会，由所在省、自治区、直辖市律师协会向全国律师协会提交补发申请。

律师徽章的使用应当遵守下列要求：第一，律师担任辩护人、代理人参加法庭、仲裁庭审理，应当佩戴律师出庭徽章；第二，律师出庭徽章不得用于平时佩戴；第三，律师徽章不得用于任何以营利为目的的商标、商业广告；第四，律师徽章不得用于与律师职业无关的任何个人活动；第五，律师徽章不得用于其他不适于使用的场所。

三、庭审言行要求

言词原则是庭审中的重要原则。言词原则，也叫作口头原则、言词审理原则或者言词辩论原则，"乃谓审判程序之进行，原则上应采言词陈述之方式，一切刑事诉讼程序，包括对于犯罪嫌疑人或被告之讯问、证据之采取、检察官或自诉人之攻击，被告及其辩护人之防御、法院审理与判决之宣示等，均必须以口头陈述之方式为之。只有诉讼主体在法庭以言词陈述之方式提出者，方能作为裁判之依据；一切未在法院审理中以言词陈述之方式提出者，视同未曾发生或不存在，故不可作为裁判之基础”①。言词是庭审活动中出示证据和发表意见的基本方式。因此，对律师的庭审言论必须依法保障。鉴于实践中不时发生对律师的辩论或者辩护权利进行不当限制或者妨碍的情况，1996 年《律师法》第 30 条第 2 款明确规定对律师的辩论或者辩护权利应当依法予以保障。2007 年《律师法》第 36 条则将这一规定从一款调整为单独一条，以突出其内容的重要性，是对该法第 3 条第 3 款规定的“律师依法执业受法律保护”这一原则的进一步细化。2017 年《律师法》第 36 条规定：“律师担任诉讼代理人或者辩护人的，其辩论或者辩护的权利依法受到保障。”与此同时，2017 年《律师法》第 37 条第 2 款规定：“律师在法庭上发表的代理、辩护意见不受法律追究。但是，发表危害国家安全、恶意诽谤他人、严重扰乱法庭秩序的言论除外。”这一条确立了律师庭审言论的豁免权。律师在法庭上发表的代理、辩护意见不受法律追究，不仅包括律师不受侵权、诽谤等民事责任的追究，也不受伪证、包庇等刑事责任的追究。但是，发表危害国家安全、恶意诽谤他人、严重扰乱法庭秩序的言论除外。

司法部 2010 年《律师和律师事务所违法行为处罚办法》第 19 条第 1 项规定，“在法庭、仲裁庭上发表或者指使、诱导委托人发表扰乱诉讼、仲裁活动正常进行的言论的”属于《律师法》第 49 条第 6 项规定的律师“扰乱法庭、仲裁庭秩序，干扰诉讼、仲裁活动的正常进行的”违法行为。

司法部 2016 年《律师执业管理办法》第 40 条规定：“律师对案件公开发表言论，应当依法、客观、公正、审慎，不得发表、散布否定宪法确立的根本政治制度、基本原则和危害国家安全的言论，不得利用网络、媒体挑动对党和政府的不满，发起、参与危害国家安全的组织或者支持、参与、实施危害国家安全的活动，不得以歪曲事实真相、明显违背社会公序良俗等方式，发表恶意诽谤他人的言论，或者发表严重扰乱法庭秩序的言论。”

中华全国律师协会 2017 年《律师执业行为规范（试行）》第 72 条规定：“律师在法庭或仲裁庭发言时应当举止庄重、大方，用词文明、得体。”

最高人民法院、司法部 2018 年《关于依法保障律师诉讼权利和规范律师参与庭审活动的通知》规定：“对于律师在法庭上就案件事实认定和法律适用的正常发问、质证和发表的辩护代理意见，法官不随意打断或者制止；但是，攻击党和国家政治制度、法律制度的，发表的意见已在庭前会议达成一致、与案件无关或者侮辱、诽谤、威胁他人，故意扰乱法庭秩序的，审判长或者独任审判员可以根据情况予以制止。”

① 林山田：《论刑事程序原则》，载（台湾大学）《法学论丛》，第 28 卷第 2 期。

“律师参加庭审不得对庭审活动进行录音、录像、拍照或使用移动通信工具等传播庭审活动，不得进行其他违反法庭规则和不服从法庭指令的行为。”

根据上述规定，律师在庭审中的言论应当遵守以下规则：第一，律师在庭审中发表的言论，必须以善意辩论或者辩护为目的。律师在庭审中为辩论或者辩护目的发表的言论，依法受到保障，不受不当限制，不受法律追究。第二，律师在庭审中不得发表攻击党和国家政治制度、法律制度、危害国家安全，恶意侮辱、诽谤他人，严重扰乱法庭秩序的言论，也不得指使、诱导委托人发表扰乱诉讼、仲裁活动正常进行的言论。第三，律师在听审中的发言应当用词文明、得体，展现律师职业应有的素养和尊严。

最高人民法院、司法部2018年《关于依法保障律师诉讼权利和规范律师参与庭审活动的通知》规定：“律师对庭审活动进行录音、录像、拍照或使用移动通信工具等传播庭审活动的，人民法院可以暂扣其使用的设备及存储介质，删除相关内容。”“法庭审理过程中，法官应当尊重律师，不得侮辱、嘲讽律师。审判长或者独任审判员认为律师在法庭审理过程中违反法庭规则、法庭纪律的，应当依法给予警告、训诫等，确有必要时可以休庭处置，除当庭攻击党和国家政治制度、法律制度等严重扰乱法庭秩序的，不采取责令律师退出法庭或者强行带出法庭措施。确需司法警察当庭对律师采取措施维持法庭秩序的，有关执法行为要规范、文明，保持必要、合理限度。律师被依法责令退出法庭、强行带出法庭或者被处以罚款后，具结保证书，保证服从法庭指令、不再扰乱法庭秩序的，经法庭许可，可以继续担任同一案件的辩护人、诉讼代理人；具有擅自退庭、无正当理由不按时出庭参加诉讼、被拘留或者具结保证书后再次被依法责令退出法庭、强行带出法庭的，不得继续担任同一案件的辩护人、诉讼代理人。”

第三节　律师回避

一、设立律师回避制度的背景

律师回避，是指律师因特定身份而依法不得参与办理特定诉讼法律事务的情形。建立律师回避制度是为了维护司法公正和制止律师的不正当竞争。

我国在20世纪70年代末期恢复辩护制度和律师制度后，面临的主要问题是如何尽快重建律师队伍。考虑到民主法治建设和经济建设对律师服务的需求，当时采取了多种措施来重建和发展律师队伍。“特邀律师”就是当时所采取的举措之一。“特邀律师”专指已经离、退休而又在法律顾问处/律师事务所从事律师工作的人员，以与专职律师、兼职律师相区别；对外执行职务时，与专职律师工作人员（包括律师、实习律师、律师工作者）、兼职律师一样，统称“律师”。司法部1984年《关于可以吸收符合律师条件的离、退休人员为特邀律师的批复》[①] 曾规定“政法机关和其他部门已经离、退人员，凡符合《律师暂行条例》第八条的规定条件，身体健康能够坚持正常工作的，可以由本人提出申请，经司法行政机关按《律师暂行条例》和司法部有关文件的规定考核批准，取得律师资格，即可担任特邀律师”；“实行特邀律师制度是律师制度发展过程中为解决律师数量不足而采取的一种阶段性措施，特邀律师在我国律师制度恢复初期发挥了重要的作用。”[②]

在 20 世纪 80 年代末期我国进一步深化了对律师管理体制的改革，合作制律师事务所、合伙制律师事务所作为新的律师执业机构形式出现，调动了律师的工作积极性。在这个改革过程中，许多法官、检察官辞去公职，加入了律师队伍。

前法官、前检察官加入律师队伍，是法律职业内部流动的一个方面。这种流动充实了律师队伍，提高了服务质量，为委托人提供了更多的选择，但是与此同时，也带来了一些消极影响：实践中一些有着法官、检察官背景的律师利用过去的职务关系办案，不仅给司法机关依法办案造成了许多干扰，也在律师职业活动中造成了不正当竞争。此外，实践中一些法官或者检察官的近亲属作为律师到这些法官或者检察官所任职的法院、检察院以律师身份办理案件，也造成了诸多不良影响。因此，建立相应制度解决这些不当影响问题，不仅有理论上的必要性，也有实践中的必要性。[③]

二、我国关于律师回避的规则

我国关于律师回避的规定主要体现在 2019 年《法官法》、2019 年《检察官法》、最高人民法院 2011 年《关于审判人员在诉讼活动中执行回避制度若干问题的规定》、2017 年《律师法》、司法部 2016 年《律师执业管理办法》、司法部 2010 年《律师和律师事务所违法行为处罚办法》等规定中。

2019 年《法官法》第 36 条规定：“法官从人民法院离任后两年内，不得以律师身份担任诉讼代理人或者辩护人。”“法官从人民法院离任后，不得担任原任职法院办理案件的诉讼代理人或者辩护人，但是作为当事人的监护人或者近亲属代理诉讼或者进行辩护的除外。”“法官被开除后，不得担任诉讼代理人或者辩护人，但是作为当事人的监护人或者近亲属代理诉讼或者进行辩护的除外。”

2019 年《检察官法》第 37 条规定：“检察官从人民检察院离任后两年内，不得以律师身份担任诉讼代理人或者辩护人。”“检察官从人民检察院离任后，不得担任原任职检察院办理案件的诉讼代理人或者辩护人，但是作为当事人的监护人或者近亲属

① （84）司发公字 117 号，已失效。

② 司法部 1999 年《关于特邀律师注册问题的通知》（司发通〔1999〕063 号，已失效）。

③ 关于律师回避制度的建立，存在诸多争议，可参见周院生：《必须设立律师回避制度》，载《政治与法律》1991 年第 2 期；李维祺：《不宜建立律师回避制度》，载《法学》1991 年第 4 期；朱跃杰：《我对律师回避制度的意见》，载《法学》1991 年第 4 期；廖光前：《有必要建立律师回避制度吗》，载《法治论丛》1991 年第 4 期；洪艳蓉：《我国司法改革中的法官回避与律师回避问题》，载《厦门大学法律评论》2001 年第 2 期。

代理诉讼或者进行辩护的除外。”“检察官被开除后，不得担任诉讼代理人或者辩护人，但是作为当事人的监护人或者近亲属代理诉讼或者进行辩护的除外。”

最高人民法院 2011 年《关于审判人员在诉讼活动中执行回避制度若干问题的规定》第 8 条规定：“审判人员及法院其他工作人员从人民法院离任后二年内，不得以律师身份担任诉讼代理人或者辩护人。”“审判人员及法院其他工作人员从人民法院离任后，不得担任原任职法院所审理案件的诉讼代理人或者辩护人，但是作为当事人的监护人或者近亲属代理诉讼或者进行辩护的除外。”“本条所规定的离任，包括退休、调离、解聘、辞职、辞退、开除等离开法院工作岗位的情形。”“本条所规定的原任职法院，包括审判人员及法院其他工作人员曾任职的所有法院。”第 9 条规定：“审判人员及法院其他工作人员的配偶、子女或者父母不得担任其所任职法院审理案件的诉讼代理人或者辩护人。”第 10 条规定：“人民法院发现诉讼代理人或者辩护人违反本规定第八条、第九条的规定的，应当责令其停止相关诉讼代理或者辩护行为。”

2017 年《律师法》第 41 条规定：“曾经担任法官、检察官的律师，从人民法院、人民检察院离任后二年内，不得担任诉讼代理人或者辩护人。”司法部 2016 年《律师执业管理办法》第 28 条第 2 款规定：“曾经担任法官、检察官的律师从人民法院、人民检察院离任后，二年内不得以律师身份担任诉讼代理人或者辩护人；不得担任原任职人民法院、人民检察院办理案件的诉讼代理人或者辩护人，但法律另有规定的除外。”司法部 2010 年《律师和律师事务所违法行为处罚办法》第 8 条规定：“曾经担任法官、检察官的律师，从人民法院、人民检察院离任后二年内，担任诉讼代理人、辩护人或者以其他方式参与所在律师事务所承办的诉讼法律事务的，属于《律师法》第四十七条第（四）项规定的‘从人民法院、人民检察院离任后二年内担任诉讼代理人或者辩护人的’违法行为。”

最高人民法院 2021 年《刑事诉讼法解释》第 41 条规定：“审判人员和人民法院其他工作人员从人民法院离任后二年内，不得以律师身份担任辩护人。”“审判人员和人民法院其他工作人员从人民法院离任后，不得担任原任职法院所审理案件的辩护人，但系被告人的监护人、近亲属的除外。”“审判人员和人民法院其他工作人员的配偶、子女或者父母不得担任其任职法院所审理案件的辩护人，但系被告人的监护人、近亲属的除外。”

根据上述规定，我国关于律师回避的规则如下：

第一，曾经担任法官、检察官的律师，从人民法院、人民检察院离任后 2 年内，不得担任诉讼代理人或者辩护人。设定 2 年的期限，是为了通过时间的流逝淡化律师过去的职业联系，减少律师过去的身份对司法机关一般办案和律师正当竞争造成的不当影响。司法部 2001 年《关于如何适用〈律师法〉第三十六条规定的批复》[1] 曾规定：“《律师法》第三十六条规定‘曾担任法官、检察官的律师，从人民法院、人民检

[1] 司复〔2001〕6 号，已失效。

察院离任后两年内，不得担任诉讼代理人或辩护人’中的‘离任’，按照《法官法》第十一条、《检察官法》第十二条的规定，是指经本级人大常委会或本级法院院长，检察院检察长免除其审判员、助理审判员、检察员、助理检察员职务。”尽管该文件已经失效，但是该文件中关于“离任”的界定仍然是合理的。由于缺乏执行该条文的客观条件，长期以来该条文停留在纸面上。但是随着司法技术的不断发展，对该条规定的实际执行具备了一定条件。

第二，法官、检察官从人民法院、人民检察院离任后从事律师工作的，不得担任原任职法院或者检察院办理案件的诉讼代理人或者辩护人，但是作为当事人的监护人或者近亲属代理诉讼或者进行辩护的除外。[①] 根据2007年4月最高人民法院《关于如何理解法官法第十七条“原任职法院”问题的答复》，对《法官法》第17条第2款规定的“原任职法院”应理解为包括法官曾经担任过审判职务的所有法院。最高人民法院2011年《关于审判人员在诉讼活动中执行回避制度若干问题的规定》重申了这一规定。对于2019年《检察官法》第37条第2款所规定的“原任职检察院”，应当作同样的理解。

2004年6月18日国务院法制办公室对《浙江省人民政府法制办公室关于法官调任政府法制机构工作担任诉讼代理人是否适用〈法官法〉第17条第2款规定的请示》的复函[②]规定，《法官法》第17条第2款规定“法官从人民法院离任后，不得担任原任职法院办理案件的诉讼代理人或者辩护人”，其中的担任“诉讼代理人”包括担任自然人、法人或者其他组织的诉讼代理人。因此，法官从人民法院调任（包括调离）后，不论担任何种职务，都不得担任原任职法院办理案件的诉讼代理人或者辩护人，包括不得代表政府担任原任职法院办理案件的诉讼代理人。检察官应当适用同样的原则。

第三，受上述规则限制的律师，也不得以其他方式参与所在律师事务所承办的诉讼法律事务。尽管司法部2010年《律师和律师事务所违法行为处罚办法》第8条的规定仅涉及2007年《律师法》第47条第4项之规定，但是其原理应当适用于上述所有情形。

律师的回避规则与利益冲突规则类似，都是排除了律师对特定事务的参与权，就特定案件而言，二者存在竞合。但是二者又存在很大区别：（1）律师的回避规则主要是基于特定的身份或者前身份，而律师的利益冲突规则主要是基于因特定案件而产生的对委托人的忠诚职责和保密职责；（2）律师的回避规则主要是为了防止对司法公正产生不当影响，防止律师不正当竞争，而律师的利益冲突规则主要是为了促进委托人与律师之间的信赖关系，保证代理与辩护的有效性；（3）律师的回避规则更具刚性而

① 与最高人民法院的规定相比，最高人民检察院并没有明确规定这一但书性例外，但是从原理和实践来看，应当适用同样的原则。

② 国法秘函〔2004〕167号。

不能放弃，而律师的利益冲突规则具有柔性，在某些情况下，可以因受到影响的当事人弃权而不运行。

需要注意的是，2019 年《法官法》和《检察官法》在法官、检察官的近亲属担任律师情况下的任职回避作了不同的规定。2017 年《法官法》第 17 条第 3 款规定："法官的配偶、子女不得担任该法官所任职法院办理案件的诉讼代理人或者辩护人。"2017 年《检察官法》第 20 条第 3 款规定："检察官的配偶、子女不得担任该检察官所任职检察院办理案件的诉讼代理人或者辩护人。"这些条款就法官、检察官的配偶和子女（包括律师身份的配偶和子女）设定了回避的禁止性规定。2019 年《法官法》和《检察官法》则改变了立法思路。2019 年《法官法》第 24 条规定："法官的配偶、父母、子女有下列情形之一的，法官应当实行任职回避：（一）担任该法官所任职人民法院辖区内律师事务所的合伙人或者设立人的；（二）在该法官所任职人民法院辖区内以律师身份担任诉讼代理人、辩护人，或者为诉讼案件当事人提供其他有偿法律服务的。"2019 年《检察官法》第 25 条规定："检察官的配偶、父母、子女有下列情形之一的，检察官应当实行任职回避：（一）担任该检察官所任职人民检察院辖区内律师事务所的合伙人或者设立人的；（二）在该检察官所任职人民检察院辖区内以律师身份担任诉讼代理人、辩护人，或者为诉讼案件当事人提供其他有偿法律服务的。"这些规定将原法的律师回避改为了法官、检察官任职回避，并将近亲属的范围从"配偶、子女"扩大到了"配偶、父母、子女"。

第四节 会见、阅卷与调查取证

一、会见

律师会见，是指律师经委托或者指定，同刑事案件在押或者被监视居住的犯罪嫌疑人、被告人或者罪犯进行会面，并就案件情况进行交流的行为。会见权是律师在刑事诉讼中所享有的一项重要权利。通过会见，律师可以向在押犯罪嫌疑人、被告人或者罪犯了解案件情况，听取犯罪嫌疑人、被告人、罪犯的辩护意见和理由，从而更好地为其提供法律服务。与此同时，律师的会见权还有助于保护羁押状态下的当事人的权利，对羁押场所的活动起到监督作用。

律师的会见可以区分为对在押犯罪嫌疑人、被告人的会见与对在押罪犯的会见。

（一）律师会见在押或者被监视居住的犯罪嫌疑人、被告人

2007 年《律师法》第 33 条曾规定："犯罪嫌疑人被侦查机关第一次讯问或者采取强制措施之日起，受委托的律师凭律师执业证书、律师事务所证明和委托书或者法律援助公函，有权会见犯罪嫌疑人、被告人并了解有关案件情况。律师会见犯罪嫌疑人、被告人，不被监听。"2012 年《刑事诉讼法》第 37 条规定："辩护律师可以同在

押的犯罪嫌疑人、被告人会见和通信。其他辩护人经人民法院、人民检察院许可，也可以同在押的犯罪嫌疑人、被告人会见和通信。”“辩护律师持律师执业证书、律师事务所证明和委托书或者法律援助公函要求会见在押的犯罪嫌疑人、被告人的，看守所应当及时安排会见，至迟不得超过四十八小时。”“危害国家安全犯罪、恐怖活动犯罪、特别重大贿赂犯罪案件，在侦查期间辩护律师会见在押的犯罪嫌疑人，应当经侦查机关许可。上述案件，侦查机关应当事先通知看守所。”“辩护律师会见在押的犯罪嫌疑人、被告人，可以了解案件有关情况，提供法律咨询等；自案件移送审查起诉之日起，可以向犯罪嫌疑人、被告人核实有关证据。辩护律师会见犯罪嫌疑人、被告人时不被监听。”“辩护律师同被监视居住的犯罪嫌疑人、被告人会见、通信，适用第一款、第三款、第四款的规定。”据此，2012 年《律师法》第 33 条相应修改为：“律师担任辩护人的，有权持律师执业证书、律师事务所证明和委托书或者法律援助公函，依照刑事诉讼法的规定会见在押或者被监视居住的犯罪嫌疑人、被告人。辩护律师会见犯罪嫌疑人、被告人时不被监听。”

根据上述规定，律师会见在押或者被监视居住的犯罪嫌疑人、被告人时，应当遵守以下规则。

1. 会见手续

律师会见在押或者被监视居住的犯罪嫌疑人、被告人时，应持“三证”，即律师执业证书、律师事务所证明和委托书或者法律援助公函。对此，看守所应当及时安排会见，至迟不得超过 48 小时。根据 2012 年六机关《刑事诉讼规定》第 7 条，辩护律师要求会见在押的犯罪嫌疑人、被告人的，看守所应当及时安排会见，保证辩护律师在 48 小时以内见到在押的犯罪嫌疑人、被告人。因此，看守所应当及时安排会见，是指应当安排辩护律师在 48 小时以内见到在押的犯罪嫌疑人、被告人，而不是仅仅作出会见安排。最高人民法院、最高人民检察院、公安部、国家安全部、司法部 2015 年《关于依法保障律师执业权利的规定》第 7 条进一步明确规定：“辩护律师到看守所会见在押的犯罪嫌疑人、被告人，看守所在查验律师执业证书、律师事务所证明和委托书或者法律援助公函后，应当及时安排会见。能当时安排的，应当当时安排；不能当时安排的，看守所应当向辩护律师说明情况，并保证辩护律师在四十八小时以内会见到在押的犯罪嫌疑人、被告人。”“看守所安排会见不得附加其他条件或者变相要求辩护律师提交法律规定以外的其他文件、材料，不得以未收到办案机关通知为由拒绝安排辩护律师会见。”“看守所应当设立会见预约平台，采取网上预约、电话预约等方式为辩护律师会见提供便利，但不得以未预约会见为由拒绝安排辩护律师会见。”但是，对于危害国家安全犯罪、恐怖活动犯罪、特别重大贿赂犯罪案件，在侦查期间辩护律师会见在押的犯罪嫌疑人，应当经侦查机关许可。对上述案件，侦查机关应当事先通知看守所。最高人民法院、最高人民检察院、公安部、国家安全部、司法部 2015 年《关于依法保障律师执业权利的规定》第 9 条进一步规定：“辩护律师在侦查期间要求会见危害国家安全犯罪、恐怖活动犯罪、特别重大贿赂犯罪案件在押的犯罪嫌疑人的，应当向侦查机关提出申请。侦查机关应当依法及时审查辩护律师提出的会见申请，在三日以内将是否许可的决定书面答复辩护律师，并明确告知负责与辩护律师联系的部门及工作人员的联系方式。对许可会见的，应当向辩护律师出具许可决定文书；因有碍侦查或者可能泄露国家秘密而不许可会见的，应当向辩护律师说明理由。有碍侦查或者可能泄露国家秘密的情形消失后，应当许可会见，并及时通知看守所和辩护律师。对特别重大贿赂案件在侦查终结前，侦查机关应当许可辩护律师至少会见一次犯罪嫌疑人。”“侦查机关不得随意解释和扩大前款所述三类案件的范围，限制律师会见。”

2. 会见纪律

律师会见在押的犯罪嫌疑人、被告人时，应当遵守有关规定，避免有妨碍诉讼活动正常进行的行为。中华全国律师协会 2017 年《律师办理刑事案件规范》第 26 条规定：“辩护律师会见在押犯罪嫌疑人、被告人应当遵守看守所依法作出的有关规定。未经允许，不得直接向犯罪嫌疑人、被告人传递药品、财物、食物等物品，不得将通讯工具提供给犯罪嫌疑人、被告人使用，不得携犯罪嫌疑人、被告人亲友会见。”“辩护律师可以接受犯罪嫌疑人、被告人提交的与辩护有关的书面材料，也可以向犯罪嫌疑人、被告人提供与辩护有关的文件与材料。”司法部 2016 年《律师执业管理办法》第 39 条规定，律师在会见在押的犯罪嫌疑人、被告人时，不得“违反有关规定，携带犯罪嫌疑人、被告人的近亲属或者其他利害关系人会见，将通讯工具提供给在押犯罪嫌疑人、被告人使用，或者传递物品、文件”。公安部、司法部 2019 年《关于进一步保障和规范看守所律师会见工作的通知》① 规定，“律师应当遵守看守所安全管理规定，严禁携带违禁物品进入会见区，严禁带经办案单位核实或许可的律师助理、翻译以外的其他人员参加会见，严禁将通讯工具提供给犯罪嫌疑人、被告人使用或者传递违禁物品、文件。发现律师在会见中有违规行为的，看守所应立即制止，并及时通报同级司法行政机关、律师协会”。“律师可以携带个人电脑会见，但应当遵守相关法律法规的规定，确保会见安全。”

律师会见在押或者被监视居住的犯罪嫌疑人、被告人不受监听。这既指律师会见时有关机关不能派员在场，也指有关机关不能通过技术手段对律师会见进行秘密录音、录像，以保证律师与犯罪嫌疑人、被告人谈话的秘密性。

3. 会见内容

在不同的诉讼阶段，辩护律师会见的内容是不同的。根据 2018 年《刑事诉讼法》第 39 条第 4 款，辩护律师会见在押的犯罪嫌疑人、被告人，可以了解案件有关情况，提供法律咨询等；自案件移送审查起诉之日起，可以向犯罪嫌疑人、被告人核实有关证据。这是考虑到在案件移送审查起诉之前，涉及案情的保密问题；在案件移送审查起诉之后，侦查已经完毕，因而辩护律师可以向犯罪嫌疑人、被告人核实有关证据。

---

① 公监管〔2019〕372 号。

辩护律师通过阅卷会了解案件的基本情况，对此，律师应当保密，不得滥用所了解的案情。2018 年《刑事诉讼法》第 44 条规定：“辩护人或者其他任何人，不得帮助犯罪嫌疑人、被告人隐匿、毁灭、伪造证据或者串供，不得威胁、引诱证人作伪证以及进行其他干扰司法机关诉讼活动的行为。”“违反前款规定的，应当依法追究法律责任，辩护人涉嫌犯罪的，应当由办理辩护人所承办案件的侦查机关以外的侦查机关办理。辩护人是律师的，应当及时通知其所在的律师事务所或者所属的律师协会。”最高人民法院、最高人民检察院、公安部、国家安全部、司法部 2015 年《关于依法保障律师执业权利的规定》第 14 条第 4 款也规定：“辩护律师查阅、摘抄、复制的案卷材料属于国家秘密的，应当经过人民检察院、人民法院同意并遵守国家保密规定。律师不得违反规定，披露、散布案件重要信息和案卷材料，或者将其用于本案辩护、代理以外的其他用途。”

需要说明的是，根据 2017 年《律师法》第 33 条的规定，对于未被采取羁押或者监视居住措施的犯罪嫌疑人、被告人，辩护律师得随时会见，但是也应当办理相关的手续，出示前述证件和证明材料。

（二）律师会见在押罪犯

为了规范律师会见监狱在押罪犯的活动，保障律师的执业权利，根据《刑事诉讼法》、《监狱法》和《律师法》，司法部于 2017 年制定了《律师会见监狱在押罪犯规定》[①]，根据该规定，律师会见在押罪犯，应当遵守下列规则。

1. 会见理由

有下列情形之一的，律师接受在押罪犯委托或者法律援助机构指派，可以会见在押罪犯：（1）在刑事诉讼程序中，担任辩护人或者代理人；（2）在民事、行政诉讼程序中，担任代理人；（3）代理调解、仲裁；（4）代理各类诉讼案件申诉；（5）提供非诉讼法律服务；（6）解答有关法律询问、代写诉讼文书和有关法律事务其他文书。其他案件的代理律师，需要向监狱在押罪犯调查取证的，可以会见在押罪犯。

2. 会见地点

监狱应当公开律师会见预约方式，为律师会见提供便利。律师会见在押罪犯，应当在监狱内进行。监狱应当合理安排律师会见场所，方便律师会见、阅卷等事务。

3. 会见手续

律师需要会见在押罪犯，可以传真、邮寄或者直接提交的方式，向罪犯所在监狱提交下列材料的复印件，并于会见之日向监狱出示原件：（1）律师执业证书；（2）律师事务所证明；（3）罪犯本人或者其监护人、近亲属的委托书或者法律援助公函或者另案调查取证的相关证明文件。罪犯的监护人、近亲属代为委托律师的，律师第一次会见时，应当向罪犯本人确认是否建立委托关系。

律师会见在押罪犯需要助理随同参加的，律师应当向监狱提交律师事务所出具的

① 司发通〔2017〕124 号。

律师助理会见在押罪犯的证明和律师执业证书或者申请律师执业人员实习证。律师会见在押罪犯需要翻译人员随同参加的，律师应当提前向监狱提出申请，并提交能够证明其翻译人员身份的证明文件。随同律师参加会见的翻译人员，应当持监狱批准通知书和本人身份证明参加会见。

监狱应当及时审查并在三日以内作出是否批准的决定：批准参加的，应当及时通知律师；不批准参加的，应当向律师书面说明理由。监狱收到律师提交的规定的材料后，对于符合规定的，应当及时安排会见。能当时安排的，应当当时安排；不能当时安排的，监狱应当说明情况，在 48 小时内安排会见。

最高人民法院、最高人民检察院、公安部、国家安全部、司法部 2015 年《关于依法保障律师执业权利的规定》第 19 条也规定："辩护律师申请向正在服刑的罪犯收集与案件有关的材料的，监狱和其他监管机关在查验律师执业证书、律师事务所证明和犯罪嫌疑人、被告人委托书或法律援助公函后，应当及时安排并提供合适的场所和便利。""正在服刑的罪犯属于辩护律师所承办案件的被害人或者其近亲属、被害人提供的证人的，应当经人民检察院或者人民法院许可。"

4. 会见

在押罪犯可以委托一至两名律师。委托两名律师的，两名律师可以共同会见，也可以单独会见。律师可以带一名律师助理协助会见。

律师会见在押罪犯，应当遵守监狱的作息时间。监狱应当保障律师履行职责需要的会见时间和次数。律师会见在押罪犯时，监狱可以根据案件情况和工作需要决定是否派警察在场。辩护律师会见被立案侦查、起诉、审判的在押罪犯时，不被监听，监狱不得派警察在场。

5. 会见纪律

律师会见在押罪犯，应当遵守监狱管理的有关规定，恪守律师执业道德和执业纪律，不得有下列行为：（1）传递违禁物品；（2）私自为在押罪犯传递书信、钱物；（3）将通信工具提供给在押罪犯使用；（4）未经监狱和在押罪犯同意对会见进行录音、录像和拍照；（5）实施与受委托职责无关的行为；（6）其他违反法律、法规、规章以及妨碍监狱管理秩序的行为。监狱发现律师会见在押罪犯过程中有上述违规规定行为的，应当警告并责令改正。警告无效的，应当中止会见。监狱可以向律师所在律师事务所的主管司法行政机关或者律师协会通报。

二、阅卷

律师阅卷，是指律师在诉讼辩护或者代理业务活动中查阅、摘抄、复制案卷材料，了解案情的活动。我国对律师的阅卷权同样作出了相应的规定。律师的阅卷可以区分为刑事诉讼中的阅卷和民事诉讼中的阅卷。

（一）刑事诉讼中的阅卷

1996 年《刑事诉讼法》第 36 条曾规定：辩护律师自人民检察院对案件审查起诉

之日起，可以查阅、摘抄、复制本案的诉讼文书、技术性鉴定材料，可以同在押的犯罪嫌疑人会见和通信；其他辩护人经人民检察院许可，也可以查阅、摘抄、复制上述材料，同在押的犯罪嫌疑人会见和通信。辩护律师自人民法院受理案件之日起，可以查阅、摘抄、复制本案所指控的犯罪事实的材料，可以同在押的被告人会见和通信。其他辩护人经人民法院许可，也可以查阅、摘抄、复制上述材料，同在押的被告人会见和通信。这一关于律师阅卷权的规定，本意旨在改变审判中的“先定后审”现象，但是在实践中查阅案卷地点不明、查阅范围不清、检察机关在阅卷范围上自由裁量权过大等原因[①]，造成了律师无法有效阅卷，甚至在庭审中遭遇检控方证据突袭。[②] 为解决该问题，2007 年《律师法》第 34 条曾规定：受委托的律师自案件审查起诉之日起，有权查阅、摘抄和复制与案件有关的诉讼文书及案卷材料。受委托的律师自案件被人民法院受理之日起，有权查阅、摘抄和复制与案件有关的所有材料。这一规定将案卷中的所有材料区分为入卷（案卷）材料和非入卷材料，但是对于这一规定，在理论上有不同的理解[③]，司法实践并没有予以落实。2012 年《刑事诉讼法》修改时，废除了检察机关提起公诉时移送“证据目录”、“证人名单”和“主要证据复印件或者照片”的制度，恢复了 1979 年《刑事诉讼法》规定的庭前移送案卷制度。[④] 2012 年《刑事诉讼法》第 38 条规定：“辩护律师自人民检察院对案件审查起诉之日起，可以查阅、摘抄、复制本案的案卷材料。其他辩护人经人民法院、人民检察院许可，也可以查阅、摘抄、复制上述材料。”据此，2012 年《律师法》第 34 条相应修改为：“律师担任辩护人的，自人民检察院对案件审查起诉之日起，有权查阅、摘抄、复制本案的案卷材料。”

司法实践中，辩护人查阅、摘抄、复制的多为书面的案卷材料，如各种书证、犯罪嫌疑人或被告人供述及证人证言笔录、鉴定意见、在不同诉讼阶段形成的诉讼文书等等。对于侦查机关讯问被告人的录像，辩护人是否有权复制，现行刑事诉讼法及有关司法解释均未明确规定。

最高人民检察院 2014 年《关于辩护人要求查阅、复制讯问录音、录像如何处理的答复》称：“根据《刑事诉讼法》第三十八条的规定，辩护律师自人民检察院对案件审查起诉之日起，可以查阅、摘抄、复制本案的案卷材料，即法律规定的辩护人的阅卷范围仅限于案件的案卷材料。对案卷材料以外的其他与案件有关的材料，刑事诉讼法及有关司法解释并未授权辩护人查阅、摘抄、复制。辩护人是否可以查阅、摘抄和复制，需要由人民检察院根据案件情况决定。”“根据《人民检察院刑事诉讼规则

---

① 参见李忠诚：《正确理解和保证律师阅卷权》，载《人民检察》1998 年第 3 期。

② 参见刘思达：《割据的逻辑：中国法律服务市场的生态分析》，上海三联书店 2011 年版，第 196 页。

③ 参见程荣斌、刘怀印：《从修订后律师法看检察机关保障律师阅卷权制度的完善》，载《人民检察》2008 年第 18 期。

④ 参见陈瑞华等：《法律程序改革的突破与限度——2012 年刑事诉讼法修改评述》，中国法制出版社 2012 年版，第 158－163 页。

(试行)》第四十七条第二款的规定，案卷材料包括案件的诉讼文书和证据材料。讯问犯罪嫌疑人录音、录像不是诉讼文书和证据材料，属于案卷材料之外的其他与案件有关的材料，辩护人未经许可，无权查阅、复制。”此外，最高人民法院2013年《关于辩护律师能否复制侦查机关讯问录像问题的批复》称，根据《刑事诉讼法》第38条和最高人民法院《关于适用〈中华人民共和国刑事诉讼法〉的解释》第47条的规定，自人民检察院对案件审查起诉之日起，辩护律师可以查阅、摘抄、复制案卷材料，但其中涉及国家秘密、个人隐私的，应严格履行保密义务。侦查机关对被告人的讯问录音录像已经作为证据材料向人民法院移送并已在庭审中播放，不属于依法不能公开的材料，在辩护律师提出要求复制有关录音录像的情况下，应当准许。

为了切实保障辩护律师的阅卷权，2012年《刑事诉讼法》第39条还规定：“辩护人认为在侦查、审查起诉期间公安机关、人民检察院收集的证明犯罪嫌疑人、被告人无罪或者罪轻的证据材料未提交的，有权申请人民检察院、人民法院调取。”这对于保障辩护律师全面阅卷，避免受到突袭具有重要的意义。最高人民法院2021年《刑事诉讼法解释》第57条规定：“辩护人认为在调查、侦查、审查起诉期间监察机关、公安机关、人民检察院收集的证明被告人无罪或者罪轻的证据材料未随案移送，申请人民法院调取的，应当以书面形式提出，并提供相关线索或者材料。人民法院接受申请后，应当向人民检察院调取。人民检察院移送相关证据材料后，人民法院应当及时通知辩护人。”最高人民检察院2019年《刑事诉讼规则》第50条规定：“案件提请批准逮捕或者移送起诉后，辩护人认为公安机关在侦查期间收集的证明犯罪嫌疑人无罪或者罪轻的证据材料未提交，申请人民检察院向公安机关调取的，人民检察院负责捕诉的部门应当及时审查。经审查，认为辩护人申请调取的证据已收集并且与案件事实有联系的，应当予以调取；认为辩护人申请调取的证据未收集或者与案件事实没有联系的，应当决定不予调取并向辩护人说明理由。公安机关移送相关证据材料的，人民检察院应当在三日以内告知辩护人。”“人民检察院办理直接立案侦查的案件，适用前款规定。”这些规定所确立的权利可以称为辩护人维护证据完整性权利，它表明刑事诉讼制度改革的触角已经伸向了尚未得到重视的检控方隐匿、扣压、毁灭证据的行为。但是，这一权利的具体落实，还存在巨大的制度建设空间，还需要许多配套的规定。[①] 此外，最高人民法院、最高人民检察院、公安部、国家安全部、司法部2017年《关于办理刑事案件严格排除非法证据若干问题的规定》第22条规定，犯罪嫌疑人、被告人及其辩护人向人民法院、人民检察院申请调取公安机关、国家安全机关、人民检察院收集但未提交的讯问录音录像、体检记录等证据材料，人民法院、人民检察院经审查认为犯罪嫌疑人、被告人及其辩护人申请调取的证据材料与证明证据收集的合法性有联系的，应当予以调取；认为与证明证据收集的合法性没有联系的，应当决定不予调取并向犯罪嫌疑人、被告人及其辩护人说明理由。

① 参见王进喜：《论辩护人维护证据完整性权利的运行条件与环境》，载《中国司法》2013年第1期。

从诉讼公平角度出发，律师在享有阅卷权的同时，也承担一定的义务。这种义务包括两个方面：一是就特定证据及时通知检控方的义务。2018 年《刑事诉讼法》第 42 条规定："辩护人收集的有关犯罪嫌疑人不在犯罪现场、未达到刑事责任年龄、属于依法不负刑事责任的精神病人的证据，应当及时告知公安机关、人民检察院。"二是保密义务。最高人民法院、最高人民检察院、公安部、国家安全部、司法部 2015 年《关于依法保障律师执业权利的规定》第 14 条第 4 款规定："辩护律师查阅、摘抄、复制的案卷材料属于国家秘密的，应当经过人民检察院、人民法院同意并遵守国家保密规定。律师不得违反规定，披露、散布案件重要信息和案卷材料，或者将其用于本案辩护、代理以外的其他用途。"最高人民检察院 2014 年《关于辩护人要求查阅、复制讯问录音、录像如何处理的答复》称："根据《刑事诉讼法》第五十六和《人民检察院刑事诉讼规则（试行）》第七十四条、第七十五的规定，在人民检察院审查起诉阶段，辩护人对讯问活动合法性提出异议，申请排除以非法方法收集的证据，并提供相关线索或者材料的，可以在人民检察院查看（听）相关的录音、录像。对涉及国家秘密、商业秘密、个人隐私或者其他犯罪线索的内容，人民检察院可以对讯问录音、录像的相关内容作技术处理或者要求辩护人保密；在人民法院审判阶段，人民法院调取讯问犯罪嫌疑人录音、录像的，人民检察院应当将讯问录音、录像移送人民法院。必要时，公诉人可以提请法庭当庭播放相关时段的录音、录像。但辩护人无权自行查阅、复制讯问犯罪嫌疑人录音、录像。"

（二）民事诉讼中的阅卷

2017 年《民事诉讼法》第 61 条规定：代理诉讼的律师和其他诉讼代理人有权调查收集证据，可以查阅本案有关材料。查阅本案有关材料的范围和办法由最高人民法院规定。最高人民法院 2020 年《关于诉讼代理人查阅民事案件材料的规定》[①] 对诉讼代理人查阅代理案件有关材料的范围和办法作了如下规定。

1. 需要查阅案卷的情形

代理民事诉讼的律师和其他诉讼代理人有权查阅所代理案件的有关材料。但是，诉讼代理人查阅案件材料不得影响案件的审理。诉讼代理人为了申请再审的需要，可以查阅已经审理终结的所代理案件有关材料。

诉讼代理人在诉讼过程中需要查阅案件有关材料的，应当提前与该案件的书记员或者审判人员联系；查阅已经审理终结的案件有关材料的，应当与人民法院有关部门工作人员联系。

2. 查阅手续

诉讼代理人查阅案件有关材料应当出示律师证或者身份证等有效证件，应当填写

① 2002 年 11 月 4 日最高人民法院审判委员会第 1254 次会议通过，根据 2020 年 12 月 23 日最高人民法院审判委员会第 1823 次会议通过的《最高人民法院关于修改〈最高人民法院关于人民法院民事调解工作若干问题的规定〉等十九件民事诉讼类司法解释的决定》修正。

查阅案件有关材料阅卷单。

3. 查阅案卷的范围

诉讼代理人在诉讼中查阅案件材料限于案件审判卷和执行卷的正卷，包括起诉书、答辩书、庭审笔录及各种证据材料等。案件审理终结后，可以查阅案件审判卷的正卷。

4. 查阅要求

人民法院应当为诉讼代理人阅卷提供便利条件，安排阅卷场所；必要时，该案件的书记员或者法院其他工作人员应当在场。诉讼代理人查阅案件有关材料后，应当及时将查阅的全部案件材料交回书记员或者其他负责保管案卷的工作人员。书记员或者法院其他工作人员对于诉讼代理人交回的案件材料应当当面清查，认为无误后在阅卷单上签注；阅卷单应当附卷。诉讼代理人不得将查阅的案件材料携出法院指定的阅卷场所。

诉讼代理人查阅案件材料可以摘抄或者复印。涉及国家秘密的案件材料，依照国家有关规定办理。复印案件材料应当经案卷保管人员的同意。复印已经审理终结的案件有关材料，诉讼代理人可以要求案卷管理部门在复印材料上盖章确认。复印案件材料可以收取必要的费用。

查阅案件材料中涉及国家秘密、商业秘密和个人隐私的，诉讼代理人应当保密。

诉讼代理人查阅案件材料时不得涂改、损毁、抽取案件材料。人民法院对修改、损毁、抽取案卷材料的诉讼代理人，可以参照 2017 年《民事诉讼法》第 111 条第 1 款第 1 项的规定处理。

为深入贯彻落实党中央关于深化律师制度改革要求，进一步落实依法保障律师执业权利的规定，完善便利律师参与诉讼机制，为律师提供更加优质的诉讼服务，充分发挥律师在全面依法治国中的重要作用，更好地维护人民群众合法权益，最高人民法院、司法部 2021 年《关于为律师提供一站式诉讼服务的意见》① 要求人民法院为依法执业的律师（含公职律师、公司律师）提供集约高效、智慧便捷的一站式诉讼服务，其中要加强网上阅卷工作，逐步为律师提供电子诉讼档案在线查看、打印、下载等服务；对依法可以公开的民事、行政、刑事、申请执行和国家赔偿案件材料，律师可以通过律师服务平台申请网上阅卷；在律师服务平台建立个人案件空间；推进对正在审理中、依法可以公开的案件电子卷宗同步上传至案件空间，供担任诉讼代理人的律师随时查阅。

三、调查取证

调查取证，是指律师在承办法律事务的过程中，走访知情人、收集与案件有关的

① 法发〔2021〕3 号。

事实材料的活动。在作为代理人提供代理的过程中，律师需要收集证据来对抗对方当事人或者公诉方所提供的证据。在实践中，律师收集、判断、运用证据的好坏，往往影响到代理活动的质量。

我国1980年《律师暂行条例》第7条第1、2款曾规定："律师参加诉讼活动，有权依照有关规定，查阅本案材料，向有关单位、个人调查。律师担任刑事辩护人时，可以同在押的被告人会见和通信。""律师进行前款所列活动，有关单位、个人有责任给予支持。"最高人民法院、最高人民检察院、公安部、司法部1981年《关于律师参加诉讼的几项具体规定的联合通知》（已失效）曾规定："律师参加诉讼（包括参加调解或仲裁活动），可以持法律顾问处介绍信向有关单位、个人进行访问，调查本案案情，有关单位、个人应当给予支持。"1996年《律师法》第31条和1996年《刑事诉讼法》第37条明确了辩护律师享有调查取证权，但又给予了较多的限制；1996年《律师法》第31条规定，律师承办法律事务，经有关单位或者个人同意，可以向他们调查情况。1996年《刑事诉讼法》第37条规定，辩护律师经证人或者其他有关单位和个人同意，可以向他们收集与本案有关的材料，也可以申请人民检察院、人民法院收集、调取证据，或者申请人民法院通知证人出庭作证。辩护律师经人民检察院或者人民法院许可，并且经被害人或者其近亲属、被害人提供的证人同意，可以向他们收集与本案有关的材料。在司法实践中，有关单位和证人拒绝律师调查的事例屡见不鲜，导致律师的取证权往往无法实现。2018年《刑事诉讼法》第43条对上述规定没有进行修改。[①] 现行《律师法》将律师的调查取证区分为了两个部分。

（一）自行调查取证

2017年《律师法》第35条第2款规定："律师自行调查取证的，凭律师执业证书和律师事务所证明，可以向有关单位或者个人调查与承办法律事务有关的情况。"这是立法上关于律师的调查取证权的基础规定，既适用于诉讼活动，也适用于非诉讼活动。

（二）协力调查取证

除了调查取证权，2017年《律师法》还赋予了律师办理诉讼事务时的协力调查取证申请权，即律师申请人民检察院、人民法院以国家强制权力收集、保全证据的权利。2017年《律师法》第35条第1款规定："受委托的律师根据案情的需要，可以申请人民检察院、人民法院收集、调取证据或者申请人民法院通知证人出庭作证。"协力调查取证申请权对于律师履行辩护、代理职能，维护委托人的合法权益，解决当前我国律师调查取证无力的现象，以及实现辩护律师在调查取证方面与控诉机关平

---

① 2018年《刑事诉讼法》第43条规定："辩护律师经证人或者其他有关单位和个人同意，可以向他们收集与本案有关的材料，也可以申请人民检察院、人民法院收集、调取证据，或者申请人民法院通知证人出庭作证。""辩护律师经人民检察院或者人民法院许可，并且经被害人或者其近亲属、被害人提供的证人同意，可以向他们收集与本案有关的材料。"

等，有着重要的现实意义。

为落实上述规定，最高人民法院、最高人民检察院、公安部、国家安全部、司法部2015年《关于依法保障律师执业权利的规定》第16条规定："在刑事诉讼审查起诉、审理期间，辩护律师书面申请调取公安机关、人民检察院在侦查、审查起诉期间收集但未提交的证明犯罪嫌疑人、被告人无罪或者罪轻的证据材料的，人民检察院、人民法院应当依法及时审查。经审查，认为辩护律师申请调取的证据材料已收集并且与案件事实有联系的，应当及时调取。相关证据材料提交后，人民检察院、人民法院应当及时通知辩护律师查阅、摘抄、复制。经审查决定不予调取的，应当书面说明理由。"第18条规定："辩护律师申请人民检察院、人民法院收集、调取证据的，人民检察院、人民法院应当在三日以内作出是否同意的决定，并通知辩护律师。辩护律师书面提出有关申请时，办案机关不同意的，应当书面说明理由；辩护律师口头提出申请的，办案机关可以口头答复"。

此外，最高人民法院2021年《刑事诉讼法解释》第59条规定："辩护律师向证人或者有关单位、个人收集、调取与本案有关的证据材料，因证人或者有关单位、个人不同意，申请人民法院收集、调取，或者申请通知证人出庭作证，人民法院认为确有必要的，应当同意。"第60条第1、4款规定："辩护律师直接申请人民法院向证人或者有关单位、个人收集、调取证据材料，人民法院认为确有必要，且不宜或者不能由辩护律师收集、调取的，应当同意。""收集、调取证据材料后，应当及时通知辩护律师查阅、摘抄、复制，并告知人民检察院。"律师提出上述申请时，应当以书面形式提出，并说明理由，写明需要收集、调取证据材料的内容或者需要调查问题的提纲。对辩护律师的申请，人民法院应当在5日以内作出是否准许、同意的决定，并通知申请人；决定不准许、不同意的，应当说明理由。

由人民法院来对律师的调查取证权进行救济，符合证据法的原理。证人翻证是令司法实务部门颇感头痛的问题。审判人员在出现庭前陈述和庭上证言不一致的情况时，与检察、辩护人员之间往往产生意见分歧，感到难以决定证据的取舍，于是，干脆不传唤证人出庭以求方便。这直接导致了证人出庭率低、证人证言无法质证的痼疾。而人民法院在庭前取得的证人陈述，因法院的中立性具有作证的可靠情况保证，而具有可采性。因此在发生证人翻证的情况下，该类证人陈述可以被采纳为实质证据。相反，人民检察院作为检控机关，不具有中立性，因此，一般而言，人民检察院取得的证人庭前陈述不具有可采性。故在律师调查取证遇到障碍的情况下，只能由人民法院提供救济。①

需要指出的是，人民法院的中立性具有亲为性，不能为委托调查令等文书所取

① 1995年10月国务院提请全国人大常委会审议的《中华人民共和国律师法（草案）》第31条曾规定："律师承办业务，可以向有关单位或者个人调查情况，收集证据，有关单位或者个人应当予以协助。""律师在诉讼案件中，对不予协助调查的有关单位或者个人，可以申请人民法院通知其到庭作证。"

代。有的观点认为："律师在调查取证时，根据实际需要有权要求人民法授权调查，法院接到律师的请求后，经审查认为律师所调查的事实，直接影响到案情的认定的，应当立即发出授权调查书或委托调查令，保证调查取证的顺利进行。"然而，律师并不能因为手持调查令而取得人民法院的中立性，因此，其所调查取得的结果并不因此而具有可采性。六机关 1998 年《刑事诉讼规定》第 15 条明确指出："对于辩护律师申请人民检察院、人民法院收集、调取证据，人民检察院、人民法院认为需要调查取证的，应当由人民检察院、人民法院收集、调取证据，不应当向律师签发准许调查决定书，让律师收集、调取证据。"六机关 2012 年《刑事诉讼规定》第 8 条再次重申规定："对于辩护律师申请人民检察院、人民法院收集、调取证据，人民检察院、人民法院认为需要调查取证的，应当由人民检察院、人民法院收集、调取证据，不得向律师签发准许调查决定书，让律师收集、调取证据。"这些规定的精神是正确的，符合证据法的基本原理，应当继续坚持。

第五节　对案件承办机关的坦诚

一、证据与事实

从哲学角度来看，诉讼、仲裁活动也是一种认识活动，是诉讼、仲裁主体对诉讼、仲裁客体（已经发生的案件事实）的一种追溯性认识活动。但是，诉讼、仲裁中的认识活动并不完全等同于哲学上的认识活动，而是有着诸多独特的一面。与一般的人类认识活动相区别，诉讼、仲裁中的认识活动是由特定的诸多诉讼、仲裁主体按照现代诉讼、仲裁职能分工的一般原理分工进行的。也就是说，在这样的认识活动中，不同的诉讼、仲裁主体承担的职能各不相同。以刑事诉讼为例，侦查机关（部门）承担着查明案件事实的诉讼职能；公诉机关承担着向第三方——审判机关证明的诉讼职能；审判机关承担着判明职能；其他诉讼参与人服务于这三个基本职能。在这些认识活动中，证据是对认识客体进行查明的手段。所谓证据，是证明案件真实情况的信息。案件一旦发生，案件事实已经成为过去，我们对案件事实的认识是通过证据来进行的。最高人民法院、最高人民检察院、公安部、国家安全部、司法部 2010 年《关于办理死刑案件审查判断证据若干问题的规定》第 2 条规定："认定案件事实，必须以证据为根据。"这一规定确立了证据裁判主义。从这个意义上讲，对已发生的案件事实的认定，是建立在证据基础上的意义生成机制。证据的质量决定了案件事实认定的质量。

众所周知，争讼性事务具有一定的对抗性，这被认为是发现事实的最佳手段。对抗对于事实的正确认定无疑具有巨大的贡献，但是这是不是最佳的手段，是令人怀疑的。"对抗制的许多规则和手段恰恰不利于事实的发现。甚至在存在利益关系的当事人的参与下，事实的发现常常仅仅是一个副产品，或者仅仅是个偶然的近似事实。”①律师作为法律职业人员，要维护当事人的合法权益，维护法律的正确实施，维护社会公平与正义。律师固然要维护委托人的权益，但是这种活动，受到律师对案件承办机关的坦诚职责的限制。律师对案件承办机关的坦诚职责是对争讼性事务中认定事实的机制所存在的弊端的矫正机制，其目的在于保证案件承办机关尽最大可能获得可靠的证据，并据此作出准确的法律决策。

二、律师对案件承办机关的坦诚

律师对案件承办机关负有坦诚职责。这一职责的主要目的，是保证裁决活动的正当性。尽管在争讼性程序中存在着一定的对抗性，但是对方并不总是有能力和机会发现证据上所存在的问题。因此，必须积极地要求律师履行对案件承办机关的坦诚职责。这种坦诚，也是律师独立性的一个体现。换言之，委托人只能在法律的界限内获得律师的帮助，律师只能在法律的界限内帮助委托人。我国法律上关于律师对案件承办机关的坦诚职责，主要体现在下列规定中。

2017 年《律师法》第 40 条第 6 项规定，律师在执业活动中，不得“故意提供虚假证据或者威胁、利诱他人提供虚假证据，妨碍对方当事人合法取得证据”。2017 年《律师法》第 49 条第 4 项对律师“故意提供虚假证据或者威胁、利诱他人提供虚假证据，妨碍对方当事人合法取得证据的”违法行为规定了处罚措施。

司法部 2010 年《律师和律师事务所违法行为处罚办法》第 17 条规定，有下列情形之一的，属于《律师法》第 49 条第 4 项规定的律师“故意提供虚假证据或者威胁、利诱他人提供虚假证据，妨碍对方当事人合法取得证据的”违法行为：（1）故意向司法机关、行政机关或者仲裁机构提交虚假证据，或者指使、威胁、利诱他人提供虚假证据的；（2）指使或者帮助委托人或者他人伪造、隐匿、毁灭证据，指使或者帮助犯罪嫌疑人、被告人串供，威胁、利诱证人不作证或者作伪证的；（3）妨碍对方当事人及其代理人、辩护人合法取证的，或者阻止他人向案件承办机关或者对方当事人提供证据的。

中华全国律师协会 2017 年《律师执业行为规范（试行）》第 64 条规定：“律师不得向司法机关或者仲裁机构提交明知是虚假的证据。”

此外，1997 年《刑法》第 306 条规定：“在刑事诉讼中，辩护人、诉讼代理人毁灭、伪造证据，帮助当事人毁灭、伪造证据，威胁、引诱证人违背事实改变证言或者作伪证的，处三年以下有期徒刑或者拘役；情节严重的，处三年以上七年以下有期徒刑。”“辩护人、诉讼代理人提供、出示、引用的证人证言或者其他证据失实，不是有意伪造的，不属于伪造证据。”2018 年《刑事诉讼法》第 44 条第 1 款规定：“辩护人

① 王进喜：《法律伦理的 50 堂课：美国律师职业行为规范与实务》，五南图书出版股份有限公司 2008 年版，第 284 页。

或者其他任何人，不得帮助犯罪嫌疑人、被告人隐匿、毁灭、伪造证据或者串供，不得威胁、引诱证人作伪证以及进行其他干扰司法机关诉讼活动的行为。”

根据上述规定，我国关于争讼性事务中律师对案件承办机关的坦诚性规则，主要包括以下内容。

第一，律师不得故意向司法机关、行政机关或者仲裁机构提交虚假证据，或者指使、威胁、利诱他人提供虚假证据。

这里所讲的虚假证据，既包括实物证据，也包括言词证据。律师向司法机关、行政机关或者仲裁机构提交虚假证据应受处罚的界限是“故意”、“有意”或者“明知”①。证据是否虚假，应当由事实认定者综合全案来加以判断，而不是由律师来加以定夺。因此，排除仅仅具有可疑性的证据不仅不能保护上述程序的正当性，反而可能导致具有准确性的证据被排除在外，损害诉讼当事人的利益。因此，由律师剔除掉其明知虚假的证据后，就足以满足程序的要求，足以保护程序的正当性。“实践中，当事人很可能隐瞒真相，向律师提供虚假证据，而律师只能在能力范围内对证据的真实性进行审查。如果律师在尽审查义务后，未能发现证据虚假而提供给法庭，就不能追究律师的法律责任。”②

第二，律师不得伪造、隐匿、毁灭证据、指使或者帮助委托人或者他人伪造、隐匿、毁灭证据；得指使或者帮助犯罪嫌疑人、被告人串供，威胁、利诱证人不作证或者作伪证。

伪造、隐匿、毁灭的证据，是指实物，包括实物证据，以及以笔录等形式体现的证人证言、被害人陈述等。

司法部 2002 年《关于律师以非律师身份参与诉讼并提供伪造证据是否适用〈律师法〉予以处罚的批复》③ 规定，“律师以非律师身份参与诉讼并向法院提供伪造的证据，隐瞒事实真相，妨碍了人民法院诉讼程序，应适用《律师法》第四十五条第三款、《律师违法行为处罚办法》第七条第三款的规定，对其进行处罚。”

第三，律师不得妨碍对方当事人及其代理人、辩护人合法取证的，或者阻止他人向案件承办机关或者对方当事人提供证据。

争讼程序中的对抗机制，目的在于通过对立当事人的竞争，使案件的证据得到整理。如果允许使用妨害对方的策略来获得竞争的优势性，就会破坏该目的。但是律师依据证据法上的作证特免权来建议有关人员不提供相关言词性证据，不属于这种妨害对方合法取证的行为。

2018 年《刑事诉讼法》第 44 条第 2 款规定：“违反前款规定的，应当依法追究

① 1996 年《律师法》第 35 条所禁止的律师违法行为是“提供虚假证据，隐瞒事实或者威胁、利诱他人提供虚假证据，隐瞒事实以及妨碍对方当事人合法取得证据”。2007 年《律师法》增加了“故意”这一限定，进一步明确了行为的界限。

② 王胜明、赵大程主编：《中华人民共和国律师法释义》，法律出版社 2007 年版，第 154 页。

③ 司复〔2002〕5 号。

法律责任，辩护人涉嫌犯罪的，应当由办理辩护人所承办案件的侦查机关以外的侦查机关办理。辩护人是律师的，应当及时通知其所在的律师事务所或者所属的律师协会。”六机关2012年《刑事诉讼规定》第9条规定：“公安机关、人民检察院发现辩护人涉嫌犯罪，或者接受报案、控告、举报、有关机关的移送，依照侦查管辖分工进行审查后认为符合立案条件的，应当按照规定报请办理辩护人所承办案件的侦查机关的上一级侦查机关指定其他侦查机关立案侦查，或者由上一级侦查机关立案侦查。不得指定办理辩护人所承办案件的侦查机关的下级侦查机关立案侦查。”最高人民法院、最高人民检察院、公安部、国家安全部、司法部2015年《关于依法保障律师执业权利的规定》第40条规定：“侦查机关依法对在诉讼活动中涉嫌犯罪的律师采取强制措施后，应当在四十八小时以内通知其所在的律师事务所或者所属的律师协会。”这些程序性规定，有助于保证对辩护人的犯罪行为进行追究时的客观性。

第六节　庭外宣传

庭外宣传，是指律师在裁判程序外就承办案件情况所作的可能影响案件公正处理的披露。庭外宣传规则是律师在争讼性事务代理中应当遵守的重要规则。律师的言论权利涉及两个方面，即庭上言论和庭外言论。2017年《律师法》第37条第2款规定：“律师在法庭上发表的代理、辩护意见不受法律追究。但是，发表危害国家安全、恶意诽谤他人、严重扰乱法庭秩序的言论除外。”律师的庭上言论在不属于职业伦理上述明确禁止范围的情况下，是不受限制的，但是律师的庭外言论受到较多的限制。

律师的庭外言论可以区分为就一般性法律问题所发表的言论和就所承办的特定案件所发表的言论。律师就一般性法律问题所发表的言论遵循言论自由的一般规则。就像联合国《关于律师作用的基本原则》第23条所规定的那样：“与其他公民一样，律师也享有言论、信仰、结社和集会的自由。特别是，他们应有权参加有关法律、司法以及促进和保护人权等问题的公开讨论并有权加入或筹组地方的、全国的或国际性的组织和出席这些组织的会议而不致由于他们的合法行为或成为某一合法组织的成员而受到专业的限制。律师在行使这些权利时，应始终遵照法律和公认准则以及按照律师的职业道德行事。”律师在就一般性法律问题发表庭外言论时，除遵守关于诽谤等问题的法律外，应当遵守的最重要的规则，就是关于保守职业秘密的职业伦理。律师在讨论一般性法律问题时，不得泄露委托人的商业秘密、个人隐私等事项。司法部2010年《律师和律师事务所违法行为处罚办法》第13条规定，律师未经委托人或者其他当事人的授权或者同意，在承办案件的过程中或者结束后，擅自披露、散布在执业中知悉的委托人或者其他当事人的商业秘密、个人隐私或者其他不愿泄露的情况和信息的，属于《律师法》第48条第4项规定的“泄露商业秘密或者个人隐私的”违法行为，应当予以处罚。

律师就所承办的特定案件所发表的庭外言论，则受到律师庭外宣传规则的约束。庭外宣传规则是律师行使言论自由权利时应当遵守的职业伦理，其主要功能是解决律师的言论、公众和媒体就案件获得相关信息的权利，以及律师庭外宣传对案件的公平处理的影响这三者之间的平衡问题。

首先，律师是当事人的辩护人或者代理人，其职责是维护当事人的合法权益。律师的言论权利是维护当事人合法权益的手段之一。在某些情况下，律师需要通过庭外宣传来促进委托人的合法权益；某些情况下，为保护委托人的合法权益，律师需要限制或者避免庭外宣传。律师作为法律职业人员，特别是本案的承办人，有着会见、阅卷、调查取证等权利，其发表的言论往往被认为具有权威性、真实性基础。

其次，律师是当事人的辩护人或者代理人，其职责还包括维护法律的正确实施，维护社会公平与正义。当事人享有获得独立、中立裁判庭的听审、无罪推定等权利，是法律得到正确实施的重要保证。联合国《关于司法机关独立的基本原则》第 2 条规定："司法机关应不偏不倚、以事实为根据并依法律规定来裁决其所受理的案件，而不应有任何约束，也不应为任何直接间接不当影响、怂恿、压力、威胁、或干涉所左右，不论其来自何方或出于何种理由。"这往往需要对包括律师言论在内的庭外言论进行适当控制，避免影响裁判庭的中立性，避免影响无罪推定等法律原则。律师的言论权利不能超越必要的界限，对案件的依法处理造成不当影响。

最后，公众和媒体就案件有获得相关信息的权利。在当今网络、传媒如此发达的时代，一些案件往往引起社会的普遍关注和讨论。这反映了公众对法治的关注，对社会公平、正义的关注。公众的知情权往往需要适当的信息来加以满足，这是保证公众社会安全感的机制之一。尽管公众的知情权可以通过公开审判和判决公开宣布等方式加以满足，但是争讼各方庭前的信息披露还具有就犯罪进行社会预警、就证据方面的需求获得社会帮助、就有关执法机关和人员的行为进行即时监督等功能。

毫无疑问，上述三个方面是存在矛盾的，律师的庭外宣传规则就是要在这三者之间实现适当的平衡，而这主要是通过对律师就本案的庭外言论的信息含量和性质进行限制来实现的。

我国关于律师庭外宣传的规则主要体现在司法部 2010 年《律师和律师事务所违法行为处罚办法》、司法部 2016 年《律师执业管理办法》、司法部 2016 年《律师事务所管理办法》，以及最高人民法院、司法部 2018 年《关于依法保障律师诉讼权利和规范律师参与庭审活动的通知》中。

2017 年《律师法》第 40 条第 5 项规定，律师在执业活动中不得"向法官、检察官、仲裁员以及其他有关工作人员行贿，介绍贿赂或者指使、诱导当事人行贿，或者以其他不正当方式影响法官、检察官、仲裁员以及其他有关工作人员依法办理案件"。第 49 条第 12 项规定，律师有"违反规定会见法官、检察官、仲裁员以及其他有关工作人员，或者以其他不正当方式影响依法办理案件的"行为的，应当予以行政处罚。司法部 2010 年《律师和律师事务所违法行为处罚办法》第 14 条第 3 项规定，"以对案件进行歪曲、不实、有误导性的宣传或者诋毁有关办案机关和工作人员以及对方当事人声誉等方式，影响依法办理案件的”，属于《律师法》第49条第1项规定的律师“违反规定会见法官、检察官、仲裁员以及其他有关工作人员，或者以其他不正当方式影响依法办理案件”的违法行为。

中华全国律师协会2004年《律师执业行为规范（试行）》第163条曾规定：“在诉讼或仲裁案件终审前，承办律师不得通过传媒或在公开场合发布任何可能被合理地认为损害司法公正的言论。”但是这一规定在中华全国律师协会2011年《律师执业行为规范》中已经被删除。

司法部2016年《律师执业管理办法》第40条规定：“律师对案件公开发表言论，应当依法、客观、公正、审慎，不得发表、散布否定宪法确立的根本政治制度、基本原则和危害国家安全的言论，不得利用网络、媒体挑动对党和政府的不满，发起、参与危害国家安全的组织或者支持、参与、实施危害国家安全的活动，不得以歪曲事实真相、明显违背社会公序良俗等方式，发表恶意诽谤他人的言论，或者发表严重扰乱法庭秩序的言论。”

司法部2018年《律师事务所管理办法》第50条规定，律师事务所应当依法履行管理职责，教育管理本所律师依法、规范承办业务，加强对本所律师执业活动的监督管理，不得放任、纵容本所律师“对本人或者其他律师正在办理的案件进行歪曲、有误导性的宣传和评论，恶意炒作案件”，“以串联组团、联署签名、发表公开信、组织网上聚集、声援等方式或者借个案研讨之名，制造舆论压力，攻击、诋毁司法机关和司法制度”，“发表、散布否定宪法确立的根本政治制度、基本原则和危害国家安全的言论，利用网络、媒体挑动对党和政府的不满，发起、参与危害国家安全的组织或者支持、参与、实施危害国家安全的活动；以歪曲事实真相、明显违背社会公序良俗等方式，发表恶意诽谤他人的言论，或者发表严重扰乱法庭秩序的言论”。

最高人民法院、司法部2018年《关于依法保障律师诉讼权利和规范律师参与庭审活动的通知》第4条规定，“律师……不得通过网络以自己名义或通过其他人、媒体发表声明、公开信、敦促书等炒作案件”。

从上述规定来看，我国关于律师庭外宣传的规则在一定程度上是碎片化的，总体来看，包括以下要求。

第一，律师不得以对案件进行歪曲、不实、有误导性的宣传等方式，影响依法办理案件。这一限制的主要目的是减少影响裁判庭中立性、独立性的信息，保证当事人受到公平、公正、不偏不倚的听审。但是就诉讼的日程安排、当事人获得无罪推定的权利等法律规定、在必要的证据和信息方面需要获得帮助等进行说明，不属于对案件进行歪曲、不实、有误导性的宣传方式。

第二，律师不得以诋毁有关办案机关和工作人员以及对方当事人声誉等方式，影响依法办理案件。这一限制的主要目的是维护办案机关和工作人员的称职性，从而维护裁决的稳定性。但是，在有合理根据的情况下，对办案机关的管辖权、工作人员的回避等事项提出合理质疑不受此限。

第三，律师不得以串联组团、联署签名、发表公开信、组织网上聚集、声援等方式或者借个案研讨之名，制造舆论压力。这一限制的主要目的是维护办案机关和工作人员的独立性，保障其职业判断不受外界不当因素的影响。

第四，该规则适用于尚未得到终局处理的案件。如果对案件已经终审或者作出了终局裁决，则裁判庭的独立性、中立性以及无罪推定等原则受到不利影响的风险已经消失，对律师庭外宣传进行限制的必要性已经消灭。

第五，为保证案件依法办理，在他人作出了上述可能影响案件依法办理的行为的情况下，律师可以进行为纠正视听所合理必需的宣传。他人可以包括新闻媒体，侦办本案的侦查、检察人员，对方当事人和律师等。律师进行该纠正视听的庭外宣传不能超过合理、必需的限度。

律师还可以依法采取其他必要措施，维护委托人的合法权益。例如，根据最高人民法院 2009 年《关于人民法院接受新闻媒体舆论监督的若干规定》第 9 条之规定，人民法院发现新闻媒体在采访报道法院工作时有下列情形之一的，可以向新闻主管部门、新闻记者自律组织或者新闻单位等通报情况并提出建议；违反法律规定的，依法追究相应责任：（1）损害国家安全和社会公共利益的，泄露国家秘密、商业秘密的；（2）对正在审理的案件报道严重失实或者恶意进行倾向性报道，损害司法权威、影响公正审判的；（3）以侮辱、诽谤等方式损害法官名誉，或者损害当事人名誉权等人格权，侵犯诉讼参与人的隐私和安全的；（4）接受一方当事人请托，歪曲事实，恶意炒作，干扰人民法院审判、执行活动，造成严重不良影响的；（5）其他严重损害司法权威、影响司法公正的。在必要情况下，律师可以申请人民法院采取相关措施。

第六，该规则既应当适用于正在办理该案件的律师，也应当适用于曾经承办该案件的律师，否则，该规则就可以以更换承办律师的方式被合法规避。律师也不得通过他人来从事上述被禁止的行为。

第七节　维护争讼程序的正当性

一、律师不得违反规定会见有关工作人员

2017 年《律师法》第 40 条规定，律师在执业活动中，不得违反规定会见法官、检察官、仲裁员以及其他有关工作人员；第 49 条第 1 项对该行为规定了处罚措施。司法部 2010 年《律师和律师事务所违法行为处罚办法》第 14 条第 1、2 项规定，“在承办代理、辩护业务期间，以影响案件办理结果为目的，在非工作时间、非工作场所会见法官、检察官、仲裁员或者其他有关工作人员的”，以及“利用与法官、检察官、仲裁员或者其他有关工作人员的特殊关系，影响依法办理案件的”的，属于《律师

法》第49条第1项规定的律师“违反规定会见法官、检察官、仲裁员以及其他有关工作人员，或者以其他不正当方式影响依法办理案件的”违法行为。

此外，最高人民法院、司法部2004年《关于规范法官和律师相互关系维护司法公正的若干规定》第3条规定：“法官不得私自单方面会见当事人及其委托的律师。”“律师不得违反规定单方面会见法官。”最高人民法院2010年《法官职业道德基本准则》第13条规定，法官应当“不私自单独会见当事人及其代理人、辩护人”。

最高人民法院、最高人民检察院、公安部、国家安全部、司法部2015年《关于进一步规范司法人员与当事人、律师、特殊关系人、中介组织接触交往行为的若干规定》第6条规定：“司法人员在案件办理过程中，应当在工作场所、工作时间接待当事人、律师、特殊关系人、中介组织。因办案需要，确需与当事人、律师、特殊关系人、中介组织在非工作场所、非工作时间接触的，应依照相关规定办理审批手续并获批准。”第7条规定：“司法人员在案件办理过程中因不明情况或者其他原因在非工作时间或非工作场所接触当事人、律师、特殊关系人、中介组织的，应当在三日内向本单位纪检监察部门报告有关情况。”

最高人民法院、最高人民检察院、公安部、国家安全部、司法部2015年《关于依法保障律师执业权利的规定》第15条规定：“辩护律师提交与案件有关材料的，办案机关应当在工作时间和办公场所予以接待，当面了解辩护律师提交材料的目的、材料的来源和主要内容等有关情况并记录在案，与相关材料一并附卷，并出具回执。辩护律师应当提交原件，提交原件确有困难的，经办案机关准许，也可以提交复印件，经与原件核对无误后由辩护律师签名确认。辩护律师通过服务平台网上提交相关材料的，办案机关应当在网上出具回执。辩护律师应当及时向办案机关提供原件核对，并签名确认。”

司法部2016年《律师执业管理办法》第36条规定：“律师与法官、检察官、仲裁员以及其他有关工作人员接触交往，应当遵守法律及相关规定，不得违反规定会见法官、检察官、仲裁员以及其他有关工作人员，向其行贿、许诺提供利益、介绍贿赂，指使、诱导当事人行贿，或者向法官、检察官、仲裁员以及其他工作人员打探办案机关内部对案件的办理意见、承办其介绍的案件，利用与法官、检察官、仲裁员以及其他有关工作人员的特殊关系，影响依法办理案件。”

根据上述规定，我国关于律师不得违反规定会见法官、检察官、仲裁员以及其他有关工作人员的规定，主要包含以下规则。

1. 禁止单方交流

单方交流，是指办案人员与律师进行的并非所有相关当事方都在场的交流。以与法官和仲裁员的单方交流为例，这种单方交流存在以下弊端：（1）剥夺了不在场当事人就交流的事实和意见进行反驳的机会。（2）按照审判公开或者仲裁公开的原则，关于案件事实和意见的交流，应当在公开庭审中进行。在对方当事人不在场的情况下进行单方交流，违反了审判公开原则。（3）单方交流可能使法官、仲裁员偏听偏信，丧失不偏不倚的立场。(4) 如果法官、仲裁员自行发动单方交流，可能说明法官、仲裁员有所偏袒，甚至可能被视为法官、仲裁员在暗示进行不当影响。

总之，在单方交流中，由于不存在对方当事人所产生的平衡作用，法庭、裁判庭的裁判过程的正当性保证无疑失去了一个重要的支持手段，从而难以形成实质公正和形式公正的结果。

根据上述规定，在承办代理、辩护业务期间，律师不得以影响案件办理结果为目的，在非工作时间、非工作场所会见法官、检察官、仲裁员或者其他有关工作人员。因此，律师在办案期间，认为有单方会见必要性的，只能在工作时间、工作场所会见上述人员。这种会见可能涉及两种情况：(1) 如果仅仅涉及程序目的，例如关于出庭事项的安排，不涉及对案件处理结果的影响，则这种会见是可以进行的；(2) 如果这种会见会对案件的处理结果产生影响，则相关办案人员应当采取措施通知对方当事方，为其进行反驳、补充证据与意见留下合理的机会。

2. 禁止律师对法官、检察官、仲裁员等工作人员进行不当影响

律师不得违反规定会见法官、检察官、仲裁员以及其他有关工作人员的规定，还旨在规范律师与法官、检察官、仲裁员以及其他有关工作人员的交流方式，防止律师利用与法官、检察官、仲裁员或者其他有关工作人员的特殊关系，影响依法办理案件。

二、律师不得直接或者间接向有关工作人员行贿或者介绍贿赂

2017 年《律师法》第 40 条第 5 项规定，律师在执业活动中，不得向法官、检察官、仲裁员以及其他有关工作人员行贿，介绍贿赂或者指使、诱导当事人行贿；第 49 条第 2 项就该行为规定了处罚措施。司法部 2010 年《律师和律师事务所违法行为处罚办法》第 15 条规定，有下列情形之一的，属于《律师法》第 49 条第 2 项规定的律师“向法官、检察官、仲裁员以及其他有关工作人员行贿，介绍贿赂或者指使、诱导当事人行贿的”违法行为：(1) 利用承办案件的法官、检察官、仲裁员以及其他工作人员或者其近亲属举办婚丧喜庆事宜等时机，以向其馈赠礼品、金钱、有价证券等方式行贿的；(2) 以装修住宅、报销个人费用、资助旅游娱乐等方式向法官、检察官、仲裁员以及其他工作人员行贿的；(3) 以提供交通工具、通讯工具、住房或者其他物品等方式向法官、检察官、仲裁员以及其他工作人员行贿的；(4) 以影响案件办理结果为目的，直接向法官、检察官、仲裁员以及其他工作人员行贿、介绍贿赂或者指使、诱导当事人行贿的。

最高人民法院 2010 年《法官职业道德基本准则》第 16 条规定，法官应当“严格遵守廉洁司法规定，不接受案件当事人及相关人员的请客送礼，不利用职务便利或者法官身份谋取不正当利益，不违反规定与当事人或者其他诉讼参与人进行不正当交往，不在执法办案中徇私舞弊”。最高人民检察院 2016 年《检察官职业道德基本准

则》第5条规定，检察官应当“坚持廉洁操守，自觉接受监督”。

此外，最高人民法院、司法部2004年《关于规范法官和律师相互关系维护司法公正的若干规定》第7条也规定：“法官不得向当事人及其委托律师索取或者收取礼品、金钱、有价证券等；不得借婚丧喜庆事宜向律师索取或者收取礼品、礼金；不得接受当事人及其委托律师的宴请；不得要求或者接受当事人及其委托律师出资装修住宅、购买商品或者进行各种娱乐、旅游活动；不得要求当事人及其委托的律师报销任何费用；不得向当事人及其委托的律师借用交通工具、通讯工具或者其他物品。”“当事人委托的律师不得借法官或者其近亲属婚丧喜庆事宜馈赠礼品、金钱、有价证券等；不得向法官请客送礼、行贿或者指使、诱导当事人送礼、行贿；不得为法官装修住宅、购买商品或者出资邀请法官进行娱乐、旅游活动；不得为法官报销任何费用；不得向法官出借交通工具、通信工具或者其他物品。”第8条规定：“法官不得要求或者暗示律师向当事人索取财物或者其他利益。”“当事人委托的律师不得假借法官的名义或者以联络、酬谢法官为由，向当事人索取财物或者其他利益。”

最高人民法院、最高人民检察院、公安部、国家安全部、司法部2015年《关于进一步规范司法人员与当事人、律师、特殊关系人、中介组织接触交往行为的若干规定》第5条规定：“严禁司法人员与当事人、律师、特殊关系人、中介组织有下列接触交往行为：……（三）接受当事人、律师、特殊关系人、中介组织请客送礼或者其他利益；（四）向当事人、律师、特殊关系人、中介组织借款、租借房屋，借用交通工具、通讯工具或者其他物品……”

根据上述规定，律师不得向法官、检察官、仲裁员以及其他有关工作人员行贿，介绍贿赂或者指使、诱导当事人行贿的规则包含以下内容。

首先，律师不得针对法官、检察官、仲裁员以及其他有关工作人员直接行贿、介绍贿赂，也不得通过指使、诱导当事人行贿的方式进行间接行贿。律师通过他人的行为来从事上述不当行为，其责任同样应当归于该律师。

其次，律师的行贿行为表现为多种形式，包括：第一，直接以金钱、有价证券等方式行贿；第二，以请客送礼等馈赠方式行贿；第三，以报销方式行贿的；第四，以借款、租借房屋、出借交通工具、通讯工具或者其他物品方式行贿；第五，出资邀请有关人员进行娱乐、旅游活动；等等。这些行为都受到禁止。

三、律师应当促进、维护争讼性程序的效率和秩序

审判、仲裁活动有秩序地进行，是依法解决争端的应有之义。法庭、仲裁庭的秩序，不仅体现了法律的权威，也体现了法律职业的尊严。

2017年《律师法》第37条第2款规定：“律师在法庭上发表的代理、辩护意见不受法律追究。但是，发表危害国家安全、恶意诽谤他人、严重扰乱法庭秩序的言论除外。”第40条第8项规定，律师在执业活动中，“不得扰乱法庭、仲裁庭秩序，干

扰诉讼、仲裁活动的正常进行。”第 49 条第 6 项针对该行为规定了处罚措施。司法部 2010 年《律师和律师事务所违法行为处罚办法》第 19 条规定，有下列情形之一的，属于《律师法》第 49 条第 6 项规定的律师“扰乱法庭、仲裁庭秩序，干扰诉讼、仲裁活动的正常进行的”违法行为：(1) 在法庭、仲裁庭上发表或者指使、诱导委托人发表扰乱诉讼、仲裁活动正常进行的言论；(2) 阻止委托人或者其他诉讼参与人出庭，致使诉讼、仲裁活动不能正常进行；(3) 煽动、教唆他人扰乱法庭、仲裁庭秩序；(4) 无正当理由，当庭拒绝辩护、代理，拒绝签收司法文书或者拒绝在有关诉讼文书上签署意见。

司法部 2016 年《律师执业管理办法》第 39 条规定：“律师代理参与诉讼、仲裁或者行政处理活动，应当遵守法庭、仲裁庭纪律和监管场所规定、行政处理规则，不得有下列妨碍、干扰诉讼、仲裁或者行政处理活动正常进行的行为：（一）会见在押犯罪嫌疑人、被告人时，违反有关规定，携带犯罪嫌疑人、被告人的近亲属或者其他利害关系人会见，将通讯工具提供给在押犯罪嫌疑人、被告人使用，或者传递物品、文件；（二）无正当理由，拒不按照人民法院通知出庭参与诉讼，或者违反法庭规则，擅自退庭；（三）聚众哄闹、冲击法庭，侮辱、诽谤、威胁、殴打司法工作人员或者诉讼参与人，否定国家认定的邪教组织的性质，或者有其他严重扰乱法庭秩序的行为；（四）故意向司法机关、仲裁机构或者行政机关提供虚假证据或者威胁、利诱他人提供虚假证据，妨碍对方当事人合法取得证据；（五）法律规定的妨碍、干扰诉讼、仲裁或者行政处理活动正常进行的其他行为。”

最高人民法院、司法部 2018 年《关于依法保障律师诉讼权利和规范律师参与庭审活动的通知》规定，“对于律师在法庭上就案件事实认定和法律适用的正常发问、质证和发表的辩护代理意见，法官不随意打断或者制止；但是，攻击党和国家政治制度、法律制度的，发表的意见已在庭前会议达成一致、与案件无关或者侮辱、诽谤、威胁他人，故意扰乱法庭秩序的，审判长或者独任审判员可以根据情况予以制止。律师明显以诱导方式发问，公诉人提出异议的，审判长或者独任审判员审查确认后，可以制止”。“律师参加庭审不得对庭审活动进行录音、录像、拍照或使用移动通信工具等传播庭审活动，不得进行其他违反法庭规则和不服从法庭指令的行为。律师对庭审活动进行录音、录像、拍照或使用移动通信工具等传播庭审活动的，人民法院可以暂扣其使用的设备及存储介质，删除相关内容。”“法庭审理过程中，法官应当尊重律师，不得侮辱、嘲讽律师。审判长或者独任审判员认为律师在法庭审理过程中违反法庭规则、法庭纪律的，应当依法给予警告、训诫等，确有必要时可以休庭处置，除当庭攻击党和国家政治制度、法律制度等严重扰乱法庭秩序的，不采取责令律师退出法庭或者强行带出法庭措施。确需司法警察当庭对律师采取措施维持法庭秩序的，有关执法行为要规范、文明，保持必要、合理限度。律师被依法责令退出法庭、强行带出法庭或者被处以罚款后，具结保证书，保证服从法庭指令、不再扰乱法庭秩序的，经法庭许可，可以继续担任同一案件的辩护人、诉讼代理人；具有擅自退庭、无正当理由不按时出庭参加诉讼、被拘留或者具结保证书后再次被依法责令退出法庭、强行带出法庭的，不得继续担任同一案件的辩护人、诉讼代理人。”

最高人民法院 2021 年《刑事诉讼法解释》第 310 条第 3 款规定：“辩护人、诉讼代理人具有下列情形之一的，不得继续担任同一案件的辩护人、诉讼代理人：（一）擅自退庭的；（二）无正当理由不出庭或者不按时出庭，严重影响审判顺利进行的；（三）被拘留或者具结保证书后再次被责令退出法庭、强行带出法庭的。”

此外，最高人民法院、司法部 2004 年《关于规范法官和律师相互关系维护司法公正的若干规定》第 10 条第 2 款也规定：“律师应当自觉遵守法庭规则，尊重法官权威，依法履行辩护、代理职责。”

根据上述规定，律师维护争讼性程序的效率规则主要包含以下内容：

第一，律师应当促进程序合理、迅速地进行。律师不得无正当理由不按时出庭参加诉讼，违反法庭规则擅自退庭，不得无正当理由，当庭拒绝辩护、代理，拒绝签收司法文书或者拒绝在有关诉讼文书上签署意见。律师无正当理由律师不按时出庭参加诉讼，擅自退庭，无正当理由当庭拒绝辩护、代理的行为，既损害了委托人与律师之间的信任，也妨害了案件处理的效率和秩序。

最高人民法院、司法部 2021 年《关于为律师提供一站式诉讼服务的意见》第 10 条第 2 款规定：依托律师服务平台为律师在全国法院参加庭审以及其他诉讼活动提供排期避让提醒服务。对有冲突的排期自动向人民法院作出提醒，律师也可以根据传票等信息在律师服务平台自助添加开庭时间等，主动向人民法院提供需要避让的信息。人民法院根据案件实际审理情况合理排期。这对于保障律师按时出庭参加诉讼具有重要的意义。

第二，律师在庭审活动中，在保证案件质量的前提下，要努力促进提高诉讼效率。律师不得发表已在庭前会议达成一致的重复性意见、与案件无关的意见。对于律师在法庭上就案件事实认定和法律适用的正常发问、质证和发表的辩护代理意见，法官不随意打断或者制止，但是重复性意见、与案件无关的意见，显然会影响庭审效率。

中华全国律师协会 2017 年《律师执业行为规范（试行）》第 59 条第 4 项规定，“受委托律师因健康状况不适合继续履行委托协议的，经过协商，委托人不同意更换律师的”，律师事务所应当终止委托关系。这一规定也体现了对律师维护争讼性程序的效率的要求。

根据上述规定，律师维护争讼性程序的秩序性规则主要包含以下内容：

第一，律师应当合理发表辩护或者代理意见。律师不得在法庭上发表攻击党和国家政治制度、法律制度的，危害国家安全、与案件无关或者侮辱、诽谤、威胁他人，故意扰乱法庭秩序的言论，或者指使、诱导委托人发表扰乱诉讼、仲裁活动正常进行的言论；不得煽动、教唆他人扰乱法庭、仲裁庭秩序。

第二，律师不得阻止委托人或者其他诉讼参与人出庭，致使诉讼、仲裁活动不能正常进行。这种行为既是损害争讼性程序的秩序性的违法行为，也是妨害裁判庭取得相关证据和信息的行为。

第三，律师不得对庭审活动进行录音、录像、拍照或使用移动通信工具等传播庭审活动，不得进行其他违反法庭规则和不服从法庭指令的行为。例如，律师在法庭上能否录音，应当事先征得法庭的同意。①

四、不得混淆诉讼职能而充任证人

中华全国律师协会 2017 年《律师执业行为规范（试行）》第 65 条规定："律师作为证人出庭作证的，不得再接受委托担任该案的辩护人或者代理人出庭。"这一规定确立了禁止律师混淆诉讼职能而充任证人的规则。

律师在担任证人的情况下，不得再担任该案的辩护人或者代理人。这是因为：首先，律师一身二任的做法容易使律师和委托人之间产生冲突。证人负有如实作证的义务，然而，在很多案件中，有利于委托人的情况和不利于委托人的情况往往是混在一起的。如果律师仅仅陈述对委托人有利的证言，则违反了其如实陈述的义务；如果其陈述了不利于委托人的证言，则违反了其作为辩护人或者代理人的忠诚职责，从而在律师和委托人之间产生冲突。其次，律师一身二任的做法混淆了辩护人或者代理人与证人的职能。证人需要在个人认知的基础上作证，而辩护人或者代理人则要对他人提供的证据进行解释和评论。这两种职责在很大程度上是不相容的。正如美国律师协会在《职业行为示范规则》规则 3.7 的释义中所指出的那样："辩护人—证人所作的陈述应当被认为是证据还是对证据的分析，会无法弄清。"

思考题

1. 律师出庭着装有哪些要求？
2. 律师会见在押的犯罪嫌疑人、被告人时，应当遵从什么规则？
3. 律师对案件承办机关的坦诚职责包含哪些要求？
4. 律师的庭外宣传规则包括哪些要求？
5. 为什么律师在担任证人的情况下，不得再担任该案的辩护人或者代理人？

---

① 司法部 1991 年《关于律师参加诉讼活动能否在法庭上录音的批复》［司发函（1991）408 号］规定："一九八二年《司法部关于律师参加诉讼活动能否录音、录像和摄影的批复》仍然有效。该批复作出的规定主要是为了维护法庭的严肃性，保障审判活动的顺利进行。律师参加诉讼活动，应当继续执行该批复的规定，并遵守人民法院法庭规则。如律师为了整理自己的代理词、辩护词或因其它原因，确需录音、录像时，应事先征得法庭的同意。"

第九章

律师非争讼性业务规则

第一节　律师非争讼性业务概述

一、律师的非争讼性业务

律师的非争讼性业务，是指律师接受自然人、法人或其他组织的委托，为委托人办理诉讼或者仲裁之外的法律事务的业务活动。

2017 年《律师法》第 28 条规定，律师可以从事的非争讼性业务活动，包括接受自然人、法人和其他组织的聘请，担任法律顾问；接受非诉讼法律事务当事人的委托，提供法律服务；解答有关法律的询问、代写诉讼文书和有关法律事务的其他文书。

非争讼性法律业务通常涉及公司设立与破产、清算，公司治理，证券发行与上市，银行金融融资，公司并购与国际投资，知识产权的申请与转让，房地产开发，国际贸易，反倾销与保障措施，商标代理等法律服务领域；对此，律师的主要工作方式包括：参与谈判，起草、审查、修改合同，出具法律意见书，尽职调查，出具律师函等。此外，律师接受当事人的委托，参加调解、担任仲裁人，进行见证的活动，也属于非争讼性业务。

本章仅就律师出具法律意见书和律师担任中间人的职业伦理进行介绍。

二、律师办理非争讼性业务的职业伦理渊源

与律师办理争讼性业务的职业伦理相比，律师办理非争讼性业务的职业伦理在现有法律中似乎并没有得到同等的重视。律师办理非争讼性业务的职业伦理主要体现在最高人民法院、司法部发布的规范性文件和中华全国律师协会制定的业务规则中。前者如司法部律师司、国家科委政策法规与体制改革司、国家国有资产管理局政策法规司 1997 年《关于律师从事集体科技企业产权界定法律业务的通知》[①]，司法部办公厅、国家计划委员会政策研究室 1998 年《关于律师从事基本建设大中型项目招标投

① （97）司律字 77 号。

标法律业务的通知》[①]，最高人民法院、司法部2017年《关于开展律师调解试点工作的意见》。[②] 后者如中华全国律师协会2007年《律师承办国有企业改制与相关公司治理业务操作指引》。[③] 此外，中国证券监督管理委员会（以下简称中国证监会）等机构也在相关法律文件中对律师办理非争讼性业务提出了一些要求，如中国证监会、司法部2007年《律师事务所从事证券法律业务管理办法》、2010年《律师事务所证券法律业务执业规则（试行）》等。

第二节　律师出具法律意见书的要求

法律意见书是律师或者律师事务所受委托人的委托，对某一法律事实、法律行为或者具有法律意义的文书，根据法律规定进行分析、阐述和认定，向委托人或者第三方提出意见和建议的一种律师业务文书。法律意见书大致可以分为两类：一类是为委托人提供评估的法律意见书，这类法律意见书主要是具有建议性质的法律意见书或者具有代理性质的法律意见书；另一类是为第三方提供评估的法律意见书，这类法律意见书往往是具有认定性质的法律意见书，要对某个非诉讼事件或行为，根据法律、政策，作出是否具有真实性、合法性、可行性的评估。

司法部2016年《律师执业管理办法》第32条规定："律师出具法律意见，应当严格依法履行职责，保证其所出具意见的真实性、合法性。"我们以律师在从事证券法律业务中为第三方提供评估的法律意见书为例，说明律师在提供法律意见书时应当遵守的规则。

根据中国证监会、司法部2007年《律师事务所从事证券法律业务管理办法》第6条，律师事务所从事证券法律业务，可以为下列事项出具法律意见：(1) 首次公开发行股票及上市；(2) 上市公司发行证券及上市；(3) 上市公司的收购、重大资产重组及股份回购；(4) 上市公司实行股权激励计划；(5) 上市公司召开股东大会；(6) 境内企业直接或者间接到境外发行证券、将其证券在境外上市交易；(7) 证券公司、证券投资基金管理公司及其分支机构的设立、变更、解散、终止；(8) 证券投资基金的募集、证券公司集合资产管理计划的设立；(9) 证券衍生品种的发行及上市；(10) 中国证监会规定的其他事项。律师事务所也可以接受当事人的委托，组织制作与证券业务活动相关的法律文件。

律师在就上述事项出具法律意见书时，应当遵守下列主要规则。

（一）独立、客观

律师在办理出具法律意见书业务时，应当坚持独立、客观原则。律师出具为第三

---

① 司办通字〔1998〕第6号。

② 司发通〔2017〕105号。

③ 中华全国律师协会六届七次常务理事会审议通过。

方所使用的或者为第三方提供信息的法律意见书时，可能会产生律师对第三方的责任。因此，律师不应当为委托人或其他方面的意志、利益所左右，应当独立、客观开展相关工作。中国证监会、司法部2007年《律师事务所从事证券法律业务管理办法》第11条规定："同一律师事务所不得同时为同一证券发行的发行人和保荐人、承销的证券公司出具法律意见，不得同时为同一收购行为的收购人和被收购的上市公司出具法律意见，不得在其他同一证券业务活动中为具有利害关系的不同当事人出具法律意见。""律师担任公司及其关联方董事、监事、高级管理人员，或者存在其他影响律师独立性的情形的，该律师所在律师事务所不得接受所任职公司的委托，为该公司提供证券法律服务。"

（二）尽职调查和审慎查验

律师事务所及其指派的律师对有关事实、法律问题作出认定和判断，应当有适当的证据和理由。[①] 因此，律师在出具法律意见书之前，应当进行尽职调查和审慎查验。

律师事务所及其指派的律师从事证券法律业务，应当按照依法制定的业务规则，勤勉尽责，审慎履行核查和验证义务。律师进行核查和验证，可以采用面谈、书面审查、实地调查、查询和函证、计算、复核等方法。

律师事务所及其指派的律师从事证券法律业务，应当依法对所依据的文件资料内容的真实性、准确性、完整性进行核查和验证；在进行核查和验证前，应当编制核查和验证计划，明确需要核查和验证的事项，并根据业务的进展情况，对其予以适当调整。

律师在出具法律意见时，对与法律相关的业务事项应当履行法律专业人士特别的注意义务，对其他业务事项履行普通人一般的注意义务，其制作、出具的文件不得有虚假记载、误导性陈述或者重大遗漏。[②] 需要履行法律专业人士特别注意义务的，应当拟订履行特别注意义务的具体方式、手段、措施，并予以落实。[③]

律师从国家机关、具有管理公共事务职能的组织、会计师事务所、资产评估机构、资信评级机构、公证机构（以下统称公共机构）直接取得的文书，可以作为出具法律意见的依据，但律师应当履行中国证监会、司法部2007年《律师事务所从事证券法律业务管理办法》第14条规定的注意义务并加以说明；对于不是从公共机构直接取得的文书，经核查和验证后方可作为出具法律意见的依据。

律师从公共机构抄录、复制的材料，经该机构确认后，可以作为出具法律意见的依据，但律师应当履行中国证券监督管理委员会、司法部2007年《律师事务所从事证券法律业务管理办法》第14条规定的注意义务并加以说明；未取得公共机构确认

① 参见中国证监会、司法部2010年《律师事务所证券法律业务执业规则（试行）》第5条。

② 参见中国证监会、司法部2007年《律师事务所从事证券法律业务管理办法》第14条。

③ 参见中国证监会、司法部2010年《律师事务所证券法律业务执业规则（试行）》第6条。

的，对相关内容进行核查和验证后方可作为出具法律意见的依据。

律师进行核查和验证，需要会计师事务所、资产评估机构等证券服务机构作出判断的，应当直接委托或者要求委托人委托会计师事务所、资产评估机构等证券服务机构出具意见。

律师在从事证券法律业务时，委托人应当向其提供真实、完整的有关材料，不得拒绝、隐匿、谎报。

律师发现委托人提供的材料有虚假记载、误导性陈述、重大遗漏，或者委托人有重大违法行为的，应当要求委托人纠正、补充；委托人拒不纠正、补充的，律师可以拒绝继续接受委托，同时应当按照规定向有关方面履行报告义务。

律师应当归类整理核查和验证中形成的工作记录和获取的材料，并对法律意见书等文件中各具体意见所依据的事实、国家相关规定以及律师的分析、判断作出说明，形成记录清晰的工作底稿。工作底稿由出具法律意见的律师事务所保存，保存期限不得少于7年；中国证监会对保存期限另有规定的，从其规定。

（三）出具符合格式要求的明确结论性意见

法律意见是律师事务所及其指派的律师针对委托人委托事项的合法性所出具的明确结论性意见，是委托人、投资者和中国证监会及其派出机构确认相关事项是否合法的重要依据。法律意见应当由律师在核查和验证所依据的文件资料内容的真实性、准确性、完整性的基础上，依据法律、行政法规及相关规定作出。

法律意见书应当列明相关材料、事实、具体核查和验证结果、国家有关规定和结论性意见。法律意见不得使用“基本符合”“未发现”等含糊措辞。

有下列情形之一的，律师应当在法律意见中予以说明，并充分揭示其对相关事项的影响程度及其风险：(1) 委托人的全部或者部分事项不符合中国证监会规定；(2) 事实不清楚，材料不充分，不能全面反映委托人情况；(3) 核查和验证范围受到客观条件的限制，无法取得应有证据；(4) 律师已要求委托人纠正、补充而委托人未予纠正、补充；(5) 律师已依法履行勤勉尽责义务，仍不能对全部或者部分事项作出准确判断；(6) 律师认为应当予以说明的其他情形。

律师所出具的法律意见应当经所在律师事务所讨论复核，并制作相关记录作为工作底稿留存。

律师所出具的法律意见应当由2名执业律师和所在律师事务所负责人签名，加盖该律师事务所印章，并签署日期。法律意见书的具体内容和格式，应当符合中国证监会的相关规定。

法律意见书等文件在报送中国证监会及其派出机构后，发生重大事项或者律师发现需要补充意见的，应当及时提出补充意见。

第三节　律师作为中间人的要求

替代性纠纷解决方式已经成为司法制度的重要组成部分，这些纠纷解决方式具有便捷、迅速等特点。除了在争讼性程序中代理委托人，律师常常作为中立的第三方，参与替代性纠纷解决程序。律师作为中间人的业务，包括律师作为调解主持人的业务和作为仲裁人的业务。例如2011年青岛市律师协会设立了青岛律师调解中心，为社会提供以律师为调解员的调解服务。律师参与非诉讼纠纷解决，对于建立和谐的社会关系，最大限度地消除不和谐因素，最大限度地增加和谐因素，更好地维护社会稳定，具有十分重要的意义。

为了贯彻落实《中共中央关于全面推进依法治国若干重大问题的决定》，中共中央办公厅、国务院办公厅《关于完善矛盾纠纷多元化解机制的意见》《关于深化律师制度改革的意见》，以及最高人民法院《关于人民法院进一步深化多元化纠纷解决机制改革的意见》，充分发挥律师在预防和化解矛盾纠纷中的专业优势、职业优势和实践优势，健全完善律师调解制度，推动形成中国特色的多元化纠纷解决体系，最高人民法院、司法部2017年印发了《关于开展律师调解试点工作的意见》，以建立由律师作为中立第三方主持调解的工作机制，完善与人民调解、行政调解、诉讼调解、商事调解等既相对独立又相互衔接的律师调解制度。2018年，最高人民法院、司法部印发《关于扩大律师调解试点工作的通知》[①]，决定将试点工作扩大至全国范围。

律师在作为调解主持人的业务和作为仲裁人的业务中，应当遵守下列规则。

（一）中立

律师在作为调解主持人的业务和作为仲裁人的业务中，并不代表任何一方，是中立的第三人。这种中立性是其开展相关活动的前提。例如，中国国际经济贸易仲裁委员会2021年《仲裁员行为考察规定》第2条规定："仲裁员应当遵守《仲裁员守则》，独立、公正、勤勉、审慎地履行职责，廉洁自律，不代表任何一方当事人利益，平等地对待双方当事人。"在必要情况下，律师应当就其中立身份对当事人进行说明，以避免当事人形成误解。

在存在需要回避的情形时，作为仲裁员的律师应当依法回避。例如2017年《仲裁法》第34条规定："仲裁员有下列情形之一的，必须回避，当事人也有权提出回避申请：（一）是本案当事人或者当事人、代理人的近亲属；（二）与本案有利害关系；（三）与本案当事人、代理人有其他关系，可能影响公正仲裁的；（四）私自会见当事人、代理人，或者接受当事人、代理人的请客送礼的。"如果仲裁员有应当回避的情形而没有回避的，可能会导致仲裁裁决的撤销。最高人民法院、司法部2017年《关

① 司发通〔2018〕143号。

于开展律师调解试点工作的意见》第 13 条第 1 款也规定："律师调解员具有以下情形的，当事人有权申请回避：系一方当事人或者其代理人的近亲属的；与纠纷有利害关系的；与纠纷当事人、代理人有其他关系，可能影响公正调解的。律师调解员具有上述情形，当事人要求回避的，律师调解员应当回避，当事人没有要求回避的，律师调解员应当及时告知当事人并主动回避。当事人一致同意继续调解的，律师调解员可以继续主持调解。"

在主持调解和仲裁过程中，律师应当平等、公允地对待双方当事人，避免使人产生不公或者偏袒印象的言行。

（二）保密

调解、仲裁活动的特点之一是以不公开为原则，从而最大限度地保守当事人的秘密。律师在作为调解主持人的业务和作为仲裁人的业务中应忠实履行保密义务，对于涉及调解、仲裁程序和调解协议、仲裁裁决、当事人的商业秘密等相关事项，均应保守秘密。最高人民法院、司法部 2017 年《关于开展律师调解试点工作的意见》第 2 条规定："除当事人一致同意或法律另有规定的外，调解事项、调解过程、调解协议内容等一律不公开，不得泄露当事人的个人隐私或商业秘密。"

（三）避免利益冲突

律师在作为调解主持人的业务和作为仲裁人的业务中，应当遵守律师的利益冲突规则。在调解不成功、仲裁裁决被撤销等情况下，律师不得代理任何一方当事人进行诉讼。最高人民法院、司法部 2017 年《关于开展律师调解试点工作的意见》第 13 条第 2 款规定："律师调解员不得再就该争议事项或与该争议有密切联系的其他纠纷接受一方当事人的委托，担任仲裁或诉讼的代理人，也不得担任该争议事项后续解决程序的人民陪审员、仲裁员、证人、鉴定人以及翻译人员等。"

思考题

1. 律师在出具法律意见书时应当遵循哪些要求？
2. 律师在作为中间人时应当遵循哪些要求？

第十章
律师事务所内部关系及律师事务所职业行为规则

第一节　律师事务所概述

一、我国律师执业机构的历史沿革

（一）新中国成立之初的律师执业机构

1949年2月，中共中央发布关于废除国民党“六法全书”和确定解放区司法原则的指示，根据这一指示，旧的国家机器被打碎，作为旧的法律制度一部分的旧的律师制度亦被废除。新中国成立后，中央人民政府司法部于1950年12月发出了《关于取缔黑律师及讼棍事件的通报》，明令取缔了国民党的旧律师制度，解散了旧的律师组织，并停止了旧律师和社会上讼棍的活动；与此同时，开始探索建立新的律师制度，在新中国成立前律师制度的基础上建立新中国的律师制度及律师事务所体制。实践中，上海市人民法院专门建立了“公设辩护人”室，重点帮助一些刑事被告人，为他们提供辩护。1954年7月，司法部发出《关于试验法院组织制度中几个问题的通知》，决定在北京、上海、天津、重庆、沈阳等大城市试行开展律师工作。1954年9月《宪法》和《人民法院组织法》颁布，明确确立了律师辩护制度。1956年1月，国务院正式批准了司法部提出的《关于建立律师工作的请示报告》，对律师的工作机构、性质、任务、任职资格等问题都作了明确的规定，并建议通过国家立法正式确认律师制度。当时法律顾问处的设置与建立，由各地法院筹建，报司法厅批准。地方律师协会筹备委员会成立后法律顾问处的设置与建立，报经省级律师协会筹备委员会批准，并受其领导。市法律顾问处受市人民政府司法科领导，县法律顾问处受专署司法科和县法院院长双重领导。

（二）改革开放初期的律师执业机构

“文化大革命”后，律师制度及律师事务所随着改革开放的步伐，首先开始逐步恢复。1980年《律师暂行条例》第13条规定：“律师执行职务的工作机构是法律顾问处。”“法律顾问处是事业单位，受国家司法行政机关的组织领导和业务监督。”第14条规定：“法律顾问处按县、市、市辖区设立。必要时，经司法部批准，可以设立专业性的法律顾问处。”

1983年7月，由吴念祖、姚锋、王小南三位律师组成的蛇口律师事务所在深圳市挂牌开业，成为新中国最早称为“律师事务所”的律师执业机构。随后深圳等地的法律顾问处改名为律师事务所。与“法律顾问处”比较而言，“律师事务所”的称呼行政色彩更为淡化，更为国际化。1984年10月司法部《关于加强和改革律师工作的意见》规定：“为了适应城乡经济体制改革和发展生产的需要，更好地贯彻便民的原则，应当改变目前县、市及市辖区只设一个法律顾问处（或律师事务所）的做法，可根据实际需要设立几个法律顾问处（或律师事务所）。”这表明“律师事务所”这种对律师执业机构的称呼已经得到了正式文件的认可。

1980年《律师暂行条例》所确立的律师事务所管理体制，是一种行政型的管理体制。这体现了实事求是的思想路线，符合当时中国政治、经济和社会的发展状况。1980年《律师暂行条例》首要的目的就是为中国律师制度的恢复和重建提供法律依据，并据此建立律师制度恢复和重建的行政支持体系。这种管理体制对于迅速恢复律师制度起到了积极的促进作用。但是随着我国政治、经济体制改革的不断深入，这种行政管理体制的弊端也不断暴露：一方面，律师行政化管理给司法行政机关带来的极大经济压力①，导致律师队伍发展较慢，与社会需求差距很大，请律师难的矛盾非常尖锐；另一方面，律师在服务过程中积极性不高，律师事务所之间及律师之间没有竞争，律师事务所没有自主权，律师工作缺乏生机与活力。1984年10月司法部《关于加强和改革律师工作的意见》提出要改革法律顾问处的经费管理办法：凡法律顾问处的收入大于支出的，可以实行“自收自支，结余留用或分成”的办法。法律顾问处的支出大于收入的，实行“全额管理，差额补助，超收提成”。在此基础上，司法部于1988年6月3日下发了《合作制律师事务所试点方案》的通知，启动了不要国家编制、不要国家经费，完全由律师养活自己的合作制律师事务所的试点工作。所谓合作制律师事务所，“是由律师人员采用合作形式组成为国家机关、社会组织和公民提供法律服务的社会主义性质的事业法人组织”。1982年《宪法》第6条规定，我国的社会主义公有制包括全民所有制和劳动群众集体所有制；第8条第2款规定，“城镇中的手工业、工业、建筑业、运输业、商业、服务业等行业的各种形式的合作经济，都是社会主义劳动群众集体所有制经济”。因此，合作制律师事务所是集体所有制性质的有偿服务性机构，符合我国宪法规定，并受国家法律的保护。从合作制律师事务所的设立思想来看，仍然没有摆脱公与私、姓“资”与姓“社”的思想藩篱。但是在当时的历史背景下，合作制律师事务所与国办律师事务所相比，在人、财、物等管理制度上具有显著的比较优势：（1）律师事务所具有高度的自主权。在管理上实行律师会

---

① 这种管理模式被视为国家在对律师职业的管理上，试图复制“国家—单位—个人”模式，建立“国家—律师事务所—律师”的连接控制机制，从而实现整合和控制个体律师的目标。参见崔月琴、张冠：《转型社会组织基础的再造——以律师事务所为例》，载《学术研究》2013年第8期。这在事实上从另一个角度反映了当时计划经济体制下社会管理资源配置方式及渠道的唯一性。

议制，重大问题须经集体讨论决定，充分体现了事务所内部的民主管理原则，彻底改变了行政化管理的旧模式。(2) 实行全员合同制。优胜劣汰，来去自由，改变了占国家编制进人、出人都受限制的人事体制，便于实现人员的优化组合。(3) 实行效益浮动工资制。真正体现按劳分配、多劳多得，克服了干和不干一个样、平均主义大锅饭的弊端，可充分调动律师的积极性。(4) 自律性高。合作制律师事务所的人员都辞去了原职，有较大风险，因此，他们特别重视律师事务所的声誉，注意职业道德和纪律，有比较严格的自律意识。正是因为如此，合作制律师事务所在 20 世纪 80 年代后期和 90 年代初期得到了很大的发展。1993 年国务院《关于深化律师工作改革的方案》的批复中则明确表示："积极创造条件，鼓励占用国家编制和经费的律师事务所逐步向不占国家编制和经费的方向转变。允许经济欠发达地区的律师事务所继续实行原有的组织形式。鼓励取得律师资格的人员，在乡镇建立不占国家编制和经费的律师事务所或者在乡镇法律服务所内从事律师工作。"在此批复的指导下，各地又开始了合伙制律师事务所试点。1996 年制定的《律师法》正式规定了国家出资设立的律师事务所、合作律师事务所和合伙律师事务所这三种律师事务所组织模式。

（三）1996 年《律师法》规定的律师执业机构

1996 年颁布的《律师法》确立了国家出资设立的律师事务所、合作律师事务所及合伙律师事务所这三种律师事务所的组织形式。司法部随后颁布的三部规章一一明确了这三种律师事务所组织形式的责任形式。国家出资设立的律师事务所由司法行政机关根据国家需要设立，并以其全部资产对债务承担有限责任。国家出资设立的律师事务所包括一次性投入开办资产、不核定编制、核定编制并核拨经费等形式。国家出资设立的律师事务所是原法律顾问处的发展，并在原法律顾问处的基础上融合了试点时期合作制律师事务所的特征。合作律师事务所由律师自愿组合、共同参与，其财产由合作人共有。合作律师事务所以其全部资产对债务承担有限责任。合作律师事务所在试点时期的基础上，在分配及人事上获得了更大的自主权。合伙律师事务所的合伙人自愿组合，财产归合伙人所有，合伙人对律师事务所的债务承担无限连带责任。合伙律师事务所作为国际上律师事务所通行的组织形式，第一次得到了确认。

1996 年《律师法》在制定过程中，坚持解放思想、实事求是，在当时的历史条件下，科学地解决了律师的性质、律师事务所的组织形式等问题，确定了此后近十年间我国律师业发展的基本走向和格局，宏观指导了律师行业的资源布局。但是从历史发展来看，1996 年《律师法》关于律师执业机构的规定也存在一些问题：(1) 合作律师事务所这种制度本身也并非完美，其优势是相对于国办律师事务所而言的，其某些制度设计的缺陷是天然的。尽管司法部 1996 年《合作律师事务所管理办法》对合作律师事务所的管理规定进行了部分调整，但是不能从根本上改变其集体所有制的产权模式所带来的缺陷。[①]（2）尽管合伙律师事务所在实践中成了一种最为普遍的组织模式，但是应当看到，对这种组织模式的选择，是在《律师法》的框架内进行的，其优势是在同合作律师事务所比较后显现的。这种合伙律师事务所占主导地位的格局，使律师事务所的结构布局具有相当的单一性，其突出的问题就是以合伙律师事务所这种组织形式为主的模式，导致在法律服务组织问题上，该大的不能做大，该小的不能做小。一方面，设立大型律师事务所的制度风险不能克服；另一方面，合伙律师事务所的运作无疑增加了法律服务的成本，导致律师收费居高不下，低收入人群在获得律师帮助方面存在着现实的困难。针对这些问题，2007 年修订的《律师法》取消了合作律师事务所，明确规定了合伙律师事务所、个人律师事务所、国家出资设立的律师事务所这三种律师执业机构组织形式。其中合伙律师事务所可以采用普通合伙或者特殊的普通合伙形式设立，合伙律师事务所的合伙人按照合伙形式对该律师事务所的债务依法承担责任。2007 年《律师法》关于律师执业机构组织形式的规定，是 2007 年修订《律师法》取得的最重要的成果之一，是社会管理创新在律师管理中的重要体现。

为了进一步加大海南律师行业对外开放的程度，推进海南自贸区（港）建设，海南省 2019 年《海南经济特区律师条例》对律师事务所组织形式进行了创新。该条例第 15 条第 1 款规定：“律师事务所是律师的执业机构，可以由律师合伙设立、个人设立或者由国家出资设立。鼓励具备条件的律师事务所实行公司化管理，按照国家和本省有关规定设立公司制律师事务所。”第 18 条第 2 款规定：“注册会计师、注册税务师、注册造价工程师、专利代理人等其他专业人员可以成为特殊的普通合伙律师事务所的合伙人，但其出资份额和人数比例不得超过 25%，不得担任律师事务所负责人。”这是对律师事务所组织形式的有益探索。

二、律师事务所的设立条件及责任形式

律师事务所的设立许可，由设区的市级或者直辖市的区（县）司法行政机关受理设立申请并进行初审，报省、自治区、直辖市司法行政机关进行审核，作出是否准予

---

① 这些缺陷主要是：第一，合作律师事务所的财产归合作人共有，这种集体所有制的产权模式，极易产生分配上的平均主义倾向；第二，合作律师事务所的所有专职律师均为合作人，后进合作人必然要与律师事务所现行合作人共享所有权，导致律师事务所规模难以扩大，使高消费、低积累的情况容易发生；第三，有限责任的民事责任形式，导致律师风险与回报的失衡，容易产生“公用品悲剧”；第四，有限责任的民事责任形式，导致律师事务所在吸引潜在委托人，特别是大型委托人方面缺乏应有的魅力。第五，集体所有产权的不可分割性，导致律师流动的自由受到了抑制，与律师职业应有的独立性不合。尽管如此，合作律师事务所在我国律师业的发展中发挥了承前启后的作用，其历史作用是不能否定的：第一，合作律师事务所为合伙律师事务所储备了大批优秀人才。第二，合作律师事务所为合伙律师事务所的出现进行了思想准备。第三，合作律师事务所初步凸显了律师行业的职业独立性，促成了司法行政机关和律师行业管理相结合的管理格局。第四，合作律师事务所，是从身份到能力的转变。第五，合作律师事务所增强了律师职业的荣誉感。合作律师事务所模式下，律师的工作条件和生活条件都有一定程度的改善，广大律师的职业荣誉感增强了，初步出现了人才流向律师事务所的可喜局面。

设立的决定。律师事务所的设立和发展，应当根据国家和地方经济社会发展的需要，实现合理分布、均衡发展。① 律师事务所经司法行政机关审核登记后依法成立的，不应再进行民政、工商等形式的登记。② 2017 年《律师法》和司法部 2018 年《律师事务所管理办法》对各种形式律师事务所的设立条件及责任形式作出了明确规定。

（一）设立律师事务所的基本条件

根据 2017 年《律师法》和司法部 2018 年《律师事务所管理办法》第 8 条的规定，设立律师事务所应当具备下列基本条件：（1）有自己的名称、住所和章程；（2）有符合《律师法》和《律师事务所管理办法》规定的律师；（3）设立人应当是具有一定的执业经历并能够专职执业的律师，且在申请设立前三年内未受过停止执业处罚；③（4）有符合《律师事务所管理办法》规定数额的资产。

设立律师事务所，其申请的名称应当符合司法部有关律师事务所名称管理的规定，并应当在申请设立许可前按规定办理名称检索。

律师事务所的章程应当包括下列内容：（1）律师事务所的名称和住所；（2）律师事务所的宗旨；（3）律师事务所的组织形式；（4）设立资产的数额和来源；（5）律师事务所负责人的职责以及产生、变更程序；（6）律师事务所决策、管理机构的设置、职责；（7）本所律师的权利与义务；（8）律师事务所有关执业、收费、财务、分配等主要管理制度；（9）律师事务所解散的事由、程序以及清算办法；（10）律师事务所章程的解释、修改程序；（11）其他需要载明的事项。设立合伙律师事务所的，其章程还应当载明合伙人的姓名、出资额及出资方式。律师事务所章程的内容不得与有关法律、法规、规章相抵触。律师事务所章程自省、自治区、直辖市司法行政机关作出准予设立律师事务所决定之日起生效。

律师事务所负责人人选，应当在申请设立许可时一并报审核机关核准。

省、自治区、直辖市司法行政机关可以根据本地经济、社会发展状况和律师业发展需要，适当调整《律师事务所管理办法》规定的普通合伙律师事务所、特殊的普通合伙律师事务所和个人律师事务所的设立资产数额，报司法部批准后实施。

（二）普通合伙律师事务所的设立条件及责任形式

普通合伙律师事务所，是指三名以上专职律师组成合伙，合伙人对律师事务所的债务承担无限连带责任的律师执业机构。普通合伙律师事务所已成为中国律师执业的主要组织形式。司法部 2018 年《律师事务所管理办法》第 9 条规定，设立普通合伙律师事务所，除应当符合上述设立律师事务所的基本条件外，还应当具备下列条件：

---

① 参见司法部 2018 年《律师事务所管理办法》第 2 条第 2 款。

② 参见司法部 2000 年《关于律师事务所不进行民政登记的批复》（司复〔2000〕4 号）。

③ 司法部 2012 年《关于如何界定律师执业经历问题的批复》（司复〔2012〕15 号）规定："律师执业经历是指依法获得律师执业许可，连续或累计从事律师执业的年限。律师因与所在律师事务所解除聘用合同或者所在的律师事务所被注销的，自解除聘用合同或所在律师事务所被注销之日起至被其他律师事务所聘用或者申请设立个人（合伙）律师事务所被许可之前而中止执业的期间，不计入律师执业经历的年限。"

(1) 有书面合伙协议；(2) 有三名以上合伙人作为设立人；(3) 设立人应当是具有三年以上执业经历并能够专职执业的律师；(4) 有人民币 30 万元以上的资产。

合伙协议应当载明下列内容：(1) 合伙人，包括姓名、居住地、身份证号、律师执业经历等；(2) 合伙人的出资额及出资方式；(3) 合伙人的权利、义务；(4) 合伙律师事务所负责人的职责以及产生、变更程序；(5) 合伙人会议的职责、议事规则等；(6) 合伙人收益分配及债务承担方式；(7) 合伙人入伙、退伙及除名的条件和程序；(8) 合伙人之间争议的解决方法和程序，违反合伙协议承担的责任；(9) 合伙协议的解释、修改程序；(10) 其他需要载明的事项。合伙协议的内容不得与有关法律、法规、规章相抵触。合伙协议由全体合伙人协商一致并签名，自省、自治区、直辖市司法行政机关作出准予设立律师事务所决定之日起生效。

普通合伙律师事务所的合伙人对律师事务所的债务承担无限连带责任。

（三）特殊的普通合伙律师事务所的设立条件及责任形式

特殊的普通合伙律师事务所，是指合伙人对于其执业活动中因故意或者重大过失造成的合伙债务承担无限责任或者无限连带责任，其他合伙人以其在合伙中的财产份额为限承担责任的律师执业机构。

20 世纪 80 年代，美国金融市场出现“储贷危机”，许多律师事务所和会计师事务所均卷入了这场危机，并遭到了巨额的索赔诉讼。这促使职业服务行业开始寻求有限责任的保护，规避传统合伙的无限连带责任。1994 年，美国得克萨斯州《合伙法》第一次规定了有限责任合伙制度，规定在执业中无过错的合伙人对于过错合伙人的行为造成的债务，只在某种程度上承担有限责任。这种做法既保障了律师事务所的规模化，又保护了无辜的合伙人。因此，有限责任合伙制度一经出现，便受到了律师事务所的欢迎。美国各州均随之相继接受了有限责任合伙制度，美国《统一合伙法》修订版中也增加了有限责任合伙的专章。

2006 年 8 月我国颁布了修订的《合伙企业法》，并在该法第二章“普通合伙企业”中的第六节规定了特殊的普通合伙企业，确立了有限责任合伙制度。2007 年《律师法》将特殊的普通合伙（即有限责任合伙）正式规定为我国律师事务所的组织形式之一。

司法部 2018 年《律师事务所管理办法》第 10 条规定，设立特殊的普通合伙律师事务所，除应当符合上述设立律师事务所的基本条件外，还应当具备下列条件：(1) 有书面合伙协议；(2) 有 20 名以上合伙人作为设立人；(3) 设立人应当是具有三年以上执业经历并能够专职执业的律师；(4) 有人民币 1 000 万元以上的资产。

特殊的普通合伙律师事务所一个合伙人或者数个合伙人在执业活动中因故意或者重大过失造成律师事务所债务的，应当承担无限责任或者无限连带责任，其他合伙人以其在律师事务所中的财产份额为限承担责任；合伙人在执业活动中非因故意或者重大过失造成的律师事务所债务，由全体合伙人承担无限连带责任。

（四）个人律师事务所的设立条件及责任形式

个人律师事务所，是指由一名律师个人投资设立，财产归其个人所有，开业律师以其个人财产对律师事务所债务承担无限责任的律师执业机构。我国各地司法行政机关早在若干年前已经开始了个人律师事务所的尝试。2001 年 12 月 13 日，北京市司法局率先推出了《个人开业律师事务所试点方案》，经过半年审核，在 2002 年 10 月首批确定了 5 家个人律师事务所。2002 年 7 月，上海市司法局制定了《关于个人开业律师事务所管理的规定（试行）》。2003 年年初，宁夏等地也开始了个人律师事务所的试点。2007 年《律师法》第 16 条和司法部 2012 年《律师事务所管理办法》第 9 条对个人设立律师事务所作出了进一步明确规定。

根据上述规定，设立个人律师事务所，除应当符合上述设立律师事务所的基本条件外，还应当具备下列条件：(1) 设立人应当是具有 5 年以上执业经历并能够专职执业的律师；(2) 有人民币 10 万元以上的资产。

个人律师事务所的设立人对律师事务所的债务承担无限责任。

（五）国家出资设立的律师事务所的设立条件及责任形式

国家出资设立的律师事务所是指国家出资设立，依法自主开展律师业务，并以该事务所的全部资产对其债务承担责任的律师事务所。2017 年《律师法》第 20 条规定："国家出资设立的律师事务所，依法自主开展律师业务，以该律师事务所的全部资产对其债务承担责任。"在完全的市场调节下大部分合伙律师事务所或个人律师事务所倾向于选择经济较为发达的地区执业，使欠发达地区的法律服务需求无法得到有效的满足，政府应发挥主动作用，以弥补律师分布问题上的市场失灵。由政府主导设立的国家出资设立的律师事务所可以充分发挥此作用。政府可在欠发达地区的县辖区域设立至少一家国资律师事务所。司法行政机关则可根据执业律师的意愿和业务收入情况，实行统收统支、财政补贴、自收自支等管理模式，解决欠发达地区律师收入来源不足的问题。

根据司法部 2018 年《律师事务所管理办法》第 12 条的规定，国家出资设立的律师事务所，除符合 2017 年《律师法》规定的一般条件外，应当至少有 2 名符合 2017 年《律师法》的规定并能够专职执业的律师。需要国家出资设立律师事务所的，由当地县级司法行政机关筹建，申请设立许可前须经所在地县级人民政府有关部门核拨编制、提供经费保障。

国家出资设立的律师事务所以其全部资产对其债务承担责任。

（六）律师事务所分所的设立条件

1986 年 3 月，司法部在《关于法律服务机构若干问题的暂行规定》（已失效）曾规定："各法律顾问处之间没有隶属关系，不得设立分支机构；不得跨地区、跨省、市设立联合律师工作机构。"但是随着社会的发展，这种规定越来越不适应社会的法律服务需求。1992 年 8 月，司法部颁布了《关于律师工作进一步改革的意见》，允许大中城市专业律师事务所在征得当地司法厅（局）统一的情况下，到经济开发区、保税区设立分所；大中城市律师事务所经司法厅（局）同意，可以到老少边穷地区设立分所。1993 年，司法部在《关于深化律师工作改革的方案》中，鼓励和推动律师事务所打破地域界限，跨省、跨地区设立分支机构，或与当地律师事务所合作，成立联合律师事务所；允许符合条件的律师，在其户籍所在地以外的其他地区建立律师事务所，并要求继续做好境外律师事务所在我国境内设立办事处的试点工作；同时，经过试点和严格审批后，允许我国有条件的律师事务所在境外设立分支机构或办事处。1994 年 7 月，司法部颁布《律师事务所设立分所管理办法》，对律师事务所设立分所的条件作出了具体规定。在 1996 年《律师法》颁布后，司法部在 1996 年 12 月 30 日又颁布了《律师事务所分所等登记管理办法》，对律师事务所设立分所的条件和程序重新作出了规定。

2012 年《律师法》第 19 条规定："成立三年以上并具有二十名以上执业律师的合伙律师事务所，可以设立分所。设立分所，须经拟设立分所所在地的省、自治区、直辖市人民政府司法行政部门审核。"司法部 2008 年《律师事务所管理办法》第 29 条作了相同规定。为了规范律师事务所分所的设立，加强对律师事务所分所的监督和管理，司法部 2012 年《律师事务所管理办法》又设专章规定了律师事务所分所的设立、变更和终止。这一规定最重要的一个变化，就是允许设在直辖市、设区的市的合伙律师事务所在本所所在城区以外的区、县设立分所。

1. 设立分所的合伙律师事务所的条件

司法部 2018 年《律师事务所管理办法》第 33 条规定：成立 3 年以上并具有 20 名以上执业律师的合伙律师事务所，根据业务发展需要，可以在本所所在地的市、县以外的地方设立分所。设在直辖市、设区的市的合伙律师事务所也可以在本所所在城区以外的区、县设立分所。

律师事务所及其分所受到停业整顿处罚期限未满的，该所不得申请设立分所；律师事务所的分所受到吊销执业许可证处罚的，该所自分所受到处罚之日起 2 年内不得申请设立分所。

2. 律师事务所分所应当具备的条件

司法部 2018 年《律师事务所管理办法》第 34 条第 1 款规定，律师事务所分所应当具备下列条件：（1）有符合《律师事务所名称管理办法》规定的名称；（2）有自己的住所；（3）有三名以上律师事务所派驻的专职律师；（4）有人民币 30 万元以上的资产；（5）分所负责人应当是具有三年以上的执业经历并能够专职执业，且在担任负责人前三年内未受过停止执业处罚的律师。

律师事务所到经济欠发达的市、县设立分所的，上述规定的派驻律师条件可以降至 1 至 2 名；资产条件可以降至人民币 10 万元。具体适用地区由省、自治区、直辖市司法行政机关确定。

省、自治区、直辖市司法行政机关根据本地经济、社会发展和律师业发展状况，需要提高上述第（3）（4）项规定的条件的，按照该办法第 13 条规定的程序办理。[①]

3. 设立程序

律师事务所申请设立分所，应当提交下列材料：（1）设立分所申请书；（2）本所基本情况，本所设立许可机关为其出具的符合《律师法》第 19 条和司法部 2018 年《律师事务所管理办法》第 33 条规定条件的证明；（3）本所执业许可证复印件，本所章程和合伙协议；（4）拟在分所执业的律师的名单、简历、身份证明和律师执业证书复印件；（5）拟任分所负责人的人选及基本情况，该人选执业许可机关为其出具的符合司法部 2018 年《律师事务所管理办法》第 34 条第 1 款第 5 项规定条件的证明；（6）分所的名称，分所住所证明和资产证明；（7）本所制定的分所管理办法。

申请设立分所时，申请人应当如实填报“律师事务所分所设立申请登记表”。

律师事务所申请设立分所，由拟设立分所所在地设区的市级或者直辖市区（县）司法行政机关受理并进行初审，报省、自治区、直辖市司法行政机关审核，决定是否准予设立分所。具体程序按照司法部 2018 年《律师事务所管理办法》第 20 条、第 21 条、第 22 条的规定办理。

准予设立分所的，由设立许可机关向申请人颁发律师事务所分所执业许可证。

4. 律师事务所分所的管理

分所律师除由律师事务所派驻外，可以依照《律师执业管理办法》的规定面向社会聘用律师。

派驻分所律师，参照司法部 2016 年《律师执业管理办法》有关律师变更执业机构的规定办理，由准予设立分所的省、自治区、直辖市司法行政机关予以换发执业证书，原执业证书交回原颁证机关；分所聘用律师，依照司法部 2016 年《律师执业管理办法》规定的申请律师执业许可或者变更执业机构的程序办理。

律师事务所决定变更分所负责人的，应当经分所所在地设区的市级或者直辖市区（县）司法行政机关报分所设立许可机关批准；变更派驻分所律师的，参照司法部 2016 年《律师执业管理办法》有关律师变更执业机构的规定办理。

分所变更住所的，应当自变更之日起 15 日内，经分所所在地设区的市级或者直辖市区（县）司法行政机关报分所设立许可机关备案。

律师事务所变更名称的，应当自名称获准变更之日起 30 日内，经分所所在地设区的市级或者直辖市区（县）司法行政机关向分所设立许可机关申请变更分所名称。

5. 律师事务所分所的终止

有下列情形之一的，分所应当终止：（1）律师事务所依法终止的；（2）律师事务所不能保持 2017 年《律师法》和司法部 2018 年《律师事务所管理办法》规定设立分

---

① 2018 年《律师事务所管理办法》第 13 条规定：“省、自治区、直辖市司法行政机关可以根据本地经济社会发展状况和律师业发展需要，适当调整本办法规定的普通合伙律师事务所、特殊的普通合伙律师事务所和个人律师事务所的设立资产数额，报司法部批准后实施。”

所的条件，经限期整改仍不符合条件的；（3）分所不能保持该办法规定的设立条件，经限期整改仍不符合条件的；（4）分所在取得设立许可后6个月内未开业或者无正当理由停止业务活动满一年的；（5）律师事务所决定停办分所的；（6）分所执业许可证被依法吊销的；（7）法律、行政法规规定应当终止的其他情形。

分所终止的，由分所设立许可机关注销分所执业许可证。分所终止的有关事宜按照司法部2018年《律师事务所管理办法》第32条的规定办理。

根据司法部2018年《律师事务所管理办法》第63条，律师事务所应当加强对分所执业和管理活动的监督，履行下列管理职责：（1）任免分所负责人；（2）决定派驻分所律师，核准分所聘用律师人选；（3）审核、批准分所的内部管理制度；（4）审核、批准分所的年度工作计划、年度工作总结；（5）指导、监督分所的执业活动及重大法律事务的办理；（6）指导、监督分所的财务活动，审核、批准分所的分配方案和年度财务预算、决算；（7）决定分所重要事项的变更、分所停办和分所资产的处置；（8）本所规定的其他由律师事务所决定的事项。

根据司法部2018年《律师事务所管理办法》第68条和第69条之规定，律师事务所管理分所的情况，应当纳入司法行政机关对该所年度检查考核的内容；律师事务所对分所及其律师疏于管理，造成严重后果的，由该所所在地司法行政机关依法实施行政处罚。律师事务所分所及其律师，应当接受分所所在地司法行政机关的监督、指导，接受分所所在地律师协会的行业管理。跨省、自治区、直辖市设立分所的，分所所在地的省、自治区、直辖市司法行政机关应当将分所设立、变更、终止以及年度考核、行政处罚等情况及时抄送设立分所的律师事务所所在的省、自治区、直辖市司法行政机关。

根据2017年《律师法》第63条第2款，合伙律师事务所对其分所的债务承担责任。

2017年《律师法》和司法部2018年《律师事务所管理办法》未对个人律师事务所设立分所作出规定，应理解为不允许个人律师事务所设立分所。从个人律师事务所的制度价值来看，其应与合伙律师事务所等律师执业组织形式形成分工和互补。

三、律师事务所境外分支机构

律师事务所境外分支机构，是指我国律师事务所在境外投资设立，经境外有关国家和地区政府部门或有关组织批准或登记，人员、业务、财务受该律师事务所实际控制，在境外实质性开展法律服务业务的分支机构。[①]

1993年司法部开始允许律师事务所到国外设立分支机构，并制定了1995年《律

① 参见司法部2019年《律师事务所境外分支机构备案管理规定》（司规〔2019〕1号）第2条。

师事务所在外国设立分支机构管理办法》。[①] 特别是在中国共产党十八大以来，我国涉外法律服务业发展较快，涉外法律服务队伍不断壮大，涉外服务领域日益拓展，服务质量逐步提升，为维护我国公民、法人在海外正当权益、促进对外开放发挥了重要作用。中国共产党十八届四中全会对发展涉外法律服务业作出了重要部署，提出了明确要求。随着我国全面建成小康社会进入决胜阶段，对外开放面临新形势新任务，涉外法律服务业在全面依法治国和经济社会发展中的作用更加显现。发展涉外法律服务业，是适应经济全球化进程、形成对外开放新体制、应对维护国家安全稳定新挑战的需要，对于增强我国在国际法律事务中的话语权和影响力，维护我国公民、法人在海外的，以及外国公民、法人在我国的正当权益具有重要意义。因此，必须把发展涉外法律服务业摆在更加突出的位置，采取有效措施，努力把我国涉外法律服务业提高到一个更高水平。为此，司法部、外交部、商务部、国务院法制办公室 2016 年印发《关于发展涉外法律服务业的意见》[②]，支持国内律师事务所通过在境外设立分支机构、海外并购、联合经营等方式，在世界主要经济体所在国和地区设立执业机构，为“一带一路”等国家重大发展倡议提供法律服务，为中国企业和公民“走出去”提供法律服务，为我国外交工作大局提供法律服务，为打击跨国犯罪和追逃追赃工作提供法律服务。截至 2018 年年底，我国律师事务所在境外设立分支机构共计 122 家。[③] 为规范律师事务所境外分支机构备案工作，司法部 2019 年印发了《律师事务所境外分支机构备案管理规定》。

根据上述规定，律师事务所设立境外分支机构的，在依照驻在国和地区规定获准执业后的 30 日内，应当将该国（地区）律师监管机构的批准（登记）文件复印件，分支机构的名称、驻在地址、机构类型、设立方式、负责人、派驻律师及行政人员、聘请当地律师及雇员、业务范围、通讯方式等情况报所在地的省、自治区、直辖市司法行政机关备案。律师事务所变更其境外分支机构设立形式、名称、负责人和其他派驻律师的，应当在驻在国和地区办结变更手续后的 30 日内，将有关变更材料报所在地的省、自治区、直辖市司法行政机关备案。律师事务所决定停办其境外分支机构的，应当在驻在国和地区办结注销手续后的 30 内，将有关材料报所在地的省、自治区、直辖市司法行政机关备案。

省、自治区、直辖市司法行政机关应当每季度向司法部报送备案情况。司法部应当根据省、自治区、直辖市司法行政机关报送的备案情况，形成境外分支机构备案名单，定期通报商务部、国家外汇管理局、有关驻外使领馆。

律师事务所通过司法行政机关备案后，凭备案回执及相关外汇管理法规规定的材

① 司法部令第 35 号。因律师事务所设立外国分支机构审批项目已被《国务院关于第三批取消和调整行政审批项目的决定》（2004 年 5 月 19 日国发〔2004〕16 号）取消，该规定已经于 2009 年被司法部废止。

② 司发通〔2016〕136 号。

③ 参见 http：//www.moj.gov.cn/government_public/content/2019-03/07/634_229827.html，2019 年 10 月 1 日访问。

料，在所在地银行办理境外直接投资外汇登记。律师事务所完成外汇登记后可依法在外汇指定银行办理境外直接投资资金汇出或境外资本变动收入汇回及结汇；律师事务所境外投资经营收益汇回，可保留在经常项目外汇账户或直接结汇。[①]

律师事务所应当加强对其境外分支机构的人员、业务、财务等的监督管理，定期对境外分支机构进行检查，发现问题及时解决，确保境外分支机构在当地依法执业。律师事务所应当每年向省、自治区、直辖市司法行政机关报送境外分支机构工作情况。省、自治区、直辖市司法行政机关应当于每年12月31日前向司法部报送本省、自治区、直辖市律师事务所境外分支机构工作情况。

律师事务所境外分支机构违反我国法律、损害我国国家安全和社会公共利益，违反职业道德和执业纪律的，省、自治区、直辖市司法行政机关应当视情况责令其所属的律师事务所对其进行整顿或予以撤销。律师事务所境外分支机构中持有我国律师执业证书的律师有违反我国法律、法规、规章行为的，依法给予处罚。律师事务所对其境外分支机构律师疏于管理，造成重大影响的，依法对律师事务所给予处罚。

第二节　律师事务所内部关系

一、律师与律师事务所的关系

（一）律师在律师事务所中的地位

根据2017年《律师法》的规定，我国有合伙律师事务所、个人律师事务所和国家出资设立的律师事务所三种形式。在这三种律师事务所中，律师与律师事务所的关系存在差别。律师在律师事务所的地位可以分为以下几个方面。

1. 律师事务所的所有人

对于合伙律师事务所的合伙人和个人律师事务所的设立人而言，他们承担出资义务、对内行使管理权，并按照律师事务所的组织方式承担相应的责任。因此，这些律师是律师事务所的所有人和责任人。一般而言，合伙人律师与律师事务所之间不能并不构成劳动关系。

2. 国家事业单位在编人员

司法部2018年《律师事务所管理办法》第12条规定：“国家出资设立的律师事务所，除符合《律师法》规定的一般条件外，应当至少有二名符合《律师法》规定并能够专职执业的律师。”“需要国家出资设立律师事务所的，由当地县级司法行

---

① 参见司法部、国家外汇管理局2019年《关于做好律师事务所在境外设立分支机构相关管理工作的通知》（司发通〔2020〕29号）。

政机关筹建，申请设立许可前须经所在地县级人民政府有关部门核拨编制、提供经费保障。”因此，国家出资设立的律师事务所中专职执业的律师，是国家事业单位在编人员。

3. 律师事务所的聘用人员

合伙律师事务的非合伙律师，个人律师事务所聘用的律师，以及各种形式的律师事务所的兼职律师，是律师事务所的聘用人员。2008 年《劳动合同法实施条例》第 3 条规定：“依法成立的会计师事务所、律师事务所等合伙组织和基金会，属于劳动合同法规定的用人单位。”这一规定明确将律师事务所纳入《劳动合同法》调整、规范的用人单位范畴，为律师行业依法规范劳动关系、规范工资支付提供了法律依据。在律师事务所切实贯彻执行最低工资保障，有利于真正维护广大律师，特别是青年律师和新入行律师获得劳动报酬的正当权益；有利于保障律师队伍依法执业、规范执业，对于依法保障律师从业人员的合法权益、促进律师事业发展具有重要意义。2014 年，中华全国律师协会发出《关于律师事务所贯彻落实〈中华人民共和国劳动合同法〉保障律师最低工资权益的指导意见》，要求各地律师协会高度重视律师事务所执行最低工资保障工作，按照《劳动法》、《劳动合同法》、《律师法》和《最低工资规定》等法律法规的规定，建立律师行业最低工资保障制度，依法严格规范律师行业工资支付管理，保障律师从业人员依法获得劳动报酬的权利，促进律师事业可持续发展。

根据上述意见，律师依照聘用合同，在法定或约定的工作时间内提供了正常劳动的情况下，律师事务所支付的工资不得低于所在省（区、市）人民政府规定的最低工资标准。律师依法享受带薪年休假、探亲假、婚丧假、生育（产）假、节育手术假等国家规定的休假期间，律师在法定工作时间内依法参加社会活动的，视为提供了正常劳动。律师工资至少每月支付一次，实行周、日、小时工资制的可按周、日、小时支付工资。律师事务所应当按照约定的日期支付工资，如遇节假日或休息日，则应提前在最近的工作日支付。律师事务所确因客观原因暂时无法支付工资的，在保障律师基本生活的前提下，经与律师协商一致并形成书面协议，可以延期支付，延期最长不得超过 30 日。律师事务所对执行年薪制的律师，应当每月预发基本生活费，年终进行结算，结算支付时间不得晚于次年 1 月底。每月预发的基本，生活费不得低于当地最低工资标准，年终结算的平均月收入不得低于当地最低工资标准。律师事务所对执行提成制的律师，应当按月支付不低于当地最低工资标准的基本工资。

4. 律师事务所的负责人

司法部 2018 年《律师事务所管理办法》第 15 条第 2、3 款规定：“合伙律师事务所的负责人，应当从本所合伙人中经全体合伙人选举产生；国家出资设立的律师事务所的负责人，由本所律师推选，经所在地县级司法行政机关同意。”“个人律师事务所设立人是该所的负责人。”律师事务所负责人对外代表律师事务所。司法部 2018 年

《律师事务所管理办法》第 54 条第 1 款规定："律师事务所的负责人负责对律师事务所的业务活动和内部事务进行管理，对外代表律师事务所，依法承担对律师事务所违法行为的管理责任。"律师事务所根据本所章程可以设立相关管理机构或者配备专职管理人员，协助本所负责人开展日常管理工作。

5. 申请律师执业实习人员和从事非法律业务的其他人员

中华全国律师协会 2021 年印发的《申请律师执业人员实习管理规则》第 11 条规定，申请实习人员应当与同意接收其实习的律师事务所签订"实习协议"，但是《申请律师执业人员实习管理规则》并没有明确该协议双方之间是何种法律关系。鉴于实习人员在实习期间必须遵守律师师事务所的各项规章制度，服从律师事务所的工作安排，为律师事务所付出了劳动力，二者之间的关系完全符合劳动关系的法律特征。中华全国律师协会 2014 年发出《关于律师事务所贯彻落实〈中华人民共和国劳动合同法〉保障律师最低工资权益的指导意见》，规定，律师事务所聘用的行政、技术、研究、后勤等从事非法律业务的其他人员和申请律师执业实习人员参照该指导意见执行，"律师事务所对申请律师执业人员应当支付不低于当地最低工资标准的工资。律师事务所不得向申请律师执业人员收取任何实习、培训、管理等费用"。

（二）律师与律师事务所的关系

1. 接受律师事务所的教育、管理和监督

司法部 2018 年《律师事务所管理办法》第 3 条第 2 款规定："律师事务所应当依法开展业务活动，加强内部管理和对律师执业行为的监督，依法承担相应的法律责任。"第 40 条规定："律师事务所应当建立健全执业管理和其他各项内部管理制度，规范本所律师执业行为，履行监管职责，对本所律师遵守法律、法规、规章及行业规范，遵守职业道德和执业纪律的情况进行监督，发现问题及时予以纠正。"中华全国律师协会 2017 年《律师执业行为规范（试行）》第 86 条规定："律师事务所是律师的执业机构。律师事务所对本所执业律师负有教育、管理和监督的职责。"就律师个人而言，无论是合伙律师还是非合伙律师，无论是律师事务所负责人还是律师事务所普通律师，作为律师个体都应当接受律师事务所的教育、监督和管理。因此，在律师事务所与律师之间存在管理与被管理、监督与被监督的关系。这些管理和监督关系主要表现在以下几个方面。

（1）专职执业；只能在一个律师事务所执业。司法部 2016 年《律师执业管理办法》第 47 条第 1、2 款规定："律师只能在一个律师事务所执业。""律师在从业期间应当专职执业，但兼职律师或者法律、行政法规另有规定的除外。"

（2）统一接受委托，统一收费。司法部 2016 年《律师执业管理办法》第 26 条规定："律师承办业务，应当由律师事务所统一接受委托，与委托人签订书面委托合同，并服从律师事务所对受理业务进行的利益冲突审查及其决定。"第 44 条规定："律师承办业务，应当按照规定由律师事务所向委托人统一收取律师费和有关办案费用，不得私自收费，不得接受委托人的财物或者其他利益。”

(3) 接受律师事务所监督和管理。司法部2018年《律师事务所管理办法》第42条规定：“律师事务所应当监督本所律师和辅助人员履行下列义务：(一) 遵守宪法和法律，遵守职业道德和执业纪律；(二) 依法、诚信、规范执业；(三) 接受本所监督管理，遵守本所章程和规章制度，维护本所的形象和声誉；(四) 法律、法规、规章及行业规范规定的其他义务。”第50条规定：“律师事务所应当依法履行管理职责，教育管理本所律师依法、规范承办业务，加强对本所律师执业活动的监督管理，不得放任、纵容本所律师有下列行为：(一) 采取煽动、教唆和组织当事人或者其他人员到司法机关或者其他国家机关静坐、举牌、打横幅、喊口号、声援、围观等扰乱公共秩序、危害公共安全的非法手段，聚众滋事，制造影响，向有关部门施加压力；(二) 对本人或者其他律师正在办理的案件进行歪曲、有误导性的宣传和评论，恶意炒作案件；(三) 以串联组团、联署签名、发表公开信、组织网上聚集、声援等方式或者借个案研讨之名，制造舆论压力，攻击、诋毁司法机关和司法制度；(四) 无正当理由，拒不按照人民法院通知出庭参与诉讼，或者违反法庭规则，擅自退庭；(五) 聚众哄闹、冲击法庭，侮辱、诽谤、威胁、殴打司法工作人员或者诉讼参与人，否定国家认定的邪教组织的性质，或者有其他严重扰乱法庭秩序的行为；(六) 发表、散布否定宪法确立的根本政治制度、基本原则和危害国家安全的言论，利用网络、媒体挑动对党和政府的不满，发起、参与危害国家安全的组织或者支持、参与、实施危害国家安全的活动；以歪曲事实真相、明显违背社会公序良俗等方式，发表恶意诽谤他人的言论，或者发表严重扰乱法庭秩序的言论。”

(4) 依法履行法律援助义务。司法部2016年《律师执业管理办法》第45条规定：“律师应当按照国家规定履行法律援助义务，为受援人提供符合标准的法律服务，维护受援人的合法权益，不得拖延、懈怠履行或者擅自停止履行法律援助职责，或者未经律师事务所、法律援助机构同意，擅自将法律援助案件转交其他人员办理。”中华全国律师协会2017年《律师执业行为规范（试行）》第94条规定：“律师和律师事务所应当按照国家规定履行法律援助义务，为受援人提供法律服务，维护受援人的合法权益。”

(5) 妥善保管案卷材料。司法部2016年《律师执业管理办法》第46条规定：“律师承办业务，应当妥善保管与承办事项有关的法律文书、证据材料、业务文件和工作记录。在法律事务办结后，按照有关规定立卷建档，上交律师事务所保管。”

(6) 接受律师执业年度考核。司法部2016年《律师执业管理办法》第47条第2款规定：“律师执业，应当遵守所在律师事务所的执业管理制度，接受律师事务所的指导和监督，参加律师执业年度考核。”

2. 参与律师事务所的管理与决策

合伙律师事务所合伙人会议是合伙律师事务所的决策机构，由全体合伙人组成。

国家出资设立的律师事务所律师会议是国家出资设立的律师事务所的决策机构，由全体专职律师组织。参与这些决策机构的律师，行使律师事务所的决策权。司法部 2018 年《律师事务所管理办法》第 54 条第 2 款规定："合伙人会议或者律师会议为合伙律师事务所或者国家出资设立的律师事务所的决策机构；个人律师事务所的重大决策应当充分听取聘用律师的意见。"

3. 遵守律师流动秩序

从我国的现有文献来看，律师的流动是指以下三种情况：（1）律师跨地区的流动问题；（2）律师跨所流动的问题；（3）律师、法官、检察官之间的流动问题。这里所说的律师流动，指的是律师在不同的律师事务所之间的流动问题。当然，律师跨地区流动必然也涉及跨所流动的问题。律师流动是人员流动的一个组成部分，是法律服务市场化的一个必然结果。随着律师从业人员的增加，律师服务市场的竞争日趋激烈，必然带来律师的流动问题。律师事务所的分立、解散等现象的一个直接后果，也是律师的流动。

适度的律师流动有着重要的意义：首先，适度的律师流动能够促进律师事务所内部管理机制，尤其是分配机制的科学化。律师的流动，在很大程度上是律师从同事变成未来的竞争者的过程。律师的流动无疑有助于体现律师的市场经济价值，促进律师分配机制的动态平衡。其次，律师的适当流动过程，就是律师业内部的资源整合过程，其结果有利于实现律师业内人力资源的重新配置，提高律师队伍的整体竞争能力。但是不受规制的律师流动，无疑会破坏律师事务所的稳定和长期发展规划，也不利于律师的个人发展。因此，如何有效规范律师的流动问题是现代律师事务所管理当中的一个非常突出的问题。

（1）律师在变更执业机构时，应当依法办理相关手续。

司法部 2016 年《律师执业管理办法》第 20 条规定，律师变更执业机构，应当向拟变更的执业机构所在地设区的市级或者直辖市的区（县）司法行政机关提出申请，并提交下列材料：1）原执业机构所在地县级司法行政机关出具的申请人不具有该办法第 21 条规定的不得变更执业机构情形的证明；[①] 2）与原执业机构解除聘用关系或者合伙关系以及办结业务、档案、财务等交接手续的证明；3）拟变更的执业机构同意接收申请人的证明；4）申请人的执业经历证明材料。受理机关应当对变更申请及提交的材料出具审查意见，并连同全部申请材料报送省、自治区、直辖市司法行政机关审核。对于准予变更的，由审核机关为申请人换发律师执业证书；对于不准予变更的，应当向申请人书面说明理由。准予变更的，申请人在领取新的执业证书前，应当

① 司法部 2016 年《律师执业管理办法》第 21 条规定："律师受到停止执业处罚期间或者受到投诉正在调查处理的，不得申请变更执业机构；律师事务所受到停业整顿处罚期限未满的，该所负责人、合伙人和对律师事务所受到停业整顿处罚负有直接责任的律师不得申请变更执业机构；律师事务所应当终止的，在完成清算、办理注销前，该所负责人、合伙人和对律师事务所被吊销执业许可证负有直接责任的律师不得申请变更执业机构。"

将原执业证书上交原审核颁证机关。律师跨设区的市或者省、自治区、直辖市变更执业机构的，原执业机构所在地和变更的执业机构所在地的司法行政机关之间应当交接该律师的执业档案。

在与原执业机构的业务交接方面，律师应当遵守中华全国律师协会2004年《律师事务所内部管理规则（试行）》的相关规定。该规则第17条规定："聘用合同期满后，律师申请转所执业的，应当向律师事务所提交下列材料：（一）保管的业务案卷；（二）尚未办结案件的有关材料和证据，但委托人不同意移交的除外；（三）未清结的财务凭证、现金、支票等；（四）负责保管律师事务所的其他材料和物品。""律师事务所应当自收到上述材料之日起30日内，与律师进行清结，并出具转所执业所需的各种材料。""律师因聘用合同解除或被律师事务所辞退而离开律师事务所的，应按上述规定与律师事务所办理清结事项。"第18条规定："律师事务所与律师就清结事项发生争议的，应当及时提请律师协会进行调解。""律师事务所不得无故拖延或者阻拦律师转所。"这些规定同样适用于合伙人的业务交接。

律师应当高度重视办理变更执业机构的手续，否则，可能构成同时在两个以上律师事务所执业的违法行为。司法部2010年《律师和律师事务所违法行为处罚办法》第5条第2项规定，"在获准变更执业机构前以拟变更律师事务所律师的名义承办业务，或者在获准变更后仍以原所在律师事务所律师的名义承办业务的"，是"同时在两个以上律师事务所执业的"违法行为。

（2）律师在变更执业机构时，应当维护委托人的利益，不得损害原执业机构的利益。

中华全国律师协会2017年《律师执业行为规范（试行）》第76条规定："律师变更执业机构时应当维护委托人及原律师事务所的利益；律师事务所在接受转入律师时，不得损害原律师事务所的利益。"据此，律师变更执业机构必须以下关注两个问题。

首先，要保证委托人对法律服务的选择权。2017年《律师法》第32条第1款规定："委托人可以拒绝已委托的律师为其继续辩护或者代理，同时可以另行委托律师担任辩护人或者代理人。"这一规定实际上暗含了委托人的绝对选择权。换言之，在委托人—律师关系中，委托人是法律服务的消费者，是委托人在选择法律服务者，而不是法律服务者在选择委托人。因此，在律师流动的时候，应当保证委托人能够选择其所心仪的法律服务提供者。

其次，要保证律师事务所的有效管理。委托人基础是律师事务所制定管理方略的基础之一。应当保证律师事务所在处理律师的流动对委托人基础产生的影响时，以一种可预见的、有序的方式进行。同时，应当妥善处理好律师变更执业机构时涉及的利益冲突、保密、案卷的处理等问题。因此，上述中华全国律师协会2017年《律师执业行为规范（试行）》第76条中所谓维护"原律师事务所的利益"的要求，不应当是指律师不得为原律师事务所的委托人继续服务。律师能否为原律师事务所的委托人继续服务，取决于委托人的选择。

鉴于律师变更执业机构而引起的案件交接工作不完善，并损害当事人、律师或律师事务所合法权益的纪律案件不断增加，2008年北京市律师协会纪律委员会《北京市律师协会纪律委员会规范执业指引第4号——关于律师转所业务交接的规范管理》，对律师变更执业机构的相关事项作出了以下规定：(1) 律师变更执业机构，律师与其所在的原律师事务所（简称“原所”）有义务互相配合，就业务和财务等相关事宜办理交接。(2) 案卷属于律师事务所所有，律师在调离原所之前应当将所办结的案件卷宗全部归档，不得带离原所；在律师调离之前，原所应当向调离的律师主动索取案卷，不得允许律师将办理完结的案件的卷宗带离本所。(3) 对于尚未办理完结的案件，原所及调转律师有义务在调离申请提出后及时以书面方式将该情况通知委托人，并就委托事项是否随律师转入拟调入的律师事务所（简称“新所”）征询委托人的意见。如委托人坚持继续委托该调离的律师承办，则该律师有义务在委托人与原所解除委托关系之前，征询新所的意见。除存在利益冲突等原因外，新所不得拒绝与委托人建立委托关系，同时原所应当与委托人签订书面的解除委托代理的协议。新所因上述原因不能与委托人建立委托关系的，除委托人明确表示另行委托律师外，原所应当指派其他律师继续办理委托人的委托事项，并与委托人签订书面的变更协议及授权委托书。在上述案件的交接中，原所、新所与委托人应同时就代理费用问题一并协商解决。(4) 原所与新所应当以维护当事人在该案件中的合法权益为原则，协商一致，办理案件档案和费用的交接。在新所受理该案件的情况下，原所有义务应新所或者当事人的要求，将案卷移交新所。如原所与委托人在解除委托关系的问题上存在争议，则该争议不应妨碍新所在办理该案件时使用原所掌握的案件资料。(5) 因承办律师停止执业而导致的案卷归档问题以及委托人另行委托其他律师事务所的问题，亦按照上述原则办理。

4. 就给当事人造成的损失依法承担赔偿责任

2017年《律师法》第54条规定：“律师违法执业或者因过错给当事人造成损失的，由其所在的律师事务所承担赔偿责任。律师事务所赔偿后，可以向有故意或者重大过失行为的律师追偿。”司法部2018年《律师事务所管理办法》第53条、司法部2010年《律师和律师事务所违法行为处罚办法》第46条重申了该规定。

二、律师事务所内部人员之间的关系

（一）合伙人之间的关系

合伙人是指加入合伙律师事务所，参与合伙律师事务所内部管理，并对合伙律师事务所的债务承担无限连带责任的律师。合伙律师之间应当签订合伙协议，合伙协议的内容不得与有关法律、法规、规章相抵触。合伙协议由全体合伙人协商一致并签名，自省、自治区、直辖市司法行政机关作出准予设立律师事务所决定之日起生效。因合伙人变更需要修改合伙协议的，修改后的合伙协议应当按照规定报批。

合伙人之间的关系主要表现在以下几个方面。

1. 合伙人在管理合伙事务方面享有同等的表决权利

合伙人之间在性质上是平等的，合伙人不同于股东的重要方面，就是合伙人有平等的表决权。合伙人在管理合伙事务方面享有同等的权利，是合伙人之间承担连带责任的重要基础之一。合伙人管理合伙事务的形式是合伙人会议。合伙人会议由全体合伙人组成。合伙人会议的形式、召集方式和表决办法等由合伙协议约定。当然，在具体管理的行政权力方面，合伙人之间的权力可能依照合伙协议的规定有所不同。此外，合伙律师事务所根据需要可以设立日常管理机构，负责执行合伙人会议决议，管理律师事务所的日常事务。

2. 合伙人应当维护合伙的合法权益

(1) 合伙人执行合伙事务，不得损害合伙的利益。合伙人对必须经全体合伙人一致同意始得执行的事务擅自处理，给合伙或者其他合伙人造成损失的，依法承担赔偿责任。不具有事务执行权的合伙人擅自执行合伙事务，给合伙或者其他合伙人造成损失的，依法承担赔偿责任。合伙人违反律师职业道德、执业纪律情节严重，或者因其过错给律师事务所造成重大损失的，合伙人会议可以依照合伙协议将其除名；合伙人被吊销律师执业证书的，合伙人会议应当将其除名；合伙人退出合伙或者被除名的，有权取得合伙协议约定的财产份额及其他财产收益，并承担相应的义务。

(2) 依法退伙。合伙人退出合伙，应当依照合伙协议约定的条件和程序办理。

(二) 管理律师与被管理律师之间的关系

在律师事务所内部律师之间存在管理关系，这种关系可以分为两种样态：一种是合伙人与非合伙人、执行管理职能的律师与接受管理的律师之间的一般性管理关系；另一种是具体事务中就具体事务进行监督的律师和具体承办该事务的律师之间的关系。各个律师事务所的管理关系是不同的，这取决于律师事务所的结构、从事的业务的性质等因素。

司法部2018年《律师事务所管理办法》第54条第1、3款规定：“律师事务所的负责人负责对律师事务所的业务活动和内部事务进行管理，对外代表律师事务所，依法承担对律师事务所违法行为的管理责任。”“律师事务所根据本所章程可以设立相关管理机构或者配备专职管理人员，协助本所负责人开展日常管理工作。”因此，律师应当服从律师事务所管理人员依照管理权限进行的管理。司法部2010年《律师和律师事务所违法行为处罚办法》第41条规定：“律师事务所因违法行为受到处罚的，司法行政机关应当依照《律师法》第五十条第二款的规定，对该所负责人视其管理责任以及失职行为情节轻重，给予相应的行政处罚。”“律师事务所因违法行为受到处罚的，应当同时追究负有直接责任的律师的法律责任，依法给予相应的行政处罚。”

(三) 律师与非律师人员之间的关系

1. 实习指导律师与实习人员

为申请律师执业依法需要参加实习的人员，应当遵照中华全国律师协会2021年

《申请律师执业人员实习管理规则》在律师事务所实习。律师事务所应当按照中华全国律师协会制定的实务训练指南，指派符合条件的律师指导实习人员进行实务训练，并为实习人员进行实务训练提供必要的条件和保障。

实习指导律师应当符合下列条件：（1）具有较高的政治素质，拥护中国共产党领导，拥护社会主义法治，尊崇宪法，忠实履行中国特色社会主义法治工作者职责使命；（2）具有较高的职业道德素质，严格遵守律师执业行为规范，勤勉敬业，责任心强；（3）具有较高的业务素质和丰富的实务经验，具备五年以上的执业经历；（4）按照规定参加当年律师执业年度考核并且连续三年考核结果为“称职”等次；（5）五年内未受到过司法行政机关的行政处罚或者律师协会的行业处分，且执业过程中未受到过停止执业的行政处罚或者律师协会中止会员权利的行业处分；党员律师五年内未受到过党纪处分；（6）五年内未受到过禁止指导实习人员实习的处分；（7）未因严重失信行为被国家有关单位确定为失信联合惩戒对象并纳入国家信用信息共享平台的。一名实习指导律师同时指导的实习人员不得超过二名；司法部另有规定的，从其规定。

实习指导律师应当履行下列职责：（1）对实习人员进行律师职业道德和执业纪律教育；（2）指导实习人员学习、掌握律师执业管理规定；（3）指导实习人员学习、掌握律师执业业务规则；（4）指导实习人员进行律师执业基本技能训练；（5）监督实习人员的实习表现，定期记录并作出评估，发现问题及时纠正；（6）在实习结束时对实习人员的政治素质、道德品行、执业素养以及完成集中培训和实务训练的情况、遵守律师职业道德和实习纪律的情况出具考评意见。

律师事务所及实习指导律师不得指使或者放任实习人员有下列行为：（1）独自承办律师业务；（2）以律师名义在委托代理协议或者法律顾问协议上签字，对外签发法律文书；（3）以律师名义在法庭、仲裁庭上发表辩护或者代理意见；（4）以律师名义洽谈、承揽业务；（5）以律师名义印制名片及其他相关资料，或者以其他方式公开宣称自己为律师；（6）其他依法应当以律师名义从事的活动。

2. 律师与其他非律师人员的关系

律师事务所内的非律师人员主要包括行政辅助人员和财务会计人员，这些人员都在为律师提供职业服务而工作。律师应当就这些人员的工作提供适当的指示和管理。

三、外国法律顾问

司法部、外交部、商务部、国务院法制办公室 2016 年《关于发展涉外法律服务业的意见》提出，要“探索建立律师事务所聘请外籍律师担任法律顾问制度”。2017 年，司法部发出《关于开展国内律师事务所聘请外籍律师担任外国法律顾问试点工作的通知》，布置在北京市、上海市、广东省开展国内律师事务所聘请外籍律师担任外国法律顾问的试点工作。

（一）参与试点的国内律师事务所应当具备的条件

根据该通知，参与试点的国内律师事务所应当具备下列条件：（1）成立三年以上的合伙律师事务所；(2) 有专职执业律师 20 人以上；(3) 具有较强的涉外法律服务能力和内部管理规范；(4) 最近三年内未受过行政处罚和行业处分。参与试点的内地律师事务所为设在北京、上海、广东的律师事务所（不包括分所）。

（二）参与试点的外籍律师应当具备的条件

参与试点的外籍律师应当符合下列条件：(1) 不具有中华人民共和国国籍的自然人；(2) 在中国境外从事律师职业不少于三年，且系正在执业的律师；(3) 具有较强的办理所在国及国际法律事务的能力；(4) 没有受过刑事处罚，没有因违反律师职业道德、执业纪律受过处罚；(5) 符合外国人来华工作许可的相应条件。试点地区可以根据本地实际情况，提高参与试点的国内律师事务所和外籍律师的条件，试点初期可以限制参与试点的国内律师事务所和外籍律师的数量。

（三）外国法律顾问的业务范围和执业方式

外国法律顾问除向受聘的国内律师事务所提供已获准从事律师执业业务的国家法律信息、法律环境等方面的咨询服务及有关国际条约、国际惯例的咨询外，可以外国法律顾问身份向客户提供涉及外国法律适用的咨询和代理服务（诉讼代理除外），可以分工协作方式与本所国内律师合作办理跨境或国际法律服务。

外国律师在聘用期间不得从事或者宣称可以从事中国法律服务，不得在名义上或者实质上成为中国律师事务所的合伙人，不得参与中国律师事务所的内部管理。外国律师事务所驻华代表机构首席代表和代表不得在国内律师事务所担任外国法律顾问。

外国法律顾问对外出具的法律性文件应由其本人签名，并加盖律师事务所公章、签署日期。

国内律师事务所应当为外国法律顾问购买不低于本所律师水平的执业保险。

第三节　律师事务所职业行为规则

一、坚持正确政治方向

律师行业党的建设，是新时代党的建设新的伟大工程的重要组成部分，也是推动全面从严治党向基层延伸的重要领域。司法部 2018 年《律师事务所管理办法》第 3 条规定："律师事务所应当坚持以习近平新时代中国特色社会主义思想为指导，坚持和加强党对律师工作的全面领导，坚定维护以习近平同志为核心的党中央权威和集中统一领导，把拥护中国共产党领导、拥护社会主义法治作为从业的基本要求，增强广大律师走中国特色社会主义法治道路的自觉性和坚定性。"律师事务所加强党的建设，既有利于充分发挥党组织的战斗堡垒作用和党员律师的先锋模范作用，又是律师事务所加强风险控制的重要环节和措施。因此，律师事务所有三名以上正式党员的，应当根据《中国共产党章程》的规定，经上级党组织批准，成立党的基层组织，并按期进行换届；律师事务所正式党员不足三人的，应当通过联合成立党组织、上级党组织选派党建工作指导员等方式开展党的工作，并在条件具备时及时成立党的基层组织。律师事务所应当建立完善党组织参与律师事务所决策、管理的工作机制，为党组织开展活动、做好工作提供场地、人员和经费等支持。① 为切实落实上述要求，充分发挥党组织的战斗堡垒作用和党员律师的先锋模范作用，律师事务所章程应当包括律师事务所党组织的设置形式、地位作用、职责权限、参与本所决策、管理的工作机制和党建工作保障措施等。②

为加强中国共产党对律师工作的全面领导，规范律师事务所党组织建设，提高律师行业党建工作水平，中国共产党全国律师行业委员会于 2018 年印发了《律师事务所党组织工作规则（试行）》。③

二、健全律师事务所规章制度

2007 年《律师法》第 23 条规定："律师事务所应当建立健全执业管理、利益冲突审查、收费与财务管理、投诉查处、年度考核、档案管理等制度，对律师在执业活动中遵守职业道德、执业纪律的情况进行监督。"这一规定，目的在于针对律师事务所管理中的突出问题，强化律师事务所的监督管理。司法部 2018 年《律师事务所管理办法》第 40 条规定："律师事务所应当建立健全执业管理和其他各项内部管理制度，规范本所律师执业行为，履行监管职责，对本所律师遵守法律、法规、规章及行业规范，遵守职业道德和执业纪律的情况进行监督，发现问题及时予以纠正。"司法部 2010 年《律师和律师事务所违法行为处罚办法》第 30 条第 1 项规定，"不按规定建立健全内部管理制度，日常管理松懈、混乱，造成律师事务所无法正常运转"，造成严重后果和恶劣影响的，属于《律师法》第 50 条第 8 项规定的律师事务所"对本所律师疏于管理，造成严重后果的"违法行为。中华全国律师协会 2017 年《律师执业行为规范（试行）》第 87 条规定："律师事务所应当建立健全执业管理、利益冲突审查、收费与财务管理、投诉查处、年度考核、档案管理、劳动合同管理等制度，对律师在执业活动中遵守职业道德、执业纪律的情况进行监督。"律师事务所在日常管理中，应当建立、健全以下主要管理制度。

（一）统一接受委托

律师承办业务，由律师事务所统一接受委托，与委托人签订书面委托合同。

司法部 2010 年《律师和律师事务所违法行为处罚办法》第 23 条规定，有下列情形之一的，属于《律师法》第 50 条第 1 项规定的律师事务所"违反规定接受委托、

① 参见司法部 2018 年《律师事务所管理办法》第 4 条第 2、3 款。
② 参见司法部 2018 年《律师事务所管理办法》第 16 条第 1 款第 11 项。
③ 律党通〔2018〕8 号

收取费用的”违法行为：(1) 违反规定不以律师事务所名义统一接受委托、统一收取律师服务费和律师异地办案差旅费，不向委托人出具有效收费凭证的；(2) 向委托人索要或者接受规定、合同约定之外的费用、财物或者其他利益的；(3) 纵容或者放任本所律师有该办法第10条规定的违法行为的。

(二) 利益冲突审查

律师事务所受理业务，应当进行利益冲突审查，不得违反规定受理与本所承办的业务及其委托人有利益冲突的业务。

司法部2010年《律师和律师事务所违法行为处罚办法》第27条规定，有下列情形之一的，属于《律师法》第50条第5项规定的律师事务所“违反规定接受有利益冲突的案件的”违法行为：(1) 指派本所律师担任同一诉讼案件的原告、被告代理人，或者同一刑事案件被告人辩护人、被害人代理人的；(2) 未按规定对委托事项进行利益冲突审查，指派律师同时或者先后为有利益冲突的非诉讼法律事务各方当事人担任代理人或者提供相关法律服务的；(3) 明知本所律师及其近亲属同委托事项有利益冲突，仍指派该律师担任代理人、辩护人或者提供相关法律服务的；(4) 纵容或者放任本所律师有该办法第7条规定的违法行为的。

(三) 统一财务管理

律师事务所应当按照有关规定统一收费，建立、健全收费管理制度，及时查处有关违规收费的举报和投诉。

律师事务所应当按照规定建立、健全财务管理制度，建立和实行合理的分配制度及激励机制。

律师事务所应当依法纳税。

律师事务所不得从事法律服务以外的经营活动。

(四) 人员待遇

合伙律师事务所和国家出资设立的律师事务所应当按照规定为聘用的律师和辅助人员办理失业、养老、医疗等社会保险。

个人律师事务所聘用律师和辅助人员的，应当按前述规定为其办理社会保险。

律师事务所应当按照规定，建立执业风险、事业发展、社会保障等基金。

司法部2010年《律师和律师事务所违法行为处罚办法》第30条第5项规定，“不按规定建立劳动合同制度，不依法为聘用律师和辅助人员办理失业、养老、医疗等社会保险”，造成严重后果和恶劣影响，属于《律师法》第50条第8项规定的律师事务所“对本所律师疏于管理，造成严重后果的”违法行为。

(五) 赔偿制度

律师违法执业或者因过错给当事人造成损失的，由其所在的律师事务所承担赔偿责任。律师事务所赔偿后，可以向有故意或者重大过失行为的律师追偿。

普通合伙律师事务所的合伙人对律师事务所的债务承担无限连带责任。特殊的普通合伙律师事务所一个合伙人或者数个合伙人在执业活动中因故意或者重大过失造成律师事务所债务的，应当承担无限责任或者无限连带责任，其他合伙人以其在律师事务所中的财产份额为限承担责任；合伙人在执业活动中非因故意或者重大过失造成的律师事务所债务，由全体合伙人承担无限连带责任。个人律师事务所的设立人对律师事务所的债务承担无限责任。国家出资设立的律师事务所以其全部资产对其债务承担责任。

（六）业务指导

律师事务所组织开展业务活动，应当指导本所律师依法执业，履行法律援助义务，建立承办重大、疑难案件的集体研究和请示报告制度；对律师在执业活动中遵守法律、法规、规章，遵守职业道德和执业纪律的情况进行监督，发现问题及时予以纠正。

律师事务所应当加强对本所律师的职业道德和执业纪律教育，组织开展业务学习和经验交流活动，为律师参加业务培训和继续教育提供条件。

司法部 2010 年《律师和律师事务所违法行为处罚办法》第 30 条第 2 项规定，“不按规定对律师执业活动实行有效监督，或者纵容、袒护、包庇本所律师从事违法违纪活动，造成严重后果的”，属于《律师法》第 50 条第 8 项规定的律师事务所“对本所律师疏于管理，造成严重后果的”违法行为。

（七）决策机制

律师事务所的负责人负责对律师事务所的业务活动和内部事务进行管理，对外代表律师事务所，依法承担对律师事务所违法行为的管理责任。

合伙人会议或者律师会议为合伙律师事务所或者国家出资设立的律师事务所的决策机构；个人律师事务所的重大决策应当充分听取聘用律师的意见。

律师事务所根据本所章程可以设立相关管理机构或者配备专职管理人员，协助本所负责人开展日常管理工作。

（八）投诉管理

律师事务所应当建立投诉查处制度，及时查处、纠正本所律师在执业活动中的违法、违规行为，调处在执业中与委托人之间的纠纷；认为需要对被投诉律师给予行政处罚或者行业惩戒的，应当及时向所在地县级司法行政机关或者律师协会报告。

（九）人员管理

司法部 2018 年《律师事务所管理办法》第 43 条规定：“律师事务所应当建立违规律师辞退和除名制度，对违法违规执业、违反本所章程及管理制度或者年度考核不称职的律师，可以将其辞退或者经合伙人会议通过将其除名，有关处理结果报所在地县级司法行政机关和律师协会备案。”对于年度考核不合格或者严重违反本所章程及管理制度的律师，律师事务所可以与其解除聘用关系或者经合伙人会议通过将其除名，有关处理结果报所在地县级司法行政机关和律师协会备案。

已担任合伙人的律师受到6个月以上停止执业处罚的，自处罚决定生效之日起至处罚期满后3年内，不得担任合伙人。

司法部2010年《律师和律师事务所违法行为处罚办法》第30条第3项规定，“纵容或者放任律师在本所被处以停业整顿期间或者律师被处以停止执业期间继续执业”，造成严重后果和恶劣影响的，属于《律师法》第50条第8项规定的律师事务所“对本所律师疏于管理，造成严重后果的”违法行为。

（十）业绩管理

司法部2018年《律师事务所管理办法》第58条规定：“律师事务所应当建立律师执业年度考核制度，按照规定对本所律师的执业表现和遵守职业道德、执业纪律的情况进行考核，评定等次，实施奖惩，建立律师执业档案和诚信档案。”

律师事务所应当于每年的一季度经所在地县级司法行政机关向设区的市级司法行政机关提交上一年度本所执业情况报告和律师执业考核结果，直辖市的律师事务所的执业情况报告和律师执业考核结果直接向所在地区（县）司法行政机关提交，接受司法行政机关的年度检查考核。具体年度检查考核办法，由司法部规定。

司法部2010年《律师和律师事务所违法行为处罚办法》第30条第4项规定，“不按规定接受年度检查考核，或者经年度检查考核被评定为‘不合格’”，造成严重后果和恶劣影响的，属于《律师法》第50条第8项规定的律师事务所“对本所律师疏于管理，造成严重后果的”违法行为。

（十一）档案管理

律师事务所加强档案管理，既是对委托人承担的责任，也是律师事务所业务管理、业务开发的重要基础性工作。司法部2018年《律师事务所管理办法》第60条规定：“律师事务所应当按照规定建立健全档案管理制度，对所承办业务的案卷和有关资料及时立卷归档，妥善保管。”司法部、国家档案局1991年印发了《律师业务档案立卷归档办法》和《律师业务档案管理办法》。①

三、依法履行对律师执业活动的监督管理职责

司法部2018年《律师事务所管理办法》第42条规定：“律师事务所应当监督本所律师和辅助人员履行下列义务：（一）遵守宪法和法律，遵守职业道德和执业纪律；（二）依法、诚信、规范执业；（三）接受本所监督管理，遵守本所章程和规章制度，维护本所的形象和声誉；（四）法律、法规、规章及行业规范规定的其他义务。”第50条将该条进行了具体化，即律师事务所应当依法履行管理职责，教育管理本所律师依法、规范承办业务，加强对本所律师执业活动的监督管理，不得放任、纵容本所律师有下列行为：“（一）采取煽动、教唆和组织当事人或者其他人员到司法机关或者

① 司律通字〔1991〕153号。

其他国家机关静坐、举牌、打横幅、喊口号、声援、围观等扰乱公共秩序、危害公共安全的非法手段，聚众滋事，制造影响，向有关部门施加压力；（二）对本人或者其他律师正在办理的案件进行歪曲、有误导性的宣传和评论，恶意炒作案件；（三）以串联组团、联署签名、发表公开信、组织网上聚集、声援等方式或者借个案研讨之名，制造舆论压力，攻击、诋毁司法机关和司法制度；（四）无正当理由，拒不按照人民法院通知出庭参与诉讼，或者违反法庭规则，擅自退庭；（五）聚众哄闹、冲击法庭，侮辱、诽谤、威胁、殴打司法工作人员或者诉讼参与人，否定国家认定的邪教组织的性质，或者有其他严重扰乱法庭秩序的行为；（六）发表、散布否定宪法确立的根本政治制度、基本原则和危害国家安全的言论，利用网络、媒体挑动对党和政府的不满，发起、参与危害国家安全的组织或者支持、参与、实施危害国家安全的活动；以歪曲事实真相、明显违背社会公序良俗等方式，发表恶意诽谤他人的言论，或者发表严重扰乱法庭秩序的言论。”

四、律师事务所不得从事法律服务之外的经营活动

2017 年《律师法》第 27 条规定：“律师事务所不得从事法律服务以外的经营活动。”第 50 条第 3 项就从事法律服务以外的经营活动的行为规定了处罚措施。

1996 年《律师法》就律师事务所在法律服务之外的经营活动并没有作出规定。司法部 1996 年《合作律师事务所管理办法》第 4 条规定：“合作律师事务所及其律师不得从事其他任何经营性活动。”司法部 1996 年《合伙律师事务所管理办法》第 5 条也作出了类似规定。司法部 2001 年《关于对上海市新文汇律师事务所购买上海银行法人股有关问题的批复》[①] 中规定：“律师事务所利用自有资金从事股票、国债等证券投资，如果不对所投资的企业进行实质性的管理、控制和经营，不构成我部《合作律师事务所管理办法》第四条和《合伙律事务所管理办法》第五条的规定中所称的‘经营性活动’，不违反关于‘（合作和合伙）律师事务所及其律师不得从事其他任何经营性活动’的规定。”

司法部 2010 年《律师和律师事务所违法行为处罚办法》第 25 条规定，有下列情形之一的，属于《律师法》第 50 条第 3 项规定的律师事务所“从事法律服务以外的经营活动的”违法行为：（1）以独资、与他人合资或者委托持股方式兴办企业，并委派律师担任企业法定代表人或者总经理职务的；（2）从事与法律服务无关的中介服务或者其他经营性活动的。

司法部 2018 年《律师事务所管理办法》第 44 条规定：“律师事务所应当在法定业务范围内开展业务活动，不得以独资、与他人合资或者委托持股方式兴办企业，并委派律师担任企业法定代表人、总经理职务，不得从事与法律服务无关的其他经营性

① 司复〔2001〕3 号。

活动。”

根据上述规定，律师事务所不得进行对所投资企业进行实质性的管理、控制和经营的经营性活动，但是与法律服务有关的中介服务或者其他经营性活动除外。允许律师从事与法律服务有关的中介服务或者其他经营性活动，有助于“一站式”满足委托人的服务需求，提高法律服务的效率。

之所以禁止律师事务所在法律服务之外从事经营活动，主要是基于以下考虑：第一，保证律师事务所专注于法律服务。律师进行其他受到禁止的经营活动，将占用律师的时间和精力，影响全心全意为委托人提供服务。第二，减少律师事务所发生利益冲突的风险，保证律师职业的独立性。律师进行其他受到禁止的经营活动，将造成律师过多卷入社会生活，并具有并非微不足道的利益，从而增加了律师事务所卷入利益冲突的风险，影响律师职业的独立性，降低了法律服务的可得性。第三，保证律师事务所具有清偿能力。“律师事务所或者是以其合伙人或者设立人的全部资产对债务承担无限责任，或者是以其自身全部资产对债务承担责任，如果允许律师事务所从事其他经营活动，会产生一定风险，影响律师事务所的债务清偿能力，不利于保证当事人的合法权益。”①

思考题

1. 律师事务所的设立条件是什么？
2. 我国律师事务所有哪些组织形式？
3. 律师事务所内部人员之间存在哪些关系？
4. 律师事务所内部人员之间应当遵守哪些规则？
5. 律师事务所应当遵守哪些行为规则？
6. 我国就律师事务所开展经营活动有哪些规定？

① 王胜明、赵大程主编：《中华人民共和国律师法释义》，法律出版社2007年版，第79页。

第十一章 律师和律师事务所与司法行政机关和律师协会的关系规则

第一节 我国的律师管理体制

一、行政管理体制时期

我国律师业发展百余年来，律师管理体制也是随着社会、经济情势的变迁而不断变化。改革开放之后，随着我国律师制度的重建，律师管理体制也进入重建阶段。到目前为止，律师管理体制经历了行政管理体制、司法行政机关行政管理与律师协会行业管理相结合的管理体制初步形成及发展三个阶段。

1978 年 12 月，中国共产党十一届三中全会确立了解放思想、实事求是的思想路线，作出了党的工作重点向经济建设转移的战略决策，并提出了发展社会主义民主、健全社会主义法制的历史任务。从此，社会主义法制建设逐步展开。1979 年 7 月，第五届全国人民代表大会第二次会议通过了第一批七个重要法律，其中《刑事诉讼法》和《人民法院组织法》都明确规定被告人享有辩护权并可以委托律师辩护。这两部法律的颁布，为律师制度的恢复拉开了序幕。1980 年 8 月 26 日，第五届全国人大常委会第二十五次会议通过了《律师暂行条例》，规定了中国律师的性质、任务、权利以及活动原则、律师机构的设置等内容，为新中国律师制度的恢复提供了法律上的依据。作为中国第一部关于律师制度的法律，它的颁布，是中国共产党十一届三中全会精神的直接贯彻和体现，标志着中国律师制度的建设进入了新的阶段。

1980 年《律师暂行条例》确立的是行政型的律师管理体制，这体现在以下几个方面。

第一，1980 年《律师暂行条例》第 1 条规定："律师是国家的法律工作者，其任务是对国家机关、企业事业单位、社会团体、人民公社和公民提供法律帮助，以维护法律的正确实施，维护国家、集体的利益和公民的合法权益。"这一规定表明，新中国的律师"不是，也不应当是资本主义国家那种自由职业者"，"也不像资本主义国家律师那样，只是从雇佣关系出发，为委托人谋利益，而是要站在无产阶级的立场上，从维护法律的正确实施出发，来维护当事人的合法权益"。

第二，律师的工作机构是行政型的组织模式。1980 年《律师暂行条例》第 13 条规定："律师执行职务的工作机构是法律顾问处。""法律顾问处是事业单位，受国家司法行政机关的组织领导和业务监督。"第14条规定："法律顾问处按县、市、市辖区设立。必要时，经司法部批准，可以设立专业性的法律顾问处。"

第三，律师协会没有实质管理职能。1980年《律师暂行条例》第19条规定："为维护律师的合法权益，交流工作经验，促进律师工作的开展，增进国内外法律工作者的联系，建立律师协会。""律师协会是社会团体。组织章程由律师协会制订。"司法部在1984年10月8日印发的《关于加强和改革律师工作的意见》中，更是明确说明"律师协会是律师的群众性组织，主要任务是在司法厅（局）的直接领导下，根据党的路线、方针、政策和国家法律，加强律师的思想政治工作和职业道德教育，维护律师的合法权益，总结交流律师业务经验，为律师业务活动提供信息资料和咨询服务。律师协会的外事活动，由司法行政机关统一领导和管理。尚未建立律师协会的省、自治区（除西藏外）、直辖市，应抓紧于今明两年建立起来，并配备精干的专职工作人员，与司法厅（局）的律师管理处合署办公"。

从上述角度看，中国律师制度的恢复和重建是一种国家行政行为，因此，1980年制定的《律师暂行条例》的基本性质就是律师行业的行政组织法。随着历史的发展，对律师职业行为加以调整的需要日益突出。中华全国律师协会虽然已经于1986年成立，但是仅仅定位于"维护律师的合法权益，交流工作经验，促进律师工作的开展，增进国内外法律工作者的联系"①。律师协会作为一个组织，在当时，不论是在组织建设上还是在法律授权上，都尚未具备发挥作用的组织体系和能力。

二、"两结合体制"的初步形成

随着改革开放的启动，传统的计划经济体制逐渐由市场经济体制所取代，社会经济变革所带来的对法律服务，特别是经济生活方面的法律服务需求日益增长。随着我国城市计划经济体制的改革，商品交易和经济生活的繁荣带来了对法律服务的巨大需求，而且随着市场的日益开放，外来投资者对法律服务的需求也逐渐显露出来。在这种情况下，由国家对律师行业完全控制的传统管理体制的弊端开始暴露。一方面，1980年《律师暂行条例》将律师定位于国家法律工作者，这种国家所有制所带来的激励机制的不足严重影响了国家法律工作者的工作积极性；另一方面，国家律师编制、经费等方面的管理也影响了律师队伍的发展，从而影响了律师队伍提供法律服务的能力。随着人们对律师制度认识的不断深化，律师管理体制的改革势在必行。

1983年3月，司法部召开了"六市一县律师工作体制改革座谈会"，探索实行律师的体制改革，并指定到会单位进行试点。1984年10月，司法部《关于加强和改革律师工作的意见》明确规定，司法行政机关应改进和加强对法律顾问处的领导和监

① 1980年《律师暂行条例》第19条。

督，其主要职责有：（1）司法行政机关应及时向法律顾问处的人员传达党和国家的有关方针、政策、指示，加强律师人员的政治思想工作和业务培训，督促、检查法律顾问处执行政策、法律。（2）审查法律顾问处的长远规划、年度计划和财务预决算。（3）审查法律顾问处的重要业务活动方案，特别是重大刑事案件，与检察院、法院有严重分歧的刑事案件的辩护意见。（4）帮助法律顾问处与有关部门疏通渠道，解决工作中遇到的困难和问题。（5）考核、管理法律顾问处的干部。与此同时，该意见提出要建立、健全省、自治区、直辖市的律师协会。

1986 年 7 月，全国第一次律师代表大会召开，并成立了中华全国律师协会。大会通过了《中华全国律师协会章程》，选举产生了由 78 名理事组成的第一届理事会，选举邹瑜为第一届中华全国律师协会会长。《中华全国律师协会章程》确定律师协会具有律师业务指导、工作经验交流、维护律师合法权益等九项职能，成为律师协会参与律师行业管理的里程碑。自此，律师管理体制在 1980 年《律师暂行条例》确立的单一行政管理格局的基础上增加了律师协会行业管理。但是这一时期，律师协会的主要领导仍由司法行政机关的领导兼任，律师协会在律师管理体制中仍处于从属的地位。

1993 年 12 月 26 日，国务院批准了《司法部关于深化律师工作改革的方案》。该方案在前面十年改革的基础上明确提出了两结合的体制构想：从我国的国情和律师工作的实际出发，建立司法行政机关的行政管理与律师协会行业管理相结合的管理体制。经过一个时期的实践后，逐步向司法行政机关宏观管理下的律师协会行业管理体制过渡。该方案就司法行政机关的行政管理与律师协会的行业管理进行了初步的分工：（1）司法行政机关对律师工作主要实行宏观管理。其职责是：1）制定律师行业发展规划，起草和制定有关律师工作的法律草案、法规草案和规章制度；2）批准律师事务所及其分支机构的设立；3）负责律师资格的授予和撤销；4）负责执业律师的年检注册登记；5）加强律师机构的组织建设和思想政治工作。（2）律师协会是律师的行业性群众组织。协会应由执业律师组成，领导成员由执业律师中选举产生。律师协会的主要职责是：1）总结律师工作经验，指导律师开展业务工作；2）组织律师的专业培训；3）维护律师的合法权益；4）开展律师的职业道德教育，对律师遵守执业纪律的状况进行监督检查；5）按照国家有关规定，组织与外国、境外律师民间团体的交流活动。由此，律师管理的两结合体制初步形成。

在上述思想指导下，1995 年第三次全国律师代表大会召开，中华全国律师协会的全体理事、常务理事、会长、副会长均由选举出的专职执业律师担任，司法行政机关的领导不再兼任中华全国律师协会的领导职务。与此同时，修正的《中华全国律师协会章程》规定律师协会履行下列 15 种职责：（1）组织会员学习国家的法律、政策和有关专业知识，对会员进行职业道德和执业纪律的教育；（2）制定律师行业规范和准则并组织实施；（3）组织会员开展律师工作研讨活动，总结、交流律师业务经验；（4）负责对律师进行培训和业务指导；（5）开拓律师业务领域；（6）支持会员依法执业，维护会员的合法权益；（7）负责对会员的奖励和惩戒工作；（8）指导地方律师协会搞好律师、律师机构的登记、公告等工作；(9) 开展与外国、境外律师界的交往活动；(10) 举办律师刊物，编辑出版业务资料，为会员提供业务信息；(11) 向司法行政机关和国家有关部门提出关于法制建设、律师制度的改革与发展的建议；(12) 维护会员间的团结，解决会员间的纠纷；(13) 举办会员的福利事业；(14) 指导、支持团体会员的工作；(15) 办理法律规定的中华人民共和国司法部委托办理的其他事项。由此可见，律师协会的职责明显得到了加强，律师协会的行业管理职责凸显。

三、"两结合体制"的确立

随着我国经济体制改革和对外开放的不断深入，我国的律师事业获得了很大发展，同时，1980 年《律师暂行条例》的局限性也不断暴露。在这种情况下，我国于 1989 年开始了《律师法》的起草和论证工作。1996 年 5 月 15 日，第八届全国人大常委会第十九次会议审议以 130 票全票通过了《中华人民共和国律师法》。这是新中国颁布的第一部律师法。《律师法》的颁布，是我国律师制度发展史上的一个重要里程碑，是新中国民主与法制建设的新发展。《律师法》的颁布，是新中国律师制度建设贯彻邓小平建设有中国特色社会主义理论所取得的重要成果，充分体现了律师行业的内部规定性和我国市场经济体制对律师业发展的现实需要。这部法律正式确立了司法行政机关监督指导和律师协会行业管理相结合的管理模式。这种管理模式，在很大程度上淡化了对律师的行政管理色彩，体现了律师业进行行业管理的特点。

司法行政机关监督指导和律师协会行业管理相结合，是说这种管理既不是单一的行政管理也不是完全的行业管理，而是二者的有机结合。一方面，司法行政机关在律师管理工作中负责组织律师资格统一考试，审核颁发律师执业证书，律师事务所执业证书，审批设立分所，组织开展法律援助，对律师违反职业道德、执业纪律的行为予以行政处罚，对违法从事律师业务的人员进行行政处罚等。另一方面，律师协会履行下列职责：(1) 保障律师依法执业，维护律师的合法权益；(2) 总结、交流律师工作经验；(3) 组织律师业务培训；(4) 进行律师职业道德和执业纪律的教育、检查和监督；(5) 组织律师开展对外交流；(6) 调解律师执业活动中发生的纠纷；(7) 法律规定的其他职责。

应当指出的是，虽然建立司法行政机关监督指导和律师协会行业管理相结合的管理模式的指导思想很明确，然而，司法行政机关和律师协会之间的权限划分在 1996 年《律师法》中并不是非常清晰。例如，中华全国律师协会于 1996 年 10 月 6 日通过的《律师职业道德和执业纪律规范》宣称，该规范是"依据《中华人民共和国律师法》和《律师协会章程》"制定的，但是从《律师法》中根本找不到这样的规范依据，尽管中华全国律师协会 1996 年《律师职业道德和执业纪律规范》体现了律师行业自治方面的进步。再如 1996 年《律师法》第 40 条规定律师协会的职责之一是"进行律师职业道德和执业纪律的教育、检查和监督"，而司法部在 2001 年 8 月发布的《关于开展律师职业道德和执业纪律教育评查活动的通知》明确规定“……司法部决定……在全国律师队伍中，集中开展律师职业道德和执业纪律教育评查活动”，并对开展教育评查活动的指导思想、内容、步骤、要求作了明确的规定。这些情况表明，这一时期司法行政机关和律师协会之间的关系仍然处于探索阶段，二者之间的权限划分并非泾渭分明。但是，中华全国律师协会制定的《律师职业道德和执业纪律规范》的出现，表明在对律师职业行为的规制中，律师协会逐渐意识到其应当发挥应有的作用。2004 年 3 月 20 日，中华全国律师协会常务理事会通过了《律师执业行为规范（试行）》。无论是从数量上还是从涉及的问题的广度上，该规范都达到了一个新的高度。尽管这一规范还存在一些问题，但是它大大提高了律师职业伦理的技术因素，大大扭转了人们对律师职业伦理的传统认识，对于律师的执业活动具有重要的指导意义。

1996 年《律师法》尽管本身还存在若干不足，但是其确定了其后二十余年来中国律师业发展的基本走向和格局，宏观指导了律师行业的资源布局。1996 年《律师法》实施近十年来，无论是中国律师业行业本身还是其所处的社会环境，都发生了巨大的变化。除了在 2001 年对《律师法》进行了一次局部修改，我国并没有随着时代的进步、形势的变化而对其进行整体性的修正；与此同时，《律师法》本身的一些规定并没有得到具体落实。2004 年 6 月，司法部正式启动了《律师法》的修正工作，进行了大量调研和意见征求工作，并形成了若干阶段性成果。2007 年 10 月 28 日，第十届全国人大常委会第三十次会议对《律师法》进行了较为全面的修订。这次修订，进一步确认和完善了司法行政机关行政管理与律师协会行业管理相结合的体制。在关于律师协会的具体条文上，《律师法》在未对“律师协会是社会团体法人，是律师的自律性组织”的规定进行修改的情况下，扩大了律师协会的职权，其中第 46 条明确规定，律师协会应当履行的职责包括“制定行业规范和惩戒规则”，以及“对律师、律师事务所实施奖励和惩戒”，“受理对律师的投诉或者举报，调解律师执业活动中发生的纠纷，受理律师的申诉”，并且“律师协会制定的行业规范和惩戒规则，不得与有关法律、行政法规、规章相抵触”。因此，律师协会在律师行业的管理权上有了进一步的扩展。

尽管 2007 年《律师法》在“两结合”管理体制上进一步向前迈进，但是司法行政机关和律师协会二者的权限划分仍然不是非常清晰。例如，司法部 2008 年《律师执业管理办法》专门对“律师执业行为规范”作出了规定。而这显然应当属于律师协会的职责范围。此外，尽管 2007 年《律师法》第 4 条规定“司法行政部门依照本法对律师、律师事务所和律师协会进行监督、指导”，但是该法本身没有任何条文具体规定司法行政部门如何对律师协会进行监督指导。这导致了在实践中司法行政部门对律师协会采取了行政管理方式，律师协会被视为司法行政部门的下属部门。这又进一步弱化了律师协会的管理职能，形成了恶性循环。

2016 年 4 月，中共中央办公厅、国务院办公厅印发了《关于深化律师制度改革的意见》[1]，对新时期进一步加强律师工作、健全完善中国特色社会主义律师制度，充分发挥律师在实施“四个全面”战略布局中的重要作用作出了全面部署。该意见要求坚持和完善司法行政机关行政管理和律师协会行业自律管理相结合的律师工作管理体制。司法行政机关要切实履行对律师、律师事务所和律师协会的监督、指导职责，强化市、县两级司法行政机关日常监督职能。健全司法行政机关查处工作管辖机制，完善律师到注册地以外的地方执业管理机制，规范对异地执业的管理。加强司法行政机关律师管理力量，强化管理职责。加强律师协会建设，发挥好党和政府联系广大律师的桥梁纽带作用，依法依章程履行行业管理职责，提高行业自律管理能力，维护律师合法权益，健全自律规范体系，规范律师执业行为。

2016年11月，司法部出台《关于进一步加强律师协会建设的意见》[2]，就进一步加强律师协会思想政治建设、组织建设、制度建设、作风建设、党的建设进行了部署。

2017年6月，中共中央办公厅、国务院办公厅印发了《关于深化律师制度改革的意见》(以下简称《意见》)，对深化律师制度改革作出全面部署。《意见》共6部分29条，从深化律师制度改革的总体要求到完善律师执业保障机制、健全律师执业管理制度、加强律师队伍建设、充分发挥律师在全面依法治国中的重要作用、加强组织领导等方面，全面提出了深化律师制度改革的指导思想、基本原则、发展目标和任务措施。在“两结合”管理体制方面，《意见》提出：要坚持和完善司法行政机关行政管理和律师协会行业自律管理相结合的律师工作管理体制。司法行政机关要切实履行对律师、律师事务所和律师协会的监督、指导职责，强化市、县两级司法行政机关的日常监督职能。要健全司法行政机关查处工作管辖机制，完善律师到注册地以外的地方执业管理机制，规范对异地执业的管理。要加强司法行政机关律师管理力量，强化管理职责。要加强律师协会建设，发挥好党和政府联系广大律师的桥梁纽带作用，依法依章程履行行业管理职责，提高行业自律管理能力，维护律师合法权益，健全自律规范体系，规范律师执业行为。

总之，在相当长的时期内，司法行政机关行政管理与律师协会行业管理相结合的管理体制还将处于动态的探索和调整之中。

第二节　律师和律师事务所与司法行政机关的关系

一、司法行政机关的监督、指导权

司法行政机关是我国国家政权的重要组成部分，在我国司法体系和法制建设中占

① 中办发〔2016〕21号。
② 司发通〔2016〕115号。

有重要地位，负有监督、指导律师工作的职责。

2007年修订后的《律师法》第4条规定："司法行政部门依照本法对律师、律师事务所和律师协会进行监督、指导。"2007年修订后的《律师法》充实了律师执业许可和执业行为规范的内容，强化了对律师和律师事务所执业的监督管理措施，调整了司法行政机关对律师和律师事务所监管职能的层级配置，加强了对律师执业活动的监督管理力度。

司法行政机关对律师和律师事务所进行的监督、指导主要体现在五个方面。

（一）律师执业许可审核

申请律师执业，应当向设区的市级或者直辖市的区人民政府司法行政部门提出申请，受理申请的部门应当自受理之日起20日内予以审查，并将审查意见和全部申请材料报送省、自治区、直辖市人民政府司法行政部门。省、自治区、直辖市人民政府司法行政部门应当自收到报送材料之日起10日内予以审核，作出是否准予执业的决定。准予执业的，向申请人颁发律师执业证书；不准予执业的，向申请人书面说明理由。有下列情形之一的，由省、自治区、直辖市人民政府司法行政部门撤销准予执业的决定，并注销被准予执业人员的律师执业证书：（1）申请人以欺诈、贿赂等不正当手段取得律师执业证书的；（2）对不符合《律师法》规定条件的申请人准予执业的。

2008年，司法部颁布了《律师执业管理办法》。2016年9月司法部令第134号对该办法进行了修订。

（二）律师事务所执业许可审核

设立律师事务所，应当向设区的市级或者直辖市的区人民政府司法行政部门提出申请，受理申请的部门应当自受理之日起20日内予以审查，并将审查意见和全部申请材料报送省、自治区、直辖市人民政府司法行政部门。省、自治区、直辖市人民政府司法行政部门应当自收到报送材料之日起10日内予以审核，作出是否准予设立的决定。准予设立的，向申请人颁发律师事务所执业证书；不准予设立的，向申请人书面说明理由。

成立3年以上并具有20名以上执业律师的合伙律师事务所，可以设立分所。设立分所，须经拟设立分所所在地的省、自治区、直辖市人民政府司法行政部门审核。申请设立分所的，依照上述程序办理。

律师事务所变更名称、负责人、章程、合伙协议的，应当报原审核部门批准。

律师事务所变更住所、合伙人的，应当自变更之日起15日内报原审核部门备案。

律师事务所有下列情形之一的，应当终止：（1）不能保持法定设立条件，经限期整改仍不符合条件的；（2）律师事务所执业证书被依法吊销的；（3）自行决定解散的；（4）法律、行政法规规定应当终止的其他情形。律师事务所终止的，由颁发执业证书的部门注销该律师事务所的执业证书。

2008年，司法部颁布了《律师事务所管理办法》。2012年11月30日司法部令第

125号对该办法进行了修正；2016年9月6日司法部令第133号对该办法进行了修订；2018年12月5日司法部令第142号对该办法进行了修正。

（三）对律师和律师事务所的违法行为进行处罚

2017年《律师法》就律师和律师事务所的违法行为规定了警告、罚款、没收违法所得、停止执业、吊销执业证书等行政处罚，分别由设区的市级或者直辖市的区人民政府司法行政部门，省、自治区、直辖市人民政府司法行政部门落实。

为了加强对律师、律师事务所执业活动的监督，规范律师执业行为，维护正常的法律服务秩序，2010年司法部颁布了《律师和律师事务所违法行为处罚办法》，就对律师和律师事务所违法行为的行政处罚作出了更为细致的规定。

（四）监督管理

2017年《律师法》第52条规定，县级人民政府司法行政部门对律师和律师事务所的执业活动实施日常监督、管理，对检查发现的问题，责令改正；对当事人的投诉，应当及时进行调查。县级人民政府司法行政部门认为对律师和律师事务所的违法行为应当给予行政处罚的，应当向上级司法行政部门提出处罚建议。

司法部2016年《律师执业管理办法》第50条规定，县级司法行政机关对其执业机构在本行政区域的律师的执业活动进行日常监督管理，履行下列职责：（1）检查、监督律师在执业活动中遵守法律、法规、规章和职业道德、执业纪律的情况；（2）受理对律师的举报和投诉；（3）监督律师履行行政处罚和实行整改的情况；（4）掌握律师事务所对律师执业年度考核的情况；（5）司法部和省、自治区、直辖市司法行政机关规定的其他职责。

司法部2016年《律师执业管理办法》第51条规定，设区的市级司法行政机关履行下列监督管理职责：（1）掌握本行政区域律师队伍建设和发展情况，制定加强律师队伍建设的措施和办法。（2）指导、监督下一级司法行政机关对律师执业的日常监督管理工作，组织开展对律师执业的专项检查或者专项考核工作，指导对律师重大投诉案件的查处工作。（3）对律师进行表彰。（4）依法定职权对律师的违法行为实施行政处罚；对依法应当给予吊销律师执业证书处罚的，向上一级司法行政机关提出处罚建议。（5）对律师事务所的律师执业年度考核结果实行备案监督。（6）受理、审查律师执业、变更执业机构、执业证书注销申请事项。（7）建立律师执业档案，负责有关律师执业许可、变更、注销等信息的公开工作。（8）法律、法规、规章规定的其他职责。直辖市的区（县）司法行政机关负有前述规定的有关职责。

司法部2016年《律师执业管理办法》第52条规定，省、自治区、直辖市司法行政机关履行下列监督管理职责：（1）掌握、评估本行政区域律师队伍建设情况和总体执业水平，制定律师队伍的发展规划和有关政策，制定加强律师执业管理的规范性文件；（2）监督、指导下级司法行政机关对律师执业的监督管理工作，组织、指导对律师执业的专项检查或者专项考核工作；（3）组织对律师的表彰活动；（4）依法对律师的严重违法行为实施吊销律师执业证书的处罚，监督、指导下一级司法行政机关的行政处罚工作，办理有关行政复议和申诉案件；（5）办理律师执业核准、变更执业机构核准和执业证书注销事项；（6）负责有关本行政区域律师队伍、执业情况、管理事务等重大信息的公开工作；（7）法律、法规、规章规定的其他职责。

司法部2018年《律师事务所管理办法》第64条规定，县级司法行政机关对本行政区域内的律师事务所的执业活动进行日常监督管理，履行下列职责：（1）监督律师事务所在开展业务活动过程中遵守法律、法规、规章的情况；（2）监督律师事务所执业和内部管理制度的建立和实施情况；（3）监督律师事务所保持法定设立条件以及变更报批或者备案的执行情况；（4）监督律师事务所进行清算、申请注销的情况；（5）监督律师事务所开展律师执业年度考核和上报年度执业总结的情况；（6）受理对律师事务所的举报和投诉；（7）监督律师事务所履行行政处罚和实行整改的情况；（8）司法部和省、自治区、直辖市司法行政机关规定的其他职责。县级司法行政机关在开展日常监督管理过程中，对发现、查实的律师事务所在执业和内部管理方面存在的问题，应当对律师事务所负责人或者有关律师进行警示谈话，责令改正，并对其整改情况进行监督；对律师事务所的违法行为认为依法应当给予行政处罚的，应当向上一级司法行政机关提出处罚建议；认为需要给予行业惩戒的，移送律师协会处理。

司法部2018年《律师事务所管理办法》第65条规定，设区的市级司法行政机关履行下列监督管理职责：（1）掌握本行政区域律师事务所的执业活动和组织建设、队伍建设、制度建设的情况，制定加强律师工作的措施和办法；（2）指导、监督下一级司法行政机关的日常监督管理工作，组织开展对律师事务所的专项监督检查工作，指导对律师事务所重大投诉案件的查处工作；（3）对律师事务所进行表彰；（4）依法定职权对律师事务所的违法行为实施行政处罚；对依法应当给予吊销执业许可证处罚的，向上一级司法行政机关提出处罚建议；（5）组织开展对律师事务所的年度检查考核工作；（6）受理、审查律师事务所设立、变更、设立分所、注销申请事项；（7）建立律师事务所执业档案，负责有关律师事务所的许可、变更、终止及执业档案信息的公开工作；（8）法律、法规、规章规定的其他职责。直辖市的区（县）司法行政机关负有上述有关职责。

司法部2018年《律师事务所管理办法》第66条规定，省、自治区、直辖市司法行政机关履行下列监督管理职责：（1）制定本行政区域律师事务所的发展规划和有关政策，制定律师事务所管理的规范性文件；（2）掌握本行政区域律师事务所组织建设、队伍建设、制度建设和业务开展情况；（3）监督、指导下级司法行政机关的监督管理工作，指导对律师事务所的专项监督检查和年度检查考核工作；（4）组织对律师事务所的表彰活动；（5）依法对律师事务所的严重违法行为实施吊销执业许可证的处罚，监督下一级司法行政机关的行政处罚工作，办理有关行政复议和申诉案件；（6）办理律师事务所设立核准、变更核准或者备案、设立分所核准及执业许可证注销事项；（7）负责本行政区域律师事务所有关重大信息的公开工作；（8）法律、法规规定的其他职责。

（五）对律师事务所进行年度检查考核

司法部 2010 年《律师事务所年度检查考核办法》规定，律师事务所年度检查考核，是指司法行政机关定期对律师事务所上一年度的执业和管理情况进行检查考核，对其执业和管理状况作出评价。对律师事务所进行年度检查考核，主要检查考核律师事务所遵守宪法和法律、履行法定职责、实行自律管理的情况，具体包括下列内容：(1) 律师队伍建设情况；(2) 业务活动开展情况；(3) 律师执业表现情况；(4) 内部管理情况；(5) 受行政奖惩、行业奖惩的情况；(6) 履行律师协会会员义务的情况；(7) 省、自治区、直辖市司法行政机关根据需要认为应当检查考核的其他事项。律师事务所年度检查考核结果分为"合格"和"不合格"两个等次。

司法行政机关对律师事务所的年度检查考核应当与律师协会对律师执业的年度考核相结合。

二、律师对司法行政机关的职责

（一）妥善使用和保管律师执业证书

律师执业证书是律师依法获准执业的有效证件。律师执业应当出示律师执业证书。司法部 2019 年《律师和律师事务所执业证书管理办法》第 3 条规定，律师执业证书包括适用于专职、兼职律师的"律师执业证"和适用于香港、澳门、台湾居民在内地（大陆）从事律师职业的"律师执业证"两种。第 21 条规定，对公职律师、公司律师、法律援助律师的律师工作证的管理，参照该办法执行；军队律师工作证的管理办法，另行制定。

律师应当妥善使用和保管律师执业证书。司法部 2019 年《律师和律师事务所执业证书管理办法》第 7 条规定："律师、律师事务所应当妥善保管执业证书，不得变造、涂改、抵押、出借、出租和故意损毁。"司法部 2016 年《律师执业管理办法》第 48 条规定："律师应当妥善使用和保管律师执业证书，不得变造、抵押、出借、出租。如有遗失或者损毁的，应当及时报告所在地县级司法行政机关，经所在地设区的市级或者直辖市区（县）司法行政机关向原审核颁证机关申请补发或者换发。律师执业证书遗失的，应当在省级以上报刊或者发证机关指定网站上刊登遗失声明。""律师受到停止执业处罚的，应当自处罚决定生效后至处罚期限届满前，将律师执业证书缴存其执业机构所在地县级司法行政机关。"

（二）参加司法行政机关组织的职业培训

司法部 2016 年《律师执业管理办法》第 49 条规定："律师应当按照规定参加司法行政机关和律师协会组织的职业培训。"

（三）在接受司法行政机关监督、管理时不得有弄虚作假行为

司法部 2010 年《律师和律师事务所违法行为处罚办法》第 16 条规定，有下列情

形之一的，属于《律师法》第 49 条第 3 项规定的律师“向司法行政部门提供虚假材料或者有其他弄虚作假行为的”违法行为：（1）在司法行政机关实施检查、监督工作过程中，向其隐瞒真实情况，拒不提供或者提供不实、虚假材料，或者隐匿、毁灭、伪造证据材料的；（2）在参加律师执业年度考核、执业评价、评先创优活动中，提供不实、虚假、伪造的材料或者有其他弄虚作假行为的；（3）在申请变更执业机构、办理执业终止、注销等手续时，提供不实、虚假、伪造的材料的。

三、律师事务所对司法行政机关的职责

（一）妥善使用和保管律师事务所执业许可证

律师事务所执业证书是律师事务所依法获准设立并执业的有效证件。律师事务所执业证书包括律师事务所执业许可证书、律师事务所分所执业许可证书。律师事务所执业证书分为正本和副本，正本和副本具有同等的法律效力。

律师事务所应当依法使用执业证书。律师事务所应当将执业证书正本悬挂于执业场所的醒目位置；执业证书副本用于接受查验。

司法部 2018 年《律师事务所管理办法》第 62 条规定：“律师事务所应当妥善保管、依法使用本所执业许可证，不得变造、出借、出租。如有遗失或者损毁的，应当及时报告所在地县级司法行政机关，经所在地设区的市级或者直辖市区（县）司法行政机关向原审核机关申请补发或者换发。律师事务所执业许可证遗失的，应当在当地报刊上刊登遗失声明。”“律师事务所被撤销许可、受到吊销执业许可证处罚的，由所在地县级司法行政机关收缴其执业许可证。”“律师事务所受到停业整顿处罚的，应当自处罚决定生效后至处罚期限届满前，将执业许可证缴存其所在地县级司法行政机关。”

（二）依法变更审核事项

司法部 2010 年《律师和律师事务所违法行为处罚办法》第 24 条规定，有下列情形之一的，属于《律师法》第 50 条第 2 项规定的律师事务所“违反法定程序办理变更名称、负责人、章程、合伙协议、住所、合伙人等重大事项的”违法行为：（1）不按规定程序办理律师事务所名称、负责人、章程、合伙协议、住所、合伙人、组织形式等事项变更报批或者备案的；（2）不按规定的条件和程序发展合伙人，办理合伙人退伙、除名或者推选律师事务所负责人的；（3）不按规定程序办理律师事务所分立、合并，设立分所，或者终止、清算、注销事宜的

（三）在接受司法行政机关监督管理时不得有弄虚作假行为

司法部 2010 年《律师和律师事务所违法行为处罚办法》第 29 条规定，有下列情形之一的，属于《律师法》第 50 条第 7 项规定的律师事务所“向司法行政部门提供虚假材料或者有其他弄虚作假行为的”违法行为：（1）在司法行政机关实施检查、监督工作时，故意隐瞒真实情况，拒不提供有关材料或者提供不实、虚假的材料，或者

隐匿、毁灭、伪造证据材料的；（2）在参加律师事务所年度检查考核、执业评价、评先创优活动中，提供不实、虚假、伪造的材料或者有其他弄虚作假行为的；（3）在办理律师事务所重大事项变更、设立分所、分立、合并或者终止、清算、注销的过程中，提供不实、虚假、伪造的证明材料或者有其他弄虚作假行为的。

（四）接受司法行政机关的年度检查考核

2017 年《律师法》第 24 条规定："律师事务所应当于每年的年度考核后，向设区的市级或者直辖市的区人民政府司法行政部门提交本所的年度执业情况报告和律师执业考核结果。"司法部 2018 年《律师事务所管理办法》第 59 条规定，律师事务所应当于每年的一季度经所在地县级司法行政机关向设区的市级司法行政机关提交上一年度本所执业情况报告和律师执业考核结果，直辖市的律师事务所的执业情况报告和律师执业考核结果直接向所在地区（县）司法行政机关提交，接受司法行政机关的年度检查考核。

第三节　律师和律师事务所与律师协会的关系

一、律师协会及其职责

（一）律师协会的性质

改革开放之后，我国开始律师业的重建工作。1980 年《律师暂行条例》第 19 条规定："为维护律师的合法权益，交流工作经验，促进律师工作的开展，增进国内外法律工作者的联系，建立律师协会。""律师协会是社会团体。组织章程由律师协会制订。"1986 年 7 月，我国成立了中华全国律师协会。2017 年《律师法》第 43 条规定："律师协会是社会团体法人，是律师的自律性组织。""全国设立中华全国律师协会，省、自治区、直辖市设立地方律师协会，设区的市根据需要可以设立地方律师协会。"中华全国律师协会章程由全国会员代表大会制定，报国务院司法行政部门备案。地方律师协会章程由地方会员代表大会制定，报同级司法行政部门备案。地方律师协会章程不得与中华全国律师协会章程相抵触。

在理论上，律师协会可以分为强制性入会的律师协会和自愿性入会的律师协会。2017 年《律师法》第 45 条第 1 款规定："律师、律师事务所应当加入所在地的地方律师协会。加入地方律师协会的律师、律师事务所，同时是全国律师协会的会员。"因此，我国的律师协会属于强制性入会的律师协会，律师和律师事务所都必须加入所在地的地方律师协会。加入地方律师协会的律师、律师事务所，同时是中华全国律师协会的会员。

（二）律师协会的职责

一般而言，律师协会的职责可以区分为以下几个方面，即行业规制职责、行业服务职责、行业代表职责、行业与社会发展职责以及内部行政辅助职责。

律师协会的规制职责，是指律师协会代表国家对法律职业/律师行业进行管理的功能。该功能来源于法律的规定或者法院的授权。例如，2017 年《律师法》第 43 条规定，律师协会是社会团体法人，是律师的自律性组织。这是对律师行业规制功能的直接法律规定。律师协会的行业规制功能可以具体化为制定职业行为标准、投诉受理与调查、惩戒、日常检查和监督等职责。

律师协会的行业服务职责，是指律师协会为会员提供行业内知识、保险、调解等服务的功能，是会员结社的合意体现。律师协会的行业规制功能可以具体化为纠纷调处、保险/赔偿合作、教育培训、经验交流与业务研讨等职责。

律师协会的行业代表职责，是指律师协会对外代表律师行业，反映律师的诉求，代表律师行业利益，维护律师合法权益的功能。这通常体现为律师协会维护律师行业地位与合法权益的职责。

律师协会的行业与社会发展职责，是指律师协会为法治的长远利益，而在更大范围内维护和促进律师行业和社会发展的功能。该功能通常可以具体化为促进法治和社会正义、促进社会对法律职业的理解、促进法律职业教育等职责。

律师协会的内部行政辅助职责，是指律师协会行政系统为律师协会其他功能的实现提供支持的功能。这主要涉及律师协会的内部财务、会费、人力资源、档案与信息管理。

2017 年《律师法》第 46 条规定，律师协会应当履行下列职责：（1）保障律师依法执业，维护律师的合法权益；（2）总结、交流律师工作经验；（3）制定行业规范和惩戒规则；（4）组织律师业务培训和职业道德、执业纪律教育，对律师的执业活动进行考核；（5）组织管理申请律师执业人员的实习活动，对实习人员进行考核；（6）对律师、律师事务所实施奖励和惩戒；（7）受理对律师的投诉或者举报，调解律师执业活动中发生的纠纷，受理律师的申诉；（8）法律、行政法规、规章以及律师协会章程规定的其他职责。律师协会制定的行业规范和惩戒规则，不得与有关法律、行政法规、规章相抵触。

与 1996 年《律师法》规定的律师协会的职责相比，上述规定增加了制定行业规范和惩戒规则、对律师的执业活动进行考核，组织、管理申请律师执业人员的实习活动，对实习人员进行考核，以及对律师、律师事务所实施奖励和惩戒等方面的职责，进一步强化了律师协会在律师行业管理中的作用。但是，上述关于律师协会职责的规定，尚未突出律师协会的规制职责，未能形成以规制职责为首要任务，各职责界限合理、清晰的职责体系。

二、律师、律师事务所对律师协会的职责

（一）积极参加律师协会组织的学习、研究等活动

中华全国律师协会 2017 年《律师执业行为规范（试行）》第 99 条规定：律师应

当参加、完成律师协会组织的律师业务学习及考核。

随着社会政治、经济情况的不断变化，法律也在不断地发展。为了保持必需的法律知识和技能，律师应当与法律和法律服务的变化并进，参加继续学习和教育，并遵守律师应当遵循的关于继续法律教育的所有要求。为加强和规范对执业律师的继续教育，提高执业律师的职业道德水准和业务水平，努力为社会提供优质法律服务，1996年中华全国律师协会制定了《执业律师继续教育试行办法》，建立了律师强制继续教育制度。根据该办法，凡在中国注册的执业律师均有权利也有义务定期接受继续教育。中华全国律师协会和各省级律师协会应当成立律师继续教育委员会，具体指导继续教育工作。继续教育委员会由司法行政部门、律师协会、教育部门的有关人员和执业律师组成。中华全国律师协会和各省级律师协会应当组建培训机构，具体负责继续教育工作的组织实施。中华全国律师协会每年发布执业律师继续教育培训要点，各省级律师协会应当根据此要点编制年度培训计划，并报全国律师协会备案。执业律师的继续教育应当结合执业律师的特点，采取举办脱产或业余的短期培训班、讲习班、讲座等多种形式进行。执业律师继续教育的内容包括：律师职业道德和执业纪律教育；专门法律实务培训；新颁布法律法规培训；律师执业技能培训；律师管理法规培训以及涉外进修、学历教育、专业资格教育等。鼓励执业律师参加各种在职学历教育学习。凡读法律专业的本科、研究生、双学位课程者，在读期间可以不参加其他继续教育培训。执业律师每年应当参加全国律师协会或省级律师协会培训机构举办的不少于30课时的继续教育学习。

根据中华全国律师协会2010年《律师执业年度考核规则》第5条，律师事务所应当建立律师执业年度考核制度，负责组织对本所律师上一年度执业活动进行考核评议，出具考核意见；律师协会应当建立律师执业年度考核结果评定机制，负责确定律师执业年度考核结果。律师完成继续教育时数，是年度考核的重要内容之一。

中华全国律师协会2017年《律师执业行为规范（试行）》第102条规定：律师应当积极参加律师协会组织的律师业务研究活动，完成律师协会布置的业务研究任务，参加律师协会组织的公益活动。这一条规定了律师参加律师协会组织的业务研究活动和公益活动的义务。律师协会应当履行的职责之一是总结交流律师工作经验。律师协会要通过组织律师开展业务研究、交流活动，达到总结经验、分享信息、取长补短、共同提高的目的，从而更好地为当事人提供法律服务。为了切实履行该职责，2018年修订的《中华全国律师协会章程》第25条规定，该会设立若干专业委员会。专业委员会按照专业委员会工作规则，组织开展理论研究和业务交流活动，起草律师有关业务规范。因此，各级律师协会成立的专业委员会，是律师协会履行总结交流律师工作经验职责的重要平台。

公益即公众利益、公共利益。公益活动是指一定的组织或个人向社会奉献财物、时间、精力和知识的活动。律师积极参与公益活动，既是律师的职业理想与使命使然，也是实现律师个人价值、推动社会发展和进步的重要方式之一。通过参与各类公益活动，律师不仅提高了群众的法律意识，维护了社会和谐、稳定，促进了社会公平，还锻炼了个人能力，提高了个人技能，使律师能够迅速成长，同时，还进一步树立了整个律师行业的良好职业形象，促进了行业的健康发展。因此，广大律师应当参加律师协会组织的公益活动。

（二）就相关事务进行备案与报告

中华全国律师协会2017年《律师执业行为规范（试行）》第100条规定："律师参加国际性律师组织并成为其会员的，以及以中国律师身份参加境外会议等活动的，应当报律师协会备案。"当代中国与外部世界的关系正在发生前所未有的变化：双方在更深程度上相互依存、相互影响。中国的发展越来越离不开世界，世界的发展也越来越离不开中国。中国律师积极参与国际活动，特别是国际法律服务活动，既是法律服务活动的需要，也是中国特色大国外交的自然延伸，是中国特色和平发展道路的具体化。律师参与国际法律交往活动，既代表了中国的律师行业的形象，也代表了中国的形象。因此，律师、律师事务所、地方律师协会参与对外交流活动时应当维护中国宪法、法律尊严，遵守外事纪律。

为鼓励律师、律师事务所、地方律师协会加强与国外同行的交流，保障对外交流的健康发展，增强中华全国律师协会对律师、律师事务所、地方律师协会进行对外交流的协调指导，以共同推动中国律师走向世界，提高中国律师的国际影响力，中华全国律师协会制定了《关于律师、律师事务所及地方律师协会对外交流活动管理办法》。[①] 该办法第4条规定："律师和律师事务所的对外交流活动主要由地方律协管理。"第7条规定："律师、律师事务所及地方律师协会加入国外律师组织、参加其活动时，应上报中华全国律师协会备案。"第8条规定："为保障中华全国律师协会掌握各地方律师协会参与对外交流的情况，各地方律师协会应于每年十二月底之前将本年度对外交流情况上报中华全国律师协会。"

中华全国律师协会2017年《律师执业行为规范（试行）》第101条规定："律师和律师事务所因执业行为成为刑、民事被告，或者受到行政机关调查、处罚的，应当向律师协会书面报告。"这是因为，律师和律师事务所因执业行为成为刑事、民事被告，或者受到行政机关调查处罚，是相对严重的事件。这些事件不仅仅影响到了有关律师和律师事务所的权益，也影响到了整个律师行业的声誉和形象。因此，律师协会作为律师行业的自律性组织，应当对这些事件进行调查。如果发现律师和律师事务所有违法和违规行为，则坚决支持对这些律师和律师事务所依法查处，绝不姑息。如果发现律师和律师事务所的合法权益受到了侵犯，则应当坚持在个案中维护律师执业权利和维护律师行业整体权益相结合，切实改善律师执业环境。为切实保障律师执业权利，充分发挥律师维护当事人合法权益、维护法律正确实施、维护社会公平和正义的

---

① 2003年4月20日第五届中华全国律师协会第五次常务理事会通过，2007年11月18日第六届中华全国律师协会第十次常务理事会修订。

作用，促进司法公正，2017年1月8日，第九届全国律协常务理事会第二次会议审议通过了《律师协会维护律师执业权利规则（试行）》，为律师协会充分履行维护律师执业权利的法定职责，依法、规范、及时、有效地开展维护律师执业权利工作提供了制度上的保障。

（三）参加律师协会的考核

律师应当参加律师协会组织的律师执业考核。

2010年，中华全国律师协会通过了《律师执业年度考核规则》，自2011年1月1日起施行。律师执业年度考核，主要考核下列内容：（1）律师在执业活动中遵守宪法、法律、法规和规章，遵守职业道德、执业纪律和行业规范，履行法定职责的情况；（2）律师遵守律师协会章程，履行会员义务的情况；（3）律师办理法律服务业务的数量、类别和服务质量，办理重大案件、群体性案件的情况；（4）律师履行法律援助义务，参加社会服务及其他社会公益活动的情况；（5）律师受行政奖惩、行业奖惩的情况；（6）省、自治区、直辖市律师协会根据需要要求考核的其他事项。律师执业年度考核结果分为“称职”“基本称职”“不称职”三个等次。

（四）接受律师协会的纠纷处理机制及处理、处分决定

中华全国律师协会2017年《律师执业行为规范（试行）》第103条规定：“律师应当妥善处理律师执业中发生的纠纷，履行经律师协会调解达成的调解协议。”第104条第1款规定：“律师应当执行律师协会就律师执业纠纷作出的处理决定。”

在执业过程中，律师与律师之间、律师与律师事务所之间、律师与当事人之间难免发生纠纷。妥善处理纠纷，防止矛盾激化，维护律师依法执业的正常秩序，是律师协会担负的重要职责。律师协会调解是律师协会的重要职责之一。2017年《律师法》第46条规定，律师协会应当履行的职责之一，就是调解律师执业活动中发生的纠纷。特别是就律师与当事人之间发生的纠纷而言，与其他纠纷解决机制相比，律师协会调解机制具有简便和快捷的优点，可以将律师与当事人从纠纷中及时解脱出来，维护律师和当事人的合法权利。例如，国家发展改革委、司法部2006年《律师服务收费管理办法》第30条规定：“因律师服务收费发生争议的，律师事务所应当与委托人协商解决。协商不成的，可以提请律师事务所所在地的律师协会、司法行政部门和价格主管部门调解处理，也可以申请仲裁或者向人民法院提起诉讼。”第31条规定：“律师服务收费争议调解办法另行制定。”为了及时、公正地调解律师服务收费争议，保障收费争议双方当事人的合法权益，2007年1月25日中华全国律师协会第六届常务理事会第七次会议审议通过了《律师协会律师服务收费争议调解规则（试行）》，并于2007年1月25日起试行。

根据2007年《律师协会律师服务收费争议调解规则（试行）》，中华全国律师协会、各省、自治区、直辖市律师协会成立律师收费争议调解指导委员会，负责指导律师服务收费争议调解工作。直辖市律师协会、地市级律师协会设立律师收费争议调解

委员会，依据该规则进行律师服务收费争议的调解。申请调解，应当向被申请人注册地的直辖市律师协会、地市级律师协会提出。申请收费争议调解，无须缴纳费用。申请调解应具备以下条件：（1）申请人应为收费争议的当事人，具有法律服务协议；（2）有明确的请求事项；（3）属于该规则第2条规定的适用范围。收费争议的当事人应当在收费争议发生之日起1年内，以书面或口头的形式向律师协会申请调解。双方达成调解协议后，各方当事人和调解员在调解协议书上签字，加盖调解委员会公章。收费争议双方当事人达成调解协议后，视为其对各自民事权利的处分，应当遵照执行。律师事务所无正当理由不履行调解过程中所负义务或不履行已达成的调解协议的，律师协会有权依据律师职业道德基本准则，按照处分程序对该律师事务所进行处分。

（五）执行处分决定

中华全国律师协会2017年《律师执业行为规范（试行）》第104条第2款规定："律师应当履行律师协会依照法律、法规、规章及律师协会章程、规则作出的处分决定。"

律师协会是法定的律师行业自律性组织，是承担特殊职能的行业协会，发挥着党和政府联系广大律师的桥梁纽带作用。中国共产党十八届四中全会明确提出发挥律师协会自律作用，为加强律师协会建设指明了方向。新形势下进一步加强律师协会建设，是全面依法治国、建设社会主义法治国家的必然要求，是深化律师制度改革、推进律师队伍建设和律师工作发展的重要举措。律师协会作为律师行业的自律性组织，除了保障律师依法执业、维护律师的合法权益、总结交流律师工作经验，还负有规范律师执业行为的重要职责。律师协会加强行业规范和惩戒规则的进一步完善和执行工作，是进一步提升律师协会自律管理能力，进一步发挥其法定职能作用的必然要求。广大律师应当自觉维护律师协会的权威性。为此，中华全国律师协会2017年《律师执业行为规范（试行）》第104条规定了律师执行律师协会有关处理决定和处分决定的义务。

为了进一步加强律师协会的纪律处分工作，中华全国律师协会2017《律师协会会员违规行为处分规则（试行）》第11条第2款规定，有管辖权的律师协会作出的纪律处分决定生效时，被处分的会员已加入其他地方律师协会的，纪律处分由现执业所在地的律师协会执行。此外，该规则第38条第3项还规定，因违纪行为受到行业处分后在规定的期限内拒不改正的，给予中止会员权利6个月以上1年以下的纪律处分；情节严重的，给予取消会员资格的纪律处分。

（六）按时缴纳会费

中华全国律师协会2017年《律师执业行为规范（试行）》第105条规定："律师应当按时缴纳会费。"

律师、律师事务所都应当按时缴纳会费。根据2017年《律师法》，中华全国律师协会和地方律师协会作为律师自律性组织，其活动经费主要依靠会费收入。为了履行律师协会的职责，充分保障律师协会正常、积极地开展工作，律师协会会员必须履行缴纳会费的义务。中华全国律师协会 2018 年《中华全国律师协会章程》第 34 条规定："会员必须履行缴纳会费的义务。各省、自治区、直辖市律师协会收缴本地区会员的会费，本会向各省、自治区、直辖市律师协会收缴会费。""对截留、拖欠本会会费的各省、自治区、直辖市律师协会及其会员可给予通报批评的处罚。"第 37 条规定："会费按年度收缴，会员必须于每年年度考核前缴纳会费。各省、自治区、直辖市律师协会应于每年六月三十日前向本会缴纳会费。"

会费的使用要本着取之于会员、用之于会员的原则。中华全国律师协会 2018 年《中华全国律师协会章程》第 39 条规定，会费应用于下列开支：（1）工作和业务研讨会议支出；（2）本会执行机构的各项支出；（3）开展律师国内和国际交流活动；（4）进行律师舆论宣传；（5）律师专门委员会、专业委员会活动的开展；（6）维护律师合法权益、奖惩会员；（7）为会员提供学习资料和培训；（8）对特殊困难会员给予补助；（9）会员福利事业；（10）党的建设工作；（11）经常务理事会通过的其他必要支出。

律师协会会费的收缴，直接关系到律师协会的正常运作。为保证律师协会正常发挥职能作用，各级司法行政机关要积极支持律师协会会费的收缴工作，保证律师协会能够按时、全额收缴会费。

思考题

1. 我国的律师管理体制是什么？
2. 司法行政机关如何对律师和律师事务所进行监督、指导？
3. 我国律师协会的性质是什么？
4. 律师事务所对司法行政机关负有哪些职责？
5. 律师和律师事务所对律师协会负有哪些职责？

第十二章

律师服务信息传播规则

第一节　律师服务信息传播概述

一、律师服务信息传播的意义

律师服务信息传播，是指律师或者律师事务所以获得业务为主要目的，发布信息影响他人的思想和行动的职业行为。就该他人而言，有特定他人和不特定他人之分。因此，律师服务信息传播规则，可以分为针对不特定人的律师业务推广行为规则和针对特定人的律师劝诱行为规则。

律师服务信息的传播活动是现代律师职业活动的重要组成部分。律师服务信息的传播活动具有重要的意义。

首先，律师服务信息传播活动，是法律服务消费者维护其合法权益的重要保障条件。伴随着经济的发展，法律对社会生活的调整范围日益广泛，律师的业务分工日益精细，这同时也就意味着自然人、法人和其他社会组织对法律服务的需求也日益突出。在这种情况下，以口碑方式传播法律服务信息，已经不能完全满足公众对法律服务信息的需求。面对纷繁的法律，一般公众不知道自己是否需要法律服务，不知道如何得到法律服务、如何从法律服务中受益。而律师服务信息传播活动作为一种向公众传播法律服务信息的有效方法，有利于解决这一矛盾，有利于跨越现代社会人与人之间的巨大空间距离，及时地传播法律服务信息，从而促进公众对法律制度的全面了解和利用，促进律师业实现为社会提供法律服务的职责，促进律师业实现维护社会公平与正义的职业理想。[①] 现代法律制度下，法律服务消费者对法律服务的需求，是促使

---

① 例如，为加强律师、公证面向基层、面向社区、面向群众服务的功能，2002 年 11 月 15 日，司法部律师公证司发出了《关于进一步做好社区律师公证法律服务工作的通知》(〔2002〕司律公字 013 号)。该通知要求积极探索和实践律师、公证面向社区服务的有效形式，要引导和组织广大律师事务所、公证处，适应社区居民对法律服务需求日趋多样化的特点，提供形式灵活、全方位、多层次的法律服务。其中的措施就包括：(1) 通过向社区居民发放服务联系卡、宣传页、设置服务指示牌，使居民能够及时、便捷地与律师事务所和公证处取得联系，获得所需要的法律服务。(2) 在有条件的社区法律服务电脑平台设置触摸式电脑查询，使社区居民能够及时、方便地获悉所在城市律师事务所、公证处及其专长的相关信息，并能够根据自身的法律服务需求与所选择的律师事务所、公证处取得联系，及时获得所需要的律师、公证法律服务。

各国允许律师通过广告等方式进行业务宣传的一个直接动因。

其次，律师服务信息传播活动，是促进律师业市场竞争的一个有利手段。适当的律师服务信息传播活动，将成为律师和律师事务所建立与保持一定当事人基础的有效方法，有助于律师业按照效益原则开展执业活动；有助于促进法律服务价格良性竞争，使法律服务更易于为公众所获得；有利于打破法律服务市场的垄断，实现律师业的正当竞争和优胜劣汰。①

最后，律师服务信息传播活动，有助于树立律师职业形象，培养公众的法治信念。规范的律师服务信息传播活动，有利于展示法律职业的职业属性，有助于促进公众对律师职业能力的信任，从而培养公众的法治信念，促进公众对司法制度的尊重。

尽管法律服务信息的传播存在这些益处，但是法律服务信息的传播也可能被用来对潜在委托人进行误导、进行不正当竞争、侵犯当事人的隐私，从而破坏律师职业形象，损害律师职业的公信力。“之所以对律师如何展业（promote）、如何构建服务组织以及如何就服务定价进行规制，标准的理由就是法律服务市场的不完美。这些缺陷包括经济学家所说的信息障碍、‘搭便车’者以及外部性（externalities）。”② 因此，对律师法律服务信息的传播进行规制，是对法律服务市场进行规制的措施之一，是法律职业伦理的重要内容。

二、我国律师服务信息传播规则概况

律师服务信息传播活动的大量出现，是在我国对律师制度改革后，伴随着律师从业人数的迅猛增加而出现的新现象。我国制定的可以适用于调整律师广告行为的规范性文件，除《广告法》③ 以外，按照时间顺序排列，主要包括以下文件。

1990 年 11 月，司法部在印发的《律师十要十不准》中就规定，律师“要公平竞争，以优质高效服务树立信誉；不准抬高自己，贬低他人，进行不正当竞争”④。

1993 年 12 月，司法部发布的《律师职业道德和执业纪律规范》中规定，律师不得“贬损和诋毁其他律师和律师事务所的业务能力与执业声望”；律师不得“利用新闻媒介播发炫耀自己、排斥同行的广告”；律师“不得向当事人表明或者炫耀自己在执行职务方面与案件承办机关及其承办人员之间具有密切或者特殊的关系”⑤。

1995 年 2 月 20 日，司法部在发布的《关于反对律师行业不正当竞争行为的若干

---

① 参见［美］德博拉·L. 罗德等：《律师的职业责任与规制》（第二版），王进喜等译，中国人民大学出版社 2013 年版，第 137 页（“实证研究发现，广告总体上有助于加强竞争，以及在不降低职业服务质量的前提下减少费用，而低收费有助于提高需求、扩大接受服务的人数以及鼓励规模经济。”）。

② ［美］德博拉·L. 罗德等：《律师的职业责任与规制》（第二版），王进喜等译，中国人民大学出版社 2013 年版，第 133 页。

③ 1994 年 10 月 27 日第八届全国人大常委会第十次会议通过的《广告法》对广告的原则、广告准则、法律责任等问题作了规定。这些规则原则上适用于律师的广告活动。

④ 司法部 1999 年《律师十要十不准》第 10 条。

⑤ 司法部 1993 年《律师职业道德和执业纪律规范》第 15 条第 5 项第 1 目、第 4 目和第 6 目。

规定》第4条列举了8种应予反对的律师和律师事务所的不正当竞争行为，其中可直接或间接适用于规范律师服务信息传播活动的有第1项（通过招聘启事、律师事务所简介、领导人题写名称或其他方式，对律师或律师事务所进行不符合实际的宣传）、第2项（在律师名片上印有律师经历、专业技术职务或其他头衔的）和第4项（故意诋毁其他律师或律师事务所声誉，争揽业务的）。

1996年5月15日，第八届全国人大常委会第十九次会议通过的《律师法》第24条规定："律师事务所和律师不得以诋毁其他律师或者支付介绍费等不正当手段争揽业务。"第44条对违反该规定的行为规定了处罚措施。

1996年10月6日，中华全国律师协会通过的《律师职业道德和执业纪律规范》第35条规定："律师不得损害其他律师的威信和名誉。"第37条第1项规定，律师不得"贬损或诋毁其他律师和律师事务所"；第3项规定，律师不得"利用新闻媒介或其他手段炫耀自己、招揽业务、排斥同行"。

1997年1月31日，司法部发布的《律师违法行为处罚办法》对律师和律师事务所"以诋毁其他律师、律师事务所或支付介绍费等不正当竞争手段，争揽业务的"行为规定了处罚措施。

1998年5月14日，司法部律师司发出《关于进一步规范律师事务所名称、律师名片的通知》[①]，就规范律师事务所名称、律师名片问题作出了初步规定。

2003年8月12日，司法部发布了《关于拓展和规范律师法律服务的意见》。[②] 该意见提出，要严格执行律师事务所、律师执业"六条禁令"，禁令之一即"禁止以诋毁同行、支付介绍费等手段进行不正当竞争行为"。

2004年3月20日，第五届中华全国律师协会第九次常务理事会通过了《律师执业行为规范（试行）》，在第八章"执业推广"对律师法律服务信息传播活动进行了专章规定。

2007年10月28日，第十届全国人大常委会第三十会议修订通过了《律师法》，该法第26条再次重申："律师事务所和律师不得以诋毁其他律师事务所、律师或者支付介绍费等不正当手段承揽业务。"第47条、第50条分别对律师、律师事务所违反该规定的行为规定了处罚措施。

2008年7月18日，司法部发布的《律师执业管理办法》第35条规定："律师应当尊重同行，公平竞争，不得以诋毁其他律师事务所、律师或者支付介绍费等不正当手段承揽业务。"

2010年4月8日，司法部发布了《律师和律师事务所违法行为处罚办法》，其中第6条、第26条对律师服务信息传播活动进行了规定。

为了贯彻落实2007年《律师法》对律师职业行为的要求，中华全国律师协会对

---

① 司律字〔98〕21号。

② 司发〔2003〕14号。

2004年《律师执业行为规范（试行）》进行了修改，形成了《律师执业行为规范》，并经中华全国律师协会七届二次理事会审议通过，于2011年11月9日予以正式颁布。2011年颁布的《律师执业行为规范》在第三章“律师业务推广行为规范”对律师法律服务信息传播活动进行了专章规定。

为加强行业自律管理，维护律师行业的整体形象，规范律师、律师事务所业务推广行为，2018年1月，中华全国律师协会审议通过了《律师业务推广行为规则（试行）》，对律师广告等业务推广行为进行了规范。

上述不同时期、不同层次的文件对于调整律师服务信息传播活动、促进律师行业正当竞争发挥了重要作用，但是从实践情况来看，仍然存在一些问题，例如，这些规定总的来看缺乏系统性和严谨性，有的条文规定不尽合理。[①] 此外，这些规定在实践中也没有得到有效执行。

综上所述，律师服务信息传播活动在我国已经具有相当的规模，对于公众了解律师职业、维护自己的合法权益具有重要的作用。但是不规范的律师服务信息传播活动所具有的消极影响也不可忽视。若对此不加以必要调整，不仅会导致其所传播的信息失真，损害当事人的利益，而且会严重损害律师的形象，损害公众对法治的信心。司法行政机关和律师协会在管理中应当进一步加强对律师服务信息传播活动的规范。

第二节　律师业务推广行为规则

一、律师业务推广行为概述

律师业务推广行为，是指律师或者律师事务所以获得业务为主要目的，针对不特定人发布信息以影响他人的思想和行动的职业行为。

律师业务推广行为有以下特征：

首先，律师业务推广行为的最主要特征是，以不特定人为信息发布对象。因此，只要以不特定人为信息发布对象，不论采取何种形式，均为律师业务推广行为。[②]

其次，律师业务推广行为以影响他人的思想和行为，从而获得业务为主要目的。在实践中，可能会存在介于获取业务目的和公益目的等之间的律师行为目的，在这种情况下，应当适用更为严格的律师业务推广行为规则。

① 例如中华全国律师协会1996年《律师职业道德与执业纪律规范》第37条第2项规定，律师不得“利用新闻媒介或其他手段炫耀自己、招揽业务、排斥同行”。利用以新闻媒介为载体的广告来开拓法律服务市场是律师服务信息传播活动的直接目的。如果严格解释和执行该第37条之规定，则对律师广告必须加以全面禁止，从而把律师广告所具有的积极作用也一并否定了。这种做法是不符合律师业的发展实际和发展趋势的。

② 中华全国律师协会2017年《律师执业行为规范（试行）》在第三章将律师业务推广行为区分为狭义的律师业务推广广告和律师宣传行为。这两种行为都是针对不特定人进行的，进行这种区分并无必要。

最后，律师业务推广行为是一种职业行为。这种行为与律师或者律师事务所的职业身份密不可分，不当的律师广告行为会损害律师职业形象，甚至损害律师事务所的利益，故应当受到严格规制。

二、律师业务推广行为规则

（一）律师业务推广行为的载体及其规制

律师业务推广行为的载体包括广告、名片、律师事务所的名称与招牌以及以传播律师和律师事务所信息为目的而进行的法律学术活动、社会公益活动、新闻宣传等形式。[①] 中华全国律师协会 2018 年《律师业务推广行为规则（试行）》第 2 条也规定，该规则所称律师业务推广是指律师、律师事务所为扩大影响、承揽业务、树立品牌，自行或授权他人向社会公众发布法律服务信息的行为。律师业务推广主要包括以下方式：（1）发布律师个人广告、律师事务所广告；（2）建立、注册和使用网站、博客、微信公众号、领英等互联网媒介；（3）印制和使用名片、宣传册等具有业务推广性质的书面资料或视听资料；（4）出版书籍、发表文章；（5）举办、参加、资助会议、评比、评选活动；（6）其他可传达至社会公众的业务推广方式。

我国针对部分载体，包括律师服务广告，有较为明确的规定。

1. 律师服务广告

（1）律师服务广告的主体。

中华全国律师协会 2017 年《律师执业行为规范（试行）》第 26 条规定："律师广告可以以律师个人名义发布，也可以以律师事务所名义发布。以律师个人名义发布的律师广告应当注明律师个人所任职的执业机构名称，应当载明律师执业证号。"中华全国律师协会 2018 年《律师业务推广行为规则（试行）》第 4 条规定，律师服务广告是指律师、律师事务所通过广告经营者发布的法律服务信息。因此，律师广告的主体包括律师和律师事务所。这有利于促进律师行业内部的良性竞争，促进法律服务信息的有效传播。[②]

此外，中华全国律师协会 2018 年《律师业务推广行为规则（试行）》第 4 条第 1、2 款还规定，公司律师、公职律师和公职律师事务所不得发布律师服务广告，兼职律师发布律师服务广告应当载明兼职律师身份。

（2）律师服务广告的内容。

中华全国律师协会 2017 年《律师执业行为规范（试行）》第 28 条规定："律师个人广告的内容，应当限于律师的姓名、肖像、年龄、性别，学历、学位、专业、律师

---

① 参见中华全国律师协会 2017 年《律师执业行为规范（试行）》第 18 条至第 21 条。

② 《北京市律师事务所执业广告管理办法（试行）》（1999 年 12 月 18 日北京市律师协会第五届理事会第四次会议通过，2000 年 9 月 23 日第五届理事会第六次会议修改，2001 年 9 月 23 日重新修订）规定，律师个人不得做广告，律师事务所是唯一的广告主。这一规定被认为是抑制律师行业内部竞争的消极措施。

执业许可日期、所任职律师事务所名称、在所任职律师事务所的执业期限；收费标准、联系方法；依法能够向社会提供的法律服务业务范围；执业业绩。”第29条规定：“律师事务所广告的内容应当限于律师事务所名称、住所、电话号码、传真号码、邮政编码、电子信箱、网址；所属律师协会；所内执业律师及依法能够向社会提供的法律服务业务范围简介；执业业绩。”第26条规定：“律师广告可以以律师个人名义发布，也可以以律师事务所名义发布。以律师个人名义发布的律师广告应当注明律师个人所任职的执业机构名称，应当载明律师执业证号。”在此基础上，中华全国律师协会2018年《律师业务推广行为规则（试行）》就律师和律师事务所业务推广信息的必备内容和可选内容进行了明确区分。该规则第6条规定：“律师个人发布的业务推广信息应当醒目标示律师姓名、律师执业证号、所任职律师事务所名称，也可以包含律师本人的肖像、年龄、性别、学历、学位、执业年限、律师职称、荣誉称号、律师事务所收费标准、联系方式，依法能够向社会提供的法律服务业务范围、专业领域、专业资格等。”第7条规定：“律师事务所发布的业务推广信息应当醒目标示律师事务所名称、执业许可证号，也可以包含律师事务所的住所、电话号码、传真号码、电子信箱、网址、公众号等联系方式，以及律师事务所荣誉称号、所属律师协会、所内执业律师、律师事务所收费标准、依法能够向社会提供的法律服务业务范围简介。”

（3）不得发布律师服务广告的情形。

中华全国律师协会2017年《律师执业行为规范（试行）》第27条规定：“具有下列情况之一的，律师和律师事务所不得发布律师广告：（一）没有通过年度考核的；（二）处于停止执业或停业整顿处罚期间的；（三）受到通报批评、公开谴责未满一年的。”中华全国律师协会2018年《律师业务推广行为规则（试行）》第5条规定：“律师、律师事务所具有下列情形之一的，不得发布律师服务广告：（一）未参加年度考核或者未通过年度考核的；（二）处于中止会员权利、停止执业或者停业整顿处罚期间，以及前述期间届满后未满一年的；（三）受到通报批评、公开谴责未满一年的；（四）其他不得发布广告的情形。”可以看出，后者比前者作出了更为细致的规定，是对前者的进一步具体化。

2. 律师名片

律师名片是律师进行社会交往、传播律师服务信息的重要方式。根据司法部1995年《关于反对律师行业不正当竞争行为的若干规定》、司法部律师司1998年《关于进一步规范律师事务所名称、律师名片的通知》的规定，律师的名片式样应庄重、简洁。名片除应印律师事务所名称、律师姓名、联系电话、地址等内容外，还必须加印律师本人的律师执业证书号码。名片上不得带有律师经历、专业技术职务或其他头衔，以及与律师执业不相关的内容。如因特殊需要另作他用的，不在此限。

3. 律师事务所的名称和招牌

律师事务所的名称和招牌是律师事务所服务信息的重要载体。为了加强律师事务所名称管理，规范律师事务所名称使用，2010年1月司法部制定了新的《律师事务所名称管理办法》。[①] 根据该办法，律师事务所只能选择、使用一个名称；律师事务所名称应当使用符合国家规范的汉字；民族自治地方律师事务所的名称，可以同时使用本民族自治地方通用的民族语言文字；律师事务所名称应当由“省（自治区、直辖市）行政区划地名、字号、律师事务所”三部分内容依次组成[②]；合伙律师事务所的名称，可以使用设立人的姓名连缀或者姓氏连缀作字号；律师事务所名称中的字号应当由两个以上汉字组成，并不得含有下列内容和文字：（1）有损国家利益、社会公共利益或者有损社会主义道德风尚的，不尊重民族、宗教习俗的；（2）政党名称、党政军机关名称、群众组织名称、社会团体名称及其简称；（3）国家名称，重大节日名称，县（市辖区）以上行政区划名称或者地名；（4）外国国家（地区）名称、国际组织名称及其简称；（5）可能对公众造成欺骗或者误解的；（6）汉语拼音字母、外文字母、阿拉伯数字、全部由中文数字组成或者带有排序性质的文字；（7）“中国”“中华”“全国”“国家”“国际”“中心”“集团”“联盟”等字样；（8）带有“涉外”“金融”“证券”“专利”“房地产”等表明特定业务范围的文字或者与其谐音的文字；（9）与已经核准或者预核准的其他律师事务所名称中的字号相同或者近似的；（10）字号中包括已经核准或者预核准的其他律师事务所名称中的字号的；（11）与已经核准在中国内地（大陆）设立代表机构的香港、澳门、台湾地区律师事务所名称中的中文字号相同或者近似的；（12）与已经核准在中国境内设立代表机构的外国律师事务所名称中的中文译文字号相同或者近似的；（13）其他不适当的内容和文字。律师事务所分所名称应当由“总所所在地省（自治区、直辖市）行政区划地名、总所字号、分所所在地的市（含直辖市、设区的市）或者县行政区划地名（地名加括号）、律师事务所”四部分内容依次组成。律师事务所使用名称，不得在核准使用的名称中或者名称后使用或者加注“律师集团”“律师联盟”等文字。

（二）律师业务推广行为规则

律师的职业活动具有高度的专业性，其性质是精神性、判断性的工作，因而律师业务推广行为的内容和性质往往难以为非专业人士所正确判断。不当的律师业务推广行为不仅会误导委托人，损害委托人的利益，也会在律师行业内部造成不正当竞争、损害律师职业形象、损害公众对法治的信心。因此，律师的业务推广行为是一种受到规制的职业活动。

律师的业务推广行为应当遵循以下规则。

1. 律师业务推广不得具有虚假性和误导性

根据我国现行有关规定，下列律师广告行为应当被视为具有虚假性和误导性。

---

① 该办法自 2010 年 3 月 1 日起施行。司法部 1995 年 2 月 22 日发布的《律师事务所名称管理办法》（司法部令第 36 号）同时废止。

② 根据司法部 2010 年《律师事务所名称管理办法》第 27 条，该办法所称的行政区划地名，是指不包括“省”“自治区”“直辖市”“市”“县”“区”等行政区划称谓的地方名称。

（1）宣传所谓“成功率”或者“胜诉率”。“成功率”或者“胜诉率”本身是不科学的概念，律师在业务活动中是否“胜诉”或“成功”非常难以界定。在不述及具体事实背景的情况下，宣传所谓“胜诉率”或“成功率”具有相当大的误导性，因此，该类行为在各国受到普遍禁止。中华全国律师协会 2018 年《律师业务推广行为规则（试行）》第 10 条规定，律师、律师事务所进行业务推广时，不得“宣示胜诉率、赔偿额、标的额等可能使公众对律师、律师事务所产生不合理期望”。

（2）以明示或者暗示方式宣传律师能通过不正当手段取得有利于当事人的结果的。中华全国律师协会 2017 年《律师执业行为规范（试行）》第 79 条第 4、6 项规定，“向委托人明示或者暗示自己或者其属的律师事务所与司法机关、政府机关、社会团体及其工作人员具有特殊关系”，“明示或者暗示可以帮助委托人达到不正当目的，或者以不正当的方式、手段达到委托人的目的”，属于律师执业不正当竞争行为。① 司法部于 1995 年 2 月 20 日发布的《关于反对律师行业不正当竞争行为的若干规定》第 4 条列举的 8 种应予反对的律师和律师事务所的不正当竞争行为中，包括“在律师名片上印有律师经历、专业技术职务或其他头衔”的行为。中华全国律师协会 2018 年《律师业务推广行为规则（试行）》第 10 条第 3 项也规定，律师、律师事务所进行业务推广时，不得“明示或者暗示与司法机关、政府机关、社会团体、中介机构及其工作人员有特殊关系”。

（3）对律师本人、其同事、律师事务所等的描述具有虚假内容的。例如司法部 2010 年《律师和律师事务所违法行为处罚办法》第 6 条第 3 项规定，“以对本人及所在律师事务所进行不真实、不适当宣传或者诋毁其他律师、律师事务所声誉等方式承揽业务的”，是“以不正当手段承揽业务的”违法行为。中华全国律师协会 2017 年《律师执业行为规范（试行）》第 32 条规定：“律师和律师事务所不得进行歪曲事实和法律，或者可能使公众对律师产生不合理期望的宣传。”第 85 条规定：“律师和律师事务所不得伪造或者冒用法律服务荣誉称号。使用已获得的律师或者律师事务所法律服务荣誉称号的，应当注明获得时间和期限。律师和律师事务所不得变造已获得的荣誉称号用于广告宣传。律师事务所已撤销的，其原取得的荣誉称号不得继续使用。”中华全国律师协会 2018 年《律师业务推广行为规则（试行）》第 10 条第 1 项也规定，律师、律师事务所进行业务推广时，不得“虚假、误导性或者夸大性宣传”。

（4）传达其他可能造成公众误解或者不能理解的信息的律师业务推广行为。例如中华全国律师协会 2017 年《律师执业行为规范（试行）》第 33 条规定：“律师和律师

① 此外，司法部 1995 年《关于反对律师行业不正当竞争行为的若干规定》第 4 条第 1 项规定，“通过招聘启事、律师事务所简介、领导人题写名称或其他方式，对律师或律师事务所进行不符合实际的宣传”，是应当反对的律师或律师事务所的不正当竞争行为。北京市律师协会《北京市律师事务所执业广告管理办法（试行）》第 6 条也规定，律师广告内容不得包含“明示或暗示与政府机关、社会团体、中介机构及其工作人员有特殊关系的内容”。

事务所可以宣传所从事的某一专业法律服务领域，但不得自我声明或者暗示其被公认或者证明为某一专业领域的权威或专家。”司法部 2010 年《律师事务所名称管理办法》第 21 条第 1 款规定：“律师事务所使用名称，不得在核准使用的名称中或者名称后使用或者加注‘律师集团’、‘律师联盟’等文字。”[①] 中华全国律师协会 2018 年《律师业务推广行为规则（试行）》第 9 条规定：“律师、律师事务所可以宣传其专业法律服务领域，但不得自我宣称或者暗示其为公认的某一专业领域的专家或者专家单位。”第 8 条规定：“律师、律师事务所业务推广信息中载有荣誉称号的，应当载明该荣誉的授予时间和授予机构。”第 10 条第 12 项规定，律师、律师事务所进行业务推广时，不得“使用中国、中华、全国、外国国家名称等字样，或者未经同意使用国际组织、国家机关、政府组织、行业协会名称”。

2. 律师业务推广行为应当具有得体性

律师业务推广行为的得体性，是指**律师业务推广行为使用的图片、语言、背景、方式等应当向公众传达律师服务的可信赖性，不得破坏律师的职业形象，不得损害公众对法治的信心**。

下列律师业务推广行为应当被视为违反了得体性原则：

（1）采用了有损律师形象的方式。中华全国律师协会 2017 年《律师执业行为规范（试行）》第 30 条规定，“律师和律师事务所不得以有悖律师使命、有损律师形象的方式制作广告，不得采用一般商业广告的艺术夸张手段制作广告”[②]。中华全国律师协会 2018 年《律师业务推广行为规则（试行）》第 11 条规定：“禁止以下列方式发布业务推广信息：（一）采用艺术夸张手段制作、发布业务推广信息；（二）在公共场所粘贴、散发业务推广信息；（三）以电话、信函、短信、电子邮件等方式针对不特定主体进行业务推广；（四）在法院、检察院、看守所、公安机关、监狱、仲裁委员会等场所附近以广告牌、移动广告、电子信息显示牌等形式发布业务推广信息；（五）其他有损律师职业形象和律师行业整体利益的业务推广方式。”这些都是关于律师业务推广行为得体性的规定。

（2）进行律师之间或者律师事务所之间的比较。进行律师之间或者律师事务所之间的比较，不仅有损于其他律师或者律师事务所的形象，也有损于律师职业的整体形象。因此，进行律师之间或者律师事务所之间的比较的律师广告行为，是一种不得体

① 从实践来看，目前确实有若干个不同地区的律师事务所采取“联合”“联营”或者建立业务协作关系等方式组建所谓“律师集团”或“律师联盟”的做法。但这种称谓缺乏法律依据，实践中的做法也各行其是，很不规范，易引起公众的误解，造成律师行业的不公平竞争。为促进律师行业公平竞争发展，司法部 2010 年《律师事务所名称管理办法》禁止了在律师事务所名称中或者名称后使用或者加注“律师集团”或者“律师联盟”的做法。

② 司法部 1996 年在《关于律师事务所不宜在户外设立灯箱标牌的批复》（司发函〔1996〕092 号，已失效）中曾指出，律师事务所不同于以营利为目的的生产经营单位，应当通过提供高效优质的法律服务建立信誉，因此，某律师事务所“在大街边，设立了五个两米多高标有律师事务所名称、地址、电话的灯箱，这种做法是不妥的，应当制止”。这一批复所涉及的也是律师广告的得体性问题。

行为。因此，2017 年《律师法》第 26 条规定：“律师事务所和律师不得以诋毁其他律师事务所、律师或者支付介绍费等不正当手段承揽业务。”中华全国律师协会 2017 年《律师执业行为规范（试行）》第 10 条规定：“律师应当尊重同行，公平竞争，同业互助。”第 34 条规定：“律师和律师事务所不得进行律师之间或者律师事务所之间的比较宣传。”司法部 1995《关于反对律师行业不正当竞争行为的若干规定》第 4 条列举的 8 种应予反对的律师和律师事务所的不正当竞争行为中，也包括故意诋毁其他律师或律师事务所声誉，争揽业务的行为。中华全国律师协会 2018 年《律师业务推广行为规则（试行）》第 10 条第 4 项也规定，律师、律师事务所进行业务推广时，不得“贬低其他律师事务所或者律师……或与其他律师事务所、其他律师之间进行比较宣传”。

3. 律师业务推广行为应当具有合法性

律师业务推广行为的合法性，是指律师业务推广行为除了应当遵守不具有虚假性和误导性、应当具有得体性等要求外，还应当遵守其他涉及律师广告行为的法律。例如，中华全国律师协会 2017 年《律师执业行为规范（试行）》第 24 条规定：“律师发布广告应当遵守国家法律、法规、规章和本规范。”因此，律师发布狭义的广告，还应当遵守《广告法》的有关规定。[①] 再如，律师广告行为也应当遵守 2017 年《律师法》的有关规定。例如，为履行保密义务，律师广告行为中如要使用当事人的姓名、名称或者涉及相关委托事项，应当事先征得当事人的书面同意。司法部 2010 年《律师和律师事务所违法行为处罚办法》第 13 条明确规定：“律师未经委托人或者其他当事人的授权或者同意，在承办案件的过程中或者结束后，擅自披露、散布在执业中知悉的委托人或者其他当事人的商业秘密、个人隐私或者其他不愿泄露的情况和信息的，属于《律师法》第四十八条第四项规定的‘泄露商业秘密或者个人隐私的’违法行为。”中华全国律师协会 2018 年《律师业务推广行为规则（试行）》第 10 条第 9 项也规定，律师、律师事务所进行业务推广时，不得“未经客户许可发布客户……信息”。

4. 律师广告行为应当符合律师职业伦理的其他要求

中华全国律师协会 2018 年《律师业务推广行为规则（试行）》第 10 条规定，律师、律师事务所进行业务推广时，不得“与登记注册信息不一致”；不得“承诺办案结果”；不得“明示或者暗示提供回扣或者其他利益”；不得“不收费或者减低收费（法律援助案件除外）”；不得“在非履行律师协会任职职责的活动中使用律师协会任职的职务”；不得有“法律、法规、规章、行业规范规定的其他禁止性内容”。

---

① 中华全国律师协会 2017 年《律师执业行为规范（试行）》第 25 条规定：“律师发布广告应当具有可识别性，应当能够使社会公众辨明是律师广告。”这本身就是《广告法》有关规定的具体化（2018 年《广告法》第 14 条第 1 款规定：“广告应当具有可识别性，能够使消费者辨明其为广告。”）。

第三节　律师劝诱行为规则

律师的劝诱行为，是指律师或者律师事务所以获得业务为主要目的，针对特定人发布信息以影响他人的思想和行动的职业行为。虽然同样是对律师服务信息加以传播的行为，与律师广告相比，律师的劝诱行为往往受到更多的规范和限制。这是因为律师的劝诱行为被视为一种包含言论因素的行为而不同于纯言论性的广告。与律师的广告行为相比，律师的劝诱行为具有以下特点：首先，律师劝诱往往是不公开进行的，难以受到有效监督；其次，律师劝诱往往敦促被劝诱者在面对面压力下迅速作出决定，然而在这种压力下作出的决定往往是不够明智的；最后，律师劝诱容易侵犯被劝诱者的隐私，给被劝诱者带来骚扰。

正是因为律师的劝诱行为具有这些特点，一些国家对律师的劝诱行为进行了限制。例如美国律师协会《职业行为示范规则》规则 7.3 规定，如果律师的主要动机是为了获得经济利益，则律师不得通过面谈、实况电话或者实时电子联系手段，劝诱潜在委托人雇佣该律师，除非该被联系的人是一个律师，或者与律师具有家庭关系、密切个人关系或者前职业上的联系。此外，在下列情况下，即使上述规定不予禁止，律师仍不得通过书面、录制性或者电子交流方式、面谈、电话或者实时电子联系手段来劝诱潜在委托人：（1）该潜在委托人已告知律师其不愿接受其劝诱；或者（2）该劝诱带有强制性、胁迫性或骚扰性。[①]

我国目前的律师职业伦理没有对律师劝诱行为进行调整。中华全国律师协会 2018 年《律师业务推广行为规则（试行）》第 11 条规定，禁止以电话、信函、短信、电子邮件等方式针对不特定主体进行业务推广。显然，该规定没有就针对特定主体的电话、信函、短信、电子邮件等业务推广方式作出规定。

思考题

1. 什么是律师的服务信息传播？

2. 什么是律师服务广告？

3. 律师业务推广行为应当遵守哪些规则？

4. 因特网、微博、微信等新技术条件下，如何构建合理的律师业务推广行为规则？

① 另请参见［美］德博拉·L. 罗德等：《律师的职业责任与规制》（第 2 版），王进喜等译，中国人民大学出版社 2013 年版，第 139－142 页。

第十三章
公司律师和公职律师的职业伦理

第一节　公司律师和公职律师制度概述

一、开展公司律师和公职律师工作的意义

我国律师群体可以分为两个部分，即在律师事务所工作的律师，以及在企业、政府部门、军队等单位内部执业的律师。前者可以称为外部律师或者社会律师，后者则可以称为内部律师。内部律师也是法律职业的重要组成部分。在我国，内部律师包括公司律师、公职律师和军队律师。

社会律师、公职律师和公司律师、军队律师的分类，是按照他们所处的执业背景、隶属关系来划分的，而不是按照服务对象来划分的。例如，社会律师是指其执业机构的性质是社会性的（即非国家机关性的和非公司性的），他们也可以接受委托为国家机关和企业单位提供法律服务。这四种律师的主要区别就是，其提供法律服务的根据不同：社会律师是按照委托合同为委托人提供法律服务的。公职律师和公司律师则是按照劳动合同为有关单位或者组织提供法律服务的。军队律师则是依照有关规则在军队内部提供法律服务的。

1993 年，国务院批转的司法部《关于深化律师工作改革的方案》提出，要通过试点，逐步建立公职、公司律师队伍，维护政府和企业的合法权益。之后，上海等地率先开展了“两公”律师试点工作。2002 年，司法部下发了《关于开展公职律师试点工作的意见》① 和《关于开展公司律师试点工作的意见》②，对公职律师、公司律师的任职条件、职责范围、权利义务等进行了简要规定。自此，公职律师、公司律师试点工作在全国范围内正式启动，中国证监会等部门成为最早开展公职律师试点工作的中央国家机关。2014 年，中国共产党十八届四中全会通过的《中共中央关于全面推进依法治国若干重大问题的决定》提出，要“构建社会律师、公职律师、公司律师等优势互补、结构合理的律师队伍”。“各级党政机关和人民团体普遍设立公职律师，企

---

① 司发通〔2002〕80 号。
② 司发通〔2002〕79 号。

业可设立公司律师，参与决策论证，提供法律意见，促进依法办事，防范法律风险。明确公职律师、公司律师法律地位及权利义务，理顺公职律师、公司律师管理体制机制。”2016 年 6 月，经中央全面深化改革领导小组第二十二次会议审议通过，中共中央办公厅、国务院办公厅印发了《关于推行法律顾问制度和公职律师公司律师制度的意见》①，明确提出了推进公职律师公司律师制度的指导思想、基本原则、目标任务和具体措施，对于建立健全法律顾问和公职律师、公司律师制度，完善法律顾问和公职律师、公司律师管理体制，充分发挥法律顾问和公职律师、公司律师的作用作出全面部署。之后，公职律师、公职律师队伍建设全面提速。2018 年 12 月，司法部制定了《公职律师管理办法》《公司律师管理办法》。②

开展公职律师和公司律师工作，具有以下重要的意义。

首先，开展公职律师和公司律师工作，是全面推进依法治国的客观要求。能不能做到依法治国，关键在于执政党能不能坚持依法执政、各级政府能不能依法行政。随着中国特色社会主义进入法治时代，人民群众对法治的要求越来越高，依法治国在党和国家工作全局中的地位更加突出、作用更加重大。因此，客观上需要在党政机关、人民团体内部建立一支专门化律师队伍，为党政机关和人民团体当好法律参谋和法律助手，促进党政机关、人民团体提升法治化水平。建立公职律师制度，发展公职律师队伍，能够更好地为党政机关、人民团体依法执政、依法行政、依法履职提供优质法律服务。这是国家治理体系和治理能力现代化的必然要求。随着社会主义市场经济体制的建立和社会主义法律体系的健全，以及加入 WTO 后所面临的挑战，企业所面临的法律环境已经发生了重大变化，越来越多、日益复杂的法律事务，对企业依法经营、管理提出了更高的要求。建立公司律师制度，发展壮大公司律师队伍，对于促进企业依法经营、依法管理，对于在日益激烈的国际国内市场竞争中有效防范法律风险，维护企业合法权益，促进企业做大、做强、做优，具有重要意义。

其次，开展公职律师和公司律师工作，有利于保证政府部门和企业所获得的法律服务的质量。公职律师作为党政机关的工作人员，熟悉政策法规和本单位实际情况，能够结合本职工作提出更具针对性的法律意见和建议，有效防范法律风险，促进依法科学、民主决策；公司律师熟悉了解本企业、本行业的经营管理实务，能够结合企业实际有针对性地做好法律事务工作，为企业经营决策提供法律咨询服务。“在公司背景下，律师和其委托人并不是一种时断时续的关系，律师参与到委托人的日常事务中，因此能够获得作出审慎法律建议所需要的背景信息。外部的律师由于缺少这种信息，他们所提供给委托人的，就只能是技术性的建议。”③ 这些内部律师熟悉所在公

---

① 中办发〔2016〕30 号。

② 司发通〔2018〕131 号。

③ 王进喜：《法律伦理的 50 堂课：美国律师职业行为规范与实务》，五南图书出版股份有限公司 2008 年版，第 356 页。

司和政府部门的结构、人员、历史、目标，他们不存在因其他委托人的业务而分散精力的问题。此外，公司律师和公职律师在作为公司人员和公职人员的同时，还是律师，应当保持律师职业应有的独立性，在一定程度上相当于法律的“守门人”，保证公司和政府部门严守法律的底线。此外，公职律师、公司律师不向社会提供有偿法律服务，不参与市场竞争，能与社会律师实现功能互补、协同共荣。发展公职律师、公司律师队伍，形成公职律师、公司律师与社会律师、军队律师等优势互补、各有侧重、结构合理的律师队伍，能够更好地满足日益多样化、多层次、宽领域的法律服务需求。

再次，开展公职律师和公司律师工作，有助于律师业的专业化发展。由内部的律师来处理政府部门、企业内部常规性的法律事务，仅仅把专业性的问题交给外部的律师来做，一方面，有利于减少法律服务的成本；另一方面，有利于促进外部律师的专业化，促进外部律师从价格竞争转变为服务质量的竞争。这种做法，将在一定程度上改变律师业的整体格局，逐步形成社会律师、公司律师、公职律师等多元化队伍并存、相互配合、优势互补的格局，促进我国律师业的专业化发展。

最后，开展公职律师和公司律师工作，有助于法律服务市场和法律服务队伍的整合。当前，我国事实上存在为企业、政府部门提供法律服务的专职队伍，这支队伍尽管并没有律师之名，但是有律师之实。这一状况一方面无法保证他们所提供的法律意见的独立性，另一方面造成了法律服务队伍的人为割据状态。开展公司律师和公职律师工作，有助于为他们确立法律这一“共同上司”，有助于以法律作为行为的准绳，实现法律服务市场和法律服务队伍的整合。

公职律师和公司律师作为我国律师队伍的新生力量，在实现依法治国方略过程中发挥着重要作用。当前我国各地在经济、文化等方面的发展仍然存在着相当大的差距，这必然导致各地在公职律师和公司律师的发展上采取不同的模式和措施。“一刀切”的做法是脱离实际的。各地应当认真总结、交流公职律师和公司律师制度建设发展过程中的经验和教训，既不盲目照搬国外经验，也不狭隘地故步自封。①

二、公职律师与公司律师的特点

与社会律师相比，公职律师和公司律师具有以下几个特点。

首先，与其他律师相比，公职律师和公司律师具有身份上的双重性。公职律师供职于政府职能部门或行使政府职能的部门，公司律师属企业的内部人员。因此，公职律师既是国家公务员又是律师，公司律师既是企业的员工又是律师。律师应当具有职业上的独立性，对于公职律师和公司律师制度而言，保证公职律师和公司律师的独立

① 公司律师和公职律师制度在2007年《律师法》中并没有得到规定，因此，从实践层面看，它们仍然处于试点状态。关于公司律师和公职律师制度试点的背景及引发的相关政府部门之间的权力纠葛，请参见刘思达：《割据的逻辑：中国法律服务市场的生态分析》，上海三联书店2011年版，第五章。

性也是这种制度设计的应有之义。

其次，公职律师和公司律师的服务对象具有固定性。公职律师和公司律师只能为本单位提供法律服务，不得面向社会从事有偿法律服务，不得在律师事务所和法律服务所兼职，不得以律师身份办理本单位以外的诉讼与非诉讼案件。与社会律师相比，公职律师和公司律师相对缺少自主性，而自主性，也就是对委托人说“不”的能力，是律师职业的一个重要特点。① 律师的自主性降低，必然削弱律师的独立性。随着律师独立性的减弱，律师审慎思考的能力会受到破坏。因为律师对某个特定委托人的依赖性越强，相互之就越难保持距离，审慎思考所需的超然性就越可能不存在。各地应当根据这种职业特殊性制定相关制度，特别是对职业独立性的保障制度，为公职律师和公司律师制度的巩固、发展提供制度保证。

最后，公职律师和公司律师的管理体制具有综合性。公职律师和公司律师实行所在单位、司法行政机关、律师协会分工协作的管理体制。其中，公职律师和公司律师所在单位负责日常管理，司法行政机关负责资质管理、业务指导和监督，律师协会负责行业自律管理。②

第二节　公职律师职业伦理的主要内容

一、正确识别公职律师的委托人

公职律师所代理的不是通常情况下的自然人，这给传统的委托人—律师关系带来了许多新的问题。在政府部门为委托人的背景之下，第一个要解决的问题就是谁是律师的委托人的问题。根据司法部 2018 年《公职律师管理办法》第 13 条，公职律师可以受所在单位委托或者指派从事下列法律事务：（1）为所在单位讨论决定重大事项提供法律意见；（2）参与法律法规规章草案、党内法规草案和规范性文件送审稿的起草、论证；（3）参与合作项目洽谈、对外招标、政府采购等事务，起草、修改、审核重要的法律文书或者合同、协议；（4）参与信访接待、矛盾调处、涉法涉诉案件化解、突发事件处置、政府信息公开、国家赔偿等工作；（5）参与行政处罚审核、行政裁决、行政复议、行政诉讼等工作；（6）落实“谁执法谁普法”的普法责任制，开展普法宣传教育；（7）办理民事案件的诉讼和调解、仲裁等法律事务；（8）所在单位委托或者指派的其他法律事务。根据这些规定，一般情况下，公职律师的委托人是其担任公职律师的“所在单位”。

---

① 参见［美］德博拉·L. 罗德等：《律师的职业责任与规制》（第二版），王进喜等译，中国人民大学出版社 2013 年版，第 28 页（“内部律师受雇于其委托人。在这种意义上说，律师的角色呈现出缺乏职业主义的决定性特征，即自主性。”）。

② 参见司法部 2018 年《公职律师管理办法》第 4 条、《公司律师管理办法》第 4 条。

二、公职律师应当遵守《公务员法》关于回避和利益冲突的规定

相对于在律师事务所提供法律服务的律师而言，公职律师的身份具有特殊性。根据司法部 2018 年《公职律师管理办法》第 4 条，公职律师的身份具有双重性，即“公职律师所在单位对公职律师进行日常管理”；“司法行政机关对公职律师业务活动进行监督、指导”；“律师协会对公职律师实行行业自律”。因此，公职律师既是律师，也是国家公务员。适用于公务员的回避和利益冲突规则，也要适用于公职律师。

首先，公职律师应当遵守 2018 年《公务员法》关于现任公务员的利益冲突规则。2018 年《公务员法》第 76 条规定：“公务员执行公务时，有下列情形之一的，应当回避：（一）涉及本人利害关系的；（二）涉及与本人有本法第七十四条第一款所列亲属关系人员的利害关系的；（三）其他可能影响公正执行公务的。”第 77 条规定：“公务员有应当回避情形的，本人应当申请回避；利害关系人有权申请公务员回避。”“其他人员可以向机关提供公务员需要回避的情况。机关根据公务员本人或者利害关系人的申请，经审查后作出是否回避的决定，也可以不经申请直接作出回避决定。”

其次，公职律师应当遵守 2018 年《公务员法》关于离任公务员的利益冲突规则。2018 年《公务员法》第 107 条规定：“公务员辞去公职或者退休的，原系领导成员、县处级以上领导职务的公务员在离职三年内，其他公务员在离职两年内，不得到与原工作业务直接相关的企业或者其他营利性组织任职，不得从事与原工作业务直接相关的营利性活动。”“公务员辞去公职或者退休后有违反前款规定行为的，由其原所在机关的同级公务员主管部门责令限期改正；逾期不改正的，由县级以上市场监管部门没收该人员从业期间的违法所得，责令接收单位将该人员予以清退，并根据情节轻重，对接收单位处以被处罚人员违法所得一倍以上五倍以下的罚款。”该法就公务员离职或者退休后设置了两年或者三年的冷却期，以防止离职或者退休的公务员利用通过前职务所获得的信息或者关系形成不当影响或者竞争。

三、仅接受所在单位委托或者指派从事法律事务

司法部 2018 年《公职律师管理办法》第 14 条第 2 款规定：公职律师应当接受所在单位的管理、监督，根据委托或者指派办理法律事务，不得从事有偿法律服务，不得在律师事务所等法律服务机构兼职，不得以律师身份办理所在单位以外的诉讼或者非诉讼法律事务。这一规定，一方面旨在保证公职律师的职能不与社会律师的职能重叠，发挥公职律师应有的作用；另一方面，旨在避免发生利益冲突，导致公职律师丧失办理有关法律事务的资格。

四、接受司法行政机关和律师协会的管理

公职律师还有律师身份，故要接受所在地司法行政机关的业务指导和监督，应加

入律师协会，参加律师协会组织的培训和执业纪律教育活动。司法部 2018 年《公职律师管理办法》第 17 条规定："公职律师应当加入律师协会，享有会员权利，履行会员义务。""中央党政机关和人民团体的公职律师加入全国律师协会。""省级及以下党政机关和人民团体的公职律师，中央党政机关和人民团体在地方的各级直属管理单位和派出派驻单位的公职律师，加入单位所在地的地方律师协会，同时是全国律师协会的会员。"因此，公职律师还应当遵守 2017 年《律师法》、司法部 2010 年《律师和律师事务所违法行为处罚办法》、中华全国律师协会 2017 年《律师执业行为规范（试行）》等规范中关于律师利益冲突的规定。

五、遵守其他适用于律师的职业伦理

公职律师作为律师，同样应当遵守其他适用于律师的职业伦理。公职律师在执业过程中有违反其他律师职业伦理的，由司法行政机关依照 2017 年《律师法》、中华全国律师协会 2017 年《律师执业行为规范（试行）》等相关规定予以处罚，并且由律师协会根据相关规定予以纪律处分。

第三节　公司律师职业伦理的主要内容

一、正确识别委托人，维护委托人的合法权益

公司是一种组织性委托人。"从实践来看，组织仅仅能够通过其自然人代理人来讲话和行动。用物理的术语来说，这些自然人体现了该组织，但是从法律理论的角度看他们并没有。这种区别是公司业务中特殊利益冲突问题的根源。在股东、经理和董事会的利益发生分歧时，律师常常遇到这样的问题，即要确定谁在代表委托人，可以代表其行事。"[①] 作为内部律师，公司律师也必须准确识别其委托人。

司法部 2018 年《公司律师管理办法》第 13 条规定："公司律师可以受所在单位委托或者指派从事下列法律事务：（一）为企业改制重组、并购上市、产权转让、破产重整等重大经营决策提供法律意见；（二）参与企业章程、董事会运行规则等企业重要规章制度的制定、修改；（三）参与企业对外谈判、磋商，起草、审核企业对外签署的合同、协议、法律文书；（四）组织开展合规管理、风险管理、知识产权管理、法治宣传教育培训、法律咨询等工作；（五）办理各类诉讼和调解、仲裁等法律事务；（六）所在单位委托或者指派的其他法律事务。"根据上述规定，通常情况下，公司律师所在单位是公司律师的委托人，是公司律师的服务对象。但是该办法第 19 条第 2

① *See* Deborah L. Rhode and Geoffrey C. Hazard, Jr., *Professional Responsibility and Regulation*, second edition, Foundation Press, 2007, p. 142.

款规定，“国有企业可以根据工作需要，加强对所属企业公司律师工作的统一指导和管理，在所属各企业之间统筹调配和使用公司律师”。在这种情况下，需要根据具体情境，来确定公司律师的委托人。

二、仅在所在单位内部提供法律服务

设立公司律师，就是因为公司律师熟悉所在公司的内部结构、人员、历史、目标，他们不存在因其他委托人的业务而分散精力的问题，也不因为代理其他委托人而存在可能影响为本企业服务的利益冲突问题，也有利于避免律师提供纯技术性的法律意见，而是能在提供法律意见时，将法律因素与经济、企业目标等因素结合在一起。因此，他们仅能在企业内部提供法律服务。司法部 2018 年《公司律师管理办法》第 14 条第 2 款规定，公司律师应当接受所在单位的管理、监督，根据委托或者指派办理法律事务，不得从事有偿法律服务，不得在律师事务所等法律服务机构兼职，不得以律师身份办理所在单位以外的诉讼或者非诉讼法律事务。

三、在社会律师与公司律师进行身份转换时，遵守利益冲突规则

社会律师可以转为公司律师，公司律师可以转为社会律师。司法部 2018 年《公司律师管理办法》第 11 条规定，担任公司律师满三年并且最后一次公司律师年度考核被评定为称职的人员，脱离原单位后申请社会律师执业的，可以经律师协会考核合格后直接向设区的市级或者直辖市的区（县）司法行政机关申请颁发社会律师执业证书，其担任公司律师的经历计入社会律师执业年限。第 12 条第 2 款规定，根据该条第 1 款规定取得公司律师证书的人员，脱离原单位后申请社会律师执业的，应当符合国家统一法律职业资格制度的相关规定。这种律师行业内部的人才流动，必然带来利益冲突问题。在进行公司律师与社会律师身份转换时，有关律师应当遵守利益冲突规则。

四、接受司法行政机关和律师协会的管理

司法部 2018 年《公司律师管理办法》第 17 条规定：“公司律师应当加入律师协会，享有会员权利，履行会员义务。”“中央企业的公司律师加入全国律师协会。”“省属及以下国有企业的公司律师，中央企业在地方的各级分支机构和子企业的公司律师，加入单位所在地的地方律师协会，同时是全国律师协会的会员。”因此，公司律师应当接受所在地司法行政机关的业务指导和监督，并承担作为律师协会会员的义务。

五、遵守其他适用于律师的职业伦理

公司律师作为律师，同样应当遵守其他适用于律师的职业伦理。公司律师在执业

过程中有违反其他律师职业伦理的，由司法行政机关依照2017年《律师法》、司法部2010年《律师和律师事务所违法行为处罚办法》、中华全国律师协会2017年《律师执业行为规范（试行）》等相关规定予以处罚，并且由律师协会根据相关规定予以纪律处分。

思考题

1. 开展公司律师和公职律师工作有什么意义？
2. 公司律师和公职律师具有哪些特点？
3. 公司律师应当遵守哪些职业伦理？
4. 公职律师应当遵守哪些职业伦理？

第十四章 律师对法律职业的职责

第一节　律师对法律职业的职责概述

律师是法律职业的一员。这意味着律师不仅仅要维护委托人的合法权益，还要维护法律的正确实施，维护社会公平与正义。维护法律的正确实施，维护社会公平与正义，是所有法律职业人员的共同理想与信念。这种共同的理想与信念，是法律职业成为一个职业的思想基础，是法律职业人员相互流动的前提。

法律职业是建立在每个职业成员个人基础上的共同体，其职业使命的实现有赖于各个成员的共同努力，其职业尊严有赖于各个成员的共同维护。各个成员应当成为法律职业尊严的自觉维护者，成为法律职业理想的自觉践行者，这本身就是一项职业要求。

律师对法律职业的职责，本身应当与法律职业的特点相适应。法律职业的特点主要包括：(1) 法律职业的知识具有独特的技术性。法律职业是拥有某种专门知识、经过专门训练的人才能胜任的职业。这种知识有着自己的逻辑、自己的语言、自己的表达方式、自己的运行机制，为未受过专门训练的人所难以把握。(2) 法律职业的管理具有一定的封闭性。进入法律职业不仅要就专门知识获得足够的训练，而且要通过专门的资格考试。法律职业在法治社会中的作用，要求法律职业具有一定的自治性。这种自治性在某些方面表现为封闭性。(3) 法律职业提供的服务和裁判等活动对于法治社会而言具有不可或缺性。毫无疑问，法律服务对法治社会而言是不可或缺的。律师行业就是法律复杂到一定程度后的产物。法律职业的封闭性使法律职业所提供的服务具有一定的垄断性，这种垄断性使法律职业必须以一定的形式切实满足社会的法律需求。

律师对法律职业的职责，应当体现这些法律职业活动特点。具体而言，律师对法律职业的职责主要体现在以下几个方面：

第一，对律师职业内部而言，律师之间应当互相尊重、平等竞争。

第二，对律师、法官、检察官等法律职业人员而言，应当互相尊重、相互监督，维护法律职业的适正性。

第三，对公众而言，律师应当积极履行法律援助义务，积极参加公益性活动；维护社会公平与正义，实现职业理想；拒绝与非律师人员合作，保证公众获得称职的法律服务。

第四，在业外活动中，律师应当维护法律职业的尊严与形象。

第二节　互相尊重、平等竞争

一、互相尊重、互相帮助

互相尊重、互相帮助，是一个有组织的群体的特征和必然要求，也是组织成员凝聚力的体现。广大律师都是国家法制统一和公民合法权益的维护者，拥有共同的理想和事业，面临着共同的历史任务，在为民主和法制的共同目标而共同奋斗。作为律师职业，互相尊重、互相帮助是这个群体组织性的要求之一。中华全国律师协会2017年《律师执业行为规范（试行）》第73条规定："律师与其他律师之间应当相互帮助、相互尊重。"第74条又进一步具体规定："在庭审或者谈判过程中各方律师应当互相尊重，不得使用挖苦、讽刺或者侮辱性的语言。"第75条规定："律师或律师事务所不得在公众场合及媒体上发表恶意贬低、诋毁、损害同行声誉的言论。"

二、禁止不正当竞争

随着我国经济的发展和律师制度改革的不断深入，大批人才加入律师队伍，大批律师事务所成立。这样，不可避免地出现了律师之间的业务竞争，形成了广大律师的工作压力，对广大律师提出了生存挑战。正当的竞争有助于降低法律服务的成本，有助于律师提高法律服务质量，有利于整个法律服务行业的优胜劣汰，有利于促进律师行业政治、文化、道德素质的全面提高，为当事人选择优秀律师提供更多的机会。而不正当竞争会造成劣币驱逐良币，降低委托人的获得法律服务的选择性，造成司法腐败等问题。因此，必须维护律师之间的正当竞争。

中华全国律师协会2017年《律师执业行为规范（试行）》第78条规定："律师和律师事务所不得采用不正当手段进行业务竞争，损害其他律师及律师事务所的声誉或者其他合法权益。"第79条至第85条对各种不竞争形式进行了规定。

中华全国律师协会2017年《律师执业行为规范（试行）》第79条规定，有下列情形之一的，属于律师执业不正当竞争行为：（1）诋毁、诽谤其他律师或者律师事务所信誉、声誉；（2）无正当理由，以低于同地区同行业收费标准为条件争揽业务，或者采用承诺给予客户、中介人、推荐人回扣、馈赠金钱、财物或者其他利益等方式争揽业务；（3）故意在委托人与其代理律师之间制造纠纷；（4）向委托人明示或者暗示自己或者其所属的律师事务所与司法机关、政府机关、社会团体及其工作人员具有特殊关系；（5）就法律服务结果或者诉讼结果作出虚假承诺；（6）明示或者暗示可以帮助委托人达到不正当目的，或者以不正当的方式、手段达到委托人的目的。

中华全国律师协会 2017 年《律师执业行为规范（试行）》第 80 条规定，律师和律师事务所在与行政机关、行业管理部门以及企业的接触中，不得采用下列不正当手段与同行进行业务竞争：（1）通过与某机关、某部门、某行业对某一类的法律服务事务进行垄断的方式争揽业务；（2）限定委托人接受其指定的律师或者律师事务所提供法律服务，限制其他律师或律师事务所正当的业务竞争。

中华全国律师协会 2017 年《律师执业行为规范（试行）》第 81 条规定，律师和律师事务所在与司法机关及司法人员接触中，不得采用利用律师兼有的其他身份影响所承办业务正常处理和审理的手段进行业务竞争。

中华全国律师协会 2017 年《律师执业行为规范（试行）》第 82 条规定，依照有关规定取得从事特定范围法律服务的律师或律师事务所不得采取下列不正当竞争的行为：（1）限制委托人接受经过法定机构认可的其他律师或律师事务所提供法律服务；（2）强制委托人接受其提供的或者由其指定的律师提供的法律服务；（3）对抵制上述行为的委托人拒绝、中断、拖延、削减必要的法律服务或者滥收费用。

中华全国律师协会 2017 年《律师执业行为规范（试行）》第 83 条规定，律师或律师事务所相互之间不得采用下列手段排挤竞争对手的公平竞争：（1）串通抬高或者压低收费；（2）为争揽业务，不正当获取其他律师和律师事务所收费报价或者其他提供法律服务的条件；（3）泄露收费报价或者其他提供法律服务的条件等暂未公开的信息，损害相关律师事务所的合法权益。

中华全国律师协会 2017 年《律师执业行为规范（试行）》第 84 条规定，律师和律师事务所不得擅自或者非法使用社会专有名称或者知名度较高的名称以及代表其名称的标志、图形文字、代号以混淆误导委托人。社会特有名称和知名度较高的名称是指：（1）有关政党、司法机关、行政机关、行业协会名称；（2）具有较高社会知名度的高等法学院校或者科研机构的名称；（3）为社会公众共知、具有较高知名度的非律师公众人物名称；（4）知名律师以及律师事务所名称。

中华全国律师协会 2017 年《律师执业行为规范（试行）》第 85 条规定，律师和律师事务所不得伪造或者冒用法律服务荣誉称号。使用已获得的律师或者律师事务所法律服务荣誉称号的，应当注明获得时间和期限。律师和律师事务所不得变造已获得的荣誉称号用于广告宣传。律师事务所已撤销的，其原取得的荣誉称号不得继续使用。

第三节　维护法律职业的适正性

法律职业行业管理的一个重要方面就是行业内部的自我监督机制。对于律师职业而言，虽然委托人可以采用不当执业诉讼等手段对律师进行监督，但是由于缺乏必要的专业知识，他们往往不能充分发挥这种监督作用，并且在解决这种纠纷的调解、仲裁活动中，委托人很容易被说服放弃或者变更自己的赔偿要求。此外，不当执业诉讼的关注点，往往是私人性的利益，至于其他受到律师不当执业行为影响的利益，难以依靠这种机制来加以调整。因此，依靠律师的民事责任来对律师的不当行为进行规制，存在着固有的弊端。同样，对于法官、检察官而言，法律职业活动的封闭性、专业性也使外部的监督有着操作上的现实困难。

但是，法律职业人员每天都在一起工作，具有同样的知识背景，彼此之间处于最好的监督地位。因此，在一些国家，法律职业传统上规定其成员有对其他成员的不当行为进行报告的独立义务，法律职业人员未能对某个不端行为进行举报之本身就是一种职业上的违规行为。例如美国律师协会《职业行为示范规则》8.3 对上述律师的举报义务也进行了规定，根据该规则，如果律师知道其他律师违反了《职业行为规则》，并且该行为使该其他律师的诚实性、可信性或者作为律师在其他方面的适当性存在重大疑问，则该律师应当向适当的律师管理机构报告；如果律师知道法官违反了有关司法行为规则，并且该行为使该法官作为法官的适当性存在重大疑问，则该律师应当向适当的机构报告。因此，对于上述不当行为而言，律师未能对该不当行为进行举报本身，就是一种职业上的违规行为。美国律师协会职业化委员会 1986 年在一份报告中称，律师和法官所报告的职业不当行为的不断增加，对于保护公众非常重要，否则，这些行为就难以被察觉和制止。该委员会认为，对于没有履行该报告职责的律师启动相应的程序，其结果将改善律师对该报告职责的态度。近些年来，报告其他法律职业成员的不当行为的职责，已经成了律师协会进行自律管理的一个重要方面，越来越受到重视。①

最高人民法院、司法部 2004 年《关于规范法官和律师相互关系维护司法公正的若干规定》，对于律师对法官的监督和法官对律师的监督作出了一些规定。该规定第 12 条规定：律师对于法官有违反本规定行为的，可以自行或者通过司法行政部门、律师协会向有关人民法院反映情况，或者署名举报，提出追究违纪法官党纪、政纪或者法律责任的意见。法官对于律师有违反本规定行为的，可以直接或者通过人民法院向有关司法行政部门、律师协会反映情况，或者提出给予行政处分、行政处罚直至追究法律责任的司法建议。这一规定本身的目的是强调法官和律师之间的互相监督。但是这一规定本身并没有将法律职业之间的监督职责化，并且没有涉及律师之间的监督、法官之间的监督、律师、法官和其他法律职业人员的相互监督。这无疑为法律职业的相互监督机制留下了很大的缺口。因此，为了促进法律职业的道德建设，应当确立包括法官、检察官和律师在内的法律职业的自我监督机制与相互监督机制，最大限度地发挥法律职业的自我约束能力。

---

① 就美国关于律师报告其他律师不端行为的要求的讨论，可参见［美］德博拉·L. 罗德等：《律师的职业责任与规制》（第二版），王进喜等译，中国人民大学出版社 2013 年版，第 187－188 页。

最高人民法院、最高人民检察院、公安部、国家安全部、司法部 2015 年《关于进一步规范司法人员与当事人、律师、特殊关系人、中介组织接触交往行为的若干规定》第 9 条规定，司法人员有违反该规定行为的，“当事人、律师、特殊关系人、中介组织和其他任何组织和个人可以向有关司法机关反映情况或者举报”。

根据这些规定，我国目前将律师举报、投诉其他法律职业成员的行为，在很大程度上是作为律师的权利来看待的。然而，律师的这种举报或者投诉行为，既应当是一种权利，也应当是一种职责。法律职业对公众的职责，要求法律职业加强相互监督。从我国的现状来看，我们可以说，法律职业成员维护法律职业适正性的职责正在形成之中。

第四节　不得帮助无执业权的人执业

律师是依法取得律师执业证书，提供法律服务的职业人员。律师提供法律服务应当取得执业证书。执业证书不仅体现了律师的称职性，还体现了司法行政机关、律师协会和律师事务所对律师的管理，从而保证委托人获得有效的法律服务。无律师执业证书的人提供法律服务，是对法律服务市场的干扰，是对执业许可制度的破坏，是对当事人利益的损害。2017 年《律师法》第 13 条规定：“没有取得律师执业证书的人员，不得以律师名义从事法律服务业务；除法律另有规定外，不得从事诉讼代理或者辩护业务。”最高人民法院、最高人民检察院、公安部、国家安全部、司法部 2015 年《关于依法保障律师执业权利的规定》第 46 条规定：“依法规范法律服务秩序，严肃查处假冒律师执业和非法从事法律服务的行为。对未取得律师执业证书或者已经被注销、吊销执业证书的人员以律师名义提供法律服务或者从事相关活动的，或者利用相关法律关于公民代理的规定从事诉讼代理或者辩护业务非法牟利的，依法追究责任，造成严重后果的，依法追究刑事责任。”

律师和律师事务所都不得帮助无律师执业证书的人以律师名义提供法律服务。这体现在以下三个方面。

（一）律师事务所不得允许处于停止执业处罚期间的律师以律师名义提供法律服务

中华全国律师协会 2017 年《律师执业行为规范（试行）》第 95 条规定：“律师事务所不得指派没有取得律师执业证书的人员或者处于停止执业处罚期间的律师以律师名义提供法律服务。”司法部 2010 年《律师和律师事务所违法行为处罚办法》第 30 条第 3 项规定，“纵容或者放任律师在本所被处以停业整顿期间或者律师被处以停止执业期间继续执业”，造成严重后果和恶劣影响的，属于《律师法》第 50 条第 8 项规定的律师事务所“对本所律师疏于管理，造成严重后果的”违法行为。律师被处以停止执业处罚，意味着律师丧失了执业适当性。律师事务所允许处于停止执业处罚期间的律师以律师名义提供法律服务，将带来损害委托人利益、危害法律秩序的重大风险。

（二）律师事务所不得允许没有取得律师执业证书的人员以律师名义提供法律服务

（1）律师和律师事务所不得允许律师事务所实习人员以律师名义提供法律服务。中华全国律师协会 2021 年印发的《申请律师执业人员实习管理规则》第 23 条规定，律师事务所及实习指导律师不得指使或者放任实习人员有下列行为：1）独自承办律师业务；2）以律师名义在委托代理协议或者法律顾问协议上签字，对外签发法律文书；3）以律师名义在法庭、仲裁庭上发表辩护或者代理意见；4）以律师名义洽谈、承揽业务；5）以律师名义印制名片及其他相关资料，或者以其他方式公开宣称自己为律师；6）其他依法应当以律师名义从事的活动。

（2）律师事务所不得指派其他没有取得律师执业证书的人员以律师名义提供法律服务。非律师人员以律师名义提供法律服务，将破坏律师准入制度，扰乱法律服务秩序，损害当事人的权益。2017 年《律师法》第 55 条规定："没有取得律师执业证书的人员以律师名义从事法律服务业务的，由所在地的县级以上地方人民政府司法行政部门责令停止非法执业，没收违法所得，处违法所得一倍以上五倍以下的罚款。"

（三）律师或者律师事务所不得通过为非律师人员提供回扣、馈赠金钱、财物或者其他利益等方式开展业务

为非律师人员提供回扣等利益，本质上是与这些人员分享律师费。这意味着无律师执业证书的人员也能够通过律师而间接执业，而且不承担任何责任。这导致了这样的可能，即非律师人员在选择合作律师时，不是以律师能否提供称职服务为标准，而是以能否提供回扣等利益为标准，从而损害委托人的利益。因此，律师或者律师事务所不得通过为非律师人员提供回扣或者馈赠金钱、财物或者其他利益等方式开展业务。中华全国律师协会 2017 年《律师执业行为规范（试行）》第 79 条第 2 项规定，有"采用承诺给予客户、中介人、推荐人回扣、馈赠金钱、财物或者其他利益等方式争揽业务"之情形的，属于律师执业不正当竞争行为。中华全国律师协会 2018 年《律师业务推广行为规则（试行）》第 10 条第 7 项也规定，律师、律师事务所进行业务推广时，不得明示或者暗示提供回扣或者其他利益。

第五节　按照国家规定履行法律援助义务

法律援助，是国家建立的为经济困难公民和符合法定条件的其他当事人无偿提供法律咨询、代理、刑事辩护等法律服务的制度，是公共法律服务体系的组成部分。为规范法律援助工作，2003 年国务院制定了《法律援助条例》，2012 年司法部制定了

《办理法律援助案件程序规定》，2015 年中共中央办公厅、国务院办公厅印发《关于完善法律援助制度的意见》[①]，2017 年最高人民法院、最高人民检察院、公安部、国家安全部、司法部印发《关于开展法律援助值班律师工作的意见》[②]。2020 年最高人民法院、最高人民检察院、公安部、国家安全部、司法部印发《法律援助值班律师工作办法》。[③] 2021 年，第十三届全国人大常委会第三十次会议又审议通过了《法律援助法》。

法律援助能够切实维护公民基本权利，保障司法公正，维护社会长治久安，是以人民为中心、尊重和保障人权的具体体现。这与律师的职业使命是一致的。因此，律师应当积极履行法律援助义务。国务院 2003 年《法律援助条例》第 6 条规定："律师应当依照律师法和本条例的规定履行法律援助义务，为受援人提供符合标准的法律服务，依法维护受援人的合法权益，接受律师协会和司法行政部门的监督。"2017 年《律师法》第 42 条规定："律师、律师事务所应当按照国家规定履行法律援助义务，为受援人提供符合标准的法律服务，维护受援人的合法权益。"2021 年《法律援助法》第 16 条规定："律师事务所、基层法律服务所、律师、基层法律服务工作者负有依法提供法律援助的义务。""律师事务所、基层法律服务所应当支持和保障本所律师、基层法律服务工作者履行法律援助义务。"第 60 条规定："律师协会应当将律师事务所、律师履行法律援助义务的情况纳入年度考核内容，对拒不履行或者怠于履行法律援助义务的律师事务所、律师，依照有关规定进行惩戒。"根据 2021 年《法律援助法》、司法部 2004 年《律师和基层法律服务工作者开展法律援助工作暂行管理办法》等规定，律师履行法律援助义务时，应当做到以下几点。

（一）律师、律师事务所应当按照国家规定履行法律援助义务

律师每年应当接受法律援助机构的指派，办理一定数量的法律援助案件。承办法律援助案件的年度工作量，由省、自治区、直辖市司法行政机关根据当地法律援助的需求量、律师数量及分布等实际情况确定。司法部 2019 年《关于促进律师参与公益法律服务的意见》提出，"倡导每名律师每年参与不少于 50 个小时的公益法律服务或者至少办理 2 件法律援助案件。"律师承办法律援助案件，应当接受司法行政机关、律师协会和法律援助机构的业务指导与监督，接受受援人和社会的监督。

法律援助机构指派法律援助案件，应当通过律师事务所安排律师承办。律师事务所接到指派通知后，应当在 24 小时内，根据案件的具体情况和需要，安排合适人员承办。律师应当在接受案件指派后的 3 个工作日内与受援人或其法定监护人、法定代理人签订委托代理协议。

律师在日常业务工作中发现当事人符合法律援助条件时，可以将当事人的有关案

① 中办发〔2015〕37 号。

② 司发通〔2017〕84 号，于 2020 年 8 月废止。

③ 司规〔2020〕6 号。

件材料转交其所在地的法律援助机构进行审查。法律援助机构应当在 3 个工作日内完成审查，作出是否提供法律援助的决定。

（二）律师、律师事务所应当为受援人提供符合标准的法律服务

2021 年《法律援助法》第 19 条规定："法律援助人员应当依法履行职责，及时为受援人提供符合标准的法律援助服务，维护受援人的合法权益。"第 57 条规定："司法行政部门应当加强对法律援助服务的监督，制定法律援助服务质量标准，通过第三方评估等方式定期进行质量考核。"第 58 条规定："司法行政部门、法律援助机构应当建立法律援助信息公开制度，定期向社会公布法律援助资金使用、案件办理、质量考核结果等情况，接受社会监督。"承办法律援助案件的律师，应当根据承办案件的需要，依照司法行政机关、律师协会有关律师执业规范的要求，尽职尽责地履行法律服务职责，遵守职业道德和执业纪律。对于重大、复杂、疑难的法律援助案件，律师事务所应当组织集体研究，确定承办方案，确保办案的质量和效果。律师事务所应当对本所律师办理法律援助案件的质量进行监督，发现问题的，应当及时纠正。

第六节　维护业外活动的适当性

律师应当维护社会公平与正义，是对社会公平、正义的质量负有特殊责任的公民。因此，律师职业在行为上受到了诸多的约束。这不仅表现为律师的业内活动受到了严格的约束，还表现为律师的业外活动也受到了严格的约束。这是因为，业外的不当活动，往往反映了其从事职业活动的不适当性，或者有可能对其正常开展职业活动造成不利影响。因此，律师的业外活动也是律师职业伦理适用的场域。

（一）律师应当积极参加社会公益活动

律师应当维护当事人的合法权益，维护法律的正确实施，维护社会公平和正义。律师不仅应当在个案中维护当事人的合法权益，维护法律的正确实施，还应当有更开阔的视野，承担更多的社会责任。律师的社会责任感关系到律师职能作用的发挥，关系到律师社会地位的提升，关系到律师业的未来发展和前途。律师应当通过参政议政、立法建言、法律援助、免费咨询、慈善事业、参与法学教育与研讨等形式，积极参加社会公益活动。中华全国律师协会 2017 年《律师执业行为规范（试行）》第 11 条规定："律师协会倡导律师关注、支持、积极参加社会公益事业。"参加社会服务及其他社会公益活动的情况，也是律师年度考核的内容之一。[①]

（二）律师在业外不得从事不端行为

律师的不端行为，是指律师从事的对律师作为法律职业一员的适当性产生不利影

---

① 参见司法部 2010 年《律师事务所年度检查考核办法》第 8 条、第 9 条，中华全国律师协会 2010 年《律师执业年度考核规则》第 8 条。

响的行为。中华全国律师协会 2017 年《律师执业行为规范（试行）》第 15 条规定，律师不得为以下行为：(1) 产生不良社会影响，有损律师行业声誉的行为；(2) 妨碍国家司法、行政机关依法行使职权的行为；(3) 参加法律所禁止的机构、组织或者社会团体；(4) 其他违反法律、法规、律师协会行业规范及职业道德的行为；(5) 其他违反社会公德，严重损害律师职业形象的行为。

思考题

1. 律师对法律职业负有哪些职责？
2. 律师不得帮助无执业权的人执业有哪些具体要求？
3. 律师不正当竞争行为有哪些表现形式？

第十五章 律师职业责任

第一节 律师的行政责任

一、行政处罚的种类

（一）对律师的行政处罚种类

对律师的行政处罚，是指司法行政机关依法对律师所进行的处罚。根据 2017 年《律师法》的规定，对律师的违法行为实施的行政处罚种类有：（1）警告；（2）罚款；（3）没收违法所得；（4）停止执业；（5）吊销执业证书。

与 1996 年《律师法》相比，2017 年《律师法》在对律师行政处罚的种类上有两个变化：（1）增加了罚款这一处罚种类；（2）将对律师停止执业处罚 3 个月以上 1 年以下这一单一的处罚幅度，调整为 3 个月以下、3 个月以上 6 个月以下，以及 6 个月以上 1 年以下三个幅度，从而使处罚尺度更为丰富、更为灵活。

需要指出的是，司法部、中华全国律师协会 2017 年《关于进一步加强律师惩戒工作的通知》规定："律师因涉嫌犯罪被采取刑事强制措施的，司法行政机关、律师协会应当暂停其履行律师职务和会员权利。律师被停止履行职务的，所在律师事务所不再安排该律师接受新的委托，已经接受委托正在承办的案件和法律事务转交该所其他律师承办。"这里规定的暂停律师职务，并非行政处罚，而是"基于维护法律服务正常秩序和当事人利益免受不当损害，针对涉嫌违法犯罪律师可能对法律服务正常秩序产生干扰、不良影响而采取的临时审慎监管措施"。

（二）对律师事务所的行政处罚种类

对律师事务所的行政处罚，是指司法行政机关依法对律师事务所进行的处罚。根据 2017 年《律师法》的规定，对律师事务所的违法行为实施的行政处罚种类有：（1）警告；（2）罚款；（3）没收违法所得；（4）停业整顿；（5）吊销执业证书。

与 1996 年《律师法》相比，2017 年《律师法》在对律师事务所行政处罚的种类上有两个变化：（1）删除了责令改正这一处罚措施，增加了警告这一处罚种类；（2）将对律师事务所停业整顿的期限明确为 1 个月以上 6 个月以下。

（三）处罚权限

司法行政机关对律师和律师事务所的行政处罚，依据处罚的严重程度进行了权限划分。

司法部2010年《律师和律师事务所违法行为处罚办法》第31条规定：司法行政机关对律师的违法行为给予警告、罚款、没收违法所得、停止执业处罚的，由律师执业机构所在地的设区的市级或者直辖市区（县）司法行政机关实施；给予吊销执业证书处罚的，由许可该律师执业的省、自治区、直辖市司法行政机关实施。司法行政机关对律师事务所的违法行为给予警告、罚款、没收违法所得、停业整顿处罚的，由律师事务所所在地的设区的市级或者直辖市区（县）司法行政机关实施；给予吊销执业许可证书处罚的，由许可该律师事务所设立的省、自治区、直辖市司法行政机关实施。

二、律师应受行政处罚的行为

与1996年《律师法》相比，2017年《律师法》在律师违法行为的规定方面层次更为鲜明、逻辑更为清晰。对这些违法行为，2017年《律师法》按照性质的严重性，从轻到重，分别规定在第47条、第48条和第49条中。

2017年《律师法》第47条规定，律师有下列行为之一的，由设区的市级或者直辖市的区人民政府司法行政部门给予警告，可以处5 000元以下的罚款；有违法所得的，没收违法所得；情节严重的，给予停止执业3个月以下的处罚：

（1）同时在两个以上律师事务所执业的。这包括以下情形：1）在律师事务所执业的同时又在其他律师事务所或者社会法律服务机构执业的；2）在获准变更执业机构前以拟变更律师事务所律师的名义承办业务，或者在获准变更后仍以原所在律师事务所律师的名义承办业务的。

（2）以不正当手段承揽业务的。这包括以下情形：1）以误导、利诱、威胁或者作虚假承诺等方式承揽业务的；2）以支付介绍费、给予回扣、许诺提供利益等方式承揽业务的；3）以对本人及所在律师事务所进行不真实、不适当宣传或者诋毁其他律师、律师事务所声誉等方式承揽业务的；4）在律师事务所住所以外设立办公室、接待室承揽业务的。

（3）在同一案件中为双方当事人担任代理人，或者代理与本人及其近亲属有利益冲突的法律事务的。这包括以下情形：1）在同一民事诉讼、行政诉讼或者非诉讼法律事务中同时为有利益冲突的当事人担任代理人或者提供相关法律服务的；2）在同一刑事案件中同时为被告人和被害人担任辩护人、代理人，或者同时为2名以上的犯罪嫌疑人、被告人担任辩护人的；3）担任法律顾问期间，为与顾问单位有利益冲突的当事人提供法律服务的；4）曾担任法官、检察官的律师，以代理人、辩护人的身份承办原任职法院、检察院办理过的案件的；5）曾经担任仲裁员或者仍在担任仲裁员的律师，以代理人身份承办本人原任职或者现任职的仲裁机构办理的案件的。

(4) 从人民法院、人民检察院离任后2年内担任诉讼代理人或者辩护人的。这还包括曾经担任法官、检察官的律师，从人民法院、人民检察院离任后2年内，以其他方式参与所在律师事务所承办的诉讼法律事务的情形。

(5) 拒绝履行法律援助义务的。这包括以下情形：1）无正当理由拒绝接受律师事务所或者法律援助机构指派的法律援助案件的；2）接受指派后，懈怠履行或者擅自停止履行法律援助职责的。

2017年《律师法》第48条规定，律师有下列行为之一的，由设区的市级或者直辖市的区人民政府司法行政部门给予警告，可以处1万元以下的罚款；有违法所得的，没收违法所得；情节严重的，给予停止执业3个月以上6个月以下的处罚。

(1) 私自接受委托、收取费用，接受委托人财物或者其他利益的。这包括以下情形：1）违反统一接受委托规定或者在被处以停止执业期间，私自接受委托，承办法律事务的；2）违反收费管理规定，私自收取、使用、侵占律师服务费以及律师异地办案差旅费用的；3）在律师事务所统一收费外又向委托人索要其他费用、财物或者获取其他利益的；4）向法律援助受援人索要费用或者接受受援人的财物或者其他利益的。

(2) 接受委托后，无正当理由，拒绝辩护或者代理，不按时出庭参加诉讼或者仲裁的。律师接受委托后，除有下列情形之外，拒绝辩护或者代理，不按时出庭参加诉讼或者仲裁的，属于“接受委托后，无正当理由，拒绝辩护或者代理，不按时出庭参加诉讼或者仲裁”的违法行为：1）委托事项违法，或者委托人利用律师提供的法律服务从事违法活动的；2）委托人故意隐瞒与案件有关的重要事实或者提供虚假、伪造的证据材料的；3）委托人不履行委托合同约定义务的；4）律师因患严重疾病或者受到停止执业以上行政处罚的；5）其他依法可以拒绝辩护、代理的。

(3) 利用提供法律服务的便利牟取当事人争议的权益的。这包括以下情形：1）采用诱导、欺骗、胁迫、敲诈等手段获取当事人与他人争议的财物、权益的；2）指使、诱导当事人将争议的财物、权益转让、出售、租赁给他人，并从中获取利益的。

(4) 泄露商业秘密或者个人隐私的。律师未经委托人或者其他当事人的授权或者同意，在承办案件的过程中或者结束后，擅自披露、散布在执业中知悉的委托人或者其他当事人的商业秘密、个人隐私或者其他不愿泄露的情况和信息的，属于该“泄露商业秘密或者个人隐私的”违法行为。

2017年《律师法》第49条规定，律师有下列行为之一的，由设区的市级或者直辖市的区人民政府司法行政部门给予停止执业6个月以上1年以下的处罚，可以处5万元以下的罚款；有违法所得的，没收违法所得；情节严重的，由省、自治区、直辖市人民政府司法行政部门吊销其律师执业证书；构成犯罪的，依法追究刑事责任。

(1) 违反规定会见法官、检察官、仲裁员以及其他有关工作人员，或者以其他不正当方式影响依法办理案件的。这包括以下情形：1）在承办代理、辩护业务期间，以影响案件办理结果为目的，在非工作时间、非工作场所会见法官、检察官、仲裁员或者其他有关工作人员的；2）利用与法官、检察官、仲裁员或者其他有关工作人员的特殊关系，影响依法办理案件的；3）以对案件进行歪曲、不实、有误导性的宣传或者诋毁有关办案机关和工作人员以及对方当事人声誉等方式，影响依法办理案件的。

（2）向法官、检察官、仲裁员以及其他有关工作人员行贿，介绍贿赂或者指使、诱导当事人行贿的。这包括以下情形：1）利用承办案件的法官、检察官、仲裁员以及其他工作人员或者其近亲属举办婚丧喜庆事宜等时机，以向其馈赠礼品、金钱、有价证券等方式行贿的；2）以装修住宅、报销个人费用、资助旅游娱乐等方式向法官、检察官、仲裁员以及其他工作人员行贿的；3）以提供交通工具、通讯工具、住房或者其他物品等方式向法官、检察官、仲裁员以及其他工作人员行贿的；4）以影响案件办理结果为目的，直接向法官、检察官、仲裁员以及其他工作人员行贿、介绍贿赂或者指使、诱导当事人行贿的。

（3）向司法行政部门提供虚假材料或者有其他弄虚作假行为的。这包括以下情形：1）在司法行政机关实施检查、监督工作中，向其隐瞒真实情况，拒不提供或者提供不实、虚假材料，或者隐匿、毁灭、伪造证据材料的；2）在参加律师执业年度考核、执业评价、评先创优活动中，提供不实、虚假、伪造的材料或者有其他弄虚作假行为的；3）在申请变更执业机构、办理执业终止、注销等手续时，提供不实、虚假、伪造的材料的。

（4）故意提供虚假证据或者威胁、利诱他人提供虚假证据，妨碍对方当事人合法取得证据的。这包括以下情形：1）故意向司法机关、行政机关或者仲裁机构提交虚假证据，或者指使、威胁、利诱他人提供虚假证据的；2）指示或者帮助委托人或者他人伪造、隐匿、毁灭证据，指使或者帮助犯罪嫌疑人、被告人串供，威胁、利诱证人不作证或者作伪证的；3）妨碍对方当事人及其代理人、辩护人合法取证的，或者阻止他人向案件承办机关或者对方当事人提供证据的。

（5）接受对方当事人财物或者其他利益，与对方当事人或者第三人恶意串通，侵害委托人权益的。这包括以下情形：1）向对方当事人或者第三人提供不利于委托人的信息或者证据材料的；2）与对方当事人或者第三人恶意串通、暗中配合，妨碍委托人合法行使权利的；3）接受对方当事人财物或者其他利益，故意延误、懈怠或者不依法履行代理、辩护职责，给委托人及委托事项的办理造成不利影响和损失的。

（6）扰乱法庭、仲裁庭秩序，干扰诉讼、仲裁活动的正常进行的。这包括以下情形：1）在法庭、仲裁庭上发表或者指使、诱导委托人发表扰乱诉讼、仲裁活动正常进行的言论的；2）阻止委托人或者其他诉讼参与人出庭，致使诉讼、仲裁活动不能正常进行的；3）煽动、教唆他人扰乱法庭、仲裁庭秩序的；（4）无正当理由，当庭拒绝辩护、代理，拒绝签收司法文书或者拒绝在有关诉讼文书上签署意见的。

（7）煽动、教唆当事人采取扰乱公共秩序、危害公共安全等非法手段解决争议的。这包括以下情形：1）煽动、教唆当事人采取非法集会、游行示威，聚众扰乱公共场所秩序、交通秩序，围堵、冲击国家机关等非法手段表达诉求，妨害国家机关及其工作人员依法履行职责，抗拒执法活动或者判决执行的；2）利用媒体或者其他方式，煽动、教唆当事人以扰乱公共秩序、危害公共安全等手段干扰诉讼、仲裁及行政执法活动正常进行的。

（8）发表危害国家安全、恶意诽谤他人、严重扰乱法庭秩序的言论的。这包括以下情形：1）在承办代理、辩护业务期间，发表、散布危害国家安全，恶意诽谤法官、检察官、仲裁员及对方当事人、第三人，严重扰乱法庭秩序的言论的；2）在执业期间，发表、制作、传播危害国家安全的言论、信息、音像制品或者支持、参与、实施以危害国家安全为目的活动的。

（9）泄露国家秘密的。这包括故意或者过失泄露在执业中知悉的国家秘密两种情形。

律师因违反上述规定，在受到警告处罚后 1 年内又发生应当给予警告处罚情形的，由设区的市级或者直辖市的区人民政府司法行政部门给予停止执业 3 个月以上 1 年以下的处罚；在受到停止执业处罚期满后 2 年内又发生应当给予停止执业处罚情形的，由省、自治区、直辖市人民政府司法行政部门吊销其律师执业证书。

司法部 2010 年《律师和律师事务所违法行为处罚办法》第 40 条规定："律师在受到警告处罚后一年内又发生应当给予警告处罚情形的，应当给予停止执业三个月以上一年以下的处罚；在受到停止执业处罚期限未满或者期满后二年内又发生应当给予停止执业处罚情形的，应当吊销律师执业证书。"

2017 年《律师法》第 53 条第 1 款规定，受到 6 个月以上停止执业处罚的律师，处罚期满未逾 3 年的，不得担任合伙人。司法部 2006 年《关于受到停止执业行政处罚的律师事务所合伙人能否继续担任合伙人问题的批复》[①] 曾规定，受到停止执业行政处罚的律师事务所合伙人，在停业期间不具备合法有效的执业条件。因此，对于受到停止执业行政处罚的律师事务所合伙人，应认定在停业期间不再具有担任合伙人的资格。2017 年《律师法》第 53 条第 1 款是对这一规定进一步细化。与此同时，2017 年《律师法》第 14 条规定，律师事务所设立人应当是具有一定的执业经历，且 3 年内未受过停止执业处罚的律师；受到停止执业行政处罚的合伙人在停止执业期满后 3 年内也不能成为律师事务所的合伙人。司法部 2010 年《律师和律师事务所违法行为处罚办法》第 47 条第 1 款重申了该规定："律师受到停止执业处罚期限未满的，不得申请变更执业机构；受到六个月以上停止执业处罚的，执行处罚的期间以及期满未逾三年的，不得担任合伙人。"[②]

① 司复〔2006〕22 号，已失效。

② 司法部 2018 年《律师事务所管理办法》第 286 条第 2 款也规定："受到六个月以上停止执业处罚的律师，处罚期满未逾三年的，不得担任合伙人。"

律师因故意犯罪受到刑事处罚的，由省、自治区、直辖市人民政府司法行政部门吊销其律师执业证书。[①] 根据司法部2010年《律师和律师事务所违法行为处罚办法》第42条，律师因故意犯罪受到刑事处罚的，包括“律师因违法执业构成故意犯罪受到刑事处罚”和“因非执业事由构成故意犯罪受到刑事处罚”两种情况。对此司法行政机关均应当吊销其律师执业证书。根据司法部2008年《关于因故意犯罪被判处缓刑的律师是否适用〈律师法〉第四十五条第二款规定的批复》[②]，缓刑属于刑罚的具体运用，宣告缓刑以犯罪分子受到特定种类的刑罚判决为前提。因此，律师因故意犯罪被判处有期徒刑并被宣告缓刑的，应当依法吊销其律师执业证书。

根据司法部2010年《律师和律师事务所违法行为处罚办法》第42条第2款，因过失犯罪受到刑事处罚的，在其服刑或者执行缓刑期间应当停止履行律师职务，刑期届满后可再申请恢复执业。

三、律师事务所应受行政处罚的行为

2017年《律师法》第50条规定，律师事务所有下列行为之一的，由设区的市级或者直辖市的区人民政府司法行政部门视其情节给予警告、停业整顿1个月以上6个月以下的处罚，可以处10万元以下的罚款；有违法所得的，没收违法所得；情节特别严重的，由省、自治区、直辖市人民政府司法行政部门吊销律师事务所执业证书。

（1）违反规定接受委托、收取费用的。这包括以下情形：1）违反规定不以律师事务所名义统一接受委托、统一收取律师服务费和律师异地办案差旅费，不向委托人出具有效收费凭证的；2）向委托人索要或者接受规定、合同约定之外的费用、财物或者其他利益的；3）纵容或者放任本所律师有“私自接受委托、收取费用，接受委托人财物或者其他利益的”违法行为的。

（2）违反法定程序办理变更名称、负责人、章程、合伙协议、住所、合伙人等重大事项的。这包括以下情形：1）不按规定程序办理律师事务所名称、负责人、章程、合伙协议、住所、合伙人、组织形式等事项变更报批或者备案的；2）不按规定的条件和程序发展合伙人，办理合伙人退伙、除名或者推选律师事务所负责人的；3）不按规定程序办理律师事务所分立、合并，设立分所，或者终止、清算、注销事宜的。

（3）从事法律服务以外的经营活动的。这包括以下情形：1）以独资、与他人合资或者委托持股方式兴办企业，并委派律师担任企业法定代表人或者总经理职务的；2）从事与法律服务无关的中介服务或者其他经营性活动的。

（4）以诋毁其他律师事务所、律师或者支付介绍费等不正当手段承揽业务的。律师事务所从事或者纵容、放任本所律师从事“以不正当手段承揽业务的”违法行为的，属于该违法行为情形。

---

① 参见2017年《律师法》第49条第2款。

② 司复〔2008〕2号。

（5）违反规定接受有利益冲突的案件的。这包括以下情形：1）指派本所律师担任同一诉讼案件的原告、被告代理人，或者同一刑事案件被告人辩护人、被害人代理人的；2）未按规定对委托事项进行利益冲突审查，指派律师同时或者先后为有利益冲突的非诉讼法律事务各方当事人担任代理人或者提供相关法律服务的；3）明知本所律师及其近亲属同委托事项有利益冲突，仍指派该律师担任代理人、辩护人或者提供相关法律服务的；4）纵容或者放任本所律师有“在同一案件中为双方当事人担任代理人，或者代理与本人及其近亲属有利益冲突的法律事务的”违法行为的。

（6）拒绝履行法律援助义务的。这包括以下情形：1）无正当理由拒绝接受法律援助机构指派的法律援助案件的；2）接受指派后，不按规定及时安排本所律师承办法律援助案件或者拒绝为法律援助案件的办理提供条件和便利的；3）纵容或者放任本所律师有该办法第9条规定的违法行为的。

（7）向司法行政部门提供虚假材料或者有其他弄虚作假行为的。这包括以下情形：1）在司法行政机关实施检查、监督工作时，故意隐瞒真实情况，拒不提供有关材料或者提供不实、虚假的材料，或者隐匿、毁灭、伪造证据材料的；2）在参加律师事务所年度检查考核、执业评价、评先创优活动中，提供不实、虚假、伪造的材料或者有其他弄虚作假行为的；3）在办理律师事务所重大事项变更、设立分所、分立、合并或者终止、清算、注销的过程中，提供不实、虚假、伪造的证明材料或者有其他弄虚作假行为的。

（8）对本所律师疏于管理，造成严重后果的。这包括以下情形：1）不按规定建立、健全内部管理制度，日常管理松懈、混乱，造成律师事务所无法正常运转的；2）不按规定对律师执业活动实行有效监督，或者纵容、袒护、包庇本所律师从事违法违纪活动，造成严重后果的；3）纵容或者放任律师在本所被处以停业整顿期间或者律师被处以停止执业期间继续执业的；4）不按规定接受年度检查考核，或者经年度检查考核被评定为“不合格”的；5）不按规定建立劳动合同制度，不依法为聘用律师和辅助人员办理失业、养老、医疗等社会保险的；6）有其他违法违规行为，造成严重后果的。

律师事务所因上述违法行为受到处罚的，对其负责人视情节轻重，给予警告或者处2万元以下的罚款。

律师事务所在受到停业整顿处罚期满后2年内又发生应当给予停业整顿处罚情形的，由省、自治区、直辖市人民政府司法行政部门吊销律师事务所执业证书。

司法部2010年《律师和律师事务所违法行为处罚办法》就对律师事务所的上述处罚又进行了补充性规定。该办法第40条第2款规定：“律师事务所在受到停业整顿处罚期限未满或者期满后二年内又发生应当给予停业整顿处罚情形的，应当吊销其律师事务所执业许可证书。”第47条第2款规定：“律师事务所受到停业整顿处罚期限未满的，不得自行决定解散，不得申请变更名称，不得申请分立、合并，不得申请设立分所；该所负责人、合伙人和对律师事务所受到停业整顿处罚负有直接责任的律师不得申请变更执业机构。”

四、中国证监会实施的行政处罚

为了加强对律师事务所从事证券法律业务活动的监督管理，规范律师在证券发行、上市和交易等活动中的执业行为，完善法律风险防范机制，维护证券市场秩序，保护投资者的合法权益，中国证监会、司法部2007年制定了《律师事务所从事证券法律业务管理办法》，对律师从事证券法律业务活动中的不当及违法行为规定了处罚措施。

该办法第31条规定，律师、律师事务所从事证券法律业务有下列情形之一的，中国证监会及其派出机构可以采取责令改正、监管谈话、出具警示函等措施：（1）未按照该办法第12条的规定勤勉尽责，对所依据的文件资料内容的真实性、准确性、完整性进行核查和验证；（2）未按照该办法第13条的规定编制核查和验证计划；（3）未按照该办法第17条的规定要求委托人予以纠正、补充，或者履行报告义务；（4）未按照该办法第22条的规定在法律意见中作出说明；（5）未按照该办法第23条的规定讨论复核法律意见；（6）未按照该办法第27条的规定履行告知义务；（7）法律意见的依据不适当或者不充分，法律分析有明显失误；（8）法律意见的结论不明确或者与核查和验证的结果不对应；（9）未按照该办法第18条的规定制作工作底稿；（10）未按照该办法第19条的规定保存工作底稿；（11）法律意见书不符合规定内容或者格式；（12）法律意见书等文件存在严重文字错误等文书质量问题；（13）违反业务规则的其他情形。

中国证监会及其派出机构作出监管谈话决定的，应当将监管谈话的对象、原因、时间、地点等以书面形式通知律师或者律师事务所负责人。律师或者律师事务所负责人应当按照通知要求，接受监管谈话。中国证监会及其派出机构对律师或者律师事务所负责人监管谈话，可以会同或者委托司法行政机关进行；进行监管谈话，应当有2名以上工作人员在场，并对监管谈话的内容作出书面记录。

中国证监会及其派出机构或者司法行政机关对律师、律师事务所采取责令改正、监管谈话、出具警示函等措施的，律师、律师事务所应当按照要求改正所存在的问题，提高证券法律业务水平。律师、律师事务所负责人未按照规定接受监管谈话，或者未按照要求改正所存在问题的，中国证监会及其派出机构或者司法行政机关可以责令其限期整改。

律师、律师事务所被中国证监会及其派出机构、司法行政机关立案调查或者责令整改的，在调查、整改期间，中国证监会及其派出机构暂不受理和审核该律师、律师事务所出具的法律意见书等文件。

该办法第36条规定，律师事务所及其指派的律师从事证券法律业务，违反《证券法》和有关证券管理的行政法规，应当给予行政处罚的，由中国证监会依据《证券法》和有关证券管理的行政法规实施处罚；需要对律师事务所给予停业整顿处罚、对律师给予停止执业或者吊销律师执业证书处罚的，由司法行政机关依法实施处罚。

该办法第37条规定，律师事务所从事证券法律业务，未勤勉尽责，所制作、出具的文件有虚假记载、误导性陈述或者重大遗漏的，由中国证监会依照《证券法》第223条①的规定实施处罚。

该办法第38条规定，律师事务所从事证券法律业务，未按照该办法第19条的规定保存工作底稿的，由中国证监会依照《证券法》第225条②的规定实施处罚。

该办法第39条规定，律师事务所从事证券法律业务，有该办法第31条第1项至第8项规定情形之一的，由中国证监会依照《证券法》第226条第3款③的规定实施处罚。

该办法第40条规定，律师从事证券法律业务，违反《证券法》、有关行政法规和该办法的规定，情节严重的，中国证监会可以依照《证券法》第233条④的规定，对其采取证券市场禁入的措施

第二节　律师的行业处分

一、行业处分的种类

律师协会行业处分是律师协会进行行业自律的重要机制。为了切实履行律师协会的职责，发挥行业自律的作用，规范对违法违纪会员的处分工作，维护律师行业执业秩序，中华全国律师协会1992年制定了《律师协会会员处分规则》。1999年，中华全国律师协会又印发了《律师协会会员违规行为处分规则（试行）》，并在2004年和2017年进行了修订。该规则系统规定了纪律处分的种类、程序等事项。

（一）对律师和律师事务所行业处分的种类

对律师和律师事务所的行业处分，是指律师协会依据行业规范对律师和律师事务所进行的纪律处分。对律师和律师事务所的行业处分，是律师惩戒制度的重要组成部分。根据中华全国律师协会2017年《律师协会会员违规行为处分规则（试行）》第15条，律师协会对会员违规行为作出的行业处分种类有：（1）训诫。训诫，是一种警示性的纪律处分措施，是最轻微的惩戒方式，适用于会员初次因过失违规或者违规情节显著轻微的情形。训诫采取口头或者书面方式实施。采取口头训诫的，应当制作笔录存档。（2）警告。警告，是一种较轻的纪律处分措施，适用于会员的行为已经构

① 现为2019年《证券法》第213条。
② 现为2019年《证券法》第214条。
③ 现为2019年《证券法》第213条第3款。
④ 现为2019年《证券法》第221条。

成了违规，但情节较轻，应当予以及时纠正和警示的情形。(3) 通报批评。(4) 公开谴责。通报批评、公开谴责适用于会员故意违规、违规情节严重，或者经警告、训诫后再次违规的情形。(5) 中止会员权利 1 个月以上 1 年以下。中止会员权利 1 个月以上 1 年以下，是指在会员权利中止期间，暂停会员享有律师协会章程规定的全部会员权利，但并不免除该会员的义务。(6) 取消会员资格。取消会员资格适用于律师协会会员极其严重的违规行为。

律师协会决定给予警告及以上处分的，可以同时责令违规会员接受专门培训或者限期整改。专门培训可以采取集中培训、增加常规培训课时或者律师协会认可的其他方式进行。限期整改是指要求违规会员依据律师协会的处分决定或者整改意见书履行特定义务，包括：(1) 责令会员向委托人返还违规收取的律师服务费及其他费用；(2) 责令会员因不尽职或者不称职服务而向委托人退还部分或者全部已收取的律师服务费；(3) 责令会员返还违规占有的委托人提供的原始材料或者实物；(4) 责令会员因利益冲突退出代理或者辞去委托；(5) 责令会员向委托人开具合法票据、向委托人书面致歉或者当面赔礼道歉等；(6) 责令就某类专项业务连续发生违规执业行为的律师事务所或者律师进行专项整改，未按要求完成整改的，另行给予单项处分；(7) 律师协会认为必要的其他整改措施。

(二) 行业处分权限

训诫、警告、通报批评、公开谴责、中止会员权利 1 个月以上 1 年以下的纪律处分由省、自治区、直辖市律师协会或者设区的市律师协会作出；取消会员资格的纪律处分由省、自治区、直辖市律师协会作出；设区的市律师协会可以建议省、自治区、直辖市律师协会依中华全国律师协会 2017 年《律师协会会员违规行为处分规则（试行)》给予会员取消会员资格的纪律处分。

省、自治区、直辖市律师协会或者设区的市律师协会拟对违规会员作出中止会员权利 1 个月以上 1 年以下的纪律处分决定时，可以事先或者同时建议同级司法行政机关依法对该会员给予相应期限的停业整顿或者停止执业的行政处罚；会员被司法行政机关依法给予相应期限的停业整顿或者停止执业行政处罚的，该会员所在的律师协会应当直接对其作出中止会员权利相应期限的纪律处分决定；省、自治区、直辖市律师协会拟对违规会员作出取消会员资格的纪律处分决定时，应当事先建议同级司法行政机关依法吊销该会员的执业证书；会员被司法行政机关依法吊销执业证书的，该会员所在的省、自治区、直辖市律师协会应当直接对其作出取消会员资格的纪律处分决定。

二、违规行为与处分适用

中华全国律师协会 2017 年《律师协会会员违规行为处分规则（试行)》第四章规定了九类应受处分的违规行为及其应受处分。

（一）利益冲突行为

具有以下利益冲突行为之一的，给予训诫、警告或者通报批评的纪律处分；情节严重的，给予公开谴责、中止会员权利 3 个月以下的纪律处分：（1）律师在同一案件中为双方当事人担任代理人，或代理与本人或者其近亲属有利益冲突的法律事务的；（2）律师办理诉讼或者非诉讼业务，其近亲属是对方当事人的法定代表人或者代理人的；（3）曾经亲自处理或者审理过某一事项或者案件的行政机关工作人员、审判人员、检察人员、仲裁员，成为律师后又办理该事项或者案件的；（4）同一律师事务所的不同律师同时担任同一刑事案件的被害人的代理人和犯罪嫌疑人、被告人的辩护人，但在该县区域内只有一家律师事务所且事先征得当事人同意的除外；（5）在民事诉讼、行政诉讼、仲裁案件中，同一律师事务所的不同律师同时担任争议双方当事人的代理人，或者本所或其工作人员为一方当事人，本所其他律师担任对方当事人的代理人的；（6）在非诉讼业务中，除各方当事人共同委托外，同一律师事务所的律师同时担任彼此有利害关系的各方当事人的代理人的；（7）在委托关系终止后，同一律师事务所或同一律师在同一案件后续审理或者处理中又接受对方当事人委托的；（8）担任法律顾问期间，为顾问单位的对方当事人或者有利益冲突的当事人代理、辩护的；（9）曾经担任法官、检察官的律师从人民法院、人民检察院离任后，2 年内以律师身份担任诉讼代理人或者辩护人；（10）担任所在律师事务所其他律师任仲裁员的仲裁案件代理人的；（11）其他依据律师执业经验和行业常识能够判断为应当主动回避且不得办理的利益冲突情形。①

未征得各方委托人的同意而从事以下代理行为之一的，给予训诫、警告或者通报批评的纪律处分：（1）接受民事诉讼、仲裁案件一方当事人的委托，而同所的其他律师是该案件中对方当事人的近亲属的；（2）担任刑事案件犯罪嫌疑人、被告人的辩护人，而同所的其他律师是该案件被害人的近亲属的；（3）同一律师事务所接受正在代理的诉讼案件或者非诉讼业务当事人的对方当事人所委托的其他法律业务的；（4）律师事务所与委托人存在法律服务关系，在某一诉讼或仲裁案件中该委托人未要求该律师事务所律师担任其代理人，而该律师事务所律师担任该委托人对方当事人的代理人的；（5）在委托关系终止后一年内，律师又就同一法律事务接受与原委托人有利害关系的对方当事人的委托的；（6）其他与上述第一至第五项情况相似，且依据律师执业经验和行业常识能够判断的其他情形。②

（二）代理不尽责行为

提供法律服务不尽责，具有以下情形之一的，给予训诫、警告或者通报批评的纪律处分；情节严重的，给予公开谴责、中止会员权利 3 个月以上 1 年以下或者取消会员资格的纪律处分：（1）超越委托权限，从事代理活动的。（2）接受委托后，无正当

① 参见中华全国律师协会 2017 年《律师协会会员违规行为处分规则（试行）》第 20 条。

② 参见中华全国律师协会 2017 年《律师协会会员违规行为处分规则（试行）》第 21 条。

理由，不向委托人提供约定的法律服务的，拒绝辩护或者代理的，包括：不及时调查了解案情，不及时收集、申请保全证据材料，或者无故延误参与诉讼、申请执行，逾期行使撤销权、异议权等权利，或者逾期申请办理批准、登记、变更、披露、备案、公告等手续，给委托人造成损失的。(3) 无正当理由拒绝接受律师事务所或者法律援助机构指派的法律援助案件的，或者接受指派后，拖延、懈怠履行或者擅自停止履行法律援助职责的，或者接受指派后，未经律师事务所或者法律援助机构同意，擅自将法律援助案件转交其他人员办理的。(4) 因过错导致出具的法律意见书存在重大遗漏或者错误，给当事人或者第三人造成重大损失的，或者对社会公共利益造成危害的。①

利用提供法律服务的便利，具有以下情形之一的，给予训诫、警告或者通报批评的纪律处分；情节严重的，给予公开谴责、中止会员权利 3 个月以上 1 年以下或者取消会员资格的纪律处分：(1) 利用提供法律服务的便利牟取当事人利益；接受委托后，故意损害委托人利益的；(2) 接受对方当事人的财物及其他利益，与对方当事人、第三人恶意串通，向对方当事人、第三人提供不利于委托人的信息、证据材料，侵害委托人的权益；(3) 为阻挠当事人解除委托关系，威胁、恐吓当事人或者扣留当事人提供的材料的。②

(三) 泄露秘密或者隐私的行为

泄露当事人的商业秘密或者个人隐私的，给予警告、通报批评或者公开谴责的纪律处分；情节严重的，给予中止会员权利 3 个月以上 6 个月以下的纪律处分。③

违反规定披露、散布不公开审理案件的信息、材料，或者本人、其他律师在办案过程中获悉的有关案件重要信息、证据材料的，给予通报批评、公开谴责或者中止会员权利 6 个月以上 1 年以下的纪律处分；情节严重的，给予取消会员资格的纪律处分。④

泄露国家秘密的，给予公开谴责、中止会员权利 6 个月以上 1 年以下的纪律处分；情节严重的，给予取消会员资格的纪律处分。⑤

(四) 违规收案、收费的行为

违规收案、收费具有以下情形之一的，给予训诫、警告或者通报批评的纪律处分；情节严重的，给予公开谴责、中止会员权利 1 个月以上 1 年以下或者取消会员资格的纪律处分：(1) 不按规定与委托人签订书面委托合同的；(2) 不按规定统一接受委托、签订书面委托合同和收费合同，统一收取委托人支付的各项费用的，或者不按规定统一保管、使用律师服务专用文书、财务票据、业务档案的；(3) 私自接受委

① 参见中华全国律师协会 2017 年《律师协会会员违规行为处分规则（试行）》第 22 条。
② 参见中华全国律师协会 2017 年《律师协会会员违规行为处分规则（试行）》第 23 条。
③ 参见中华全国律师协会 2017 年《律师协会会员违规行为处分规则（试行）》第 24 条。
④ 参见中华全国律师协会 2017 年《律师协会会员违规行为处分规则（试行）》第 25 条。
⑤ 参见中华全国律师协会 2017 年《律师协会会员违规行为处分规则（试行）》第 26 条。

托，私自向委托人收取费用，或者收取规定、约定之外的费用或者财物的；违反律师服务收费管理规定或者收费协议约定，擅自提高收费的；（4）执业期间以非律师身份从事有偿法律服务的；（5）不向委托人开具律师服务收费合法票据，或者不向委托人提交办案费用开支有效凭证的；（6）在实行政府指导价的业务领域违反规定标准收取费用，或者违反风险代理管理规定收取费用。[①]

假借法官、检察官、仲裁员以及其他工作人员的名义或者以联络、酬谢法官、检察官、仲裁员以及其他工作人员为由，向当事人索取财物或者其他利益的，给予公开谴责或者中止会员权利 3 个月以上 6 个月以下的纪律处分。[②]

（五）不正当竞争行为

具有下列以不正当手段争揽业务的行为之一的，给予训诫、警告或者通报批评的纪律处分；情节严重的，给予公开谴责、中止会员权利 1 个月以上 1 年以下或者取消会员资格的纪律处分：（1）为争揽业务，向委托人作虚假承诺的；（2）向当事人明示或者暗示与办案机关、政府部门及其工作人员有特殊关系的；（3）利用媒体、广告或者其他方式进行不真实或者不适当宣传的；（4）以支付介绍费等不正当手段争揽业务的；（5）在事前和事后为承办案件的法官、检察官、仲裁员牟取物质的或非物质的利益，为了争揽案件事前和事后给予有关人员物质的或非物质利益的；（6）以在司法机关、监管场所周边违规设立办公场所、散发广告、举牌等不正当手段争揽业务的。[③]

具有下列不正当竞争行为之一的，给予通报批评、公开谴责或者中止会员权利 1 个月以上 1 年以下的纪律处分；情节严重的，给予取消会员资格的纪律处分：（1）捏造、散布虚假事实，损害、诋毁其他律师、律师事务所声誉的；（2）哄骗、唆使当事人提起诉讼，制造、扩大矛盾，影响社会稳定的；（3）利用与司法机关、行政机关或其他具有社会管理职能组织的关系，进行不正当竞争的。[④]

（六）妨碍司法公正的行为

承办案件期间，为了不正当目的，在非工作期间、非工作场所，会见承办法官、检察官、仲裁员或者其他有关工作人员，或者违反规定单方面会见法官、检察官、仲裁员的，给予中止会员权利 6 个月以上 1 年以下的纪律处分；情节严重的，给予取消会员资格的纪律处分。[⑤]

利用与法官、检察官、仲裁员以及其他有关工作人员的特殊关系，打探办案机关内部对案件的办理意见，承办其介绍的案件，影响依法办理案件的，给予中止会员权利 6 个月以上一年以下的纪律处分；情节严重的，给予取消会员资格的纪律处分。[⑥]

① 参见中华全国律师协会 2017 年《律师协会会员违规行为处分规则（试行）》第 27 条。
② 参见中华全国律师协会 2017 年《律师协会会员违规行为处分规则（试行）》第 28 条。
③ 参见中华全国律师协会 2017 年《律师协会会员违规行为处分规则（试行）》第 29 条。
④ 参见中华全国律师协会 2017 年《律师协会会员违规行为处分规则（试行）》第 30 条。
⑤ 参见中华全国律师协会 2017 年《律师协会会员违规行为处分规则（试行）》第 31 条。
⑥ 参见中华全国律师协会 2017 年《律师协会会员违规行为处分规则（试行）》第 32 条。

向法官、检察官、仲裁员及其他有关工作人员行贿，许诺提供利益、介绍贿赂或者指使、诱导当事人行贿的，给予中止会员权利6个月以上1年以下的纪律处分；情节严重的，给予取消会员资格的纪律处分。①

（七）以不正当方式影响依法办理案件的行为

影响司法机关依法办理案件，具有以下情形之一的，给予中止会员权利6个月以上1年以下的纪律处分；情节严重的给予取消会员资格的纪律处分：（1）未经当事人委托或者法律援助机构指派，以律师名义为当事人提供法律服务、介入案件，干扰依法办理案件的；（2）对本人或者其他律师正在办理的案件进行歪曲、有误导性的宣传和评论，恶意炒作案件的；（3）以串联组团、联署签名、发表公开信、组织网上聚集、声援等方式或者借个案研讨之名，制造舆论压力，攻击、诋毁司法机关和司法制度的；（4）以煽动、教唆和组织当事人或者其他人员到司法机关或者其他国家机关静坐、举牌、打横幅、喊口号、声援、围观等扰乱公共秩序、危害公共安全的非法手段，聚众滋事，制造影响，向有关机关施加压力的；（5）发表、散布否定宪法确立的根本政治制度、基本原则和危害国家安全的言论，利用网络、媒体挑动对党和政府的不满，发起、参与危害国家安全的组织或者支持、参与、实施危害国家安全的活动的；（6）以歪曲事实真相、明显违背社会公序良俗等方式，发表恶意诽谤他人的言论，或者发表严重扰乱法庭秩序的言论的。②

不遵守法庭、仲裁庭纪律，监管场所规定、行政处理规则，具有以下情形之一的，给予中止会员权利6个月以上1年以下的纪律处分；情节严重的，给予取消会员资格的纪律处分：（1）会见在押犯罪嫌疑人、被告人时，违反有关规定，携带犯罪嫌疑人、被告人的近亲属或者其他利害关系人会见，将通讯工具提供给在押犯罪嫌疑人、被告人使用，或者传递物品、文件；（2）无正当理由，拒不按照人民法院通知出庭参与诉讼，或者违反法庭规则，擅自退庭；（3）聚众哄闹、冲击法庭，侮辱、诽谤、威胁、殴打司法工作人员或者诉讼参与人，否定国家认定的邪教组织的性质，或者有其他严重扰乱法庭秩序的行为。③

故意向司法机关、仲裁机构或者行政机关提供虚假证据，或者威胁、利诱他人提供虚假证据，妨碍对方当事人合法取得证据的，给予中止会员权利6个月以上1年以下的纪律处分；情节严重的，给予取消会员资格的纪律处分。④

（八）违反司法行政管理或者行业管理的行为

同时在两个律师事务所以上执业的或同时在律师事务所和其他法律服务机构执业的，给予警告、通报批评或者公开谴责的纪律处分；情节严重的，给予中止会员权利

① 参见中华全国律师协会2017年《律师协会会员违规行为处分规则（试行）》第33条。
② 参见中华全国律师协会2017年《律师协会会员违规行为处分规则（试行）》第34条。
③ 参见中华全国律师协会2017年《律师协会会员违规行为处分规则（试行）》第35条。
④ 参见中华全国律师协会2017年《律师协会会员违规行为处分规则（试行）》第36条。

1个月以上3个月以下的纪律处分。[1]

不服从司法行政管理或者行业管理，具有以下情形之一的，给予中止会员权利6个月以上1年以下的纪律处分；情节严重的，给予取消会员资格的纪律处分：（1）向司法行政机关或者律师协会提供虚假材料、隐瞒重要事实或者有其他弄虚作假行为的；（2）在受到停止执业处罚期间，或者在律师事务所被停业整顿、注销后继续执业的；（3）因违纪行为受到行业处分后在规定的期限内拒不改正的。[2]

律师事务所疏于管理，具有下列情形之一的，给予警告、通报批评或者公开谴责的纪律处分；情节严重的，给予中止会员权利1个月以上6个月以下的纪律处分；情节特别严重的，给予取消会员资格的纪律处分：（1）不按规定建立健全执业管理和其他各项内部管理制度，规范本所律师执业行为，履行监管职责，对本所律师遵守法律、法规、规章及行业规范，遵守职业道德和执业纪律的情况不予监督，发现问题未及时纠正的；（2）聘用律师或者其他工作人员，不按规定与应聘者签订聘用合同，不为其办理社会统筹保险的；（3）不依法纳税的；（4）受到停业整顿处罚后拒不改正，或者在停业整顿期间继续执业的；（5）允许或者默许受到停止执业处罚的本所律师继续执业的；（6）未经批准，擅自在住所以外的地方设立办公点、接待室，或者擅自设立分支机构的；（7）恶意逃避律师事务所及其分支机构债务的；（8）律师事务所无正当理由拒绝接受法律援助机构指派的法律援助案件；或者接受指派后，不按规定及时安排本所律师承办法律援助案件或者拒绝为法律援助案件的办理提供条件和便利的；（9）允许或者默许本所律师为承办案件的法官、检察官、仲裁员牟取物质的或非物质的利益的；允许或者默许给予有关人员物质的或非物质利益的。[3]

律师事务所具有下列情形之一的，给予警告、通报批评或者公开谴责的纪律处分；情节严重的，给予中止会员权利1个月以上6个月以下的纪律处分；情节特别严重的，给予取消会员资格的纪律处分：（1）使用未经核定的律师事务所名称从事活动，或者擅自改变、出借律师事务所名称的；（2）变更名称、章程、负责人、合伙人、住所、合伙人协议等事项，未在规定的时间内办理变更登记的；（3）采取不正当手段阻挠合伙人、合作人、律师退所的；（4）将不符合规定条件的人员发展为合伙人或者推选为律师事务所负责人的；（5）以独资、与他人合资或者委托持股方式兴办企业，并委派律师担任企业法定代表人、总经理职务，或者从事与法律服务无关的中介服务和其他经营性活动的；（6）采用出具或者提供律师事务所介绍信、律师服务专用文书、收费票据等方式，为尚未取得律师执业证书的人员或者其他律师事务所的律师违法执业提供便利的；（7）为未取得律师执业证的人员印制律师名片、标志或者出具

① 参见中华全国律师协会2017年《律师协会会员违规行为处分规则（试行）》第37条。
② 参见中华全国律师协会2017年《律师协会会员违规行为处分规则（试行）》第38条。
③ 参见中华全国律师协会2017年《律师协会会员违规行为处分规则（试行）》第39条。

其他有关律师身份证明，或者已知本所人员有上述行为而不制止的。[①]

（九）其他应处分的违规行为

有其他违反法律、法规、规章和行业规范的行为的，依据上述规则给予相应的纪律处分。[②]

律师事务所放任、怂恿或者指使律师从事违法违规行为的，与违法违规律师一并予以相应的处分。[③]

（十）时效问题

中华全国律师协会 2017 年《律师协会会员违规行为处分规则（试行）》第 91 条规定：会员违规行为自发生之日起两年内未被发现的，不再予以立案。该期限，从违规行为发生之日起计算，违规行为有连续或者继续状态的，从行为实施终了之日起计算。违规行为情节或者后果严重的，超过该期限仍需给予纪律处分，由惩戒委员会全体委员三分之二以上多数决定。

会员受到行政处罚或者刑事处罚后，还应当给予相应的行业纪律处分的，自行政处罚决定或者刑罚处罚的司法裁决生效之日起计算上述处分时效。

第三节　律师的民事责任

律师的民事责任，是指律师和律师事务所在执业活动中，因为违法执业或者过错给当事人造成损失，所应当承担的民事责任。关于律师民事责任的法律制度，叫作律师责任赔偿制度。律师责任赔偿制度是律师制度的重要组成部分，已经为大多数国家所确立。我国恢复律师制度后，由于主、客观原因，并没有在 1980 年《律师暂行条例》中对该制度加以规定。随着律师事业的发展，律师的责任赔偿问题也日益突出，迫切需要立法予以明确规定。1991 年，司法部报送国务院审议的《律师法》送审稿中，对律师责任赔偿制度作了规定。司法部 1993 年《律师职业道德和执业纪律规范》规定："律师因违反执业纪律给当事人造成损失，由其所在的律师事务所实行责任赔偿的，该律师事务所可视损失大小及情节轻重责成该律师承担部分或全部赔偿费用。"1996 年《律师法》在这些规定的基础上进一步发展和完善了律师责任赔偿制度。2017 年《律师法》第 54 条规定："律师违法执业或者因过错给当事人造成损失的，由其所在的律师事务所承担赔偿责任。律师事务所赔偿后，可以向有故意或者重大过失行为的律师追偿。"司法部 2010 年《律师和律师事务所违法行为处罚办法》第 46 条规定："律师、律师事务所因违法执业受到行政处罚，其违法行为对当事人或者第

① 参见中华全国律师协会 2017 年《律师协会会员违规行为处分规则（试行）》第 40 条。
② 参见中华全国律师协会 2017 年《律师协会会员违规行为处分规则（试行）》第 41 条。
③ 参见中华全国律师协会 2017 年《律师协会会员违规行为处分规则（试行）》第 42 条。

三人造成损害的，应当依法承担相应的民事责任。”“因律师违法行为造成律师事务所承担赔偿责任的，律师事务所赔偿后可以向有故意或者重大过失行为的律师追偿。”

根据上述规定，律师民事责任的主体是律师事务所。各种形式的律师事务所的民事责任形式存在差别。普通合伙律师事务所的合伙人对律师事务所的债务承担无限连带责任。特殊的普通合伙律师事务所一个合伙人或者数个合伙人在执业活动中因故意或者重大过失造成律师事务所债务的，应当承担无限责任或者无限连带责任，其他合伙人以其在律师事务所中的财产份额为限承担责任；合伙人在执业活动中非因故意或者重大过失造成的律师事务所债务，由全体合伙人承担无限连带责任。个人律师事务所的设立人对律师事务所的债务承担无限责任。国家出资设立的律师事务所以其全部资产对其债务承担责任。[①]

司法部2001年《关于律师事务所不承担律师私刻印章并私自接受委托行为的相关法律责任的批复》规定[②]：律师事务所是律师的执业机构，律师应当在律师事务所执业，律师承办业务由律师事务所统一接受委托，与委托人签订书面委托合同，律师不得私自接受委托承办业务。因此，只有在律师事务所统一接受委托并指派律师承办业务的情况下，受指派的律师违法执业或者因过错给当事人造成损失时，其所属律师事务所才承担相应的法律责任。律师私自刻制所属律师事务所印章并私自接受委托，属于该律师的个人行为，律师事务所对其行为和后果不应当承担法律责任，应当依据有关法律规定追究其个人责任。

思考题

1. 司法行政机关对律师的行政处罚有哪些种类？
2. 司法行政机关对律师事务所的行政处罚有哪些种类？
3. 中国证监会对律师的行政处罚有哪些？
4. 律师协会对律师的行业处分有哪些种类？
5. 我国法律关于律师的民事责任是如何规定的？

① 参见司法部2018年《律师事务所管理办法》第53条。
② 司复〔2001〕9号。

第十六章

法官职业伦理

第一节　法官职业伦理概述

一、法官职业伦理的概念和特点

法官职业伦理，是指法官、法官辅助人员以及其他相关人员在与其职业身份有关的活动中应当遵守的行为规范的总称。

首先，法官职业伦理适用于法官及其辅助人员。最高人民法院 2010 年《法官职业道德基本准则》第 27 条规定："人民陪审员依法履行审判职责期间，应当遵守本准则。人民法院其他工作人员参照执行本准则。"最高人民法院、司法部 2019 年《人民陪审员培训、考核、奖惩工作办法》第 8 条规定："人民陪审员依法履行审判职责期间，应当遵守《中华人民共和国法官职业道德基本准则》。"2010 年《法官行为规范》第 94 条规定："人民陪审员以及人民法院其他工作人员参照本规范执行，法官退休后应当参照本规范有关要求约束言行。"最高人民法院 2011 年《关于审判人员在诉讼活动中执行回避制度若干问题的规定》第 13 条规定："本规定所称审判人员，包括各级人民法院院长、副院长、审判委员会委员、庭长、副庭长、审判员和助理审判员。""本规定所称法院其他工作人员，是指审判人员以外的在编工作人员。"第 14 条规定："人民陪审员、书记员和执行员适用审判人员回避的有关规定，但不属于本规定第十三条所规定人员的，不适用本规定第八条、第九条的规定。"根据 2019 年《法官法》及上述规定，法官职业伦理所适用于的法官，是指依法行使国家审判权的审判人员，包括：最高人民法院、地方各级人民法院和军事法院等专门人民法院的院长、副院长、审判委员会委员、庭长、副庭长和审判员；法官的辅助人员，包括书记员、执行员；其他相关人员，包括审判人员以外的在编工作人员和履行审判职责期间的人民陪审员。

其次，法官职业伦理适用于上述人员的与其职业身份有关的活动。这些活动既包括业内活动，也包括业外活动。这种调整范围的全面性，有助于切实塑造法官队伍的职业形象，确立法官的权威，促进裁判的可接受性和司法正义的有效实现。

二、法官职业伦理的渊源

从渊源上看，除《宪法》《刑事诉讼法》《民事诉讼法》等法律外，法官职业伦理主要具体体现在 2019 年《法官法》、最高人民法院的司法解释以及一些行业性规范中。

（一）2019 年《法官法》

2019 年《法官法》中关于法官义务、法官回避、法官惩戒的规定，都是法官职业伦理的具体体现。例如，2019 年《法官法》第 5 条规定："法官应当勤勉尽责，清正廉明，恪守职业道德。"这是对法官恪守职业道德的总体要求。

（二）最高人民法院的司法解释

例如最高人民法院 2011 年《关于审判人员在诉讼活动中执行回避制度若干问题的规定》，是关于法官职业伦理的司法解释。

（三）人民法院行业性规范

人民法院的行业性规范，是指人民法院的相关部门在司法解释之外作出的关于法官职业行为的规定。从我国的实际来看，人民法院从科学管理法官的实际需要出发，制定了各种关于法官行为的规定。例如最高人民法院 2010 年《法官职业道德基本准则》、最高人民法院 2010 年《法官行为规范》、最高人民法院 2009 年《人民法院工作人员处分条例》、最高人民法院 2002 年《人民法院法官袍穿着规定》等等。这些规定内容翔实，具有一定的系统性，是法官职业伦理的主要载体。

三、法官职业伦理的历史发展

在我国古代司法审判中，就强调法官要具有高尚的职业道德，即听断人须具公仆性而为众望所归。《尚书・周书・吕刑》就提到"罚惩非死，人极于病。非佞折狱，惟良折狱，罔非在中"。2019 年《法官法》第 12 条关于法官的条件中也规定，担任法官应当"具有良好的政治、业务素质和道德品行"。然而，法官的良好品德不仅应当具有实在性，而且应当在具体的审判活动中以具体的行为加以体现。只有这样，法官的裁判才具有权威，才能够做到案结事了，化解社会纠纷和矛盾。因此，加强法官的职业伦理建设，是人民法院加强司法能力建设的重要内容。[①] 尽管最高人民法院曾制定 1991 年《人民法院工作人员纪律处分的若干规定（试行）》、1998 年《人民法院审判人员违法审判责任追究办法（试行）》、1998 年《人民法院审判纪律处分办法（试行）》等规定，但是这些规定并没有从体系化的高度来解决法官职业行为中存在的问题。2001 年《法官法》明确提出了法官有遵守职业道德的义务。[②] 最高人民法院

---

① 参见最高人民法院 2011 年《关于人民法院加强法律实施工作的意见》（法发〔2011〕11 号）。

② 1995 年《法官法》第 7 条关于法官的义务之第 5 项为"清正廉明，忠于职守，遵守纪律"。2001 年《法官法》将该项修改为"清正廉明，忠于职守，遵守纪律，恪守职业道德"。

2001年印发了《法官职业道德基本准则》，提出了保障司法公正、提高司法效率、保持清正廉洁、遵守司法礼仪、加强自身修养、约束业外活动等方面的要求，将法官职业伦理以一定的体系方式体现出来。此后，最高人民法院陆续制定了2000年《关于审判人员严格执行回避制度的若干规定》（已失效）、2002年《人民法院执行工作纪律处分办法（试行）》（已失效）、2003年《关于严格执行〈中华人民共和国法官法〉有关惩戒制度的若干规定》、2005年《法官行为规范（试行）》（已失效）等规定。

2010年，最高人民法院陆续公布了《人民法院工作人员处分条例》、修订后的《法官职业道德基本准则》以及《法官行为规范》等规定。2011年最高人民法院公布了《关于对配偶子女从事律师职业的法院领导干部和审判执行岗位法官实行任职回避的规定（试行）》（已废止）、《关于审判人员在诉讼活动中执行回避制度若干问题的规定》等规定。最高人民法院、最高人民检察院、公安部、国家安全部、司法部于2015年发布了《关于进一步规范司法人员与当事人、律师、特殊关系人、中介组织接触交往行为的若干规定》。最高人民法院于2020年印发了《关于对配偶父母子女从事律师职业的法院领导干部和审判执行人员实行任职回避的规定》。这些规定，是现行法官职业伦理的主要载体。本书关于法官职业伦理的讨论，主要以这些规定为基础来进行。

四、法官职业伦理的类型

从我国现行的规定来看，对法官职业伦理可以作如下区分。

1. 关于业内活动的职业伦理和关于业外活动的职业伦理

按照法官职业伦理所调整的职业行为的具体背景，可以将其区分为关于业内活动的职业伦理和关于业外活动的职业伦理。前者调整法官在职业活动中的中立性、独立性、回避等事项，后者调整法官在业外的与其职业身份有关的事项。

2. 核心要求与基本要求

这是根据实证法的规定所进行的划分。最高人民法院2010年《法官职业道德基本准则》第2条规定："法官职业道德的核心是公正、廉洁、为民。基本要求是忠诚司法事业、保证司法公正、确保司法廉洁、坚持司法为民、维护司法形象。"核心要求是实体性的要求，要通过基本要求中的实体性和程序性要求来加以体现与实现。

第二节 法官职业伦理的主要内容

一、法官在职业活动中的职业伦理

（一）独立

独立是法官实现审判公正的基本保证。我国法官职业伦理对法官的独立要求表现为以下几个方面。

1. 坚持和维护人民法院依法独立行使审判权的原则

2018年《宪法》第131条、2018年《人民法院组织法》第4条规定："人民法院依照法律规定独立行使审判权，不受行政机关、社会团体和个人的干涉。"人民法院依法独立行使审判权，不是赋予人民法院什么特权，而是委以一种重任。其目的在于使人民法院更好地履行宪法职能。因此，法官必须坚持和维护人民法院依法独立行使审判权的原则。最高人民法院2010年《法官职业道德基本准则》第8条规定，法官应当"坚持和维护人民法院依法独立行使审判权的原则，客观公正审理案件，在审判活动中独立思考、自主判断，敢于坚持原则，不受任何行政机关、社会团体和个人的干涉，不受权势、人情等因素的影响"。

各级人民法院应当支持法官依法独立审判案件。最高人民法院2005年《关于依法保障法官权利的若干规定》第2条规定："保障法官依法审判案件，不受行政机关、社会团体和个人的干涉。""各级人民法院应当采取必要措施保障法官依法审判案件不受干涉，对干涉者可以向有关机关提出予以处理或者处分的司法建议。"

为了体现对法官依法履职的保护，必须建立法官依法履职的保护制度。为了贯彻落实《中共中央关于全面推进依法治国若干重大问题的决定》的有关要求，建立健全司法人员依法履行法定职责保护机制，中共中央办公厅、国务院办公厅于2016年7月印发的《保护司法人员依法履行法定职责规定》第2条规定："法官、检察官依法办理案件不受行政机关、社会团体和个人的干涉，有权拒绝任何单位或者个人违反法定职责或者法定程序、有碍司法公正的要求。对任何单位或者个人干预司法活动、插手具体案件处理的情况，司法人员应当全面、如实记录。有关机关应当根据相关规定对干预司法活动和插手具体案件处理的相关责任人予以通报直至追究责任。"最高人民法院2017年《人民法院落实〈保护司法人员依法履行法定职责规定〉的实施办法》[①] 第1条规定："法官依法办理案件不受行政机关、社会团体和个人的干涉，有权拒绝执行任何单位、个人违反法定职责或者法定程序、有碍司法公正的要求。对于任何单位、个人在诉讼程序之外递转的涉及具体案件的函文、信件或者口头意见，法官应当按照《领导干部干预司法活动、插手具体案件处理的记录、通报和责任追究规定》《司法机关内部人员过问案件的记录和责任追究规定》及其实施办法予以记录。"2018年《人民法院组织法》第52条规定："任何单位或者个人不得要求法官从事超出法定职责范围的事务。对于领导干部等干预司法活动、插手具体案件处理，或者人民法院内部人员过问案件情况的，办案人员应当全面如实记录并报告；有违法违纪情形的，由有关机关根据情节轻重追究行为人的责任。"

2. 不受外界不当影响

最高人民法院2010年《法官职业道德基本准则》第12条规定，法官应当"认真贯彻司法公开原则，尊重人民群众的知情权，自觉接受法律监督和社会监督，同时避

① 法发〔2017〕4号。

免司法审判受到外界的不当影响”。为进一步落实公开审判的宪法原则，扩大司法公开范围，拓宽司法公开渠道，保障人民群众对人民法院工作的知情权、参与权、表达权和监督权，维护当事人的合法权益，提高司法民主水平，规范司法行为，促进司法公正，最高人民法院 2009 年《关于司法公开的六项规定》就立案公开、庭审公开、执行公开、听证公开、文书公开、审务公开作了明确规定。法官应当自觉接受法律监督和社会监督，同时避免司法审判受到包括舆论在内的外界因素的不当影响。

3. 维护法官之间的相互独立

法官的独立不仅要求法官不受外部的影响，还要求法官不受其他法官的态度或者行为的影响。最高人民法院 2010 年《法官职业道德基本准则》第 14 条规定，法官应当“尊重其他法官对审判职权的依法行使，除履行工作职责或者通过正当程序外，不过问、不干预、不评论其他法官正在审理的案件”。这一规定不仅适用于同一法院法官之间，也适用于上下级法院法官之间。

2019 年《法官法》第 9 条规定，人民法院院长、副院长、审判委员会委员、庭长、副庭长除履行审判职责外，还应当履行与其职务相适应的职责。最高人民法院 2015 年《关于完善人民法院司法责任制的若干意见》第 21 条规定：“院长除依照法律规定履行相关审判职责外，还应当从宏观上指导法院各项审判工作，组织研究相关重大问题和制定相关管理制度，综合负责审判管理工作，主持审判委员会讨论审判工作中的重大事项，依法主持法官考评委员会对法官进行评鉴，以及履行其他必要的审判管理和监督职责。”第 22 条规定：“副院长、审判委员会专职委员受院长委托，可以依照前款规定履行部分审判管理和监督职责。”“庭长除依照法律规定履行相关审判职责外，还应当从宏观上指导本庭审判工作，研究制定各合议庭和审判团队之间、内部成员之间的职责分工，负责随机分案后因特殊情况需要调整分案的事宜，定期对本庭审判质量情况进行监督，以及履行其他必要的审判管理和监督职责。”第 23 条规定：“院长、副院长、庭长的审判管理和监督活动应当严格控制在职责和权限的范围内，并在工作平台上公开进行。院长、副院长、庭长除参加审判委员会、专业法官会议外不得对其没有参加审理的案件发表倾向性意见。”

最高人民法院 2018 年《关于进一步全面落实司法责任制的实施意见》进一步细化落实了院长、庭长审判监督管理权责清单。该意见第 13 条规定，院长、庭长审判监督管理权力职责一般包括：（1）配置审判资源，包括专业化合议庭、审判团队组建模式及其职责分工；（2）部署综合工作，包括审判工作的安排部署、审判或者调研任务的分配、调整；（3）审批程序性事项，包括法律授权的程序性事项审批、依照规定调整分案、变更审判组织成员的审批等；（4）监管审判质效，包括根据职责权限，对审判流程进行检查监督，对案件整体质效的检查、分析、评估，分析审判运行态势，提示纠正不当行为，督促案件审理进度，统筹安排整改措施，对存在的案件质量问题集中研判等；（5）监督“四类案件”，对最高人民法院 2015 年《关于完善人民法院司法责任制的若干意见》第 24 条规定的“四类案件”进行个案监督；（6）进行业务指导，通过审理案件、参加专业法官会议或者审判委员会等方式加强业务指导；（7）作出综合评价，在法官考评委员会依托信息化平台对法官的审判绩效进行客观评价的基础上，对法官及其他工作人员的绩效作出综合评价；（8）检查监督纪律作风，通过接待群众来访、处理举报投诉、日常监督管理，发现案件审理中可能存在的问题，提出改进措施等。

总之，有关人员在履行与其职务相适应的职责时，要坚持以法律为依据，严格依照法律、司法解释的规定确定审判管理的职责，处理好管理与审判的关系；既要加强对审判活动的监督与制约，又要防止超越法律规定干预审判业务部门及审判人员依法办案。

为贯彻落实中共中央关于深化司法体制综合配套改革的总体部署，健全完善人民法院审判委员会工作机制，进一步全面落实司法责任制，最高人民法院于 2019 年印发《关于健全完善人民法院审判委员会工作机制的意见》[①]，就审判委员会与合议庭和独任庭之间的工作运行机制作出了规定。

根据上述意见，审判委员会的主要职能是：（1）总结审判工作经验；（2）讨论决定重大、疑难、复杂案件的法律适用；（3）讨论决定本院已经发生法律效力的判决、裁定、调解书是否应当再审；（4）讨论决定其他有关审判工作的重大问题。最高人民法院审判委员会通过制定司法解释、规范性文件及发布指导性案例等方式，统一法律适用。各级人民法院审理的下列案件，应当提交审判委员会讨论决定：（1）涉及国家安全、外交、社会稳定等敏感案件和重大、疑难、复杂案件；（2）本院已经发生法律效力的判决、裁定、调解书等确有错误需要再审的案件；（3）同级人民检察院依照审判监督程序提出抗诉的刑事案件；（4）法律适用规则不明的新类型案件；（5）拟宣告被告人无罪的案件；（6）拟在法定刑以下判处刑罚或者免予刑事处罚的案件；高级人民法院、中级人民法院拟判处死刑的案件，应当提交本院审判委员会讨论决定。各级人民法院审理的下列案件，可以提交审判委员会讨论决定：（1）合议庭对法律适用问题意见分歧较大，经专业（主审）法官会议讨论难以作出决定的案件；（2）拟作出的裁判与本院或者上级法院的类案裁判可能发生冲突的案件；（3）同级人民检察院依照审判监督程序提出抗诉的重大、疑难、复杂民事案件及行政案件；（4）指令再审或者发回重审的案件；（5）其他需要提交审判委员会讨论决定的案件。合议庭或者独任法官认为案件需要提交审判委员会讨论决定的，由其提出申请，层报院长批准；未提出申请，院长认为有必要的，可以提请审判委员会讨论决定。其他事项提交审判委员会讨论决定的，参照案件提交程序执行。拟提请审判委员会讨论决定的案件，应当有专业（主审）法官会议研究讨论的意见。专业（主审）法官会议意见与合议庭或者独任法官意见不一致的，院长、副院长、庭长可以按照审判监督管理权限要求合议庭或者独任法官复议；经复议仍未采纳专业（主审）法官会议意见的，应当按程序报请审判委员会讨论决定。

---

① 法发〔2019〕20 号。

对于合议庭和审判委员会的评议活动，为了在制度上保障法官独立发表意见，不受其他因素的干扰，最高人民法院还就发言顺序进行了规定。最高人民法院 2002 年《关于人民法院合议庭工作的若干规定》[①] 第 10 条第 1 款规定，“合议庭评议案件时，先由承办法官对认定案件事实、证据是否确实、充分以及适用法律等发表意见，审判长最后发表意见；审判长作为承办法官的，由审判长最后发表意见。对案件的裁判结果进行评议时，由审判长最后发表意见。审判长应当根据评议情况总结合议庭评议的结论性意见”。最高人民法院 2010 年《关于进一步加强合议庭职责的若干规定》[②] 第 6 条第 2 款规定：“合议庭成员评议时发表意见不受追究。”最高人民法院 2015 年《关于完善人民法院司法责任制的若干意见》第 16 条第 6 项规定，合议庭审理案件时，承办法官“参与案件评议，并先行提出处理意见”。最高人民法院 2019 年《关于健全完善人民法院审判委员会工作机制的意见》第 20 条规定，审判委员会讨论决定案件和事项，一般按照以下程序进行：（1）合议庭、承办人汇报；（2）委员就有关问题进行询问；（3）委员按照法官等级和资历由低到高顺序发表意见，主持人最后发表意见；（4）主持人作会议总结，会议作出决议。

为全面落实司法责任制，充分发挥专业法官会议工作机制在辅助办案决策、统一法律适用、强化制约监督等方面的作用，最高人民法院 2021 年印发《关于完善人民法院专业法官会议工作机制的指导意见》。[③] 根据该意见，专业法官会议是人民法院向审判组织和院庭长（含审判委员会专职委员，下同）履行法定职责提供咨询意见的内部工作机制。各级人民法院根据本院法官规模、内设机构设置、所涉议题类型、监督管理需要等，在审判专业领域、审判庭、审判团队内部组织召开专业法官会议，必要时可以跨审判专业领域、审判庭、审判团队召开。专业法官会议由法官组成。各级人民法院可以结合所涉议题和会议组织方式，兼顾人员代表性和专业性，明确不同类型会议的最低参加人数，确保讨论质量和效率。专业法官会议主持人可以根据议题性质和实际需要，邀请法官助理、综合业务部门工作人员等其他人员列席会议并参与讨论。专业法官会议讨论案件的法律适用问题或者与事实认定高度关联的证据规则适用问题，必要时也可以讨论其他事项。独任庭、合议庭办理案件时，存在下列情形之一的，应当建议院庭长提交专业法官会议讨论：（1）独任庭认为需要提交讨论的；（2）合议庭内部无法形成多数意见，或者持少数意见的法官认为需要提交讨论的；（3）有必要在审判团队、审判庭、审判专业领域之间或者辖区法院内统一法律适用的；（4）属于《最高人民法院关于完善人民法院司法责任制的若干意见》第 24 条规定的“四类案件”范围的；（5）其他需要提交专业法官会议讨论的。院庭长履行审判监督管理职责时，发现案件存在上述情形之一的，可以提交专业法官会议讨论；综合业务部门认为存在上

① 法释〔2002〕25 号。

② 法释〔2010〕1 号。

③ 法发〔2021〕2 号。

述（3）（4）所述情形的，应当建议院庭长提交专业法官会议讨论。各级人民法院应当结合审级职能定位、受理案件规模、内部职责分工、法官队伍状况等，进一步细化专业法官会议讨论范围。专业法官会议由下列人员主持：（1）审判专业领域或者跨审判庭、审判专业领域的专业法官会议，由院长或其委托的副院长、审判委员会专职委员、庭长主持；（2）本审判庭或者跨审判团队的专业法官会议，由庭长或其委托的副庭长主持；（3）本审判庭内按审判团队组织的专业法官会议，由庭长、副庭长或其委托的资深法官主持。主持人应当在会前审查会议材料并决定是否召开专业法官会议。对于法律适用已经明确，专业法官会议已经讨论且没有出现新情况，或者其他不属于专业法官会议讨论范围的，主持人可以决定不召开会议，并根据审判监督管理权限督促或者建议独任庭、合议庭依法及时处理相关案件。主持人决定不召开专业法官会议的情况应当在办案平台或者案卷中留痕。专业法官会议可以定期召集，也可以根据实际需要临时召集。各级人民法院应当综合考虑所涉事项、议题数量、会务成本、法官工作量等因素，合理确定专业法官会议的召开频率。专业法官会议按照下列规则组织讨论：（1）独任庭或者合议庭作简要介绍；（2）参加人员就有关问题进行询问；（3）列席人员发言；（4）参加人员按照法官等级等由低到高的顺序发表明确意见，法官等级相同的，由晋升现等级时间较短者先发表意见；（5）主持人视情况组织后续轮次讨论；（6）主持人最后发表意见；（7）主持人总结归纳讨论情况，形成讨论意见。专业法官会议讨论形成的意见供审判组织和院庭长参考。经专业法官会议讨论的“四类案件”，独任庭、合议庭应当及时复议；专业法官会议没有形成多数意见，独任庭、合议庭复议后的意见与专业法官会议多数意见不一致，或者独任庭、合议庭对法律适用问题难以作出决定的，应当层报院长提交审判委员会讨论决定。对于“四类案件”以外的其他案件，专业法官会议没有形成多数意见，或者独任庭、合议庭复议后的意见仍然与专业法官会议多数意见不一致的，可以层报院长提交审判委员会讨论决定。独任庭、合议庭复议情况，以及院庭长提交审判委员会讨论决定的情况，应当在办案平台或者案卷中留痕。拟提交审判委员会讨论决定的案件，应当由专业法官会议先行讨论。但存在下列情形之一的，可以直接提交审判委员会讨论决定：（1）依法应当由审判委员会讨论决定，但独任庭、合议庭与院庭长之间不存在分歧的；（2）专业法官会议组成人员与审判委员会委员重合度较高，先行讨论必要性不大的；（3）确因其他特殊事由无法或者不宜召开专业法官会议讨论，由院长决定提交审判委员会讨论决定的。

4. 维护人民法院审级独立

根据我国法律的规定，最高人民法院监督、指导地方各级人民法院和专门人民法院的审判业务工作，上级人民法院监督、指导下级人民法院的审判业务工作。监督、指导的范围、方式和程序应当符合法律规定。各级人民法院在法律规定范围内履行各自职责，依法独立行使审判权。法官在日常工作中应当维护人民法院的审级独立，维护当事人的合法权益。

根据最高人民法院 2010 年《关于规范上下级人民法院审判业务关系的若干意见》，最高人民法院通过审理案件、制定司法解释或者规范性文件、发布指导性案例、召开审判业务会议、组织法官培训等形式，对地方各级人民法院和专门人民法院的审判业务工作进行指导；高级人民法院通过审理案件、制定审判业务文件、发布参考性案例、召开审判业务会议、组织法官培训等形式，对辖区内各级人民法院和专门人民法院的审判业务工作进行指导；中级人民法院通过审理案件、总结审判经验、组织法官培训等形式，对基层人民法院的审判业务工作进行指导。基层人民法院和中级人民法院对于已经受理的下列第一审案件，必要时可以根据相关法律规定，书面报请上一级人民法院审理：（1）重大、疑难、复杂案件；（2）新类型案件；（3）具有普遍法律适用意义的案件；（4）有管辖权的人民法院不宜行使审判权的案件。上级人民法院对于下级人民法院提出的移送审理请求，应当及时决定是否由自己审理，并下达同意移送决定书或者不同意移送决定书。上级人民法院认为下级人民法院管辖的第一审案件，属于上述所列类型、有必要由自己审理的，可以决定提级管辖。

5. 提高司法水平，巩固审判独立的基础

审判独立的基础之一是审判机关的公信力，而审判机关公信力的基础之一是法官的司法水平。因此，作为个体的法官，应当努力提高司法水平，巩固审判独立之基础。最高人民法院 2010 年《法官职业道德基本准则》第 9 条规定，法官应当“坚持以事实为根据，以法律为准绳，努力查明案件事实，准确把握法律精神，正确适用法律，合理行使裁量权，避免主观臆断、超越职权、滥用职权，确保案件裁判结果公平公正”；第 23 条规定，法官应当“坚持学习，精研业务，忠于职守，秉公办案，惩恶扬善，弘扬正义，保持昂扬的精神状态和良好的职业操守”。

（二）中立

在司法活动中，法官的中立表现为主观中立与客观中立两个方面。所谓法官的主观中立，就是不存在法官个人利益等事项造成的偏袒。所谓法官的客观中立，就是法官的言行在客观上要表现出能为常人所感受到的中立。

1. 回避

规范法官主观中立的制度是回避制度。最高人民法院 2010 年《法官职业道德基本准则》第 13 条规定，法官应当“自觉遵守司法回避制度，审理案件保持中立公正的立场，平等对待当事人和其他诉讼参与人，不偏袒或歧视任何一方当事人，不私自单独会见当事人及其代理人、辩护人”。根据最高人民法院 2011 年《关于审判人员在诉讼活动中执行回避制度若干问题的规定》、最高人民法院 2021 年《刑事诉讼法解释》等的规定，诉讼回避分为以下五种情况。

（1）特定关系的存在引发的回避。

最高人民法院 2011 年《关于审判人员在诉讼活动中执行回避制度若干问题的规定》第 1 条规定，审判人员具有下列情形之一的，应当自行回避，当事人及其法定代理人有权以口头或者书面形式申请其回避：1）是本案的当事人或者与当事人有近亲属关系的；2）本人或者其近亲属与本案有利害关系的；3）担任过本案的证人、翻译人员、鉴定人、勘验人、诉讼代理人、辩护人的；4）与本案的诉讼代理人、辩护人有夫妻、父母、子女或者兄弟姐妹关系的；5）与本案当事人之间存在其他利害关系，可能影响案件公正审理的。上述所称近亲属，包括与审判人员有夫妻、直系血亲、三代以内旁系血亲及近姻亲关系的亲属。最高人民法院 2021 年《刑事诉讼法解释》第 27 条作了类似规定。

此外，最高人民法院、司法部 2004 年《关于规范法官和律师相互关系维护司法公正的若干规定》第 4 条还规定，法官应当严格执行回避制度，如果与本案当事人委托的律师有亲朋、同学、师生、曾经同事等关系，可能影响案件公正处理的，应当自行申请回避，是否回避由本院院长或者审判委员会决定。应当注意的是，这一规定的适用需要满足质（与本案当事人委托的律师有亲朋、同学、师生、曾经同事等关系）和量（达到了可能影响案件公正处理的程度）两个方面的要求。①

（2）审判人员不当行为引发的回避。

最高人民法院 2011 年《关于审判人员在诉讼活动中执行回避制度若干问题的规定》第 2 条规定，当事人及其法定代理人发现审判人员违反规定，具有下列情形之一的，有权申请其回避：（1）私下会见本案一方当事人及其诉讼代理人、辩护人的；（2）为本案当事人推荐、介绍诉讼代理人、辩护人，或者为律师、其他人员介绍办理该案件的；（3）索取、接受本案当事人及其受托人的财物、其他利益，或者要求当事人及其受托人报销费用的；（4）接受本案当事人及其受托人的宴请，或者参加由其支付费用的各项活动的；（5）向本案当事人及其受托人借款，借用交通工具、通讯工具或者其他物品，或者索取、接受当事人及其受托人在购买商品、装修住房以及其他方面给予的好处的；（6）有其他不正当行为，可能影响案件公正审理的。这些都是因审判人员的不当行为引发的回避情形。最高人民法院 2021 年《刑事诉讼法解释》第 28 条作了类似规定。

（3）前职业关系引发的回避。

最高人民法院 2021 年《刑事诉讼法解释》第 29 条第 1 款规定："参与过本案调查、侦查、审查起诉工作的监察、侦查、检察人员，调至人民法院工作的，不得担任本案的审判人员。"

（4）重审回避。

重审回避的目的，是避免法官因对某案件先前的判断影响对该件的重新审判。最高人民法院 2011 年《关于审判人员在诉讼活动中执行回避制度若干问题的规定》第 3 条规定：凡在一个审判程序中参与过本案审判工作的审判人员，不得再参与该案其他程序的审判。但是，经过第二审程序发回重审的案件，在一审法院作出裁判后又进

① 从实践来看，这些回避规定的执行往往存在缺乏法官相关信息、收集证据困难等难题，造成回避制度在一定程度上成了"空转"的制度。关于回避制度的实践情况，请参见张友好：《论我国申请法官回避的现状及改革》，载《清华法学》2012 年第 4 期。

入第二审程序的，原第二审程序中合议庭组成人员不受本条规定的限制。最高人民法院2021年《刑事诉讼法解释》第29条第2款进一步规定："在一个审判程序中参与过本案审判工作的合议庭组成人员或者独任审判员，不得再参与本案其他程序的审判。但是，发回重新审判的案件，在第一审人民法院作出裁判后又进入第二审程序、在法定刑以下判处刑罚的复核程序或者死刑复核程序的，原第二审程序、在法定刑以下判处刑罚的复核程序或者死刑复核程序中的合议庭组成人员不受本款规定的限制。"

（5）任职回避。

为维护司法公正和司法廉洁，防止法院领导干部及法官的私人利益与公共利益发生冲突，2019年《法官法》第24条还规定了法官的任职回避："法官的配偶、父母、子女有下列情形之一的，法官应当实行任职回避：（一）担任该法官所任职人民法院辖区内律师事务所的合伙人或者设立人的；（二）在该法官所任职人民法院辖区内以律师身份担任诉讼代理人、辩护人，或者为诉讼案件当事人提供其他有偿法律服务的。"据此，最高人民法院2020年印发《关于对配偶父母子女从事律师职业的法院领导干部和审判执行人员实行任职回避的规定》。[①] 根据该规定，人民法院工作人员的配偶、父母、子女、兄弟姐妹、配偶的父母、配偶的兄弟姐妹、子女的配偶、子女配偶的父母具有律师身份的，该工作人员应当主动向所在人民法院组织（人事）部门报告。人民法院领导干部和审判执行人员的配偶、父母、子女有下列情形之一的，法院领导干部和审判执行人员应当实行任职回避：1）担任该领导干部和审判执行人员所任职人民法院辖区内律师事务所的合伙人或者设立人的；2）在该领导干部和审判执行人员所任职人民法院辖区内以律师身份担任诉讼代理人、辩护人，或者为诉讼案件当事人提供其他有偿法律服务的。符合任职回避条件的法院领导干部和审判执行人员，应当自该规定生效之日或者任职回避条件符合之日起30日内主动向法院组织（人事）部门提出任职回避申请，相关人民法院应当按照有关规定为其另行安排工作岗位，确定职务职级待遇。符合任职回避条件的法院领导干部和审判执行人员没有按规定主动提出任职回避申请的，相关人民法院应当按照有关程序免去其所任领导职务或者将其调离审判执行岗位。应当实行任职回避的法院领导干部和审判执行人员的任免权限不在人民法院的，相关人民法院应当向具有干部任免权的机关提出为其办理职务调动或者免职等手续的建议。该规定所称父母，是指生父母、养父母和有扶养关系的继父母；所称子女，是指婚生子女、非婚生子女、养子女和有扶养关系的继子女；所称法院领导干部，是指各级人民法院的领导班子成员及审判委员会委员；所称审判执行人员，是指各级人民法院立案、审判、执行、审判监督、国家赔偿等部门的领导班子成员、法官、法官助理、执行员；所称任职人民法院辖区，包括法院领导干部和审判执行人员所任职人民法院及其所辖下级人民法院的辖区；专门人民法院及其他管辖区域与行政辖区不一致的人民法院工作人员的任职人民法院辖区，由解放军军事法

① 法发〔2020〕13号。

院和相关高级人民法院根据有关规定或者实际情况确定。

最高人民法院2021年《刑事诉讼法解释》第30条规定："依照法律和有关规定应当实行任职回避的，不得担任案件的审判人员。"

2. 言行中立

法官的言行中立表现在以下三个方面。

（1）未决案件中的中立。

未决案件中的中立，是指法官在未决案件的处理过程中，不得以任何形式表现出偏袒。在未决案件中保持中立，要求对法官与一方当事人的接触、庭审中的控辩平衡和法官对未决案件的庭外意见进行控制。

与一方当事人的接触，可能会被另一方当事人认为存在偏袒，从而对法官的不偏不倚产生怀疑。因此，2010年《法官行为规范》第40条第3项规定，法官在"与一方当事人接触时，应当保持公平，避免他方当事人对法官的中立性产生合理怀疑"。最高人民法院、最高人民检察院、公安部、国家安全部、司法部2015年《关于进一步规范司法人员与当事人、律师、特殊关系人、中介组织接触交往行为的若干规定》第6条规定："司法人员在办案过程中，应当在工作场所、工作时间接待当事人、律师、特殊关系人、中介组织。因办案需要，确需与当事人、律师、特殊关系人、中介组织在非工作场所、非工作时间接触的，应依照相关规定办理审批手续并获批准。"第7条规定："司法人员在办理过程中因不明情况或者其他原因在非工作时间或非工作场所接触当事人、律师、特殊关系人、中介组织的，应当在三日内向本单位纪检监察部门报告有关情况。"

法官的言行中立，还要求法官在审判活动中要保持控辩护双方的平衡。最高人民法院、最高人民检察院、公安部、国家安全部、司法部2015年《关于依法保障律师执业权利的规定》第31条规定："法庭审理过程中，法官应当注重诉讼权利平等和控辩平衡。对于律师发问、质证、辩论的内容、方式、时间等，法庭应当依法公正保障，以便律师充分发表意见，查清案件事实。""法庭审理过程中，法官可以对律师的发问、辩论进行引导，除发言过于重复、相关问题已在庭前会议达成一致、与案件无关或者侮辱、诽谤、威胁他人，故意扰乱法庭秩序的情况外，法官不得随意打断或者制止律师按程序进行的发言。"最高人民法院、司法部2018年《关于依法保障律师诉讼权利和规范律师参与庭审活动的通知》也规定：各级人民法院及其工作人员要尊重和保障律师诉讼权利，严格执行法定程序，平等对待诉讼各方，合理分配各方发问、质证、陈述和辩论、辩护的时间，充分听取律师意见。对于律师在法庭上就案件事实认定和法律适用的正常发问、质证和发表的辩护代理意见，法官不随意打断或者制止；但是，攻击党和国家政治制度、法律制度的，发表的意见已在庭前会议达成一致、与案件无关或者侮辱、诽谤、威胁他人，故意扰乱法庭秩序的，审判长或者独任审判员可以根据情况予以制止。律师明显以诱导方式发问，公诉人提出异议的，审判长或者独任审判员审查确认后，可以制止。法庭审理过程中，法官应当尊重律师，不得侮辱、嘲讽律师。这些规定，都是法官言行中立的要求。

未决案件中的言行中立，还要求法官在庭外不得就正在审理的案件发表意见。法院的意见，应当在进行审理与评议以后，在判决书中予以表述。在案件未决之时，法官就案件发表意见，只能表明法官已经形成了预断，因而丧失了作为法官的中立性，损害了当事人获得不偏不倚的法庭的审判这一基本人权。最高人民法院2009年《关于人民法院接受新闻媒体舆论监督的若干规定》第4条规定：对于正在审理的案件，人民法院的审判人员及其他工作人员不得擅自接受新闻媒体的采访。对于已经审结的案件，人民法院可以通过新闻宣传部门协调决定由有关人员接受采访。对于不适宜接受采访的，人民法院可以决定不接受采访并说明理由。2010年《法官行为规范》第84条也规定，法官"接受新闻媒体采访必须经组织安排或者批准"；"在接受采访时，不发表有损司法公正的言论，不对正在审理中的案件和有关当事人进行评论，不披露在工作中获得的国家秘密、商业秘密、个人隐私及其他非公开信息"。

为了切实保障法官的中立性，我国还将法官保持中立性规定为一种权利。最高人民法院2017年《人民法院落实〈保护司法人员依法履行法定职责规定〉的实施办法》[①] 第3条第2款规定：除参加专业法官会议外，法官有权拒绝就尚未进入诉讼程序的案件或者本人未参与审理的案件发表意见。

（2）已决案件中的中立。

所谓已决案件中的中立，就是指法官不得就已决案件发表意见。法院的意见，应当在进行审理与评议以后，在判决书中充分表述；法官不应在案件审结后再行发表补充意见，否则，就可能是在支持诉讼某一方，事实上成了该方诉辩者。法官在判决中未能充分说明其意见，还可能影响当事人行使上诉等诉讼权利。此外，这种言论还可能影响对案件的二审或者再审，损害其他法官的独立性。因此，在已决案件受到舆论质疑的情况下，法官不得自行进行辩护。对于不当的评判，应当由人民法院新闻宣传主管部门予以回应。最高人民法院2009年《关于人民法院接受新闻媒体舆论监督的若干规定》第6条规定：人民法院接受新闻媒体舆论监督的协调工作由各级人民法院的新闻宣传主管部门统一归口管理。新闻宣传主管部门应当为新闻媒体提供新闻报道素材，保证新闻媒体真实、客观地报道人民法院的工作。新闻媒体报道人民法院的工作失实时，新闻宣传主管部门负责及时澄清事实，进行回应。

（3）避免积极卷入纷争。

在日常工作和生活中，法官应当积极采取措施，避免卷入社会纷争。在实践中，一些地方未充分考虑法官的职业特点，以行政指令方式安排法官从事招商引资、行政执法、治安巡逻、交通疏导等超出法定职责范围的事务。这种做法一方面使法官积极卷入各种社会纷争，很难保持应有的中立性，损害了司法机关客观、中立、公正的形

① 法发〔2017〕4号。

象，增加了依法应当回避的概率；另一方面使法官难以专注于行使审判权，妨害了人民法院职能作用的发挥。因此，最高人民法院 2017 年《人民法院落实〈保护司法人员依法履行法定职责规定〉的实施办法》第 2 条规定："对于任何单位、个人安排法官从事招商引资、行政执法、治安巡逻、交通疏导、卫生整治、行风评议等超出法定职责范围事务的要求，人民法院应当拒绝，并不得以任何名义安排法官从事上述活动。""严禁人民法院工作人员参与地方招商、联合执法，严禁提前介入土地征收、房屋拆迁等具体行政管理活动，杜绝参加地方牵头组织的各类'拆迁领导小组''项目指挥部'等临时机构。"

（三）得体

最高人民法院 2010 年《法官职业道德基本准则》第 24 条规定，法官应当"坚持文明司法，遵守司法礼仪，在履行职责过程中行为规范、着装得体、语言文明、态度平和，保持良好的职业修养和司法作风"。

得体要求体现在以下方面。

1. 遵守庭审司法礼仪

2010 年《法官行为规范》就法官庭审时的礼仪作了明确规定。根据该规范，法官在出庭时的注意事项包括：(1) 准时出庭，不迟到，不早退，不缺席；(2) 在进入法庭前必须更换好法官服或者法袍，并保持整洁和庄重，严禁着便装出庭；合议庭成员出庭的着装应当保持统一；(3) 设立法官通道的，应当走法官通道；(4) 一般在当事人、代理人、辩护人、公诉人等入庭后进入法庭，但前述人员迟到、拒不到庭的除外；(5) 不得与诉讼各方随意打招呼，不得与一方有特别亲密的言行；(6) 严禁酒后出庭。

根据前述规范，法官在庭审中的言行注意事项包括：(1) 坐姿端正，杜绝各种不雅动作；(2) 集中精力，专注庭审，不做与庭审活动无关的事；(3) 不得在审判席上吸烟、闲聊或者打瞌睡，不得接打电话，不得随意离开审判席；(4) 平等对待与庭审活动有关的人员，不与诉讼中的任何一方有亲近的表示；(5) 礼貌示意当事人及其他诉讼参加人发言；(6) 不得用带有倾向性的语言进行提问，不得与当事人及其他诉讼参加人争吵；(7) 严格按照规定使用法槌，敲击法槌的轻重应当以旁听区能够听见为宜。

最高人民法院 2002 年《人民法院法官袍穿着规定》也规定，法官在审判法庭开庭审判案件时应当穿着法官袍；法官袍应当妥善保管，保持整洁。

最高人民法院 2010 年《关于进一步加强合议庭职责的若干规定》第 5 条规定：开庭审理时，合议庭全体成员应当共同参加，不得缺席、中途退庭或者从事与该庭审无关的活动。合议庭成员未参加庭审、中途退庭或者从事与该庭审无关的活动，当事人提出异议的，应当纠正。合议庭仍不纠正的，当事人可以要求休庭，并将有关情况记入庭审笔录。

2. 言行得体

最高人民法院 2010 年《法官职业道德基本准则》第 22 条规定，尊重当事人和其他诉讼参与人的人格尊严，避免盛气凌人、“冷硬横推”等不良作风；尊重律师，依法保障律师参与诉讼活动的权利。

（四）称职

法官的称职表现在多个方面。

1. 忠诚于司法事业

法官应当牢固树立社会主义法治理念，忠于党、忠于国家、忠于人民、忠于法律，做中国特色社会主义事业的建设者和捍卫者。

法官应当坚持和维护中国特色社会主义司法制度，认真贯彻落实依法治国基本方略，尊崇和信仰法律，模范遵守法律，严格执行法律，自觉维护法律的权威和尊严。

法官应当热爱司法事业，珍惜法官荣誉，坚持职业操守，恪守法官良知，牢固树立司法核心价值观，以维护社会公平正义为己任，认真履行法官职责。

法官应当维护国家利益，遵守政治纪律，保守国家秘密和审判工作秘密，不从事或参与有损国家利益和司法权威的活动，不发表有损国家利益和司法权威的言论。

2. 业务过硬

法官应当严格遵守法定办案时限，提高审判执行效率，及时化解纠纷，注重节约司法资源，杜绝玩忽职守、拖延办案等行为。

法官应当牢固树立以人为本、司法为民的理念，强化群众观念，重视群众诉求，关注群众感受，自觉维护人民群众的合法权益。

法官应当注重发挥司法的能动作用，积极寻求有利于案结事了的纠纷解决办法，努力实现法律效果与社会效果的统一。

法官应当认真执行司法便民规定，努力为当事人和其他诉讼参与人提供必要的诉讼便利，尽可能降低其诉讼成本。

3. 廉洁自律

最高人民法院 2010 年《法官职业道德基本准则》第 15 条规定，法官应当“树立正确的权力观、地位观、利益观，坚持自重、自省、自警、自励，坚守廉洁底线，依法正确行使审判权、执行权，杜绝以权谋私、贪赃枉法行为”。第 16 条规定，法官应当“严格遵守廉洁司法规定，不接受案件当事人及相关人员的请客送礼，不利用职务便利或者法官身份谋取不正当利益，不违反规定与当事人或者其他诉讼参与人进行不正当交往，不在执法办案中徇私舞弊”。

（五）尽责

1. 维护法律职业的适正性

法官应当维护法律职业的适正性。最高人民法院、司法部 2004 年《关于规范法官和律师相互关系维护司法公正的若干规定》第 12 条第 2 款规定，“法官对于律师有违反本规定行为的，可以直接或者通过人民法院向有关司法行政部门、律师协会反映情况，或者提出给予行业处分、行政处罚直至追究法律责任的司法建议”。法官、检察官、律师都是法律职业人员，维护法律职业的适正性是法官应尽的职责。①

2. 保守职业秘密

2019年《法官法》第10条规定，法官有保守国家秘密和审判工作秘密的义务。最高人民法院2010年《法官职业道德基本准则》第7条也规定，法官应当“维护国家利益，遵守政治纪律，保守国家秘密和审判工作秘密，不从事或参与有损国家利益和司法权威的活动，不发表有损国家利益和司法权威的言论”。最高人民法院2019年《关于健全完善人民法院审判委员会工作机制的意见》② 第34条规定：“审判委员会委员、列席人员及其他与会人员应严格遵守保密工作纪律，不得泄露履职过程中知悉的审判工作秘密。因泄密造成严重后果的，严肃追究纪律责任和法律责任……”根据这些规定，法官保守职业秘密的范围包括国家秘密和评议秘密、当事人的商业秘密与隐私等审判工作秘密。就审判工作秘密而言，法官应当遵守最高人民法院1990年《关于保守审判工作秘密的规定》，防止泄露审判工作秘密，以保证审判工作的顺利进行，维护审判机关的尊严和社会的稳定。

保守职业秘密与加强司法公开并不矛盾。加强司法公开是落实宪法法律原则、保障人民群众参与司法的重大举措，是深化司法体制综合配套改革、健全司法权力运行机制的重要内容，是推进全面依法治国、建设社会主义法治国家的必然要求。中国共产党十八大以来，以习近平同志为核心的党中央高度重视司法公开工作，中国共产党十八届三中、四中全会将推进司法公开，构建开放、动态、透明、便民的阳光司法机制作为全面深化改革和全面依法治国的重要任务，作出一系列重大部署。人民法院坚决贯彻落实党中央决策部署，紧紧围绕“努力让人民群众在每一个司法案件中感受到公平正义”的工作目标，推进司法公开达到前所未有的广度和深度，取得显著成效。目前，审判流程公开、庭审活动公开、裁判文书公开、执行信息公开四大平台全面建成运行，开放、动态、透明、便民的阳光司法机制已经基本形成，在保障人民群众知情权、参与权、表达权和监督权，促进提升司法为民、公正司法能力以及弘扬法治精神、讲好中国法治故事等方面发挥了重要作用。司法公开是新时代法治中国建设的生动实践，已经成为我国在开展国际司法交流合作时的一张亮丽名片。在严格执行法律规定的公开范围，依法公开相关信息的同时，要严守国家秘密、审判秘密，保护当事人信息安全。要尊重司法规律，明确司法公开的内容、范围、方式和程序，确保司法公开工作规范有序开展。人民法院要建立健全司法公开保密审查机制。承办司法公开事项时应当同步进行保密审查，加强对国家秘密、审判秘密、商业秘密、公民隐私权

① 最高人民法院2001年《法官职业道德基本准则》第17条曾规定：“法官根据获得的情况确信，其他法官有可能或已经违反法官职业道德，或者其他法律工作者有可能或已违反职业道德，影响司法公正的，应当采取适当的措施向有关部门或者有关机关反映。”这一规定设定了法官维护法律职业适正性的强制性职责。但是这一规则未见于2010年《法官职业道德基本准则》。因此，2010年《法官职业道德基本准则》的规定变成了一种裁量性的权利，这降低了对法官的要求。

② 法发〔2019〕20号。

和个人信息安全的保护，实现依法公开与保守秘密的有机统一。属于司法公开内容范围的，严格按照人民法院工作国家秘密范围或已定密事项开展定密工作，不得随意扩大定密范围。①

需要指出的是，保守职业秘密不仅仅是法官的义务和职责，也是法官的权利。联合国《关于司法机关独立的基本原则》第 15 条明确规定，“法官对其评议和他们在除公开诉讼过程外履行职责时所获得的机密资料，应有义务保守职业秘密，并不得强迫他们就此类事项作证。”只有保证了法官评议等活动的秘密性，才能够保证法官做到独立、中立。因此，保护法官职业秘密，是一项重要的公共利益。一些国家通过公共利益豁免规则，为法官评议过程的自由性和秘密性提供了保护。②

二、法官在业外活动中的职业伦理

法官是其所服务的社会的组成部分之一。法官的行为必须保持高标准、严要求，但是这并不意味着法官必须与社会相隔绝。与社会绝对隔绝的法官队伍，不仅不可能促进司法质量，反而可能削弱法官对社会生活的了解，削弱公众对司法的信心。但是，法官在业外的一些活动，与其司法身份有着密切联系，如果处理不当，就有可能损害司法职务。换言之，法官的业外活动不得对法官正当履行司法职务造成不利影响。因此，对于法官在业外的活动，也必须加以适当规制，以避免法官的偏倚或者偏倚印象损害公众对司法的信心，以及法官分心于非司法事务。

（一）不得滥用司法声望

最高人民法院 2010 年《法官职业道德基本准则》第 18 条规定，法官应当“妥善处理个人和家庭事务，不利用法官身份寻求特殊利益。按规定如实报告个人有关事项，教育督促家庭成员不利用法官的职权、地位谋取不正当利益”。最高人民法院 2010 年《法官行为规范》第 85 条规定，在法官本人或者亲友与他人发生矛盾时，应当“保持冷静、克制，通过正当、合法途径解决”；“不得利用法官身份寻求特殊照顾，不得妨碍有关部门对问题的解决”。第 86 条规定，在法官本人及家庭成员遇到纠纷需通过诉讼方式解决时，“对本人的案件或者以直系亲属代理人身份参加的案件，应当依照有关法律规定，平等地参与诉讼”；“在诉讼过程中不以法官身份获取特殊照顾，不利用职权收集所需证据”；“对非直系亲属的其他家庭成员的诉讼案件，一般应当让其自行委托诉讼代理人，法官本人不宜作为诉讼代理人参与诉讼”。

滥用法官司法声望有多种形式，例如以法官身份寻求特别的照顾，以法官身份促进他人的利益。滥用司法声望可能并不会对法官的裁决活动造成直接的不利影响，但

① 参见最高人民法院 2018 年《关于进一步深化司法公开的意见》（法发〔2018〕20 号）。

② 例如澳大利亚《1995 年证据法》第 129 条规定：“（1）下列人员，或者受该人员指挥或者控制的与该诉讼或者仲裁有关的人员，不得就作出裁决的原因的或者就该裁决的评议情况提供证据：（a）澳大利亚的法官或者国外的法官……”

是会使人们对法官守法的品性产生怀疑，进而怀疑其作出的裁决的可靠性，从而失去对司法的尊重。

（二）不得不当兼职或者从事营利性经营活动

2019 年《法官法》第 22 条规定："法官不得兼任人民代表大会常务委员会的组成人员，不得兼任行政机关、监察机关、检察机关的职务，不得兼任企业或者其他营利性组织、事业单位的职务，不得兼任律师、仲裁员和公证员。"最高人民法院 2010 年《法官职业道德基本准则》第 17 条规定，法官应当"不从事或者参与营利性的经营活动，不在企业及其他营利性组织中兼任法律顾问等职务，不就未决案件或者再审案件给当事人及其他诉讼参与人提供咨询意见"。根据最高人民法院 2012 年《关于人民法院落实廉政准则防止利益冲突的若干规定》第 3 条之规定，人民法院工作人员不得从事下列营利性活动：（1）本人独资或者与他人合资、合股经办商业或者其他企业；（2）以他人名义入股经办企业；（3）以承包、租赁、受聘等方式从事经营活动；（4）违反规定拥有非上市公司（企业）的股份或者证券；（5）本人或者与他人合伙在国（境）外注册公司或者投资入股；（6）以本人或者他人名义从事以营利为目的的民间借贷活动；（7）以本人或者他人名义从事可能与公共利益发生冲突的其他营利性活动。违反该条规定的，依照《人民法院工作人员处分条例》第 63 条的规定处理。根据该规定，持有上市公司的股票，并不属于被禁止的营利性活动。[①]

此外，最高人民法院 2004 年《关于现职法官不得担任仲裁员的通知》还指出，"法官担任仲裁员，从事案件的仲裁工作，不符合有关法律规定，超出了人民法院和法官的职权范围，不利于依法公正保护诉讼当事人的合法权益。因此，法官不得担任仲裁员"。

为贯彻落实教育部、中央政法委员会《关于实施卓越法律人才教育培养计划的若干意见》（教高〔2011〕10 号），加强高校与法律实务部门的合作，探索建立高校与法律实务部门人员互聘制度，提高法律人才培养质量，教育部、中央政法委员会、最高人民法院、最高人民检察院、公安部、司法部 2013 年发出《关于实施高等学校与法律实务部门人员互聘"双千计划"的通知》[②]，要求 2013 年至 2017 年，选聘 1 000 名左右高校法学专业骨干教师到法律实务部门兼职或挂职，参与法律实务工作。根据该通知，"受聘到人民法院、人民检察院、公安机关兼职或挂职的高校法学专业骨干教师，应依法执行有关规定，在聘期内不得兼任律师或从事其它与职务相抵触的活动"。

对法官的兼职和从事经营活动进行限制，主要是为了减少法官需要进行回避的情形（例如法官不得兼任企业、事业单位的职务，不得兼任律师），维护司法独立（例如法官不得兼任行政机关的职务），维护其他法官作出判决的稳定性（例如法官不得

① 但是，最高人民法院 2012 年《关于人民法院落实廉政准则防止利益冲突的若干规定》第 6 条规定："人民法院工作人员在审理相关案件时，以本人或者他人名义持有与所审理案件相关的上市公司股票的，应主动申请回避。"违反该条规定的，依照《人民法院工作人员处分条例》第 30 条的规定处理。

② 教高〔2013〕8 号。

就未决案件或者再审案件给当事人及其他诉讼参与人提供咨询意见），保证法官不会分心而影响司法职责（例如不从事或者参与营利性的经营活动），等等。

（三）依法参加写作、授课等活动

法官作为精通法律的专业人员，以写作、授课等方式进行法律教育、宣传和研究，对于整个社会是有益的。但是法官的写作、授课活动受到适当限制，以避免表现出偏袒，影响未决案件的审理，影响已决裁决的终局性，以及泄露职业秘密。最高人民法院 2010 年《法官行为规范》第 83 条规定，法官“在不影响审判工作的前提下，可以利用业余时间从事写作、授课等活动”；“在写作、授课过程中，应当避免对具体案件和有关当事人进行评论，不披露或者使用在工作中获得的国家秘密、商业秘密、个人隐私及其他非公开信息”；“对于参加司法职务外活动获得的合法报酬，应当依法纳税”。因此，在不涉及具体案件和当事人以及职业秘密的情况下，法官在写作、授课等活动中可以涉及一般性的法律问题。

教育部、中央政法委员会、最高人民法院、最高人民检察院、公安部、司法部 2013 年发出《关于实施高等学校与法律实务部门人员互聘“双千计划”的通知》[①]，规定在 2013 年至 2017 年，选聘 1 000 名左右有较高理论水平和丰富实践经验的法律实务部门专家到高校法学院系兼职或挂职任教，承担法学专业课程教学任务，促进高等法学教育与社会主义法治国家建设实践的结合。受聘到高校兼职或挂职任教的法律实务部门专家，应遵循教育教学规律，善于把社会主义法治国家建设实践的最新经验转化为优质教学资源。2019 年《法官法》第 37 条规定：“法官因工作需要，经单位选派或者批准，可以在高等学校、科研院所协助开展实践性教学、研究工作，并遵守国家有关规定。”

（四）杜绝其他影响法官形象的行为

2010 年《法官职业道德基本准则》第 25 条规定，法官应当“加强自身修养，培育高尚道德操守和健康生活情趣，杜绝与法官职业形象不相称、与法官职业道德相违背的不良嗜好和行为，遵守社会公德和家庭美德，维护良好的个人声誉”。

就可能影响法官形象的行为进行限制，其目的在于维护司法职业的尊荣，维护社会对司法的信心，从而维护司法。

第三节 法官职业责任

一、法官的审判责任

中国共产党十八届三中全会提出，“让审理者裁判、由裁判者负责”。这引发了审

① 教高〔2013〕8 号。

判权力运行机制的根本性变革。中国共产党十八届四中全会《中共中央关于全面推进依法治国若干重大问题的决定》提出，要“明确各类司法人员工作职责、工作流程、工作标准，实行办案质量终身负责制和错案责任倒查问责制，确保案件处理经得起法律和历史检验”。审判权作为公权力，尽管在权力性质和运行方式上具有一定的特殊性，但是仍然要受到约束与限制，不受限制的权力必然导致绝对的腐败。尊重司法权自身运行规律，建立科学、符合中国国情的司法责任体系，是司法改革的基础性制度建设，具有重要意义。中共中央办公厅 2017 年《关于加强法官检察官正规化专业化职业化建设全面落实司法责任制的意见》规定：“法院、检察院负责对法官、检察官涉嫌违反审判、检察职责行为进行调查核实。惩戒委员会根据法院、检察院调查的情况，审查认定法官、检察官是否构成故意违反职责、存在重大过失、存在一般过失或者没有违反职责。惩戒委员会认定构成故意或者因重大过失导致案件错误并造成严重后果的，法院、检察院依照有关规定予以惩戒。法官、检察官的其他违法违纪行为，由有关部门调查核实，依照法律及有关纪律规定处理。”

为贯彻中共中央关于深化司法体制改革的总体部署，优化审判资源配置，明确审判组织权限，完善人民法院的司法责任制，建立健全符合司法规律的审判权力运行机制，增强法官审理案件的亲历性，确保法官依法独立公正履行审判职责，2015 年，最高人民法院《关于完善人民法院司法责任制的若干意见》[①] 规定了审判责任的认定和追究程序。根据该规定，法官应当对其履行审判职责的行为承担责任，在职责范围内对办案质量终身负责。法官在审判工作中，故意违反法律法规的，或者因重大过失导致裁判错误并造成严重后果的，依法应当承担违法审判责任。法官有违反职业道德准则和纪律规定，接受案件当事人及相关人员的请客送礼、与律师进行不正当交往等违纪违法行为，依照法律及有关纪律规定另行处理。有下列情形之一的，应当依纪依法追究相关人员的违法审判责任：（1）审理案件时有贪污受贿、徇私舞弊、枉法裁判行为的；（2）违反规定私自办案或者制造虚假案件的；（3）涂改、隐匿、伪造、偷换和故意损毁证据材料的，或者因重大过失丢失、损毁证据材料并造成严重后果的；（4）向合议庭、审判委员会汇报案情时隐瞒主要证据、重要情节和故意提供虚假材料的，或者因重大过失遗漏主要证据、重要情节导致裁判错误并造成严重后果的；（5）制作诉讼文书时，故意违背合议庭评议结果、审判委员会决定的，或者因重大过失导致裁判文书主文错误并造成严重后果的；（6）违反法律规定，对不符合减刑、假释条件的罪犯裁定减刑、假释的，或者因重大过失对不符合减刑、假释条件的罪犯裁定减刑、假释并造成严重后果的；（7）其他故意违背法定程序、证据规则和法律明确规定违法审判的，或者因重大过失导致裁判结果错误并造成严重后果的。负有监督管理职责的人员等因故意或者重大过失，怠于行使或者不当行使审判监督权和审判管理权导致裁判错误并造成严重后果的，依照有关规定应当承担监督管理责任。追究其监

① 法发〔2015〕13 号。

督管理责任的，依照干部管理有关规定和程序办理。因下列情形之一，导致案件按照审判监督程序提起再审后被改判的，不得作为错案进行责任追究：（1）对法律、法规、规章、司法解释具体条文的理解和认识不一致，在专业认知范围内能够予以合理说明的；（2）对案件基本事实的判断存在争议或者疑问，根据证据规则能够予以合理说明的；（3）当事人放弃或者部分放弃权利主张的；（4）因当事人过错或者客观原因致使案件事实认定发生变化的；（5）因出现新证据而改变裁判的；（6）法律修订或者政策调整的；（7）裁判所依据的其他法律文书被撤销或者变更的；（8）其他依法履行审判职责不应当承担责任的情形。

根据上述意见，独任制审理的案件，由独任法官对案件的事实认定和法律适用承担全部责任；合议庭审理的案件，合议庭成员对案件的事实认定和法律适用共同承担责任。进行违法审判责任追究时，根据合议庭成员是否存在违法审判行为、情节、合议庭成员发表意见的情况和过错程度合理确定各自的责任。审判委员会讨论案件时，合议庭对其汇报的事实负责，审判委员会委员对其本人发表的意见及最终表决负责。案件经审判委员会讨论的，构成违法审判责任追究情形时，根据审判委员会委员是否故意曲解法律发表意见的情况，合理确定委员的责任。审判委员会改变合议庭意见导致裁判错误的，由持多数意见的委员共同承担责任，合议庭不承担责任。审判委员会维持合议庭意见导致裁判错误的，由合议庭和持多数意见的委员共同承担责任。合议庭汇报案件时，故意隐瞒主要证据或者重要情节，或者故意提供虚假情况，导致审判委员会作出错误决定的，由合议庭成员承担责任，审判委员会委员根据具体情况承担部分责任或者不承担责任。审判委员会讨论案件违反民主集中制原则，导致审判委员会决定错误的，主持人应当承担主要责任。审判辅助人员根据职责权限和分工承担与其职责相对应的责任；法官负有审核把关职责的，法官也应当承担相应责任。法官受领导干部干预导致裁判错误的，且法官不记录或者不如实记录，应当排除干预而没有排除的，承担违法审判责任。

违法审判责任追究从启动到调查、处理、决定，必须要建立一套严格的符合司法规律和法官职业特点的法官惩戒程序。根据前述意见，需要追究违法审判责任的，一般由院长、审判监督部门或者审判管理部门提出初步意见，由院长委托审判监督部门审查或者提请审判委员会进行讨论，经审查初步认定有关人员具有前述意见所列违法审判责任追究情形的，人民法院监察部门应当启动违法审判责任追究程序。各级人民法院应当依法自觉接受人大、政协、媒体和社会监督，依法受理对法官违法审判行为的举报、投诉，并认真进行调查核实。人民法院监察部门应当对法官是否存在违法审判行为进行调查，并采取必要、合理的保护措施。在调查过程中，当事法官享有知情、辩解和举证的权利，监察部门应当就当事法官的意见、辩解和举证如实记录，并在调查报告中对是否采纳作出说明。人民法院监察部门经调查后，认为应当追究法官违法审判责任的，应当报请院长决定，并报送省（区、市）法官惩戒委员会审议。高级人民法院监察部门应当派员向法官惩戒委员会通报当事法官的违法审判事实及拟处理建议、依据，并就其违法审判行为和主观过错进行举证；当事法官有权进行陈述、举证、辩解、申请复议和申诉。法官惩戒委员会根据查明的事实和法律规定作出无责、免责或者给予惩戒处分的建议。法官惩戒委员会工作章程和惩戒程序另行制定。对于应当追究违法审判责任的相关责任人，根据其应负责任依照《法官法》等有关规定处理：(1) 应当给予停职、延期晋升、退出法官员额或者免职、责令辞职、辞退等处理的，由组织人事部门按照干部管理权限和程序依法办理；(2) 应当给予纪律处分的，由纪检监察部门依照有关规定和程序依法办理；(3) 涉嫌犯罪的，由纪检监察部门将违法线索移送有关司法机关依法处理。免除法官职务，必须按法定程序由人民代表大会罢免或者提请人大常委会作出决定。

2019 年《法官法》将上述改革的成果以法律形式确定下来。2019 年《法官法》第 46 条规定："法官有下列行为之一的，应当给予处分；构成犯罪的，依法追究刑事责任：（一）贪污受贿、徇私舞弊、枉法裁判的；（二）隐瞒、伪造、变造、故意损毁证据、案件材料的；（三）泄露国家秘密、审判工作秘密、商业秘密或者个人隐私的；（四）故意违反法律法规办理案件的；（五）因重大过失导致裁判结果错误并造成严重后果的；（六）拖延办案，贻误工作的；（七）利用职权为自己或者他人谋取私利的；（八）接受当事人及其代理人利益输送，或者违反有关规定会见当事人及其代理人的；（九）违反有关规定从事或者参与营利性活动，在企业或者其他营利性组织中兼任职务的；（十）有其他违纪违法行为的。""法官的处分按照有关规定办理。"第 48 条规定："最高人民法院和省、自治区、直辖市设立法官惩戒委员会，负责从专业角度审查认定法官是否存在本法第四十六条第四项、第五项规定的违反审判职责的行为，提出构成故意违反职责、存在重大过失、存在一般过失或者没有违反职责等审查意见。法官惩戒委员会提出审查意见后，人民法院依照有关规定作出是否予以惩戒的决定，并给予相应处理。""法官惩戒委员会由法官代表、其他从事法律职业的人员和有关方面代表组成，其中法官代表不少于半数。""最高人民法院法官惩戒委员会、省级法官惩戒委员会的日常工作，由相关人民法院的内设职能部门承担。"第 49 条规定："法官惩戒委员会审议惩戒事项时，当事法官有权申请有关人员回避，有权进行陈述、举证、辩解。"第 50 条规定："法官惩戒委员会作出的审查意见应当送达当事法官。当事法官对审查意见有异议的，可以向惩戒委员会提出，惩戒委员会应当对异议及其理由进行审查，作出决定。"

二、法官的纪律责任

为了规范人民法院工作人员的行为，促进人民法院工作人员依法履行职责，确保公正、高效、廉洁司法，最高人民法院 2009 年制定了《人民法院工作人员处分条例》。最高人民法院 2010 年《法官职业道德基本准则》第 28 条规定："各级人民法院负责督促实施本准则，对于违反本准则的行为，视情节后果予以诫勉谈话、批评通报；情节严重构成违纪违法的，依照相关纪律和法律规定予以严肃处理。”

（一）处分的种类与期间

最高人民法院2009年《人民法院工作人员处分条例》规定，对法官的处分种类为：警告、记过、记大过、降级、撤职、开除。受处分的期间为：（1）警告，6个月；（2）记过，12个月；（3）记大过，18个月；（4）降级、撤职，24个月。

受处分期间不得晋升职务、级别。其中，受记过、记大过、降级、撤职处分的，不得晋升工资档次；受撤职处分的，应当按照规定降低级别。

受开除处分的，自处分决定生效之日起，解除与人民法院的人事关系，不得再担任公务员职务。

同时有两种以上需要给予处分的行为的，应当分别确定其处分种类。应当给予的处分种类不同的，执行其中最重的处分；应当给予撤职以下多个相同种类处分的，执行该处分，并在一个处分期以上、多个处分期之和以下，决定应当执行的处分期。

受处分期间受到新的处分的，其处分期为原处分期尚未执行的期限与新处分期限之和。

处分期最长不超过48个月。

（二）处分的适用

有下列情形之一的，应当在《人民法院工作人员处分条例》分则规定的处分幅度以内从重处分：（1）在共同违纪违法行为中起主要作用的；（2）隐匿、伪造、销毁证据的；（3）串供或者阻止他人揭发检举、提供证据材料的；（4）包庇同案人员的；（5）法律、法规和上述条例分则中规定的其他从重情节。

有下列情形之一的，应当在上述条例分则规定的处分幅度以内从轻处分：（1）主动交代违纪、违法行为的；（2）主动采取措施，有效避免或者挽回损失的；（3）检举他人重大违纪、违法行为，情况属实的；（4）法律、法规和上述条例分则中规定的其他从轻情节。

主动交代违纪、违法行为，并主动采取措施有效避免或者挽回损失的，应当在上述条例分则规定的处分幅度以外降低一个档次给予减轻处分。

应当给予警告处分，又有减轻处分情形的，免予处分。

违纪、违法行为情节轻微，经过批评教育后改正的，可以免予处分。

在人民法院作出处分决定前，已经被依法判处刑罚、罢免、免职或者已经辞去领导职务，依照上述条例需要给予处分的，应当根据其违纪违法事实给予处分。

被依法判处刑罚的，一律给予开除处分。

人民法院工作人员退休之后违纪违法，或者在任职期间违纪、违法，在处分决定作出前已经退休的，不再给予纪律处分；但是，应当给予降级、撤职、开除处分的，应当按照规定相应降低或者取消其享受的待遇。

（三）处分的解除、变更和撤销

受开除以外处分的，在受处分期间有悔改表现，并且没有再发生违纪、违法行为的，处分期满后应当解除处分。

解除处分后，晋升工资档次、级别、职务不再受原处分的影响。但是，解除降级、撤职处分的，不视为恢复原级别、原职务。

有下列情形之一的，应当变更或者撤销处分决定：（1）适用法律、法规或者上述条例规定错误的；（2）对违纪、违法行为的事实、情节认定有误的；（3）处分所依据的违纪、违法事实证据不足的；（4）调查处理违反法定程序，影响案件公正处理的；（5）作出处分决定超越职权或者滥用职权的；（6）有其他处分不当情形的。

处分决定被变更，需要调整被处分人员的职务、级别或者工资档次的，应当按照规定予以调整；处分决定被撤销的，应当恢复其级别、工资档次，按照原职务安排相应的职务，并在适当范围内为其恢复名誉。因变更而减轻处分或者被撤销处分人员的工资福利受到损失的，应当予以补偿。

（四）应受处分的行为

1. 违反政治纪律的行为

散布有损国家声誉的言论，参加旨在反对国家的集会、游行、示威等活动的，给予记大过处分；情节较重的，给予降级或者撤职处分；情节严重的，给予开除处分。因不明真相被裹挟参加上述活动，经批评教育后确有悔改表现的，可以减轻或者免予处分。

参加非法组织或者参加罢工的，给予记大过处分；情节较重的，给予降级或者撤职处分；情节严重的，给予开除处分。因不明真相被裹挟参加上述活动，经批评教育后确有悔改表现的，可以减轻或者免予处分。

违反国家的民族、宗教政策，造成不良后果的，给予记大过处分；情节较重的，给予降级或者撤职处分；情节严重的，给予开除处分。因不明真相被裹挟参加上述活动，经批评教育后确有悔改表现的，可以减轻或者免予处分。

在对外交往中损害国家荣誉和利益的，给予记大过处分；情节较重的，给予降级或者撤职处分；情节严重的，给予开除处分。

非法出境，或者违反规定滞留境外不归的，给予记大过处分；情节较重的，给予降级或者撤职处分；情节严重的，给予开除处分。

未经批准获取境外永久居留资格，或者取得外国国籍的，给予记大过处分；情节较重的，给予降级或者撤职处分；情节严重的，给予开除处分。

有其他违反政治纪律行为的，给予警告、记过或者记大过处分；情节较重的，给予降级或者撤职处分；情节严重的，给予开除处分。

2. 违反办案纪律的行为

违反规定，擅自对应当受理的案件不予受理，或者对不应当受理的案件违法受理的，给予警告、记过或者记大过处分；情节较重的，给予降级或者撤职处分；情节严重的，给予开除处分。

违反规定应当回避而不回避，造成不良后果的，给予警告、记过或者记大过处分；情节较重的，给予降级或者撤职处分；情节严重的，给予开除处分。

明知诉讼代理人、辩护人不符合担任代理人、辩护人的规定，仍准许其担任代理人、辩护人，造成不良后果的，给予警告、记过或者记大过处分；情节较重的，给予降级处分；情节严重的，给予撤职处分。

违反规定会见案件当事人及其辩护人、代理人、请托人的，给予警告处分；造成不良后果的，给予记过或者记大过处分。

违反规定为案件当事人推荐、介绍律师或者代理人，或者为律师或者其他人员介绍案件的，给予警告处分；造成不良后果的，给予记过或者记大过处分。

违反规定插手、干预、过问案件，或者为案件当事人通风报信、说情打招呼的，给予警告、记过或者记大过处分；情节较重的，给予降级或者撤职处分；情节严重的，给予开除处分。

依照规定应当调查、收集相关证据而故意不予收集，造成不良后果的，给予警告、记过或者记大过处分；情节较重的，给予降级或者撤职处分；情节严重的，给予开除处分。

依照规定应当采取鉴定、勘验、证据保全等措施而故意不采取，造成不良后果的，给予警告、记过或者记大过处分；情节较重的，给予降级或者撤职处分；情节严重的，给予开除处分。

依照规定应当采取财产保全措施或者执行措施而故意不采取，或者依法应当委托有关机构审计、鉴定、评估、拍卖而故意不委托，造成不良后果的，给予警告、记过或者记大过处分；情节较重的，给予降级或者撤职处分；情节严重的，给予开除处分。

违反规定采取或者解除财产保全措施，造成不良后果的，给予警告、记过或者记大过处分；情节较重的，给予降级或者撤职处分；情节严重的，给予开除处分。

故意违反规定选定审计、鉴定、评估、拍卖等中介机构，或者串通、指使相关中介机构在审计、鉴定、评估、拍卖等活动中徇私舞弊、弄虚作假的，给予警告、记过或者记大过处分；情节较重的，给予降级或者撤职处分；情节严重的，给予开除处分。

故意违反规定采取强制措施的，给予警告、记过或者记大过处分；情节较重的，给予降级或者撤职处分；情节严重的，给予开除处分。

故意毁弃、篡改、隐匿、伪造、偷换证据或者其他诉讼材料的，给予记大过处分；情节较重的，给予降级或者撤职处分；情节严重的，给予开除处分。

指使、帮助他人作伪证或者阻止他人作证的，给予降级或者撤职处分；情节严重的，给予开除处分。

故意向合议庭、审判委员会隐瞒主要证据、重要情节或者提供虚假情况的，给予警告、记过或者记大过处分；情节较重的，给予降级或者撤职处分；情节严重的，给予开除处分。

故意泄露合议庭、审判委员会评议、讨论案件的具体情况或者其他审判执行工作秘密的，给予记过或者记大过处分；情节较重的，给予降级或者撤职处分；情节严重的，给予开除处分。

故意违背事实和法律枉法裁判的，给予降级或者撤职处分；情节严重的，给予开除处分。

因徇私而违反规定迫使当事人违背真实意愿撤诉、接受调解、达成执行和解协议并损害其利益的，给予警告、记过或者记大过处分；情节较重的，给予降级或者撤职处分；情节严重的，给予开除处分。

故意违反规定采取执行措施，造成案件当事人、案外人或者第三人财产损失的，给予记大过处分；情节较重的，给予降级或者撤职处分；情节严重的，给予开除处分。

故意违反规定对具备执行条件的案件暂缓执行、中止执行、终结执行或者不依法恢复执行，造成不良后果的，给予记大过处分；情节较重的，给予降级或者撤职处分；情节严重的，给予开除处分。

故意违反规定拖延办案的，给予警告、记过或者记大过处分；情节较重的，给予降级或者撤职处分；情节严重的，给予开除处分。

故意拖延或者拒不执行合议庭决议、审判委员会决定以及上级人民法院判决、裁定、决定、命令的，给予警告、记过或者记大过处分；情节较重的，给予降级或者撤职处分；情节严重的，给予开除处分。

私放被羁押人员的，给予记大过处分；情节较重的，给予降级或者撤职处分；情节严重的，给予开除处分。

违反规定私自办理案件的，给予警告、记过或者记大过处分；情节较重的，给予降级或者撤职处分；情节严重的，给予开除处分。

内外勾结制造假案的，给予降级、撤职或者开除处分。

伪造诉讼、执行文书，或者故意违背合议庭决议、审判委员会决定制作诉讼、执行文书的，给予记大过处分；情节较重的，给予降级或者撤职处分；情节严重的，给予开除处分。

送达诉讼、执行文书故意不依照规定，造成不良后果的，给予警告、记过或者记大过处分。

违反规定将案卷或者其他诉讼材料借给他人的，给予警告处分；造成不良后果的，给予记过或者记大过处分。

对外地人民法院依法委托的事项拒不办理或者故意拖延办理，造成不良后果的，给予警告、记过或者记大过处分；情节严重的，给予降级或者撤职处分。

阻挠、干扰外地人民法院依法在本地调查取证或者采取相关财产保全措施、执行措施、强制措施的，给予警告、记过或者记大过处分；情节较重的，给予降级或者撤职处分；情节严重的，给予开除处分。

有其他违反办案纪律行为的，给予警告、记过或者记大过处分；情节较重的，给予降级或者撤职处分；情节严重的，给予开除处分。

3. 违反廉政纪律的行为

利用职务便利，采取侵吞、窃取、骗取等手段非法占有诉讼费、执行款物、罚没款物、案件暂存款、赃款赃物及其孳息等涉案财物或者其他公共财物的，给予记大过处分；情节较重的，给予降级或者撤职处分；情节严重的，给予开除处分。

利用司法职权或者其他职务便利，索取他人财物及其他财产性利益的，或者非法收受他人财物及其他财产性利益，为他人谋取利益的，给予记大过处分；情节较重的，给予降级或者撤职处分；情节严重的，给予开除处分。

利用司法职权或者其他职务便利为他人谋取利益，以低价购买、高价出售、收受干股、合作投资、委托理财、赌博等形式非法收受他人财物，或者以特定关系人"挂名"领取薪酬或者收受财物等形式，非法收受他人财物，或者违反规定收受各种名义的回扣、手续费归个人所有的，依照前述规定处分。

行贿或者介绍贿赂的，给予记过或者记大过处分；情节较重的，给予降级或者撤职处分；情节严重的，给予开除处分。

向审判、执行人员行贿或者介绍贿赂的，依照前述规定从重处分。

挪用诉讼费、执行款物、罚没款物、案件暂存款、赃款赃物及其孳息等涉案财物或者其他公共财物的，给予记过或者记大过处分；情节较重的，给予降级或者撤职处分；情节严重的，给予开除处分。

接受案件当事人、相关中介机构及其委托人的财物、宴请或者其他利益的，给予警告、记过或者记大过处分；情节较重的，给予降级或者撤职处分；情节严重的，给予开除处分。

违反规定向案件当事人、相关中介机构及其委托人借钱、借物的，给予警告、记过或者记大过处分。

以单位名义集体截留、使用、私分诉讼费、执行款物、罚没款物、案件暂存款、赃款赃物及其孳息等涉案财物或者其他公共财物的，给予警告、记过或者记大过处分；情节较重的，给予降级或者撤职处分；情节严重的，给予开除处分。

利用司法职权，以单位名义向公民、法人或者其他组织索要赞助或者摊派、收取财物的，给予记过或者记大过处分；情节较重的，给予降级或者撤职处分；情节严重的，给予开除处分。

故意违反规定设置收费项目、扩大收费范围、提高收费标准的，给予警告、记过或者记大过处分；情节较重的，给予降级或者撤职处分；情节严重的，给予开除处分。

违反规定从事或者参与营利性活动，在企业或者其他营利性组织中兼职的，给予记过或者记大过处分；情节较重的，给予降级或者撤职处分；情节严重的，给予开除处分。

利用司法职权或者其他职务便利，为特定关系人谋取不正当利益，或者放任其特定关系人、身边工作人员利用本人职权谋取不正当利益的，给予记过或者记大过处分；情节较重的，给予降级或者撤职处分；情节严重的，给予开除处分。

有其他违反廉政纪律行为的，给予警告、记过或者记大过处分；情节较重的，给予降级或者撤职处分；情节严重的，给予开除处分。

4. 违反组织人事纪律的行为

违反议事规则，个人或者少数人决定重大事项，或者改变集体作出的重大决定，造成决策错误的，给予警告、记过或者记大过处分；情节较重的，给予降级或者撤职处分；情节严重的，给予开除处分。

故意拖延或者拒不执行上级依法作出的决定、决议的，给予警告、记过或者记大过处分；情节较重的，给予降级或者撤职处分；情节严重的，给予开除处分。

对职责范围内发生的重大事故、事件不按规定报告、处理的，给予记过或者记大过处分；情节较重的，给予降级或者撤职处分；情节严重的，给予开除处分。

对职责范围内发生的违纪、违法问题隐瞒不报、压案不查、包庇袒护的，或者对上级交办的违纪违法案件故意拖延或者拒不办理的，给予记大过处分；情节较重的，给予降级或者撤职处分；情节严重的，给予开除处分。

压制批评，打击报复，扣压、销毁举报信件，或者向被举报人透露举报情况的，给予记过或者记大过处分；情节较重的，给予降级或者撤职处分；情节严重的，给予开除处分。

在人员录用、招聘、考核、晋升职务、晋升级别、职称评定以及岗位调整等工作中徇私舞弊、弄虚作假的，给予警告、记过或者记大过处分；情节较重的，给予降级或者撤职处分；情节严重的，给予开除处分。

弄虚作假，骗取荣誉，或者谎报学历、学位、职称的，给予警告、记过或者记大过处分；情节较重的，给予降级或者撤职处分；情节严重的，给予开除处分。

拒不执行机关的交流决定，或者在离任、辞职、被辞退时，拒不办理公务交接手续或者拒不接受审计的，给予警告、记过或者记大过处分；情节较重的，给予降级或者撤职处分；情节严重的，给予开除处分。

旷工或者因公外出、请假期满无正当理由逾期不归，造成不良后果的，给予警告、记过或者记大过处分；情节较重的，给予降级或者撤职处分；情节严重的，给予开除处分。

以不正当方式谋求本人或者特定关系人用公款出国，或者擅自延长在国外、境外期限，或者擅自变更路线，造成不良后果的，给予警告、记过或者记大过处分；情节较重的，给予降级或者撤职处分；情节严重的，给予开除处分。

有其他违反组织人事纪律行为的，给予警告、记过或者记大过处分；情节较重的，给予降级或者撤职处分；情节严重的，给予开除处分。

5. 违反财经纪律的行为

违反规定进行物资采购或者工程项目招投标，造成不良后果的，给予警告、记过或者记大过处分；情节较重的，给予降级或者撤职处分；情节严重的，给予开除处分。

违反规定擅自开设银行账户或者私设“小金库”的，给予警告处分；情节较重的，给予记过或者记大过处分；情节严重的，给予降级或者撤职处分。

伪造、变造、隐匿、毁弃财务账册、会计凭证、财务会计报告的，给予警告、记过或者记大过处分；情节较重的，给予降级或者撤职处分；情节严重的，给予开除处分。

违反规定挥霍浪费国家资财的，给予警告处分；情节较重的，给予记过或者记大过处分；情节严重的，给予降级或者撤职处分。

有其他违反财经纪律行为的，给予警告、记过或者记大过处分；情节较重的，给予降级或者撤职处分；情节严重的，给予开除处分。

6. 失职行为

因过失导致依法应当受理的案件未予受理，或者不应当受理的案件被违法受理，造成不良后果的，给予警告、记过或者记大过处分。

因过失导致错误裁判、错误采取财产保全措施、强制措施、执行措施，或者应当采取财产保全措施、强制措施、执行措施而未采取，造成不良后果的，给予警告、记过或者记大过处分；造成严重后果的，给予降级、撤职或者开除处分。

因过失导致所办案件严重超出规定办理期限，造成严重后果的，给予警告、记过或者记大过处分。

因过失导致被羁押人员脱逃、自伤、自杀或者行凶伤人的，给予记过或者记大过处分；造成严重后果的，给予降级、撤职或者开除处分。

因过失导致诉讼、执行文书内容错误，造成严重后果的，给予警告、记过或者记大过处分。

因过失导致国家秘密、审判执行工作秘密及其他工作秘密、履行职务掌握的商业秘密或者个人隐私被泄露，造成不良后果的，给予警告、记过或者记大过处分；情节较重的，给予降级或者撤职处分；情节严重的，给予开除处分。

因过失导致案卷或者证据材料损毁、丢失的，给予警告、记过或者记大过处分；造成严重后果的，给予降级或者撤职处分。

因过失导致职责范围内发生刑事案件、重大治安案件、重大社会群体性事件或者重大人员伤亡事故的，使公共财产、国家和人民利益遭受重大损失的，给予记过或者记大过处分；情节较重的，给予降级或者撤职处分；情节严重的，给予开除处分。

有其他失职行为造成不良后果的，给予警告、记过或者记大过处分；情节较重的，给予降级或者撤职处分；情节严重的，给予开除处分。

7. 违反管理秩序和社会道德的行为

因工作作风懈怠、工作态度恶劣，造成不良后果的，给予警告、记过或者记大过处分。

故意泄露国家秘密、工作秘密，或者故意泄露因履行职责掌握的商业秘密、个人隐私的，给予记过或者记大过处分；情节较重的，给予降级或者撤职处分；情节严重的，给予开除处分。

弄虚作假，误导、欺骗领导和公众，造成不良后果的，给予警告、记过或者记大过处分；情节较重的，给予降级或者撤职处分；情节严重的，给予开除处分。

因酗酒影响正常工作或者造成其他不良后果的，给予警告、记过或者记大过处分；情节较重的，给予降级、撤职处分；情节严重的，给予开除处分。

违反规定保管、使用枪支、弹药、警械等特殊物品，造成不良后果的，给予警告、记过或者记大过处分；情节较重的，给予降级或者撤职处分；情节严重的，给予开除处分。

违反公务车管理使用规定，发生严重交通事故或者造成其他不良后果的，给予警告、记过或者记大过处分；情节较重的，给予降级或者撤职处分；情节严重的，给予开除处分。

妨碍执行公务或者违反规定干预执行公务的，给予记过或者记大过处分；情节较重的，给予降级或者撤职处分；情节严重的，给予开除处分。

以殴打、辱骂、体罚、非法拘禁或者诽谤、诬告等方式侵犯他人人身权利的，给予记过或者记大过处分；情节较重的，给予降级或者撤职处分；情节严重的，给予开除处分。

体罚、虐待被羁押人员，或者殴打、辱骂诉讼参与人、涉诉上访人的，依照前述规定从重处分。

与他人通奸，造成不良影响的，给予警告、记过或者记大过处分；情节较重的，给予降级或者撤职处分；情节严重的，给予开除处分。

与所承办案件的当事人或者当事人亲属发生不正当两性关系的，依照前述规定从重处分。

重婚或者包养情人的，给予撤职或者开除处分。

拒不承担赡养、抚养、扶养义务，或者虐待、遗弃家庭成员的，给予警告、记过或者记大过处分；情节较重的，给予降级或者撤职处分；情节严重的，给予开除处分。

吸食、注射毒品或者参与嫖娼、卖淫、色情淫乱活动的，给予撤职或者开除处分。

参与赌博的，给予警告或者记过处分；情节较重的，给予记大过或者降级处分；情节严重的，给予撤职或者开除处分。

为赌博活动提供场所或者其他便利条件的，给予警告、记过或者记大过处分；情节较重的，给予降级、撤职处分；情节严重的，给予开除处分。

在工作时间赌博的，给予记过、记大过或者降级处分；屡教不改的，给予撤职或者开除处分。

挪用公款赌博的，给予撤职或者开除处分。

参与迷信活动，造成不良影响的，给予警告、记过或者记大过处分。

组织迷信活动的，给予降级处分；情节较重的，给予撤职处分；情节严重的，给予开除处分。

违反规定超计划生育的，给予降级处分；情节较重的，给予撤职处分；情节严重的，给予开除处分。

有其他违反管理秩序和社会道德行为的，给予警告、记过或者记大过处分；情节较重的，给予降级或者撤职处分；情节严重的，给予开除处分。

思考题

1. 根据我国法律规定，法官的独立有哪些具体要求？
2. 法官的中立有哪些要求？
3. 法官在业外活动中应当遵循哪些要求？
4. 对法官的纪律处分有哪些形式？
5. 在哪些情况下，应当追究相关人员的违法审判责任？

第十七章 检察官职业伦理

第一节　检察官职业伦理概述

一、检察官职业伦理的概念和特点

检察官职业伦理，是指检察官、检察官辅助人员以及其他相关人员在与其职业身份有关的活动中应当遵守的行为规范的总称。

首先，检察官职业伦理适用于检察官及其辅助人员以及其他相关人员。例如，最高人民检察院 2010 年《检察官职业行为基本规范（试行）》第 51 条规定：“人民检察院的其他工作人员参照本规范执行。”2016 年 12 月，最高人民检察院检察委员会通过《检察官职业道德基本准则》，并要求全体检察官遵照执行，检察辅助人员参照执行。因此，检察官职业伦理适用于检察官、检察官助理、书记员、司法警察等人员。

其次，检察官职业伦理适用于上述人员与其职业身份有关的活动，这些活动既包括业内活动，也包括业外活动。例如，最高人民检察院 2010 年《检察官职业行为基本规范（试行）》就职务外行为进行了专章规定，要求检察官慎重社会交往，约束自身行为，不参加与检察官身份不符的活动，从事教学、写作、科研或参加座谈、联谊等活动，不违反法律规定、不妨碍司法公正、不影响正常工作[①]；要求检察官要谨慎发表言论，避免因不当言论对检察机关造成负面影响。遵守检察新闻采访纪律，就检察工作接受采访应当报经主管部门批准[②]；要求检察官要遵守社会公德，明礼诚信，助人为乐，爱护公物，保护环境，见义勇为，积极参加社会公益活动[③]；等等。这些规定对于规范检察官的业外行为、维护检察官和法治的形象与尊严具有重要意义。

二、检察官职业伦理的重要性

2018 年《人民检察院组织法》第 20 条规定：“人民检察院行使下列职权：（一）依

---

① 最高人民检察院 2010 年《检察官职业行为基本规范（试行）》第 45 条。

② 最高人民检察院 2010 年《检察官职业行为基本规范（试行）》第 46 条。

③ 最高人民检察院 2010 年《检察官职业行为基本规范（试行）》第 47 条。

照法律规定对有关刑事案件行使侦查权；（二）对刑事案件进行审查，批准或者决定是否逮捕犯罪嫌疑人；（三）对刑事案件进行审查，决定是否提起公诉，对决定提起公诉的案件支持公诉；（四）依照法律规定提起公益诉讼；（五）对诉讼活动实行法律监督；（六）对判决、裁定等生效法律文书的执行工作实行法律监督；（七）对监狱、看守所的执法活动实行法律监督；（八）法律规定的其他职权。”据此，检察权具体可以分为侦查权、审查逮捕权、审查公诉权、公益诉讼权、法律监督权等权力；根据2018年《刑事诉讼法》关于刑事附带民事诉讼的规定①，还包括民事诉讼代理权。这种诸多权能集于一身的特点是公安机关、人民法院所不具备的。检察官的职业活动具有天然的复合性、复杂性。而在英美法中，检察官的职能则是相对简单的，标准的提法是，检察官具有双重角色，一方面是诉辩者，另一方面是司法人员（minister of justice），其义务是“寻求公正，而不仅仅是定罪”。

为规范检察官的职业行为，保障和促进检察官严格、公正、文明、廉洁执法，最高人民检察院先后制定了2002年《检察官职业道德规范》（已失效）、2009年《检察官职业道德基本准则（试行）》、2010年《检察官职业行为基本规范（试行）》、2016年《检察官职业道德基本准则》。这些规定在很大程度上为检察官的业内外职业活动提供了指南。

首先，检察官职业伦理是检察官职业自我规制的需要。如前所述，职业的重要特征之一，就是有明确的职业伦理。这种对职业伦理的需要，产生于自我规制的需要。检察官职业伦理是法律职业伦理的重要组成部分，其本身也来自职业内部的规制要求。检察队伍作为法律监督者，依法具有一定的独立性。而检察队伍的自我规制，是这种独立性的重要保障。因此，职业伦理是一种重要的平衡器，与职业上的独立性是相辅相成的。

其次，检察官职业伦理是处理检察官职业所面临的具体行为困境的需要。检察官是司法工作人员，不能以纯粹追求有罪判决为目的；在切实打击犯罪的过程中，还要承担客观义务，还要兼顾为实现社会和谐所应维护的其他社会价值。对于这些多元化，甚至相互冲突的要求，必须通过具体的检察官职业伦理来加以调整。

职业伦理的另外一个功能就是为检察官的具体业务活动划定明确的界限。联合国1990年《关于检察官作用的准则》明确规定：“针对检察官的纪律处分程序应保证客观评价和决定。纪律处分程序均应根据法律规定、职业行为准则和其他已确立的标准以及专业道德规范并根据本《准则》加以处理。”一个界定科学、界限清晰的检察官职业伦理是检察官开展法律监督活动的指引和保障。

① 2018年《刑事诉讼法》第101条规定：“被害人由于被告人的犯罪行为而遭受物质损失的，在刑事诉讼过程中，有权提起附带民事诉讼。被害人死亡或者丧失行为能力的，被害人的法定代理人、近亲属有权提起附带民事诉讼。”“如果是国家财产、集体财产遭受损失的，人民检察院在提起公诉的时候，可以提起附带民事诉讼。”

三、检察官职业伦理的渊源

从渊源上看，除《宪法》《刑事诉讼法》《民事诉讼法》等法律外，检察官职业伦理主要体现在2019年《检察官法》、最高人民检察院的司法解释以及一些行业性规范中。

（一）2019年《检察官法》

2019年《检察官法》第4条规定："检察官应当勤勉尽责，清正廉明，恪守职业道德。"第10条规定："检察官应当履行下列义务：（一）严格遵守宪法和法律；（二）秉公办案，不得徇私枉法；（三）依法保障当事人和其他诉讼参与人的诉讼权利；（四）维护国家利益、社会公共利益，维护个人和组织的合法权益；（五）保守国家秘密和检察工作秘密，对履行职责中知悉的商业秘密和个人隐私予以保密；（六）依法接受法律监督和人民群众监督；（七）通过依法办理案件以案释法，增强全民法治观念，推进法治社会建设；（八）法律规定的其他义务。"第23条规定："检察官不得兼任人民代表大会常务委员会的组成人员，不得兼任行政机关、监察机关、审判机关的职务，不得兼任企业或者其他营利性组织、事业单位的职务，不得兼任律师、仲裁员和公证员。"第37条第1款规定："检察官从人民检察院离任后两年内，不得以律师身份担任诉讼代理人或者辩护人。"这些关于检察官义务、检察官回避等的规定，都是检察官职业伦理的具体体现。

（二）最高人民检察院的司法解释

例如，最高人民检察院2019年《人民检察院刑事诉讼规则》①中关于回避的司法解释，最高人民检察院2015年《关于对检察机关办案部门和办案人员违法行使职权行为纠正、记录、通报及责任追究的规定》，最高人民检察院2017年《关于实行检察官以案释法制度的规定》第25条的规定。②

（三）人民检察院行业性规范

人民检察院行业性规范，是指人民检察院的相关部门在司法解释之外作出的关于检察官职业行为的规定。从我国的实际来看，人民检察院从科学管理检察官的实际需要出发，制定了各种关于检察官行为的规定，最高人民检察院2010年《检察官职业行为基本规范（试行）》，以及最高人民检察院2016年《检察官职业道德基本准则》、

① 高检发释字〔2019〕4号。

② 最高人民检察院2017年《关于实行检察官以案释法制度的规定》第25条规定："以案释法的检察官或者其他检察人员有下列情形之一的，应当给予批评教育，违反《检察人员纪律处分条例》的，依照有关规定给予纪律处分：（一）未经批准，擅自对外披露自己或者他人正在办理的案件情况，妨害案件依法独立公正办理的；（二）故意歪曲或者错误阐述案件事实，释法说理时有重大过失，引发舆情事件、造成负面社会影响的；（三）公开发表不当言论，对检察机关司法公信力造成不良影响的；（四）当事人或者其他诉讼参与人多次提出释法说理请求，不依照本规定履行释法说理责任，引起当事人或者其他诉讼参与人强烈不满，造成严重后果的；（五）造成其他消极社会影响或者严重后果的。"

《检察人员纪律处分条例》。这些规定内容翔实，具有一定的系统性，是检察官职业伦理的主要载体。

第二节　检察官职业伦理的主要内容

一、检察官职业道德基本准则

面对司法体制改革对检察官职业道德提出的新要求，为突出检察职业特色，坚持删繁就简，在全面总结 2009 年《中华人民共和国检察官职业道德基本准则（试行）》贯彻落实经验的基础上，经最高人民检察院党组研究、检察委员会审议，最高人民检察院 2016 年正式颁布、实施《中华人民共和国检察官职业道德基本准则》。这是自检察机关成立以来第一部坚持正面倡导、面向全体检察官的职业道德规范，成为向全体检察官发出的职业道德宣示和对人民的庄严承诺，为新形势下进一步加强检察队伍建设、推进检察机关全面从严治党指明了前进方向。

检察官职业道德基本准则包括下列内容：（1）坚持忠诚品格，永葆政治本色；（2）坚持为民宗旨，保障人民权益；（3）坚持担当精神，强化法律监督；（4）坚持公正理念，维护法制统一；（5）坚持廉洁操守，自觉接受监督。总体上看，这些规定中缺乏细化的行为禁止规范。[①]

二、检察官职业行为基本规范

为规范检察官职业行为，保障和促进检察官严格、公正、文明、廉洁执法，2010 年最高人民检察院制定了《检察官职业行为基本规范（试行）》，提出了六个方面的行为要求。

（一）职业信仰

坚定政治信念，坚持以马克思列宁主义、毛泽东思想、邓小平理论和“三个代表”重要思想为指导，认真学习中国特色社会主义理论体系，深入贯彻落实科学发展观，建设和捍卫中国特色社会主义事业。

热爱祖国，维护国家安全、荣誉和利益，维护国家统一和民族团结，同一切危害国家的言行作斗争。

坚持中国共产党领导，坚持党的事业至上，始终与党中央保持高度一致，自觉维护党中央权威。

坚持执法为民，坚持人民利益至上，密切联系群众，倾听群众呼声，妥善处理群

① 参见葛琳：《检察官惩戒委员会的职能定位及其实现——兼论国家监察体制改革背景下司法责任追究的独立性》载《法学评论》2018 年第 2 期，脚注 14。

众诉求，维护群众合法权益，全心全意为人民服务。

坚持依法治国基本方略，坚持宪法、法律至上，维护宪法和法律的统一、尊严和权威，致力于社会主义法治事业的发展进步。

维护公平正义，忠实履行检察官职责，促进司法公正，提高检察机关执法公信力。

坚持服务大局，围绕党和国家的中心工作履行法律监督职责，为改革开放和经济社会科学发展营造良好法治环境。

恪守职业道德，铸造忠诚品格，强化公正理念，树立清廉意识，提升文明素质。

（二）履职行为

坚持依法履行职责，严格按照法定职责权限、标准和程序执法办案，不受行政机关、社会团体和个人的干涉，自觉抵制权势、金钱、人情、关系等因素的干扰。

坚持客观公正，忠于事实真相，严格执法，秉公办案，不偏不倚，不枉不纵，使所办案件经得起法律和历史的检验。

坚持打击与保护相统一，依法追诉犯罪，尊重和保护诉讼参与人和其他公民、法人及社会组织的合法权益，使无罪的人不受刑事追究。

坚持实体与程序相统一，严格遵循法定程序，维护程序正义，以程序公正保障实体公正。

坚持惩治与预防相统一，依法惩治犯罪，立足检察职能开展犯罪预防，积极参与社会治安综合治理，预防和减少犯罪。

坚持执行法律与执行政策相统一，正确把握办案力度、质量、效率、效果的关系，实现执法办案法律效果、社会效果、政治效果的有机统一。

坚持强化审判监督与维护裁判稳定相统一，依法监督纠正裁判错误和审判活动违法，维护生效裁判的既判力，保障司法公正和司法权威。

坚持重证据，重调查研究，依法全面、客观地收集、审查和使用证据，坚决杜绝非法取证，依法排除非法证据。

坚持理性执法，把握执法规律，全面分析情况，辩证解决问题，理智处理案件。

坚持平和执法，平等对待诉讼参与人，和谐处理各类法律关系，稳慎处理每一起案件。

坚持文明执法，树立文明理念，改进办案方式，把文明办案要求体现在执法全过程。

坚持规范执法，严格依法办案，遵守办案规则和业务流程。

重视群众工作，了解群众疾苦，熟悉群众工作方法，增进与群众的感情，善于用群众信服的方式执法办案。

重视化解矛盾纠纷，加强办案风险评估，妥善应对和处置突发事件，深入排查和有效调处矛盾纠纷，注重释法说理，努力做到案结、事了、人和，促进社会和谐稳定。

重视舆情应对引导，把握正确舆论导向，遵守舆情处置要求，避免和防止恶意炒作。

自觉接受监督，接受其他政法机关的工作制约，执行检务公开规定，提高执法透明度。

精研法律、政策，充实办案所需知识，保持专业水准，秉持专业操守，维护职业信誉和职业尊严。

（三）职业纪律

严守政治纪律，不发表、不散布不符合检察官身份的言论，不参加非法组织，不参加非法集会、游行、示威等活动。

严守组织纪律，执行上级决定和命令，服从领导，听从指挥，令行禁止，确保检令畅通，反对自由主义。

严守工作纪律，爱岗敬业，勤勉尽责，严谨细致，讲究工作质量和效率，不敷衍塞责。

严守廉洁从检纪律，认真执行廉洁从政准则和廉洁从检规定，不取非分之财，不做非分之事，保持清廉本色。

严守办案纪律，认真执行办案工作制度和规定，保证办案质量和办案安全，杜绝违规违纪办案。

严守保密纪律，保守在工作中掌握的国家秘密、商业秘密和个人隐私，加强网络安全防范，妥善保管涉密文件或其他涉密载体，坚决防止失密泄密。

严守枪支弹药和卷宗管理纪律，依照规定使用和保管枪支弹药，认真执行卷宗管理、使用、借阅、复制等规定，确保枪支弹药和卷宗安全。

严守公务和警用车辆使用纪律，不私自使用公务和警用车辆，不违规借用、占用车辆；遵守道路交通法规，安全、文明、礼貌行车，杜绝无证驾车、酒后驾车。

严格执行禁酒令，不在执法办案期间、工作时间和工作日中午饮酒，不着检察制服和佩戴检察徽标在公共场所饮酒，不酗酒。

（四）职业作风

保持和发扬良好思想作风，解放思想，实事求是，与时俱进，锐意进取，开拓创新，研究新情况，解决新问题，创造性地开展工作。

保持和发扬良好学风，坚持理论联系实际，提高理论水平和解决实际问题的能力。

保持和发扬良好工作作风，密切联系群众，遵循客观规律，注重调查研究，察实情，讲实话，办实事，求实效，不搞形式主义，不弄虚作假。

保持和发扬良好领导作风，坚持民主集中制，充分发扬民主，维护集中统一，自觉开展批评与自我批评，坚持真理，修正错误，以身作则，率先垂范。

保持和发扬良好生活作风，艰苦奋斗，勤俭节约，克己奉公，甘于奉献，反对奢侈浪费。

保持和发扬良好执法作风，更新执法理念，注重团结协作，提高办案效率，不要特权、逞威风。

（五）职业礼仪

遵守工作礼仪，团结、关心和帮助同事，爱护工作环境，营造干事创业、宽松和谐、风清气正的工作氛围。

遵守着装礼仪，按规定着检察制服、佩戴检察徽标。着便装大方得体。

遵守接待和语言礼仪，对人热情周到，亲切和蔼，耐心细致，平等相待，一视同仁，举止庄重，精神振作，礼节规范。使用文明礼貌用语，表达准确，用语规范，不说粗话、脏话。

遵守外事礼仪，遵守国际惯例，尊重国格人格和风俗习惯，平等交往，热情大方，不卑不亢，维护国家形象。

（六）职务外行为

慎重社会交往，约束自身行为，不参加与检察官身份不符的活动。从事教学、写作、科研或参加座谈、联谊等活动，不违反法律规定、不妨碍司法公正、不影响正常工作。

谨慎发表言论，避免因不当言论对检察机关造成负面影响。遵守检察新闻采访纪律，就检察工作接受采访应当报经主管部门批准。

遵守社会公德，明礼诚信，助人为乐，爱护公物，保护环境，见义勇为，积极参加社会公益活动。

弘扬家庭美德，增进家庭和睦，勤俭持家，尊老爱幼，团结邻里，妥善处理家庭矛盾和与他人的纠纷。

培养健康情趣，坚持终身学习，崇尚科学，反对迷信，追求高尚，抵制低俗。

第三节　检察官的职业责任

一、检察官的司法责任

为更好地保障人民检察院依法独立公正行使检察权，提高司法公信力，2015 年，最高人民检察院印发《关于完善人民检察院司法责任制的若干意见》。完善人民检察院司法责任制的基本原则是：坚持遵循司法规律，符合检察职业特点；坚持突出检察官办案主体地位与加强监督制约相结合；坚持权责明晰，权责相当；坚持主观过错与客观行为相一致，责任与处罚相适应。完善人民检察院司法责任制，就是要按照“谁办案谁负责、谁决定谁负责”的要求，通过明确检察人员的职责权限和完善检察权运行机制，使检察官既成为司法办案的主体，也成为司法责任的主体。

根据上述意见，检察人员应当对其履行检察职责的行为承担司法责任，在职责范围内对办案质量终身负责。司法责任包括故意违反法律法规责任、重大过失责任和监督管理责任。对于检察人员与司法办案活动无关的其他违纪违法行为，依照法律及《检察人员纪律处分条例》等有关规定处理。司法办案工作中虽有错案发生，但检察人员履行职责中尽到必要注意义务，没有故意或重大过失的，不承担司法责任。检察人员在事实认定、证据采信、法律适用、办案程序、文书制作以及司法作风等方面不符合法律和有关规定，但不影响案件结论的正确性和效力的，属司法瑕疵，依照相关纪律规定处理。

根据前述意见，检察人员在司法办案工作中，故意实施下列行为之一的，应当承担司法责任：(1) 包庇、放纵被举报人、犯罪嫌疑人、被告人，或使无罪的人受到刑事追究的；(2) 毁灭、伪造、变造或隐匿证据的；(3) 刑讯逼供、暴力取证或以其他非法方法获取证据的；(4) 违反规定剥夺、限制当事人、证人人身自由的；(5) 违反规定限制诉讼参与人行使诉讼权利，造成严重后果或恶劣影响的；(6) 超越刑事案件管辖范围初查、立案的；(7) 非法搜查或损毁当事人财物的；(8) 违法违规查封、扣押、冻结、保管、处理涉案财物的；(9) 对已经决定给予刑事赔偿的案件拒不赔偿或拖延赔偿的；(10) 违法违规使用武器、警械的；(11) 其他违反诉讼程序或司法办案规定，造成严重后果或恶劣影响的。检察人员在司法办案工作中有重大过失，怠于履行或不正确履行职责，造成下列后果之一的，应当承担司法责任：(1) 认定事实、适用法律出现重大错误，或案件被错误处理的；(2) 遗漏重要犯罪嫌疑人或重大罪行的；(3) 错误羁押或超期羁押犯罪嫌疑人、被告人的；(4) 涉案人员自杀、自伤、行凶的；(5) 犯罪嫌疑人、被告人串供、毁证、逃跑的；(6) 举报控告材料或其他案件材料、扣押财物遗失、严重损毁的；(7) 举报控告材料内容或其他案件秘密被泄露的；(8) 其他严重后果或恶劣影响的。

根据前述意见，负有监督管理职责的检察人员因故意或重大过失怠于行使或不当行使监督管理权，导致司法办案工作出现严重错误的，应当承担相应的司法责任。独任检察官承办并作出决定的案件，由独任检察官承担责任。检察官办案组承办的案件，由其负责人和其他检察官共同承担责任；办案组负责人对职权范围内决定的事项承担责任，其他检察官对自己的行为承担责任。属于检察长（副检察长）或检察委员会决定的事项，检察官对事实和证据负责，检察长（副检察长）或检察委员会对决定事项负责。检察辅助人员参与司法办案工作的，根据职权和分工承担相应的责任；检察官有审核把关责任的，应当承担相应的责任。检察长（副检察长）除承担监督管理的司法责任外，对在职权范围内作出的有关办案事项决定承担完全责任。对于检察官在职权范围内作出决定的事项，检察长（副检察长）不因签发法律文书而承担司法责任。检察官根据检察长（副检察长）的要求进行复核并改变原处理意见的，由检察长（副检察长）与检察官共同承担责任。检察长（副检察长）改变检察官决定的，对改变部分承担责任。检察官向检察委员会汇报案件时，故意隐瞒、歪曲事实，遗漏重要事实、证据或情节，导致检察委员会作出错误决定的，由检察官承担责任；检察委员会委员根据错误决定形成的具体原因和主观过错情况承担部分责任或不承担责任。上级人民检察院不采纳或改变下级人民检察院正确意见的，应当由上级人民检察院有关人员承担相应的责任。下级人民检察院有关人员故意隐瞒、歪曲事实，遗漏重要事实、证据或情节，导致上级人民检察院作出错误命令、决定的，由下级人民检察院有关人员承担责任；上级人民检察院有关人员有过错的，应当承担相应的责任。

人民检察院纪检监察机构受理对检察人员在司法办案工作中违纪违法行为和司法过错行为的检举控告，并进行调查核实。对于检察人员承办的案件发生被告人被宣告无罪，国家承担赔偿责任，确认发生冤假错案，犯罪嫌疑人、被告人逃跑或死亡、伤残等情形的，应当核查是否存在应予追究司法责任的情形。人民检察院纪检监察机构经调查后认为应当追究检察官故意违反法律法规责任或重大过失责任的，应当报请检察长决定后，移送省、自治区、直辖市检察官惩戒委员会审议。人民检察院纪检监察机构应当及时向检察官惩戒委员会通报当事检察官的故意违反法律法规或重大过失事实及拟处理建议、依据，并就其故意违反法律法规或重大过失承担举证责任；当事检察官有权进行陈述、辩解、申请复议。检察官惩戒委员会根据查明的事实和法律规定作出无责、免责或给予惩戒处分的建议。

对经调查属实应当承担司法责任的人员，根据《检察官法》《检察人员纪律处分条例》《检察人员执法过错责任追究条例》等有关规定，分别按照下列程序作出相应处理：（1）应当给予停职、延期晋升、调离司法办案工作岗位以及免职、责令辞职、辞退等处理的，由组织人事部门按照干部管理权限和程序办理；（2）应当给予纪律处分的，由人民检察院纪检监察机构依照有关规定和程序办理；（3）涉嫌犯罪的，由人民检察院纪检监察机构将犯罪线索移送司法机关处理。

2019年《检察官法》总结《关于完善人民检察院司法责任制的若干意见》实施以来的经验，以立法形式明确规定了司法责任制。该法第47条规定，“检察官有下列行为之一的，应当给予处分；构成犯罪的，依法追究刑事责任：（一）贪污受贿、徇私枉法、刑讯逼供的；（二）隐瞒、伪造、变造、故意损毁证据、案件材料的；（三）泄露国家秘密、检察工作秘密、商业秘密或者个人隐私的；（四）故意违反法律法规办理案件的；（五）因重大过失导致案件错误并造成严重后果的；（六）拖延办案，贻误工作的；（七）利用职权为自己或者他人谋取私利的；（八）接受当事人及其代理人利益输送，或者违反有关规定会见当事人及其代理人的；（九）违反有关规定从事或者参与营利性活动，在企业或者其他营利性组织中兼任职务的；（十）有其他违纪违法行为的。”“检察官的处分按照有关规定办理。”第49条规定：“最高人民检察院和省、自治区、直辖市设立检察官惩戒委员会，负责从专业角度审查认定检察官是否存在本法第四十七条第四项、第五项规定的违反检察职责的行为，提出构成故意违反职责、存在重大过失、存在一般过失或者没有违反职责等审查意见。检察官惩戒委员会提出审查意见后，人民检察院依照有关规定作出是否予以惩戒的决定，并给予相应处理。”“检察官惩戒委员会由检察官代表、其他从事法律职业的人员和有关方面代表组成，其中检察官代表不少于半数。”“最高人民检察院检察官惩戒委员会、省级检察官惩戒委员会的日常工作，由相关人民检察院的内设职能部门承担。”

根据上述规定，我国的检察官惩戒委员会只负责对检察官在司法办案过程中是否存在违反职责的行为提出专业意见。这是考虑到检察人员的职务活动具有专业性，检察人员是否应当对司法行为承担司法责任，需要经过法律专业人士的专业判断。因此，具备法律专业性是检察官惩戒委员会的显著特征。

二、检察官的纪律责任

检察官的纪律责任是检察官司法责任的一部分。最高人民检察院 2010 年《检察官职业行为基本规范（试行）》第 50 条规定：“检察官违反本规范，情节轻微的，予以批评教育；构成违纪的，依据检察人员纪律处分条例予以惩戒；构成犯罪的，依法追究刑事责任。”为规范检察人员的行为，严肃检察纪律，保证检察人员依法履行职责，2004 年最高人民检察院制定了《检察人员纪律处分条例（试行）》（已失效），并在 2016 年修订为《检察人员纪律处分条例》。

该条例适用于违反纪律或者法律、法规规定应当受到纪律追究的检察人员。检察机关及其所属机构、单位、办案组织集体作出违纪决定或者实施违纪行为，对负有直接责任和领导责任的检察人员，依照该条例给予纪律处分。该条例所称检察人员，是指检察机关具有公务员身份和参照《公务员法》管理的检察官、检察辅助人员和司法行政人员。对检察机关所属事业单位中不参照《公务员法》管理工作人员的纪律处分，适用《事业单位工作人员处分暂行规定》。该条例所称领导干部，是指人民检察院及所属参公管理事业单位中担任各级领导职务，以及非领导职务的县（处）级以上干部。该条例所称直接责任者，是指在其职责范围内，不履行或者不正确履行自己的职责，对造成的损失或者后果起决定性作用的检察人员。该条例所称主要领导责任者，是指在其职责范围内，对直接主管的工作不履行或者不正确履行职责，对造成的损失或者后果负直接领导责任的领导干部。该条例所称重要领导责任者，是指在其职责范围内，对应管的工作或者参与决定的工作不履行或者不正确履行职责，对造成的损失或者后果负次要领导责任的领导干部。该条例所称领导责任者，包括主要领导责任者和重要领导责任者。

检察机关的纪律处分工作，应当坚持全面从严治检、实事求是、纪律面前一律平等、处分与违纪行为相适应、惩戒与教育相结合的原则。

（一）检察纪律处分的种类和适用

根据上述条例，对违反纪律的检察人员，应当根据其违纪行为的事实、性质和情节，依照该条例的规定给予纪律处分。情节轻微，经批评教育确已认识错误的，可以免予处分。情节显著轻微，不认为构成违纪的，不予处分。

检察纪律处分分为：警告、记过、记大过、降级、撤职、开除。纪律处分期间分别为：（1）警告，6个月；（2）记过，16个月；（3）记大过，18个月；（4）降级、撤职，24个月。

检察人员在处分期间不得晋升职务、级别。其中，受记过、记大过、降级、撤职处分的，在处分期间不得晋升工资档次。受降级处分的，自处分的下个月起降低一个级别。如果受处分人为最低级别的，按降低一个工资档次处理；如果受处分人为最低级别最低档次的，给予记大过处分。受撤职处分的，撤销其所有行政职务。在处分期间不得担任领导职务，自处分的下个月起按降低一个以上的职务层次另行确定非领导职务。办事员应当给予撤职处分的，给予降级处分。受开除处分的，自处分决定生效之日起解除其人事关系，其职务、级别自然撤销，不得再被录用为检察人员。受处分人具有法律职务的，按照有关规定重新确定或者依法罢免、免除法律职务。受开除处分的，依法罢免或者免除法律职务。

一人有上述条例规定的两种以上应当受到处分的违纪行为，应当分别确定其处分种类。应当给予的处分种类不同的，执行其中最重的处分；应当给予撤职以下多个相同种类处分的，执行该处分，并在最高处分期间以上，多个处分期间之和以下，决定应当执行的处分期间。处分期间最长不超过48个月。一个违纪行为同时触犯上述条例两个以上条款的，依照处分较重的条款定性处理。一个条款规定的违纪构成要件全部包含在另一个条款规定的违纪构成要件中，特别规定与一般规定不一致的，适用特别规定。二人以上共同故意违纪的，对起主要作用的，从重处分，上述条例另有规定的除外；对其他成员，按照其在共同违纪中所起的作用和应负的责任，分别给予处分。对于经济方面共同违纪的，按照个人所得数额及其所起的作用，分别给予处分。对起主要作用，情节严重的，按照共同违纪的总数额给予处分。教唆他人违纪的，应当按照其在共同违纪中所起的作用追究纪律责任。

有下列情形之一的，可以从轻或者减轻处分：（1）主动交代本人应当受到纪律处分的问题的；（2）检举他人应当受到纪律处分或者法律追究的问题，经查证属实的；（3）主动挽回损失、消除不良影响或者有效阻止危害结果发生的；（4）主动上交违纪所得的；（5）其他立功表现的。

有下列情形之一的，应当从重或者加重处分：（1）在集中整治过程中，不收敛、不收手的；（2）强迫他人违纪的；（3）上述条例另有规定的。

故意违纪受处分后又因故意违纪应当受到纪律处分的，应当从重处分。

纪律处分决定作出后，应当在一个月内向受处分人所在单位及其本人宣布，并由干部人事管理部门按照干部管理权限将处分决定材料归入受处分人档案；对于受到降级以上处分的，还应当在一个月内办理职务、工资等相应变更手续。对于违纪行为所获得的经济利益，应当收缴或者责令退赔。对于违纪行为所获得的职务、职称、学历、学位、奖励等其他利益，应当建议有关组织、单位、部门按规定予以纠正。

从轻、从重处分，是指在上述条例规定的违纪行为应当受到的处分幅度以内，给予较轻或者较重的处分。

减轻、加重处分，是指在上述条例规定的违纪行为应当受到的处分幅度以外，减轻或者加重一档给予处分。

上述条例规定的只有开除处分一个档次的违纪行为，不适用前述减轻处分的规定。

依照上述条例应当给予警告或者记过处分，又有减轻处分情形的，可以免予处分。

（二）对违法犯罪、违犯党纪检察人员的处分

检察人员有贪污贿赂、渎职侵权等刑法规定的行为涉嫌犯罪的，应当给予撤职或者开除处分。

检察人员有刑法规定的行为，虽不构成犯罪或者不以犯罪论处，但须追究纪律责任的，应当视具体情节给予警告直至开除处分。

检察人员有其他违法行为，须追究纪律责任的，应当视具体情节给予警告直至开除处分。

检察人员受到纪律追究，涉嫌违法犯罪的，应当及时移送有关国家机关依法处理；需要给予党纪处分的，应当向有关党组织提出建议。

因犯罪被判处刑罚的，应当给予开除处分。

因犯罪情节轻微，被人民检察院依法作出不起诉决定的，或者被人民法院免予刑事处罚的，给予降级、撤职或者开除处分。

属于上述规定情形的，应当根据司法机关的生效裁判、决定及其认定的事实、性质和情节，依照上述条例规定给予纪律处分。

受到党纪处分或者行政处罚，应当追究纪律责任的，可以根据生效的党纪处分决定、行政处罚决定认定的事实、性质和情节，经核实后依照上述条例规定给予纪律处分。

纪律处分决定作出后，党组织、司法机关、行政机关等改变原生效决定、裁判，对原处分决定产生影响的，应当根据改变后的生效决定、裁判重新作出相应处理。

（三）纪律处分的变更和解除

受处分人在处分期间获得三等功以上奖励的，可以缩短处分期间，但缩短后的期间不得少于原处分期间的二分之一。

受处分人在处分期间，发现其另有应当受到纪律处分的违纪行为，应当根据新发现违纪行为的事实、性质、情节和已经作出的处分，重新作出处分决定，处分期间依照前述条例第 14 条的规定重新计算，已经执行的处分期间应当从重新确定的处分期间中扣除。

受处分人在处分期间又犯应当受到纪律处分的违纪行为，应当依照前述规定重新作出处分决定，处分期间为原处分期间尚未执行的期间与新处分期间之和。

受处分人在处分期间确有悔改表现，处分期满后，经所在单位或者部门提出意见，由处分决定机关作出解除处分的决定。

解除处分决定应当在一个月内书面通知受处分人，并在一定范围内宣布。

解除处分决定应当在作出后的一个月内，由干部人事管理部门归入受处分人档案。

解除降级、撤职处分，不得恢复原职务、级别和工资档次，但以后晋升职务、级别和工资档次不受原处分的影响。

（四）应受纪律处分的行为

1. 对检察人员违反政治纪律行为的处分

通过信息网络、广播、电视、报刊、书籍、讲座、论坛、报告会、座谈会等方式，公开发表坚持资产阶级自由化立场、反对四项基本原则，反对党的改革开放决策的文章、演说、宣言、声明等的，给予开除处分。发布、播出、刊登、出版上述所列文章、演说、宣言、声明等或者为上述行为提供方便条件的，对直接责任者和领导责任者，给予记大过或者降级处分；情节严重的，给予撤职或者开除处分。

通过信息网络、广播、电视、报刊、书籍、讲座、论坛、报告会、座谈会等方式，有下列行为之一，情节较轻的，给予警告、记过或者记大过处分；情节较重的，给予降级或者撤职处分；情节严重的，给予开除处分：（1）公开发表违背四项基本原则，违背、歪曲党的改革开放决策，或者其他有严重政治问题的文章、演说、宣言、声明等的；（2）妄议中央大政方针，破坏党的集中统一的；（3）丑化党和国家形象，或者诋毁、诬蔑党和国家领导人，或者歪曲党史、军史的。发布、播出、刊登、出版前述所列内容或者为上述行为提供方便条件的，对直接责任者和领导责任者，给予记过、记大过或者降级处分；情节严重的，给予撤职或者开除处分。

制作、贩卖、传播前述所列内容之一的书刊、音像制品、电子读物、网络音视频资料等，情节较轻的，给予警告、记过或者记大过处分；情节较重的，给予降级或者撤职处分；情节严重的，给予开除处分。私自携带、寄递前述所列内容之一的书刊、音像制品、电子读物等入出境，情节较重的，给予警告、记过或者记大过处分；情节严重的，给予降级、撤职或者开除处分。

组织、参加反对党的基本理论、基本路线、基本纲领、基本经验、基本要求或者重大方针政策的集会、游行、示威等活动的，或者以组织讲座、论坛、报告会、座谈会等方式，反对党的基本理论、基本路线、基本纲领、基本经验、基本要求或者重大方针政策，造成严重不良影响的，对策划者、组织者和骨干分子，给予开除处分。对其他参加人员或者以提供信息、资料、财物、场地等方式支持上述活动者，情节较轻的，给予警告、记过或者记大过处分；情节较重的，给予降级或者撤职处分；情节严重的，给予开除处分。对不明真相被裹挟参加，经批评教育后确有悔改表现的，可以免予处分或者不予处分。对未经组织批准参加其他集会、游行、示威等活动，情节较轻的，给予警告、记过或者记大过处分；情节较重的，给予降级或者撤职处分；情节严重的，给予开除处分。

组织、参加旨在反对党的领导、反对社会主义制度或者敌视政府等组织的，对策划者、组织者和骨干分子，给予开除处分。对其他参加人员，情节较轻的，给予警告、记过或者记大过处分；情节较重的，给予降级或者撤职处分；情节严重的，给予开除处分。

组织、参加会道门或者邪教组织的，对策划者、组织者和骨干分子，给予开除处分。对其他参加人员，情节较轻的，给予警告、记过或者记大过处分；情节较重的，给予降级或者撤职处分；情节严重的，给予开除处分。对不明真相的参加人员，经批评教育后确有悔改表现的，可以免予处分或者不予处分。

搞团团伙伙、结党营私、拉帮结派、培植私人势力或者通过搞利益交换、为自己营造声势等活动捞取政治资本的，给予记过、记大过或者降级处分；情节严重的，给予撤职或者开除处分。

有下列行为之一的，对直接责任者和领导责任者，给予记过、记大过或者降级处分；情节严重的，给予撤职或者开除处分：（1）拒不执行党和国家的方针政策以及决策部署的；（2）故意作出与党和国家的方针政策以及决策部署相违背的决定的；（3）擅自对应当由中央决定的重大政策问题作出决定和对外发表主张的。

挑拨民族关系制造事端或者参加民族分裂活动的，对策划者、组织者和骨干分子，给予开除处分。对其他参加人员，情节较轻的，给予警告、记过或者记大过处分；情节较重的，给予降级或者撤职处分；情节严重的，给予开除处分。对不明真相被裹挟参加，经批评教育后确有悔改表现的，可以免予处分或者不予处分。有其他违反党和国家民族政策的行为，情节较轻的，给予警告、记过或者记大过处分；情节较重的，给予降级或者撤职处分；情节严重的，给予开除处分。

组织、利用宗教活动反对党的路线、方针、政策和决议，破坏民族团结的，对策划者、组织者和骨干分子，给予撤职或者开除处分。对其他参加人员，情节较轻的，给予警告、记过或者记大过处分；情节较重的，给予降级或者撤职处分；情节严重的，给予开除处分。对不明真相被裹挟参加，经批评教育后确有悔改表现的，可以免予处分或者不予处分。有其他违反国家宗教政策的行为，情节较轻的，给予警告、记过或者记大过处分；情节较重的，给予降级或者撤职处分；情节严重的，给予开除处分。

组织、利用宗族势力对抗党和政府，妨碍党和国家的方针政策以及决策部署的实施，或者破坏党的基层组织建设的，对策划者、组织者和骨干分子，给予撤职或者开除处分。对其他参加人员，情节较轻的，给予警告、记过或者记大过处分；情节较重的，给予降级或者撤职处分；情节严重的，给予开除处分。对不明真相被裹挟参加，经批评教育后确有悔改表现的，可以免予处分或者不予处分。

对抗组织调查，有下列行为之一的，给予警告、记过或者记大过处分；情节较重的，给予降级或者撤职处分；情节严重的，给予开除处分：（1）串供或者伪造、销毁、转移、隐匿证据的；（2）阻止他人揭发检举、提供证据材料的；（3）包庇同案人员的；（4）向组织提供虚假情况，掩盖事实的；（5）其他对抗组织调查行为的。

组织迷信活动的，给予降级或者撤职处分；情节严重的，给予开除处分。参加迷信活动，造成不良影响的，给予警告、记过或者记大过处分；情节较重的，给予降级或者撤职处分；情节严重的，给予开除处分。对不明真相的参加人员，经批评教育后确有悔改表现的，可以免予处分或者不予处分。

在国（境）外、外国驻华使（领）馆申请政治避难，或者违纪后逃往国（境）外、外国驻华使（领）馆的，给予开除处分。在国（境）外公开发表反对党和政府的文章、演说、宣言、声明等的，依照上述规定处理。故意为上述行为提供方便条件的，给予撤职或者开除处分。

在涉外活动中，其言行在政治上造成恶劣影响，损害党和国家尊严、利益的，给予降级或者撤职处分；情节严重的，给予开除处分。

领导干部对违反政治纪律和政治规矩等错误思想和行为放任不管，搞无原则一团和气，造成不良影响的，给予警告、记过或者记大过处分；情节严重的，给予降级或者撤职处分。

有其他违反政治纪律和政治规矩行为的，应当视具体情节给予警告直至开除处分。

2. 对检察人员违反组织纪律行为的处分

违反民主集中制原则，拒不执行或者擅自改变组织作出的重大决定，或者违反议事规则，个人或者少数人决定重大问题的，给予警告、记过或者记大过处分；情节严重的，给予降级或者撤职处分。

下级检察机关拒不执行或者擅自改变上级检察机关决定的，对直接责任者和领导责任者，给予警告、记过或者记大过处分；情节严重的，给予降级或者撤职处分。

拒不执行组织的分配、调动、交流等决定的，给予警告、记过、记大过或者降级处分。在特殊时期或者紧急状况下，拒不执行组织决定的，给予撤职或者开除处分。

离任、辞职或者被辞退时，拒不办理公务交接手续或者拒不接受审计的，给予警告、记过或者记大过处分；情节较重的，给予降级或者撤职处分；情节严重的，给予开除处分。

不按照有关规定或者工作要求，向组织请示报告重大问题、重要事项的，给予警告、记过或者记大过处分；情节严重的，给予降级或者撤职处分。不按要求报告或者不如实报告个人去向，情节较重的，给予警告、记过或者记大过处分。

有下列行为之一，情节较重的，给予警告、记过或者记大过处分：（1）违反个人有关事项报告规定，不报告、不如实报告的；（2）在组织进行谈话、函询时，不如实向组织说明问题的；（3）不如实填报个人档案资料的。篡改、伪造个人档案资料的，给予记过或者记大过处分；情节严重的，给予降级或者撤职处分。

领导干部违反有关规定组织、参加自发成立的老乡会、校友会、战友会等，情节严重的，给予警告、记过、记大过或者降级处分。

诬告陷害他人意在使他人受纪律追究的，给予警告、记过或者记大过处分；情节较重的，给予降级或者撤职处分；情节严重的，给予开除处分。

有下列行为之一的，给予警告、记过或者记大过处分；情节较重的，给予降级或者撤职处分；情节严重的，给予开除处分：（1）对检察人员的批评、检举、控告进行阻挠、压制，或者将批评、检举、控告材料私自扣压、销毁，或者故意将其泄露给他人的；（2）对检察人员的申辩、辩护、作证等进行压制，造成不良后果的；（3）压制检察人员申诉，造成不良后果的，或者不按照有关规定处理检察人员申诉的；（4）其他侵犯检察人员权利行为，造成不良后果的。对批评人、检举人、控告人、证人及其他人员打击报复的，依照上述规定从重或者加重处分。单位或者部门有上述行为的，对直接责任者和领导责任者，依照上述规定处理。

有下列行为之一的，给予警告、记过或者记大过处分；情节较重的，给予降级或者撤职处分；情节严重的，给予开除处分：（1）在民主推荐、民主测评、组织考察和选举中搞拉票、助选等非组织活动的；（2）在法律规定的投票、选举活动中违背组织原则搞非组织活动，组织、怂恿、诱使他人投票、表决的；（3）在选举中进行其他违反法律和纪律规定活动的。

在干部选拔任用工作中，违反干部选拔任用规定，对直接责任者和领导责任者，情节较轻的，给予警告、记过或者记大过处分；情节较重的，给予降级或者撤职处分；情节严重的，给予开除处分。用人失察失误造成严重后果的，对直接责任者和领导责任者，依照上述规定处理。

违反有关规定在人员录用、考评考核、职务晋升和职称评定等工作中，隐瞒、歪曲事实真相，或者利用职权、职务上的影响为本人或者他人谋取利益的，给予警告、记过或者记大过处分；情节较重的，给予降级或者撤职处分；情节严重的，给予开除处分。弄虚作假，骗取职务、职级、职称、待遇、资格、学历、学位、荣誉或者其他利益的，依照上述规定处理。

违反有关规定取得外国国籍或者获取国（境）外永久居留资格、长期居留许可，非法出境，或者违反规定滞留境外不归的，给予开除处分。

违反有关规定办理因私出国（境）证件、港澳通行证、大陆居民来往台湾通行证，或者未经批准出入国（边）境，情节较轻的，给予警告、记过或者记大过处分；情节较重的，给予降级处分；情节严重的，给予撤职处分。

在临时出国（境）团（组）中擅自脱离组织，或者从事外事、机要等工作的检察人员违反有关规定同国（境）外机构、人员联系和交往的，给予警告、记过、记大过、降级或者撤职处分。

在临时出国（境）团（组）中脱离组织出走的，给予撤职或者开除处分。故意为他人脱离组织出走提供方便条件的，给予记过、记大过、降级或者撤职处分。

3. 对检察人员违反办案纪律行为的处分

故意伪造、隐匿、损毁举报、控告、申诉材料，包庇被举报人、被控告人，或者对举报人、控告人、申诉人、批评人打击报复的，给予记过或者记大过处分；情节较重的，给予降级或者撤职处分；情节严重的，给予开除处分。

泄露案件秘密，或者为案件当事人及其近亲属、辩护人、诉讼代理人、利害关系人等打探案情、通风报信的，给予记过或者记大过处分；造成严重后果或者恶劣影响的，给予降级、撤职或者开除处分。

擅自处置案件线索、随意初查或者在初查中对被调查对象采取限制人身自由强制性措施的，给予记过或者记大过处分；情节较重的，给予降级或者撤职处分；情节严重的，给予开除处分。

违反有关规定搜查他人身体、住宅，或者侵入他人住宅的，给予记过或者记大过处分；情节较重的，给予降级或者撤职处分；情节严重的，给予开除处分。

违反有关规定采取、变更、解除、撤销强制措施的，给予记过或者记大过处分；情节较重的，给予降级或者撤职处分；情节严重的，给予开除处分。

违反有关规定限制、剥夺诉讼参与人人身自由、诉讼权利的，给予警告、记过或者记大过处分；情节较重的，给予降级或者撤职处分；情节严重的，给予开除处分。

违反职务犯罪侦查全程同步录音录像有关规定，情节较重的，给予警告、记过或者记大过处分；情节严重的，给予降级或者撤职处分。

殴打、体罚虐待、侮辱犯罪嫌疑人、被告人及其他人员的，给予记过或者记大过处分；造成严重后果或者恶劣影响的，给予降级、撤职或者开除处分。

采用刑讯逼供等非法方法收集犯罪嫌疑人、被告人供述，或者采用暴力、威胁等非法方法收集证人证言、被害人陈述的，给予记过或者记大过处分；情节较重的，给予降级或者撤职处分；情节严重的，给予开除处分。

故意违背案件事实作出勘验、检查、鉴定意见的，给予降级或者撤职处分；情节严重的，给予开除处分。

违反有关规定，有下列行为之一的，对直接责任者和领导责任者，给予记过或者记大过处分；情节较重的，给予降级或者撤职处分；情节严重的，给予开除处分：(1) 在立案之前查封、扣押、冻结涉案财物的；(2) 超范围查封、扣押、冻结涉案财物的；(3) 不返还、不退还扣押、冻结涉案财物的；(4) 侵吞、挪用、私分、私存、调换、外借、压价收购涉案财物的；(5) 擅自处理扣押、冻结的涉案财物及其孳息的；(6) 故意损毁、丢失涉案财物的；(7) 其他违反涉案财物管理规定的。

违反有关规定阻碍律师依法行使会见权、阅卷权、申请收集调取证据等执业权利，情节较重的，给予警告、记过或者记大过处分；情节严重的，给予降级或者撤职处分。

违反有关规定应当回避而故意不回避，或者拒不服从回避决定，或者对符合回避条件的申请故意不作出回避决定的，给予警告、记过或者记大过处分；情节严重的，给予降级或者撤职处分。

私自会见案件当事人及其近亲属、辩护人、诉讼代理人、利害关系人、中介组织，或者接受上述人员提供的礼品、礼金、消费卡等财物，以及宴请、娱乐、健身、旅游等活动的，给予记过或者记大过处分；情节较重的，给予降级或者撤职处分；情节严重的，给予开除处分。

有重大过失，不履行或者不正确履行司法办案职责，造成下列后果之一的，给予警告、记过或者记大过处分；情节较重的，给予降级或者撤职处分；情节严重的，给予开除处分：（1）认定事实、适用法律出现重大错误，或者案件被错误处理的；（2）遗漏重要犯罪嫌疑人或者重大罪行的；（3）错误羁押或者超期羁押犯罪嫌疑人、被告人的；（4）犯罪嫌疑人、被告人串供、毁证、逃跑的；（5）涉案人员自杀、自伤、行凶的；（6）其他严重后果或者恶劣影响的。

负有监督管理职责的检察人员因故意或者重大过失，不履行或者不正确履行监督管理职责，导致司法办案工作出现错误，情节较重的，给予警告、记过或者记大过处分；情节严重的，给予降级或者撤职处分。

故意伪造、隐匿、损毁证据材料、诉讼文书的，给予降级或者撤职处分；情节严重的，给予开除处分。

丢失案卷、案件材料、档案的，给予警告、记过或者记大过处分；情节严重的，给予降级或者撤职处分。

违反有关规定，有下列行为之一的，给予记过或者记大过处分；情节较重的，给予降级或者撤职处分；情节严重的，给予开除处分：（1）体罚虐待被监管人员的；（2）私自带人会见被监管人员的；（3）给被监管人员特殊待遇或者照顾的；（4）让被监管人员为自己提供劳务的。

违反有关规定对司法机关、行政机关违法行使职权或者不行使职权的行为不履行法律监督职责，造成严重后果或者恶劣影响的，给予警告、记过或者记大过处分；情节严重的，给予降级或者撤职处分。

违反有关规定干预司法办案活动，有下列行为之一的，给予警告或者记过处分；情节较重的，给予记大过或者降级处分；情节严重的，给予撤职处分：（1）在初查、立案、侦查、审查逮捕、审查起诉、审判、执行等环节为案件当事人请托说情的；（2）邀请或者要求办案人员私下会见案件当事人或者其辩护人、诉讼代理人、近亲属以及其他与案件有利害关系的人的；（3）私自为案件当事人及其近亲属、辩护人、诉讼代理人传递涉案材料的；（4）领导干部授意、纵容身边工作人员或者近亲属为案件当事人请托说情的；（5）领导干部为了地方利益或者部门利益，以听取汇报、开协调会、发文件等形式，超越职权对案件处理提出倾向性意见或者具体要求的；（6）其他影响司法人员依法公正处理案件的。

对领导干部违规干预司法办案活动、司法机关内部人员过问案件，两次以上不记录或者不如实记录的，给予警告或者记过处分；情节严重的，给予记大过处分。授意不记录、不如实记录的，依照上述规定处理。

对如实记录的检察人员打击报复的，依照前述条例第 68 条第 2 款处理。

利用检察权或者借办案之机，借用、占用案件当事人、辩护人、诉讼代理人、利害关系人或者发案单位、证人等的住房、交通工具或者其他财物，或者谋取其他个人利益的，给予警告、记过或者记大过处分；情节较重的，给予降级或者撤职处分；情节严重的，给予开除处分。利用职权或者职务上的影响，借用、占用企事业单位、社会团体或者个人的住房、交通工具或者其他财物，给予警告、记过或者记大过处分；情节较重的，给予降级或者撤职处分；情节严重的，给予开除处分。

违反办案期限或者有关案件管理程序规定，情节较重的，给予警告、记过或者记大过处分；情节严重的，给予降级或者撤职处分。

有其他违反办案纪律规定行为的，应当视具体情节给予警告直至开除处分。

4. 对检察人员违反廉洁纪律行为的处分

利用职权或者职务上的影响为他人谋取利益，本人的配偶、子女及其配偶等亲属和其他特定关系人收受对方财物，情节较重的，给予警告、记过或者记大过处分；情节严重的，给予降级、撤职或者开除处分。

相互利用职权或者职务上的影响为对方及其配偶、子女及其配偶等亲属、身边工作人员和其他特定关系人谋取利益搞权权交易的，给予警告、记过或者记大过处分；情节较重的，给予降级或者撤职处分；情节严重的，给予开除处分。

纵容、默许配偶、子女及其配偶等亲属和身边工作人员利用本人职权或者职务上的影响谋取私利，情节较轻的，给予警告、记过或者记大过处分；情节较重的，给予降级或者撤职处分；情节严重的，给予开除处分。检察人员的配偶、子女及其配偶未从事实际工作而获取薪酬或者虽从事实际工作但领取明显超出同职级标准薪酬，检察人员知情未予纠正的，依照上述规定处理。

收受可能影响公正执行公务的礼品、礼金、消费卡等，情节较轻的，给予警告、记过或者记大过处分；情节较重的，给予降级或者撤职处分；情节严重的，给予开除处分。收受其他明显超出正常礼尚往来的礼品、礼金、消费卡等的，依照上述规定处理。

向从事公务的人员及其配偶、子女及其配偶等亲属和其他特定关系人赠送明显超出正常礼尚往来的礼品、礼金、消费卡等，情节较重的，给予警告、记过或者记大过处分；情节严重的，给予降级或者撤职处分。

利用职权或者职务上的影响操办婚丧喜庆事宜，在社会上造成不良影响的，给予警告、记过或者记大过处分；情节严重的，给予降级或者撤职处分。在操办婚丧喜庆事宜中，借机敛财或者有其他侵犯国家、集体和人民利益行为的，依照上述规定从重或者加重处分，直至给予开除处分。

接受可能影响公正执行公务的宴请或者旅游、健身、娱乐等活动安排，情节较重的，给予警告、记过或者记大过处分；情节严重的，给予降级或者撤职处分。

违反有关规定取得、持有、实际使用运动健身卡、会所和俱乐部会员卡、高尔夫球卡等各种消费卡，或者违反有关规定出入私人会所、夜总会，情节较重的，给予警告、记过或者记大过处分；情节严重的，给予降级或者撤职处分。

违反有关规定从事营利活动，有下列行为之一，情节较轻的，给予警告、记过或者记大过处分；情节较重的，给予降级或者撤职处分；情节严重的，给予开除处分：(1) 经商办企业的；(2) 拥有非上市公司（企业）的股份或者证券的；(3) 买卖股票或者进行其他证券投资的；(4) 兼任律师、法律顾问、仲裁员等职务，以及从事其他有偿中介活动的；(5) 在国（境）外注册公司或者投资入股的；(6) 其他违反有关规定从事营利活动的。利用职权或者职务上的影响，为本人配偶、子女及其配偶等亲属和其他特定关系人的经营活动谋取利益的，依照上述规定处理。违反有关规定在经济实体、社会团体等单位中兼职，或者经批准兼职但获取薪酬、奖金、津贴等额外利益的，依照上述规定处理。

领导干部的配偶、子女及其配偶，违反有关规定在该领导干部管辖的区域或者业务范围内从事可能影响其公正执行公务的经营活动，或者在该领导干部管辖的区域或者业务范围内的外商独资企业、中外合资企业中担任由外方委派、聘任的高级职务的，该领导干部应当按照规定予以纠正；拒不纠正的，其本人应当辞去现任职务或者由组织予以调整职务；不辞去现任职务或者不服从组织调整职务的，给予撤职处分。领导干部或者在司法办案岗位工作的检察人员的配偶、子女及其配偶在其本人任职的检察机关管辖区域内从事案件代理、辩护业务的，适用上述规定处理。

检察机关违反有关规定经商办企业的，对直接责任者和领导责任者，给予警告、记过或者记大过处分；情节严重的，给予降级或者撤职处分。

领导干部违反工作、生活保障制度，在交通、医疗等方面为本人、配偶、子女及其配偶等亲属和其他特定关系人谋求特殊待遇，情节较重的，给予警告、记过或者记大过处分；情节严重的，给予降级或者撤职处分。

在分配、购买住房中侵犯国家、集体利益，情节较轻的，给予警告、记过或者记大过处分；情节较重的，给予降级或者撤职处分；情节严重的，给予开除处分。

利用职权或者职务上的影响，侵占非本人经管的公私财物，或者以象征性地支付钱款等方式侵占公私财物，或者无偿、象征性地支付报酬接受服务、使用劳务，情节较轻的，给予警告、记过或者记大过处分；情节较重的，给予降级或者撤职处分；情节严重的，给予开除处分。利用职权或者职务上的影响，将本人、配偶、子女及其配偶等亲属应当由个人支付的费用，由下属单位、其他单位或者他人支付、报销的，依照上述规定处理。

利用职权或者职务上的影响，违反有关规定占用公物归个人使用，时间超过 6 个月，情节较重的，给予警告、记过或者记大过处分；情节严重的，给予降级或者撤职处分。占用公物进行营利活动的，给予警告、记过或者记大过处分；情节较重的，给予降级或者撤职处分；情节严重的，给予开除处分。将公物借给他人进行营利活动的，依照上述规定处理。

违反有关规定组织、参加用公款支付的宴请、高消费娱乐、健身活动，或者用公款购买赠送、发放礼品，对直接责任者和领导责任者，情节较轻的，给予警告、记过或者记大过处分；情节较重的，给予降级或者撤职处分；情节严重的，给予开除处分。

违反有关规定滥发津贴、补贴、奖金等，对直接责任者和领导责任者，情节较轻的，给予警告、记过或者记大过处分；情节较重的，给予降级或者撤职处分；情节严重的，给予开除处分。

有下列行为之一，对直接责任者和领导责任者，情节较轻的，给予警告、记过或者记大过处分；情节较重的，给予降级或者撤职处分；情节严重的，给予开除处分：(1) 用公款旅游、借公务差旅之机旅游或者以公务差旅为名变相旅游的；(2) 以考察、学习、培训、研讨、参展等名义变相用公款出国（境）旅游的。

违反公务接待管理规定，超标准、超范围接待或者借机大吃大喝，对直接责任者和领导责任者，情节较重的，给予警告、记过或者记大过处分；情节严重的，给予降级或者撤职处分。

违反有关规定配备、购买、更换、装饰、使用公务用车或者有其他违反公务用车管理规定的行为，对直接责任者和领导责任者，情节较重的，给予警告、记过或者记大过处分；情节严重的，给予降级或者撤职处分。

违反会议活动管理规定，有下列行为之一，对直接责任者和领导责任者，情节较重的，给予警告、记过或者记大过处分；情节严重的，给予降级或者撤职处分：(1) 到禁止召开会议的风景名胜区开会的；(2) 决定或者批准举办各类节会、庆典活动的。擅自举办评比达标表彰活动或者借评比达标表彰活动收取费用的，依照上述规定处理。

违反办公用房管理规定，有下列行为之一，对直接责任者和领导责任者，情节较重的，给予警告、记过或者记大过处分；情节严重的，给予降级或者撤职处分：(1) 决定或者批准兴建、装修办公楼、培训中心等楼堂馆所，超标准配备、使用办公用房的；(2) 用公款包租、占用客房或者其他场所供个人使用的。

搞权色交易或者给予财物搞钱色交易的，给予记过或者记大过处分；情节较重的，给予降级或者撤职处分；情节严重的，给予开除处分。

有其他违反廉洁纪律规定行为的，应当视具体情节给予警告直至开除处分。

5. 对检察人员违反群众纪律行为的处分

在检察工作中违反有关规定向群众收取、摊派费用的，给予警告、记过或者记大过处分；情节严重的，给予降级、撤职或者开除处分。

在从事涉及群众事务的工作中，刁难群众、吃拿卡要的，给予警告、记过或者记大过处分；情节严重的，给予降级、撤职或者开除处分。

对群众合法诉求消极应付、推诿扯皮，损害检察机关形象，情节较重的，给予警告、记过或者记大过处分；情节严重的，给予降级或者撤职处分。

对待群众态度恶劣、简单粗暴，造成不良影响，情节较重的，给予警告、记过或者记大过处分；情节严重的，给予降级或者撤职处分。

遇到国家财产和人民群众生命、财产受到严重威胁时，能救而不救，情节较重的，给予警告、记过或者记大过处分；情节严重的，给予降级、撤职或者开除处分。

不按照规定公开检察事务，侵犯群众知情权，对直接责任者和领导责任者，情节较重的，给予警告、记过或者记大过处分；情节严重的，给予降级或者撤职处分。

有其他违反群众纪律规定行为的，应当视具体情节给予警告直至开除处分。

6. 对检察人员违反工作纪律行为的处分

在工作中不负责任或者疏于管理，有下列情形之一的，对直接责任者和领导责任者，给予警告、记过或者记大过处分；造成严重后果或者恶劣影响的，给予降级、撤职或者开除处分：（1）不传达贯彻、不检查督促落实党和国家，以及最高人民检察院的方针政策和决策部署，或者作出违背党和国家，以及最高人民检察院方针政策和决策部署的错误决策的；（2）本系统和本单位发生公开反对党的基本理论、基本路线、基本纲领、基本经验、基本要求或者党和国家，以及最高人民检察院方针政策和决策部署行为的；（3）不正确履行职责或者严重不负责任，致使发生重大责任事故，给国家、集体利益和人民群众生命财产造成较大损失的。

不履行全面从严治检主体责任或者履行全面从严治检主体责任不力，造成严重后果或者恶劣影响的，对直接责任者和领导责任者，给予警告、记过或者记大过处分；情节严重的，给予降级或者撤职处分。

有下列行为之一，对直接责任者和领导责任者，情节较重的，给予警告、记过或者记大过处分；情节严重的，给予降级或者撤职处分：（1）检察人员违反纪律或者法律、法规规定，应当给予纪律处分而不处分的；（2）纪律处分决定或者申诉复查决定作出后，不按照规定落实决定中关于受处分人职务、职级、待遇等事项的；（3）不按照干部管理权限对受处分人开展日常教育、管理和监督工作的。

因工作不负责任致使所管理的人员叛逃的，对直接责任者和领导责任者，给予警告、记过或者记大过处分；情节严重的，给予降级或者撤职处分。因工作不负责任致使所管理的人员出走，对直接责任者和领导责任者，情节较重的，给予警告、记过或者记大过处分；情节严重的，给予降级或者撤职处分。

在上级单位检查、视察工作或者向上级单位汇报、报告工作时对应当报告的事项不报告或者不如实报告，造成严重后果或者恶劣影响的，对直接责任者和领导责任者，给予警告、记过或者记大过处分；情节严重的，给予降级或者撤职处分。

违反有关规定干预和插手市场经济活动，有下列行为之一，造成不良影响的，给予警告、记过或者记大过处分；情节较重的，给予降级或者撤职处分；情节严重的，给予开除处分：（1）干预和插手建设工程项目承发包、土地使用权出让、政府采购、房地产开发与经营、矿产资源开发利用、中介机构服务等活动的；（2）干预和插手国有企业重组改制、兼并、破产、产权交易、清产核资、资产评估、资产转让、重大项目投资以及其他重大经营活动等事项的；（3）干预和插手经济纠纷的；（4）干预和插手集体资金、资产和资源的使用、分配、承包、租赁等事项的；（5）其他违反有关规定干预和插手市场经济活动的。

违反有关规定干预和插手执纪执法活动，向有关地方或者部门打招呼、说情，或者以其他方式对执纪执法活动施加影响，情节较轻的，给予记过或者记大过处分；情节较重的，给予降级或者撤职处分；情节严重的，给予开除处分。违反有关规定干预和插手公共财政资金分配、项目立项评审、奖励表彰等活动，造成严重后果或者恶劣影响的，依照上述规定处理。

泄露、扩散、窃取关于干部选拔任用、纪律审查等尚未公开事项或者其他应当保密的信息的，给予警告、记过或者记大过处分；情节较重的，给予降级或者撤职处分；情节严重的，给予开除处分。

在考试、录取工作中，有泄露试题、考场舞弊、涂改考卷、违规录取等违反有关规定行为的，给予警告、记过或者记大过处分；情节较重的，给予降级或者撤职处分；情节严重的，给予开除处分。

以不正当方式谋求本人或者他人用公款出国（境），情节较轻的，给予警告或者记过处分；情节较重的，给予记大过处分；情节严重的，给予降级或者撤职处分。

临时出国（境）团（组）或者人员中的检察人员，擅自延长在国（境）外期限，或者擅自变更路线的，对直接责任者和领导责任者，给予警告、记过或者记大过处分；情节严重的，给予降级或者撤职处分。

临时出国（境）团（组）中的检察人员，触犯所在国家、地区的法律、法令或者不尊重所在国家、地区的宗教习俗，情节较重的，给予警告、记过或者记大过处分；情节严重的，给予降级、撤职或者开除处分。

违反枪支、弹药管理规定，有下列行为之一的，给予记过、记大过或者降级处分；造成严重后果或者恶劣影响的，给予撤职或者开除处分：（1）擅自携带枪支、弹药进入公共场所的；（2）将枪支、弹药借给他人使用的；（3）枪支、弹药丢失、被盗、被骗的；（4）示枪恫吓他人或者随意鸣枪的；（5）因管理使用不当，造成枪支走火的。违反有关规定使用、管理警械、警具的，给予警告、记过或者记大过处分；造成严重后果或者恶劣影响的，给予降级、撤职或者开除处分。

违反有关规定使用、管理警车的，给予警告、记过或者记大过处分；造成严重后果或者恶劣影响的，给予降级、撤职或者开除处分。违反有关规定将警车停放在餐饮、休闲娱乐场所和旅游景区，造成不良影响的，应当从重处分。警车私用造成交通事故并致人重伤、死亡或者重大经济损失的，给予开除处分。

违反有关规定，有下列行为之一的，给予警告、记过或者记大过处分；情节严重的，给予降级、撤职或者开除处分：（1）工作时间或者工作日中午饮酒，经批评教育仍不改正的；（2）承担司法办案任务时饮酒的；（3）携带枪支、弹药、档案、案卷、案件材料、秘密文件或者其他涉密载体饮酒的；（4）佩戴检察标识或者着司法警察制服在公共场所饮酒的；（5）饮酒后驾驶机动车辆的。

旷工或者因公外出、请假期满无正当理由逾期不归，造成不良影响的，给予警告、记过或者记大过处分；情节较重的，给予降级或者撤职处分；情节严重的，给予开除处分。

违反有关规定对正在办理的案件公开发表个人意见或者进行评论，造成不良影响的，给予警告、记过或者记大过处分，情节严重的，给予降级或者撤职处分。

有其他违反工作纪律行为的，应当视具体情节给予警告直至开除处分。

7. 对检察人员违反生活纪律行为的处分

生活奢靡、贪图享乐、追求低级趣味，造成不良影响的，给予警告、记过或者记大过处分；情节严重的，给予降级或者撤职处分。

与他人发生不正当性关系，造成不良影响的，给予警告、记过或者记大过处分；情节较重的，给予降级或者撤职处分；情节严重的，给予开除处分。利用职权、教养关系、从属关系或者其他相类似关系与他人发生性关系的，依照上述规定从重处分。

违背社会公序良俗，在公共场所有不当行为，造成不良影响的，给予警告、记过或者记大过处分；情节较重的，给予降级或者撤职处分；情节严重的，给予开除处分。

实施、参与或者支持下列行为的，给予撤职或者开除处分：(1) 卖淫、嫖娼、色情淫乱活动的；(2) 吸食、注射毒品的。组织上述行为的，给予开除处分。

参与赌博的，给予警告或者记过处分；情节较重的，给予记大过或者降级处分；情节严重的，给予撤职或者开除处分。为赌博活动提供场所或者其他方便条件的，给予记过、记大过或者降级处分；情节严重的，给予撤职或者开除处分。在工作时间赌博的，给予记过、记大过或者降级处分；经批评教育仍不改正的，给予撤职或者开除处分。组织赌博的，给予撤职或者开除处分。

有其他严重违反职业道德、社会公德、家庭美德行为的，应当视具体情节给予警告直至开除处分。

思考题

1. 检察官职业道德的基本要求是什么？
2. 对检察官的纪律处分有哪些形式？

第十八章 公证员职业伦理

第一节 公证员职业伦理概述

一、公证员职业伦理的概念和特征

公证员职业伦理，是指公证员及其辅助人员和公证机构在与其职业身份有关的活动中应当遵守的行为规范的总称。

公证员职业伦理具有以下特征。

首先，公证员职业伦理的适用对象，是公证员及其辅助人员和公证机构。例如，中国公证员协会 2011 年《公证员职业道德基本准则》第 27 条规定：“公证员助理和公证机构其他工作人员，参照执行本准则的有关规定。”中国公证员协会 2003 年《公证行业自律公约》第 7 条规定：“本公约所称公证人员，是指在公证处内从事公证业务的公证员、助理公证员、公证辅助人员。”司法部 2020 年《公证程序规则》第 6 条规定：“公证机构和公证员办理公证，不得有《公证法》第十三条、第二十三条禁止的行为。”“公证机构的其他工作人员以及依据本规则接触到公证业务的相关人员，不得泄露在参与公证业务活动中知悉的国家秘密、商业秘密或者个人隐私。”

其次，公证员职业伦理所调整的公证员及其辅助人员与职业身份有关的活动包括业内活动和业外活动两个方面。这些人员的业内活动与法律职业活动有着直接关系，毫无疑问是公证员职业伦理所调整的主要内容。但是，他们的业外活动与其业内活动是不能截然分开的。他们的业外活动同样可能使人们对其履行其职务的能力和品格产生怀疑，会造成其难以履行职务的情况。因此，这些人员的业外活动也是公证职业伦理所调整的对象。例如，中国公证员协会 2011 年《公证员职业道德基本准则》第三部分“加强修养提高素质”主要规定的就是公证人员的业外行为。

二、公证员职业伦理的渊源

2017 年《公证法》第 4 条第 2 款规定：“公证协会是公证业的自律性组织，依据章程开展活动，对公证机构、公证员的执业活动进行监督。”第 5 条规定：“司法行政部门依照本法规定对公证机构、公证员和公证协会进行监督、指导。”可见，我国在公证行业的管理上，也实行的是两结合的管理体制。因此，除2017年《公证法》外，我国公证员职业伦理的渊源，主要是司法行政机关和中国公证员协会的规定。具体而言，这些渊源包括：2017年《公证法》、司法部2006年《公证机构执业管理办法》、司法部2006年《公证员执业管理办法》、司法部2020年《公证程序规则》、中国公证员协会2011年《公证员职业道德基本准则》、中国公证员协会2003年《公证行业自律公约》，等等。

第二节　公证员职业伦理的主要内容

一、依法独立行使公证职能

2017年《公证法》第6条明确规定，公证机构是依法设立，不以营利为目的，依法独立行使公证职能、承担民事责任的证明机构。这表明公证机构是国家专门依法设立的证明机构，独立行使证明权，依法履行公证职责。公证机构依法独立行使公证职能是保证公证机构实现其公证职能的需要。公证机构依法认定民事法律行为、有法律意义的事实和文书是否具备真实性、合法性，这关系到当事人的切身利益。只有保证了公证活动具有独立性，才能避免其他机关、组织、团体和个人的非法干预，维护公证秩序，保证公证活动的公正性，维护公证机构的权威和当事人的合法权益。

公证活动依法保持独立的核心，是公证机构依法独立行使公证职能。司法部2020年《公证程序规则》第3条规定："公证机构依法独立行使公证职能，独立承担民事责任，任何单位、个人不得非法干预，其合法权益不受侵犯。"当然，公证机构独立行使公证职能并不意味着公证机构不受法律的约束。《公证法》在授权公证机构独立行使公证职能的同时，也通过一系列的制度和责任设计来约束公证机构的公证活动，确保公证机构能够在法律的框架内进行公证活动，独立行使公证职能。司法部2020年《公证程序规则》第2条明确规定："公证机构办理公证，应当遵守法律，坚持客观、公正、便民的原则，遵守公证执业规范和执业纪律。"

依法独立行使公证职能不仅是对公证机构的要求，也是对公证员的要求。公证员在执业过程中，应当独立思考、自主判断，敢于坚持正确的意见。

二、忠于事实、忠于法律

公证是公证机构根据自然人、法人或者其他组织的申请，依照法定程序对民事法律行为、有法律意义的事实和文书的真实性、合法性予以证明的活动。2017年《公证法》第3条规定："公证机构办理公证，应当遵守法律，坚持客观、公正的原则。"公证员应当忠于事实和法律，是指要坚持以事实为根据，以法律为准绳，按照真实、合法的原则和法定的程序办理公证事务。公证之所以具有特殊的证明效力，原因就在于它在主体、程序等方面为忠于事实、忠于法律提供了特别的保障。中国公证员协会2011年《公证员职业道德基本准则》第1条规定："公证员应当忠于宪法和法律，自觉践行社会主义法治理念。"第3条规定："公证员应当依法办理公证事项，恪守客观、公正的原则，做到以事实为依据、法律为准绳。"第6条规定："公证员在履行职责时，对发现的违法、违规或违反社会公德的行为，应当按照法律规定的权限，积极采取措施予以纠正、制止。"因此，忠于事实、忠于法律是公证的重要规则之一。

三、严格执行回避制度

回避原则，是指公证员不能为本人及近亲属办理公证，或者办理与本人及近亲属有利害关系的公证。坚持和严格执行回避制度，可以防止公证员对公证事项先入为主、枉法公证，有利于保证公证事务得到公正处理；可以避免当事人以及其他人员对公证事项产生怀疑和非议，维护公证机构的公信力。2017年《公证法》第23条第3项明确规定，公证员"不得为本人及近亲属办理公证或者办理与本人及近亲属有利害关系的公证"。第41条针对"为本人及近亲属办理公证或者办理与本人及近亲属有利害关系的公证"的行为规定了处罚措施。司法部2020年《公证程序规则》第20条也规定，当事人要求该公证员回避，经查属于《公证法》第23条第3项规定应当回避情形的，公证机构应当改派其他公证员承办。中国公证员协会2011年《公证员职业道德基本准则》第4条也规定："公证员应当自觉遵守法定回避制度，不得为本人及近亲属办理公证或者办理与本人及近亲属有利害关系的公证。"

一些更为具体的业务规则也对回避等事项作了更为具体的规定，例如司法部2004年《开奖公证细则（试行）》第18条规定："承办开奖公证的公证处及公证人员不得以任何方式与主办单位串通，损害社会公众利益；不得购买或者收受本次有奖活动的彩票、奖票或者设奖物品。"

四、保守职业秘密

保守职业秘密，是指公证机构及其工作人员，以及其他因公证需要而接触公证事务的人，对于其在公证活动中所接触到的国家秘密、商业秘密或者个人隐私，负有保守秘密的义务。司法部2020年《公证程序规则》第6条第2款规定，"公证机构的其他工作人员以及依据本规则接触到公证业务的相关人员，不得泄露在参与公证业务活动中知悉的国家秘密、商业秘密或者个人隐私"。中国公证员协会2011年《公证员职业道德基本准则》第5条规定："公证员应当自觉履行执业保密义务，不得泄露在执业中知悉的国家秘密、商业秘密或个人隐私，更不能利用知悉的秘密为自己或他人谋取利益。"

在公证实践中，保守职业保密原则应要求做到以下几个方面：（1）公证机构对参加办理公证事务的人要严格加以控制，以必须参与为原则。（2）公证员不仅要对接受委托办理的公证事项保守秘密，也要对拒绝办理公证事项的情况保守秘密。（3）公证员不仅要对公证事项本身保守秘密，而且要对当事人申请公证的动机、目的、作用、后果及其实现的方式方法等保守秘密。(4) 对于办理公证的有关档案材料，要按照保密要求加以保管，未经法定程序，不得查阅和复制。例如，司法部 2000 年《遗嘱公证细则》第 21 条规定："遗嘱公证卷应当列为密卷保存。遗嘱人死亡后，转为普通卷保存。""公证遗嘱生效前，遗嘱卷宗不得对外借阅，公证人员也不得对外透露遗嘱内容。"(5) 公证员不仅应当保守公证秘密，而且不得利用知悉的秘密为自己或他人牟取利益。

五、注重礼仪

如前所述，礼仪是一个职业的文化符号之一。职业礼仪应当有助于展现职业形象和促进社会对该职业的尊重。中国公证员协会 2011 年《公证员职业道德基本准则》第 11 条规定："公证员应当注重礼仪，做到着装规范、举止文明，维护职业形象。""现场宣读公证词时，应当语言规范、吐字清晰，避免使用可能引起他人反感的语言表达方式。"司法部 2004 年《开奖公证细则（试行）》第 13 条也规定："办理开奖公证，公证人员应当着公证制服，注重形象，举止文明。"

六、依法接受和拒绝公证申请

公证员在依法接受和拒绝公证申请方面，应当遵守以下要求。

1. 依法告知

公证机构在接受公证申请时，应当依法进行告知。2017 年《公证法》第 27 条规定："申请办理公证的当事人应当向公证机构如实说明申请公证的事项的有关情况，提供真实、合法、充分的证明材料；提供的证明材料不充分的，公证机构可以要求补充。""公证机构受理公证申请后，应当告知当事人申请公证事项的法律意义和可能产生的法律后果，并将告知内容记录存档。"这种告知，一方面是对申请人的知情权的尊重，另一方面也有助于预防公证纠纷，避免公证责任风险。公证人员在进行告知时，应当注意方式、方法。中国公证员协会 2011 年《公证员职业道德基本准则》第 8 条规定："公证员在履行职责时，应当告知当事人、代理人和参与人的权利与义务，并就权利和义务的真实意思和可能产生的法律后果作出明确解释，避免形式上的简单告知。"

2. 依法审查

2017 年《公证法》第 28 条规定，公证机构办理公证，应当根据不同公证事项的办证规则，分别审查下列事项：(1) 当事人的身份、申请办理该项公证的资格以及相应的权利；(2) 提供的文书内容是否完备，含义是否清晰，签名、印鉴是否齐全；(3) 提供的证明材料是否真实、合法、充分；(4) 申请公证的事项是否真实、合法。公证机构对申请公证的事项以及当事人提供的证明材料，按照有关办证规则需要核实或者对其有疑义的，应当进行核实，或者委托异地公证机构代为核实，有关单位或者个人应当依法予以协助。公证机构经审查，认为申请提供的证明材料真实、合法、充分，申请公证的事项真实、合法的，应当自受理公证申请之日起 15 个工作日内向当事人出具公证书，但是，因不可抗力、补充证明材料或者需要核实有关情况的，所需时间不计算在期限内。

3. 不予办理公证的情形

2017 年《公证法》第 31 条规定，有下列情形之一的，公证机构不予办理公证：(1) 无民事行为能力人或者限制民事行为能力人没有监护人代理申请办理公证的；(2) 当事人与申请公证的事项没有利害关系的；(3) 申请公证的事项属专业技术鉴定、评估事项的；(4) 当事人之间对申请公证的事项有争议的；(5) 当事人虚构、隐瞒事实，或者提供虚假证明材料的；(6) 当事人提供的证明材料不充分或者拒绝补充证明材料的；(7) 申请公证的事项不真实、不合法的；(8) 申请公证的事项违背社会公德的；(9) 当事人拒绝按照规定支付公证费的。

七、严格约束业外活动

公证员作为法律职业人员，其业外活动也受到严格的约束，以维护公证的公信力。从我国目前的规定来看，主要涉及以下要求。

1. 不得从事有报酬的其他职业

2017 年《公证法》第 23 条第 1 项规定，公证员不得“从事有报酬的其他职业”。司法部 2006 年《公证员执业管理办法》第 23 条规定，公证员应当依法履行公证职责，不得“从事有报酬的其他职业”。中国公证员协会 2011 年《公证员职业道德基本准则》第 20 条规定：“公证员应当树立廉洁自律意识，遵守职业道德和执业纪律，不得从事有报酬的其他职业和与公证员职务、身份不相符的活动。”

公证员不得从事有报酬的其他职责，一是为了防止因涉入其他事务而增加公证员因利益冲突而不能履行职责的可能性；二是为了保证公证员能够专注于公证事务，保证公证的质量。

2. 不得滥用公证员的身份和职务

中国公证员协会 2011 年《公证员职业道德基本准则》第 21 条规定：“公证员应当妥善处理个人事务，不得利用公证员的身份和职务为自己、亲属或他人谋取利益。”公证员滥用公证员身份和职务，将损害公证员的守法形象和可信性，进而降低公证活动的公信力。

八、与同行的关系

公证员与同行的关系涉及两方面的问题。

1. 尊重同行

尊重同行是公证员对公证职业所负有的责任之一。一个同业互助、彼此尊重的行业，才能树立良好的职业形象，才能够具有可信性，才能保证公证的公信力。尊重同行的要求表现在两个方面：一是积极的要求。中国公证员协会 2011 年《公证员职业道德基本准则》第 23 条规定：“公证员应当相互尊重，与同行保持良好的合作关系，公平竞争，同业互助，共谋发展。”中国公证员协会 2003 年《公证行业自律公约》第 5 条规定：“公证处、公证人员应当时刻维护行业利益和行业形象，密切合作，相互尊重，同业互助，共谋发展。”二是消极的要求。中国公证员协会 2011 年《公证员职业道德基本准则》第 13 条规定：“公证员不得利用媒体或采用其他方式，对正在办理或已办结的公证事项发表不当评论，更不得发表有损公证严肃性和权威性的言论。”

2. 公平竞争

2017 年《公证法》第 7 条规定：“公证机构按照统筹规划、合理布局的原则，可以在县、不设区的市、设区的市、直辖市或者市辖区设立；在设区的市、直辖市可以设立一个或者若干个公证机构。公证机构不按行政区划层层设立。”这一规定的目的，是保证公证机构之间的适度竞争。过度的竞争不仅会损害公证职业形象，也会严重损害公证的质量。因此，保证有序竞争是公证职业伦理的重要内容之一。中国公证员协会 2011 年《公证员职业道德基本准则》第 25 条规定，公证员不得从事以下不正当竞争行为：（1）利用媒体或其他手段炫耀自己，贬损他人，排斥同行，为自己招揽业务；（2）以支付介绍费、给予回扣、许诺提供利益等方式承揽业务；（3）利用与行政机关、社会团体的特殊关系进行业务垄断；（4）其他不正当竞争行为。此外，中国公证员协会 2003 年《公证行业自律公约》第 6 条规定，公证处、公证人员在办理公证时不得为下列不当行为：（1）利用媒体或者其他方式进行夸大、虚假宣传，误导当事人；（2）利用职务之便谋取不当利益；（3）在名片上印有曾经担任过的行政职务、荣誉职务、专业技术职务或者其他头衔；（4）采用不正当方式垄断公证业务；（5）故意诋毁、贬损其他公证处或者公证人员的声誉；（6）干扰其他公证处或者公证人员正常的公证业务；（7）给付或者承诺给付回扣或者其他利益；（8）公证处未经有管理权限的司法行政部门同意，擅自设立办事机构或者分支机构。

九、维护公证职业的适正性

公证职业所具有的专业性，意味着非公证职业人员对公证活动的监督存在一定的难度。因此，必须依靠公证职业本身来加强对公证活动的监督。中国公证员协会 2011 年《公证员职业道德基本准则》第 12 条规定，“公证员如果发现已生效的公证文书存在问题或其他公证员有违法、违规行为，应当及时向有关部门反映”。根据该规定，这种维护公证职业的适正性的职责，是一种强制性的职责。

十、接受监督和管理

2017 年《公证法》第 4 条第 2 款规定：“公证协会是公证业的自律性组织，依据章程开展活动，对公证机构、公证员的执业活动进行监督。”第5条规定：“司法行政部门依照本法规定对公证机构、公证员和公证协会进行监督、指导。”可见，我国在公证行业的管理上，也实行的是两结合的管理体制。公证机构和公证员应当依法接受司法行政机关和公证协会的监督和管理。

第三节　公证职业责任

公证职业责任，是指公证机构和公证员因职业行为而应当承担的责任。根据2017年《公证法》，公证机构和公证员的职业责任主要是行政责任和民事责任。

（一）公证行政责任

2017年《公证法》第41条规定，公证机构及其公证员有下列行为之一的，由省、自治区、直辖市或者设区的市人民政府司法行政部门给予警告；情节严重的，对公证机构处1万元以上5万元以下罚款，对公证员处1 000元以上5 000元以下罚款，并可以给予3个月以上6个月以下停止执业的处罚；有违法所得的，没收违法所得：(1) 以诋毁其他公证机构、公证员或者支付回扣、佣金等不正当手段争揽公证业务的；(2) 违反规定的收费标准收取公证费的；(3) 同时在两个以上公证机构执业的；(4) 从事有报酬的其他职业的；(5) 为本人及近亲属办理公证或者办理与本人及近亲属有利害关系的公证的；(6) 依照法律、行政法规的规定，应当给予处罚的其他行为。

2017年《公证法》第42条规定，公证机构及其公证员有下列行为之一的，由省、自治区、直辖市或者设区的市人民政府司法行政部门对公证机构给予警告，并处2万元以上10万元以下罚款，并可以给予1个月以上3个月以下停业整顿的处罚；对公证员给予警告，并处2 000元以上1万元以下罚款，并可以给予3个月以上12个月以下停止执业的处罚；有违法所得的，没收违法所得；情节严重的，由省、自治区、直辖市人民政府司法行政部门吊销公证员执业证书；构成犯罪的，依法追究刑事责任：(1) 私自出具公证书的；(2) 为不真实、不合法的事项出具公证书的；(3) 侵占、挪用公证费或者侵占、盗窃公证专用物品的；(4) 毁损、篡改公证文书或者公证档案的；(5) 泄露在执业活动中知悉的国家秘密、商业秘密或者个人隐私的；(6) 依照法律、行政法规的规定，应当给予处罚的其他行为。因故意犯罪或者职务过失犯罪受刑事处罚的，应当吊销公证员执业证书。

（二）公证民事责任

2017年《公证法》第43条第1款规定：“公证机构及其公证员因过错给当事人、公证事项的利害关系人造成损失的，由公证机构承担相应的赔偿责任；公证机构赔偿后，可以向有故意或者重大过失的公证员追偿。”公证机构依法独立承担民事责任，是法律对公证管理体制改革取得的成果的确认。根据该规定，公证民事责任的承担主体是公证机构。2017 年《公证法》第 15 条规定："公证机构应当参加公证执业责任保险。"公证机构参加公证执业责任保险，有利于保护当事人的求偿权，有利于降低公证机构的执业风险。

思考题

1. 公证员职业伦理有哪些主要内容?
2. 公证职业责任有哪些?

第十九章 仲裁员职业伦理

第一节　仲裁员职业伦理概述

仲裁是指由双方当事人以协议方式将争议提交第三者，由该第三者对争议的是非曲直进行评判并作出裁决的争议解决方法。作为一种纠纷解决机制，仲裁与诉讼相比，具有充分尊重当事人意思自治、高效、保密等优点。2017 年《仲裁法》第 2 条规定，平等主体的公民、法人和其他组织之间发生的合同纠纷和其他财产权益纠纷，可以仲裁。第 3 条规定，下列纠纷不能仲裁：(1) 婚姻、收养、监护、扶养、继承纠纷；(2) 依法应当由行政机关处理的行政争议。第 13 条规定，仲裁委员会应当从公道正派的人员中聘任仲裁员。仲裁员应当符合下列条件之一：(1) 通过国家统一法律职业资格考试取得法律职业资格，从事仲裁工作满八年的；(2) 从事律师工作满八年的；(3) 曾任法官满八年的；(4) 从事法律研究、教学工作并具有高级职称的；(5) 具有法律知识、从事经济贸易等专业工作并具有高级职称或者具有同等专业水平的。从仲裁员的专业背景来看，可以区分为法律类和非法律类。根据 2017 年《仲裁法》第 13 条的规定，法律类仲裁员是指通过国家统一法律职业资格考试取得法律职业资格，从事仲裁工作满 8 年的仲裁人员。

2017 年《仲裁法》第 15 条规定：中国仲裁协会是社会团体法人。仲裁委员会是中国仲裁协会的会员。中国仲裁协会的章程由全国会员大会制定。中国仲裁协会是仲裁委员会的自律性组织，根据章程对仲裁委员会及其组成人员、仲裁员的违纪行为进行监督。中国仲裁协会依照本法和民事诉讼法的有关规定制定仲裁规则。根据该规定，仲裁员职业行为界限应当由中国仲裁协会来制定。然而，迄今为止，中国仲裁协会尚未成立。各仲裁机构从实际需要出发，在制定的仲裁程序规则和行为规则中对仲裁员职业伦理进行了部分规定。例如，中国国际经济贸易仲裁委员会制定有《仲裁规则》[①]、《仲裁员守则》[②]、

---

① 2014 年 11 月 4 日中国国际贸易促进委员会/中国国际商会修订并通过，自 2015 年 1 月 1 日起施行。参见 http://www.cietac.org.cn/index.php?m=Page&a=index&id=65，2019 年 10 月 1 日访问。

② 1993 年 4 月 6 日通过，1994 年 5 月 6 日修订；2021 年 4 月 27 日修订，2021 年 5 月 1 日生效。参见 http://www.cietac.org.cn/index.php?m=Page&a=index&id=28，2021 年 9 月 1 日访问。

《仲裁员行为考察规定》[①]；北京仲裁委员会制定有《仲裁员守则》[②]；上海仲裁委员会制定有《仲裁员守则》[③]；等等。本章所述仲裁员职业伦理，将主要在上述实证规则的基础上进行概括总结。

职业伦理是调整职业关系的行为规则，法律类仲裁员处理各种职业关系的背景与其他仲裁员处理各种职业关系的背景无异。因此，本章所述仲裁员职业伦理是一般性的，同样适用于法律类仲裁员和非法律类仲裁员。

第二节　仲裁员职业伦理的主要内容

一、称职

仲裁的优势之一是实行专家裁决，参与案件审理的仲裁员均具备良好的法律素养、丰富的实践经验及高度的专业精神，能够结合自身的行业背景，独立、公证、高效地解决各类复杂、专业性强的纠纷。仲裁员的称职性体现在专业知识、工作负荷等方面都要求上。

（一）专业知识

2017 年《仲裁法》第 13 条关于仲裁员选任的规定，就仲裁员的专业知识进行了一般性规定。根据该规定，仲裁委员会应当从公道正派的人员中聘任仲裁员，仲裁员应当符合下列条件之一：(1) 通过国家统一法律职业资格考试取得法律职业资格，从事仲裁工作满 8 年的；(2) 从事律师工作满 8 年的；(3) 曾任法官满 8 年的；(4) 从事法律研究、教学工作并具有高级职称的；(5) 具有法律知识、从事经济贸易等专业工作并具有高级职称或者具有同等专业水平的。这些关于资格考试、工作经历的要求，保证了仲裁员具有专业知识上的一般称职性。

除了专业知识上的一般称职性要求，具体仲裁案件可能要求仲裁员具有特定专业知识。如果不具备相应专业知识，则仲裁员不应接受选定或者指定。2017 年《仲裁法》第 13 条第 3 款规定："仲裁委员会按照不同专业设仲裁员名册。"这一规定体现了对仲裁员特定专业背景的要求。中国国际经济贸易仲裁委员会 2021 年《仲裁员行为考察规定》第 4 条第 5 项规定，有"不熟悉案件涉及的专业领域，无法胜任审理工作"之情形的，仲裁员不得接受选定或指定；第 8 条规定了"对审理的案件缺乏必要

---

① 该规定于 2003 年 12 月通过，于 2009 年 1 月 8 日经仲裁委员会主任会议修改，自 2009 年 3 月 1 日起生效；2021 年 4 月 27 日修订，自 2021 年 5 月 1 日起生效。参见 http：//www. cietac. org. cn/index. php? m=Page&a=index&id=59，2021 年 9 月 1 日访问。

② 2006 年 8 月 14 日第四届北京仲裁委员会第五次会议修订并通过，自 2006 年 9 月 1 日起施行。参见 http：//www. bjac. org. cn/page/zc/zcygf. html，2019 年 10 月 1 日访问。

③ 参见 http：//www. accsh. org/index. php? m=content&c=index&a=lists&catid=37，2021 年 3 月 1 日访问。

的知识和能力”的仲裁员的更换程序。北京仲裁委员会 2006 年《仲裁员守则》第 3 条也规定，只有确信自己“具有解决案件所需的知识、经验和能力”的情况下，仲裁员方可接受当事人的选定或北京仲裁委员会主任的指定。

为了与时俱进，保持知识上的称职性，仲裁员需要不断更新知识。为此，仲裁机构往往明确规定仲裁员参加培训的要求。例如，中国国际经济贸易仲裁委员会 2021 年《仲裁员行为考察规定》第 3 条规定：“仲裁员应当加强仲裁理论学习，精通仲裁业务，注重知识更新，培养明察善断的能力，提高办案技巧，确保业务水平扎实过硬。”第 10 条第 14 项规定，仲裁员在聘期内，“未按照仲裁员培训规定参加培训的”，仲裁委员会有权取消其仲裁员资格。中国国际经济贸易仲裁委员会《仲裁员培训规定》[①] 就仲裁员培训的内容、最低时数等事项进行了规定。

（二）适当工作负荷

适当的工作负荷是保证仲裁员称职履行职务的重要前提条件。如果仲裁员没有足够的时间和精力，将无法保证案件审理的质量和效率。因此，中国国际经济贸易仲裁委员会 2021 年《仲裁员行为考察规定》第 4 条规定，有“因自身工作任务较重，不能保证有充足时间和精力处理案件，难以悉心完成案件审理工作”之情形的，仲裁员不得接受选定或指定。北京仲裁委员会 2006 年《仲裁员守则》第 3 条也规定，只有确信自己“能够付出相应的时间、精力，并按照《仲裁规则》与《北京仲裁委员会关于提高仲裁效率的若干规定》……要求的期限审理案件”，“参与审理且尚未审结的案件不满 10 件”的情况下，仲裁员方可接受当事人的选定或北京仲裁委员会主任的指定。

二、独立、公正

独立，是指关系上不依附、不隶属的状态。独立具有外部性，可以进行客观考察。公正，即不偏不倚，是一种内心的状态。仲裁为一种纠纷解决机制，仲裁员的独立公正是应有之义。

仲裁员的独立性作为可客观观察的状态，主要体现在三个层次上。首先，仲裁机构和活动的独立性。其次，仲裁员独立于当事人及其代理人。无论是选定的仲裁员还是指定的首席仲裁员，均不代表当事人一方的利益，应当以中立第三方的立场审理、裁判案件。最后，仲裁员之间相互独立。在仲裁庭中，每个仲裁员应当独立地对案件进行分析判断，独立提出意见。仲裁庭的成员不应影响和干涉其他成员对案件发表意见。

我国相关规定对仲裁员的独立性作了相应规定，例如，2017 年《仲裁法》第 8

---

① 该规定于 2004 年 12 月 15 日经仲裁委员会主任会议讨论通过，于 2009 年 1 月 8 日经仲裁委员会主任会议修改，自 2009 年 3 月 1 日起生效。参见 http：//www.cietac.org.cn/index.php? m=Page&a=index&id=58，2019 年 10 月 1 日访问。

条规定："仲裁依法独立进行，不受行政机关、社会团体和个人的干涉。"第 14 条规定："仲裁委员会独立于行政机关，与行政机关没有隶属关系。仲裁委员会之间也没有隶属关系。"中国国际经济贸易仲裁委员会 2015 年《仲裁规则》第 24 条规定："仲裁员不代表任何一方当事人，应独立于各方当事人，平等地对待各方当事人。"中国国际经济贸易仲裁委员会 2021 年《仲裁员行为考察规定》第 2 条规定："仲裁员……应当独立、公正、勤勉、审慎地履行职责，廉洁自律，不代表任何一方当事人利益，平等地对待双方当事人。"北京仲裁委员会 2006 年《仲裁员守则》第 11 条规定："仲裁员应当独立地审理案件，不因任何私利、外界压力而影响裁决的公正性。"

为了保证仲裁员的独立公正，2017 年《仲裁法》明确规定了仲裁员回避制度。2017 年《仲裁法》第 34 条规定，仲裁员有下列情形之一的，必须回避，当事人也有权提出回避申请：(1) 是本案当事人或者当事人、代理人的近亲属；(2) 与本案有利害关系；(3) 与本案当事人、代理人有其他关系，可能影响公正仲裁的；(4) 私自会见当事人、代理人，或者接受当事人、代理人的请客送礼的。当事人提出回避申请，应当说明理由，在首次开庭前提出。回避事由在首次开庭后知道的，可以在最后一次开庭终结前提出。仲裁员是否回避，由仲裁委员会主任决定；仲裁委员会主任担任仲裁员时，由仲裁委员会集体决定。仲裁员因回避或者其他原因不能履行职责的，应当依照《仲裁法》的规定重新选定或者指定仲裁员。因回避而重新选定或者指定仲裁员后，当事人可以请求已进行的仲裁程序重新进行，是否准许，由仲裁庭决定；仲裁庭也可以自行决定已进行的仲裁程序是否重新进行。仲裁员有《仲裁法》第 34 条第 4 项规定的情形，情节严重的，或者有该法第 58 条第 1 款第 6 项规定的情形的①，应当依法承担法律责任，仲裁委员会应当将其除名。

回避制度运行有赖于有关信息的全面和有效披露。2017 年《仲裁法》尽管规定了仲裁员应当回避的具体情形，但是缺乏对仲裁员披露义务的规定。各个仲裁机构往往通过仲裁规则、仲裁员守则等规范性文件明确规定了仲裁员的相关披露义务和应当披露的情形。例如，中国国际经济贸易仲裁委员会 2021 年《仲裁员行为考察规定》第 6 条规定，仲裁员接受选定或指定时，应当如实填写接受选定或指定的声明书，有下列情形的，仲裁员应及时向仲裁委员会书面披露：(1) 仲裁员个人或所在工作单位与案件有关联，或与当事人、代理人及其关联单位两年内有过业务往来的；(2) 当前或两年内与同案仲裁员在同一个单位工作的；(3) 仲裁员与当事人、当事人的主要管理人员或代理人在同一社会组织担任专职工作，有经常性工作接触的；(4) 当前或两年内，仲裁员在与案件有关联的机构担任职务的；(5) 仲裁员或其近亲属与当事人或

① 2017 年《仲裁法》第 58 条第 1 款第 6 项规定，当事人提出证据证明仲裁员在仲裁该案时有索贿受贿，徇私舞弊，枉法裁决行为的，可以向仲裁委员会所在地的中级人民法院申请撤销裁决。人民法院经组成合议庭审查核实裁决有该情形的，应当裁定撤销。

代理人有较为密切的私人关系的；（6）同一仲裁员两年内曾经接受同一当事人、代理人或律师事务所选定担任仲裁员超过三次（不含三次）的，关联事件或同类型事件除外；（7）其他可能导致当事人对仲裁员的独立性和公正性产生合理怀疑的情形。仲裁员在正式接受选定或指定后知悉应予披露情形的，应立即披露。北京仲裁委员会2006年《仲裁员守则》第5条规定，仲裁员接受选定或指定时，有义务书面披露可能引起当事人对其公正性或独立性产生合理怀疑的任何事由，包括但不限于：（1）是本案的当事人、代理人或当事人、代理人的近亲属的；（2）与本案结果有利害关系的；（3）对于本案事先提供过咨询的；（4）私自与当事人、代理人讨论案件情况，或者接受当事人、代理人请客、馈赠或提供的其他利益的；（5）在本案为当事人推荐、介绍代理人的；（6）担任过本案或与本案有关联的案件的证人、鉴定人、勘验人、辩护人、代理人的；（7）与当事人或代理人有同事、代理、雇佣、顾问关系的；（8）与当事人或代理人为共同权利人、共同义务人或有其他共同利益的；（9）与当事人或代理人在同时期审理的其他仲裁案件中同为仲裁庭的组成人员，或者，首席仲裁员两年内曾在其他仲裁案件中被一方当事人指定为仲裁员的；（10）与当事人或代理人有较为密切的交谊或嫌怨关系的；（11）其他可能影响公正仲裁的情形。在仲裁过程中，如果发生可能引起此类怀疑的新情况，仲裁员应继续履行披露义务；未履行披露义务，将视为该仲裁员违反该守则，即使未予披露的事由本身并不构成不宜担任仲裁员的情形。

三、庭审言行适正

庭审言行适正要求仲裁员在庭审活动中言行得体。言行适正，既是独立公正的外在表现之一，也是仲裁庭严肃性的必然要求。

仲裁员庭审言行适正的要求，主要体现在以下两个方面：

首先，仲裁员言行得体。北京仲裁委员会2006年《仲裁员守则》第6条规定：“仲裁员在仲裁过程中应平等、公允地对待双方当事人，避免使人产生不公或偏袒印象的言行。”“仲裁员对当事人、代理人、证人、鉴定人等其他仲裁参与人应当耐心有礼，言行得体。”中国国际经济贸易仲裁委员会2021年《仲裁员行为考察规定》第9条规定，对“庭审中接打电话、收发短信微信、随意离庭或着装不得体的”，“办案过程中表现出偏袒倾向，包括代替或变相代替一方向另一方质证、辩论、提出请求或明显具有诱导性问题的”，可根据情节严重程度予以提醒、提出建议、警告。

其次，仲裁员不得进行单方交流。北京仲裁委员会2006年《仲裁员守则》第8条规定：“仲裁员在仲裁期间不得私自会见一方当事人、代理人，接受其提供的证据材料；不得以任何直接或间接方式（包括但不限于谈话、电话、信件、传真、电传、电子邮件等方式）单独同一方当事人、代理人谈论有关仲裁案件的情况。”“在调解过程中，仲裁庭应慎重决定由一名仲裁员单独会见一方当事人或代理人；如果仲裁庭决定委派一名仲裁员单独会见一方当事人或其代理人，应当有秘书在场，并告知对方当事人。”

四、勤勉

与诉讼相比，仲裁的优势之一是效率。仲裁实行一裁终局，仲裁裁决自作出之日即发生法律效力，没有上诉和再审程序。这体现了仲裁快速高效的特点。为了充分体现这一优越性，仲裁员在审理活动中应当尽可能加快程序，无正当理由不得拖延。

有关规则对仲裁员的勤勉提出了要求。例如，中国国际经济贸易仲裁委员会2021年《仲裁员守则》第9条规定：“仲裁员接受选定或指定后，应当充分保证开庭审理、合议的时间，不得因其他事务影响案件审理，遇有特殊情况应提前商本委员会仲裁院。”中国国际经济贸易仲裁委员会2021年《仲裁员行为考察规定》第4条规定，如果存在“在接受选定或指定后，因个人原因两个月内不能参加开庭审理的”情形的，仲裁员不得接受选定或指定；第9条规定，对仲裁员应予警告的情形包括“借故拖延办案时间的”“无正当理由不参加合议、调查或者开庭迟到的”“无正当理由随意变更开庭时间，或者未预留足够开庭时间，导致案件不得不再次开庭的”；第10条规定，仲裁员在聘期内有“对案件审理严重迟延负有主要责任”情形的，仲裁委员会有权取消其仲裁员资格。北京仲裁委员会2006年《仲裁员守则》第10条规定：“仲裁员应认真勤勉地履行自己的全部职责，在规定的期限内尽可能迅速审结案件。”

五、保密

与诉讼相比，仲裁的优势之一是具有保密性，以不公开仲裁为原则，以公开仲裁为例外。2017年《仲裁法》第40条规定：“仲裁不公开进行。当事人协议公开的，可以公开进行，但涉及国家秘密的除外。”中国国际经济贸易仲裁委员会2015年《仲裁规则》第38条第1项规定：“仲裁庭审理案件不公开进行。双方当事人要求公开审理的，由仲裁庭决定是否公开审理。”北京仲裁委员会2019年《仲裁规则》第26条规定：“仲裁不公开审理。当事人协议公开的，可以公开，但涉及国家秘密、第三人商业秘密或者仲裁庭认为不适宜公开的除外。”仲裁案件不公开审理，能够更有效地保护当事人的商业秘密和商业信誉。

仲裁活动的保密性也要求仲裁员承担保密义务，这种保密义务涉及两个方面：一是仲裁员不得向当事人披露有关应当保密的情况，二是仲裁员不得向外界披露有关应当保密的情况。中国国际经济贸易仲裁委员会2015年《仲裁规则》第38条第2项规定：“不公开审理的案件，双方当事人及其仲裁代理人、仲裁员、证人、翻译、仲裁庭咨询的专家和指定的鉴定人，以及其他有关人员，均不得对外界透露案件实体和程序的有关情况。”中国国际经济贸易仲裁委员会2021年《仲裁员守则》第15条规定：“仲裁员应当严格保守仲裁秘密，不得向外界透露任何有关案件的任何情况，包括程序、案情、审理过程、仲裁庭合议等情况；也不得向当事人透露案件情况，尤其是本人的看法和仲裁庭合议的情况。”中国国际经济贸易仲裁委员会 2021 年《仲裁员行为考察规定》第 10 条第 6 项规定，仲裁员在聘期内“向当事人透露仲裁员看法或仲裁庭合议情况的”，仲裁委员会有权取消其仲裁员资格。北京仲裁委员会 2019 年《仲裁规则》第 26 条规定：“不公开审理的案件，当事人及其代理人、证人、仲裁员、仲裁庭咨询的专家和指定的鉴定人、本会的有关人员，均不得对外界透露案件实体和程序进行的情况。”北京仲裁委员会 2006 年《仲裁员守则》第 12 条规定：“仲裁员应忠实履行保密义务，不得向当事人或外界透露本人的看法和仲裁庭合议的情况，对涉及仲裁程序、仲裁裁决、当事人的商业秘密等所有相关问题均应保守秘密。”

六、维护仲裁机构的声誉

仲裁机构声誉是仲裁机构的生命，是其公信力与权威性的来源。仲裁员应当维护仲裁机构声誉。仲裁员维护仲裁机构声誉，包括不得违反有关利益冲突规则①，攻击本仲裁机构仲裁裁决的稳定性。例如，北京仲裁委员会 2006 年《仲裁员守则》第 9 条规定：“仲裁员不得在本会的仲裁案件（包括申请撤销或不予执行本会仲裁裁决的案件）中担任代理人，亦不得代人打听案件情况或代人向仲裁庭成员、秘书实施请客送礼或其他提供好处和利益。”北京仲裁委员会《仲裁员办案规范》第 44 条规定：“裁决书作出后，仲裁员不得以任何身份、任何方式参与或帮助任何一方当事人就此裁决向法院申请撤销或不予执行。”

第三节　仲裁员职业责任

我国关于仲裁员职业责任的规定，并不系统。2017 年《仲裁法》仅仅在第 38 条规定：“仲裁员有本法第三十四条第四项规定的情形，情节严重的，或者有本法第五十八条第六项规定的情形的，应当依法承担法律责任，仲裁委员会应当将其除名。”仲裁员的职业责任，除了刑法规定的刑事责任②，通常包括民事责任和行业责任。就民事责任而言，有观点认为，“仲裁员和当事人之间是特殊的合同关系。仲裁员在接受委托前通常先向当事方发出同意担任仲裁员的条件，当事方同意后，仲裁员与各当事方则达成服务合同——仲裁员承担审理并裁决争议的职责，当事人对仲裁员支付服

① 例如，中华全国律师协会 2017 年《律师执业行为规范（试行）》第 51 条第 3 项规定，“曾经亲自处理或者审理过某一事项或者案件的行政机关工作人员、审判人员、检察人员、仲裁员，成为律师后又办理该事项或者案件的”，律师及律师事务所不得与当事人建立或维持委托关系。

② 2017 年《刑法》第 399 条之一规定，依法承担仲裁职责的人员，在仲裁活动中故意违背事实和法律作枉法裁决，情节严重的，处 3 年以下有期徒刑或者拘役；情节特别严重的，处 3 年以上 7 年以下有期徒刑。

务报酬。无论是当事人直接指定，还是仲裁机构、法院或其他机构代为指定，以及首席仲裁员的选定，都被视为当事人与仲裁员达成了一个特殊的服务合同”①。

由于中国仲裁协会尚未成立，我国关于仲裁员的行业责任并无具体的规定，实践中往往由各仲裁机构对仲裁员的违规行为采取警告、取消仲裁员资格等措施。

例如，中国国际经济贸易仲裁委员会2021年《仲裁员行为考察规定》第9条规定，该委员会认为仲裁员存在下列违反《仲裁员守则》和仲裁员办案规范的情形，影响当事人对该委员会的信任或损害该委员会形象，但不宜回避、更换、取消仲裁员资格的，可根据情节严重程度予以提醒、提出建议、警告：(1) 借故拖延办案时间的；(2) 无正当理由不到庭审理案件的；(3) 无正当理由不参加合议、调查或者开庭迟到的；(4) 无正当理由随意变更开庭时间，或者未预留足够开庭时间，导致案件不得不再次开庭的；(5) 庭审中接打电话、收发短信微信、随意离庭，或者着装不得体的；(6) 办案过程中表现出偏袒倾向，包括代替或变相代替一方向另一方质证、辩论、提出请求或明显具有诱导性问题的；(7) 未经该委员会同意，擅自对外发表案件有关信息的；(8) 其他可能导致当事人对仲裁员产生合理怀疑的情形。

中国国际经济贸易仲裁委员会2021年《仲裁员行为考察规定》第10条规定，仲裁员在聘期内有下列情形之一的，该委员会有权取消其仲裁员资格：(1) 对该委员会章程、《仲裁规则》认同度不高，公开反对或消极抵制该委员会章程《仲裁规则》实施，或者故意作出有损该委员会声誉行为的；(2) 受到刑事处罚的，或者因违法行为受到严重行政处罚的，或者近五年受到严重警告级别以上（不含）党纪政务处分的；(3) 故意隐瞒应当回避的事实，导致严重后果的；(4) 在案件审理中，违背仲裁员公正立场，多次受到该委员会警告的；(5) 对案件审理严重迟延负有主要责任的；(6) 向当事人透露仲裁员看法或仲裁庭合议情况的；(7) 违反仲裁员勤勉审慎义务，不认真阅卷，不熟悉案情，严重不负责任的；(8) 徇私舞弊，枉法裁决的；(9) 私自会见当事人或其代理人，接受当事人或其代理人请客、馈赠或提供的其他不当利益的；(10) 代人打听案件情况、请客送礼、提供好处和不当利益的；(11) 故意曲解事实和法律的，或执意支持或坚决反对一方当事人的请求和主张，且不能说明理由的；(12) 私下联络同案仲裁员，不顾事实和法律，人为制造多数意见，为当事人谋求不当利益的；(13) 该委员会仲裁员评价和反馈机制反映问题比较集中的，或者办案能力明显不足、不能胜任仲裁员工作的；(14) 未按照仲裁员培训规定参加培训的；(15) 存在故意或者重大过失行为，导致仲裁裁决被撤销或者不予执行的；(16) 被其他仲裁机构解聘，经核实确实存在不宜续聘情形的；(17) 近五年以来，从未与仲裁委员会有过工作联系的，包括但不限于：未参加仲裁员业务培训，也未在《仲裁与法律》等指定刊物上发表文章，且未按要求宣传推广该委员会等；(18) 其他不宜继续担任仲裁员的情形。

---

① https://www.sohu.com/a/74759346_398113，2019年10月1日访问。

中国国际经济贸易仲裁委员会 2021 年《授予仲裁员资格规定》第 7 条规定，资格有效期内，仲裁员不愿意继续担任的，或者因严重违反《仲裁法》或该委员会《仲裁规则》《仲裁员守则》《仲裁员行为考察规定》，被认定为不称职的，或者由于其他原因需要取消仲裁员资格的，经仲裁员资格审查考核委员会审查、主任会议审核通过，取消该仲裁员的资格。该委员会决定不延续或者取消仲裁员资格的，应给予书面通知，可酌情决定是否说明理由。

北京仲裁委员会 2006 年《仲裁员守则》第 13 条也规定："仲裁员违反本守则，本会将根据情节不予续聘直至解聘"。

思考题

1. 根据 2017 年《仲裁法》，仲裁员应当符合哪些条件?
2. 仲裁员职业伦理主要包括哪些内容?

第二十章

涉法公务员职业伦理

第一节　涉法公务员职业伦理概述

涉法公务员，是指行政机关中从事行政处罚决定审核、行政复议、行政裁决、法律顾问工作的公务员。2018 年《公务员法》第 25 条第 2 款规定：国家对行政机关中初次从事行政处罚决定审核、行政复议、行政裁决、法律顾问的公务员实行统一法律职业资格考试制度，由国务院司法行政部门商有关部门组织实施。2021 年《行政处罚法》第 58 条规定："有下列情形之一，在行政机关负责人作出行政处罚的决定之前，应当由从事行政处罚决定法制审核的人员进行法制审核；未经法制审核或者审核未通过的，不得作出决定：（一）涉及重大公共利益的；（二）直接关系当事人或者第三人重大权益，经过听证程序的；（三）案件情况疑难复杂、涉及多个法律关系的；（四）法律、法规规定应当进行法制审核的其他情形。""行政机关中初次从事行政处罚决定法制审核的人员，应当通过国家统一法律职业资格考试取得法律职业资格。"2017 年《行政复议法》第 3 条第 2 款规定：行政机关中初次从事行政复议的人员，应当通过国家统一法律职业资格考试取得法律职业资格。

涉法公务员具有两个重要特点：首先，涉法公务员是公务员，是依法履行公职、纳入国家行政编制、由国家财政负担工资福利的工作人员，是干部队伍的重要组成部分，是社会主义事业的中坚力量，是人民的公仆。① 其次，涉法公务员的主要职业活动是法律服务活动和法律裁决活动，这些法律服务活动和法律裁决活动往往涉及对事实的判断和对法律的运用，涉及与其他法律职业人员的互动，因而有其特殊要求。因此，涉法公务员职业伦理既包括一般性的公务员职业伦理，也包括具有法律特色的职业伦理。加强涉法公务员职业伦理建设，对于坚持依法治国、依法执政、依法行政共同推进，坚持法治国家、法治政府、法治社会一体建设，具有十分重要的意义。

涉法公务员职业伦理主要体现在 2018 年《公务员法》，中共中央办公厅、国务院办公厅 2016 年《关于推行法律顾问制度和公职律师公司律师制度的意见》，中共中央组织部、人力资源社会保障部、国家公务员局 2016 年《关于推进公务员职业道德建

① 参见 2018 年《公务员法》第 2 条。

设工程的意见》[①] 等文件中。

第二节 涉法公务员职业伦理的主要内容

涉法公务员的职业性质，决定了其既要遵守一般性的公务员职业伦理，也要遵守与其职业相适应的法律职业伦理。

公务员职业伦理是公务员职业活动的行为准则和规范，是公务员的政治信仰、工作宗旨、职业理念和道德品质的具体体现，对于引导和规范其正确履职尽责具有重要作用。2018 年《公务员法》的相关条款对公务员的职业伦理进行了初步规定。2018 年《公务员法》第 14 条规定，公务员应当履行下列义务：（1）忠于宪法，模范遵守、自觉维护宪法和法律，自觉接受中国共产党领导；（2）忠于国家，维护国家的安全、荣誉和利益；（3）忠于人民，全心全意为人民服务，接受人民监督；（4）忠于职守，勤勉尽责，服从和执行上级依法作出的决定和命令，按照规定的权限和程序履行职责，努力提高工作质量和效率；（5）保守国家秘密和工作秘密；（6）带头践行社会主义核心价值观，坚守法治，遵守纪律，恪守职业道德，模范遵守社会公德、家庭美德；（7）清正廉洁，公道正派；（8）法律规定的其他义务。第 59 条规定，公务员应当遵纪守法，不得有下列行为：（1）散布有损宪法权威、中国共产党和国家声誉的言论，组织或者参加旨在反对宪法、中国共产党领导和国家的集会、游行、示威等活动；（2）组织或者参加非法组织，组织或者参加罢工；（3）挑拨、破坏民族关系，参加民族分裂活动或者组织、利用宗教活动破坏民族团结和社会稳定；（4）不担当，不作为，玩忽职守，贻误工作；（5）拒绝执行上级依法作出的决定和命令；（6）对批评、申诉、控告、检举进行压制或者打击报复；（7）弄虚作假，误导、欺骗领导和公众；（8）贪污贿赂，利用职务之便为自己或者他人谋取私利；（9）违反财经纪律，浪费国家资财；（10）滥用职权，侵害公民、法人或者其他组织的合法权益；（11）泄露国家秘密或者工作秘密；（12）在对外交往中损害国家荣誉和利益；（13）参与或者支持色情、吸毒、赌博、迷信等活动；（14）违反职业道德、社会公德和家庭美德；（15）违反有关规定参与禁止的网络传播行为或者网络活动；（16）违反有关规定从事或者参与营利性活动，在企业或者其他营利性组织中兼任职务；（17）旷工或者因公外出、请假期满无正当理由逾期不归；（18）违纪违法的其他行为。

中共中央组织部、人力资源社会保障部、国家公务员局 2016 年《关于推进公务员职业道德建设工程的意见》规定，公务员职业道德/伦理建设要突出政治性、示范性、约束性、可操作性，以“坚定信念、忠于国家、服务人民、恪尽职守、依法办事、公正廉洁”为主要内容。

---

① 人社部发〔2016〕54 号。

“坚定信念”要求公务员坚定对马克思主义的信仰，坚定对社会主义和共产主义的信念，不断增强道路自信、理论自信、制度自信；坚持中国共产党的领导，坚持党的基本理论、基本路线、基本纲领、基本经验、基本要求不动摇；把牢政治方向，坚定政治立场，严守政治纪律和政治规矩，增强党性修养，做到对党和人民绝对忠诚。

“忠于国家”要求公务员弘扬爱国主义精神，坚决维护国家安全、荣誉和利益，维护党和政府的形象、权威，维护国家统一和民族团结；保守国家秘密和工作秘密，同一切危害国家利益的言行作斗争。

“服务人民”要求公务员坚持以人为本、执政为民，全心全意为人民服务，永做人民公仆；坚持党的群众路线，密切联系群众，以人民忧乐为忧乐，以人民甘苦为甘苦；坚持人民利益至上，把实现好、维护好、发展好最广大人民根本利益作为工作的出发点和落脚点，切实维护群众切身利益。

“恪尽职守”要求公务员服务大局、奋发有为、甘于奉献，为党和人民的事业不懈奋斗；坚持原则、敢于担当、认真负责，面对矛盾敢于迎难而上，面对危机敢于挺身而出，面对失误敢于承担责任，面对歪风邪气敢于坚决斗争；精通业务知识，勤勉敬业、求真务实，兢兢业业做好本职工作。

“依法办事”要求公务员牢固树立社会主义法治理念，努力提高法治素养，模范遵守宪法和法律；严格依法履职，做到权由法定、权依法使，法定职责必须为、法无授权不可为；坚持依法决策，严格按照法定的权限、程序和方式执行公务。

“公正廉洁”要求公务员坚持秉公用权、公私分明，办事出于公心，努力维护和促进社会公平正义；严于律己、廉洁从政，坚守道德法纪防线；为人正派、诚实守信，尚俭戒奢、勤俭节约。

除上述实体性规定外，2018 年《公务员法》还就公务员职业伦理进行了一些程序性规定。例如，该法第 60 条关于公务员上下级关系的规定，第 76 条、第 77 条关于公务员回避的规定，均是关于公务员职业伦理的程序性规定。该法第 60 条规定，公务员执行公务时，认为上级的决定或者命令有错误的，可以向上级提出改正或者撤销该决定或者命令的意见；上级不改变该决定或者命令，或者要求立即执行的，公务员应当执行该决定或者命令，执行的后果由上级负责，公务员不承担责任；但是，公务员执行明显违法的决定或者命令的，应当依法承担相应的责任。第 76 条规定，公务员执行公务时，有下列情形之一的，应当回避：（1）涉及本人利害关系的；（2）涉及与本人有该法第 74 条第 1 款所列亲属关系人员的利害关系的；（3）其他可能影响公正执行公务的。第 77 条规定，公务员有应当回避情形的，本人应当申请回避；利害关系人有权申请公务员回避。其他人员可以向机关提供公务员需要回避的情况。机关根据公务员本人或者利害关系人的申请，经审查后作出是否回避的决定，也可以不经申请直接作出回避决定。

从上述规定来看，我国公务员职业伦理总体上看尚处于建构中，在一定程度上缺乏系统性和可操作性。

涉法公务员涉及的法律职业伦理，应当与其职业角色密切相关。行政机关中从事行政处罚决定审核、行政复议、行政裁决、法律顾问的公务员，从事的主要是法律咨询、代理或者对公民、法人或其他组织的权利义务进行保护和克减的行政处罚决定复核、行政复议和行政裁决活动。例如，党政机关法律顾问主要履行下列职责：(1) 为重大决策、重大行政行为提供法律意见；(2) 参与法律法规规章草案、党内法规草案和规范性文件送审稿的起草、论证；(3) 参与合作项目的洽谈，协助起草、修改重要的法律文书或者以党政机关为一方当事人的重大合同；(4) 为处置涉法涉诉案件、信访案件和重大突发事件等提供法律服务；(5) 参与处理行政复议、诉讼、仲裁等法律事务；(6) 所在党政机关规定的其他职责。[①] 因此，行政机关中从事行政处罚决定审核、行政复议、行政裁决、法律顾问的公务员的职业伦理规则与社会律师和法官等裁决者的职业伦理在很大程度上是重叠的。但是，因其职业活动背景，涉法公务员职业伦理也存在一些特殊要求，这些要求主要包括以下内容：

首先，具有称职性。从事行政处罚决定审核、行政复议、行政裁决、法律顾问的公务员应当熟悉本机关所涉及的各种法律，特别是行政法。这是其充分发挥其职能作用的前提。与一般的法律服务相比，从事行政处罚决定审核、行政复议、行政裁决、法律顾问的专业针对性更强，涉及的事项更为重要。这就要求从事行政处罚决定审核、行政复议、行政裁决、法律顾问的公务员实现专业化，不仅熟悉本单位的内部情况，还精通与之相关的法律，并通过继续教育保持与时俱进。

其次，具有相对独立性。要充分发挥从事行政处罚决定审核、行政复议、行政裁决、法律顾问的公务员的作用，必须保证他们具有一定的独立性。无论是法律顾问的法律服务，还是从事行政处罚决定审核、行政复议、行政裁决所进行的准司法性活动，都往往要求这些公务员就事实认定和法律适用作出独立判断。例如，要将法律顾问的法律服务贯穿于行政机关政务活动的各个阶段，贯穿事前预防、事中控制、事后处理的各个环节，而不能将政府法律顾问视为“麻烦制造者”、一种出于政治需要的摆设。这就要求从制度上保证法律顾问的独立性。从事行政处罚决定审核、行政复议、行政裁决这些具有准司法性的裁决活动的公务员，保持其相对独立性更是应有之义。

第三节　涉法公务员职业责任

涉法公务员因其公务员身份，对其违纪违法行为主要承担政务处分。2018 年《公务员法》第 61 条规定：“公务员因违纪违法应当承担纪律责任的，依照本法给予

① 参见中共中央办公厅、国务院办公厅 2016 年《关于推行法律顾问制度和公职律师公司律师制度的意见》。

处分或者由监察机关依法给予政务处分；违纪违法行为情节轻微，经批评教育后改正的，可以免予处分。”“对同一违纪违法行为，监察机关已经作出政务处分决定的，公务员所在机关不再给予处分。”第 62 条规定：对公务员的处分分为：警告、记过、记大过、降级、撤职、开除。第 63 条规定：对公务员的处分，应当事实清楚、证据确凿、定性准确、处理恰当、程序合法、手续完备。公务员违纪违法的，应当由处分决定机关决定对公务员违纪违法的情况进行调查，并将调查认定的事实以及拟给予处分的依据告知公务员本人，公务员有权进行陈述和申辩；处分决定机关不得因公务员申辩而加重处分。处分决定机关认为对公务员应当给予处分的，应当在规定的期限内，按照管理权限和规定的程序作出处分决定。处分决定应当以书面形式通知公务员本人。公务员在受处分期间不得晋升职务、职级和级别，其中受记过、记大过、降级、撤职处分的，不得晋升工资档次。受处分的期间为：警告，6 个月；记过，12 个月；记大过，18 个月；降级、撤职，24 个月。受撤职处分的，按照规定降低级别。第 65 条规定，公务员受开除以外的处分，在受处分期间有悔改表现，并且没有再发生违纪违法行为的，处分期满后自动解除。解除处分后，晋升工资档次、级别和职务、职级不再受原处分的影响。但是，解除降级、撤职处分的，不视为恢复原级别、原职务、原职级。①

中共中央办公厅、国务院办公厅 2016 年《关于推行法律顾问制度和公职律师公司律师制度的意见》规定，律师协会承担公职律师、公司律师的业务交流指导、律师权益维护、行业自律等工作。司法部 2019 年《公职律师管理办法》第 17 条规定：公职律师应当加入律师协会，享有会员权利，履行会员义务。中央党政机关和人民团体的公职律师加入全国律师协会。省级及以下党政机关和人民团体的公职律师，中央党政机关和人民团体在地方的各级直属管理单位和派出派驻单位的公职律师，加入单位所在地的地方律师协会，同时是全国律师协会的会员。因此，涉法公务员如果是公职律师，还应当承担相应的律师职业责任。

思考题

1. 涉法公务员有哪些职业特点？
2. 我国公务员职业道德/伦理的主要内容是什么？

① 参见 2018 年《公务员法》第 62 条至第 65 条。

第二十一章
司法鉴定职业伦理

第一节 司法鉴定职业伦理概述

一、司法鉴定职业伦理的概念和特征

司法鉴定职业伦理，是指司法鉴定人员及其所属机构在与其职业身份有关的活动中应当遵守的行为规范的总称。司法鉴定职业伦理具有以下特征：

首先，尽管司法鉴定是以鉴定人的专家意见的形式表达出来的，但是司法鉴定人必须在司法鉴定机构执业。司法鉴定机构要依法对司法鉴定人进行监督和管理，并且司法鉴定机构开展业务也必须达到一定的要求。因此，司法鉴定职业伦理，既包含对司法鉴定人员的要求，也包含对司法鉴定机构的要求。

其次，由于司法鉴定是科学与法律的交汇，司法鉴定职业伦理既要反映科学的要求，也要反映法律的要求，与此同时，还要对科学要求与法律要求之间的冲突加以调整。

最后，司法鉴定职业伦理既适用于司法鉴定人员的业内行为，也适用于司法鉴定人员业外的与其职业身份有关的行为。司法鉴定人员的业外行为，应当有助于维护司法鉴定的形象和公信力。①

二、司法鉴定职业伦理的渊源

司法鉴定制度是我国司法制度的重要组成部分，是实施法律的重要保障，也是实现司法公正、提高司法效率、保证司法独立和树立司法权威的重要基础之一。1979年《刑事诉讼法》对刑事诉讼中的鉴定工作进行了原则性的规定。② 此后，适应实践

---

① 例如湖南省司法厅2007年《湖南省司法鉴定人职业道德和执业规范（试行）》第14条规定：司法鉴定人在处理相互之间关系方面应遵守以下规范：（1）不得利用新闻媒体或其他手段炫耀自己，贬损他人的业务能力和执业声誉；（2）不得通过非正常程序或在不适当场合，对他人正在办理的鉴定事项发表不同的意见；（3）不得采用回扣、介绍费、压价等不正当手段，争揽鉴定业务；（4）不得利用国家机关、社会团体以及经济组织的关系进行业务垄断。

② 参见1979年《刑事诉讼法》第88条至第90条。

的需要，公、检、法、司机关内部的鉴定机构得到了发展。此外，还出现了面向社会服务的司法鉴定机构。

1980 年 5 月 1 日，为了贯彻 1979 年《刑事诉讼法》有关刑事案件勘验、检查、鉴定的规定，准确、及时地进行刑事技术鉴定，以揭露犯罪，打击犯罪分子，保护公民权利，公安部制定了《公安部刑事技术鉴定规则》。1998 年国务院“三定”方案赋予司法部“指导面向社会司法鉴定工作”的职能。为规范面向社会服务的司法鉴定活动，保证司法鉴定质量，实现司法鉴定的科学、客观、独立、公正，保障司法与仲裁活动的顺利进行，司法部于 2001 年 8 月制定了《司法鉴定程序通则（试行）》（已失效）。为了规范人民法院司法鉴定工作，2001 年 11 月，最高人民法院制定了《人民法院司法鉴定工作暂行规定》。从上述规定的内容来看，对鉴定人的回避①、保密②、鉴定材料的保管与处理③等涉及司法鉴定职业伦理的事项作了初步规定。

上述分散的司法鉴定体制，在解决了大量实践问题的同时，也造成了突出矛盾和问题，与日益推进的诉讼制度、审判方式改革的要求明显不相适应。司法鉴定体制改革严重滞后，其弊端日益凸显。这些问题主要是：（1）司法鉴定机构的重复设置、分散管理，造成鉴定资源巨大浪费。（2）司法职能、行政职能与鉴定职能不分，“自侦自鉴”“自诉自鉴”“自审自鉴”问题突出。鉴定具有很大的依附性和从属性，导致鉴定的中立属性和鉴定机构的独立地位受到损害，鉴定意见的公信力低。（3）司法鉴定规范化、法制化建设程度不高，管理混乱，缺乏有效的制度保障。④ 2004 年 12 月，中共中央转发了《中央司法体制改革领导小组关于司法体制和工作机制改革的初步意见》，明确提出了实现审判活动与鉴定管理活动相分离、鉴定管理活动与鉴定实施活动相分离的基本原则，确立了统一的司法鉴定管理体制的基础框架。2005 年 2 月，全国人大常委会通过了《关于司法鉴定管理问题的决定》（2015 年修正），以期加强对鉴定人和鉴定机构的管理，适应司法机关和公民、组织进行诉讼的需要，保障诉讼活动的顺利进行。该决定第 3 条明确规定，国务院司法行政部门主管全国鉴定人和鉴定机构的登记管理工作；省级人民政府司法行政部门依照该决定的规定，负责对鉴定人和鉴定机构的登记、名册编制和公告。但是由于各种原因，这一改革的目标并没有完全实现。

在 2005 年《关于司法鉴定管理问题的决定》实施后，司法部于 2005 年制定了《司法鉴定人登记管理办法》《司法鉴定机构登记管理办法》。为了规范人民检察院鉴定工作，最高人民检察院于 2006 年 11 月制定了《人民检察院鉴定规则（试行）》。为

① 公安部 1980 年《公安部刑事技术鉴定规则》第 4 条，司法部 2001 年《司法鉴定程序通则（试行）》第二章，最高人民法院 2001 年《人民法院司法鉴定工作暂行规定》第 9 条。

② 公安部 1980 年《公安部刑事技术鉴定规则》第 6 条，司法部 2001 年《司法鉴定程序通则（试行）》第 11 条，最高人民法院 2001 年《人民法院司法鉴定工作暂行规定》第 8 条。

③ 公安部 1980 年《公安部刑事技术鉴定规则》第 6 条、第 9 条、第 13 条，司法部 2001 年《司法鉴定程序通则（试行）》第 29 条，最高人民法院 2001 年《人民法院司法鉴定工作暂行规定》第 17 条。

④ 参见刘飏：《论司法鉴定制度的改革与创新》，载《中国司法鉴定》，2001 年第 3 期。

了规范司法鉴定机构和司法鉴定人员的司法鉴定活动，保障司法鉴定质量，保障诉讼活动的顺利进行，司法部于2007年7月制定了《司法鉴定程序通则》，并于2015年进行了修订。2009年12月司法部又印发了《司法鉴定职业道德基本规范》，其主要要求是："崇尚法治，尊重科学；服务大局，执业为民；客观公正，探真求实；严谨规范，讲求效率；廉洁自律，诚信敬业；相互尊重，持续发展。"2009年，国家发展改革委员会、司法部印发了《司法鉴定收费管理办法》（已废止）。此外，一些地方也制定了相应的司法鉴定职业伦理，例如2007年9月29日湖南省司法厅制定了《湖南省司法鉴定人职业道德和执业规范（试行）》，在司法鉴定人员与委托人及当事人的关系、与同事的关系、收费等方面进行了规定。这些规定是我国司法鉴定职业伦理的现行渊源。

三、司法鉴定职业伦理的作用

从司法鉴定职业伦理调整的内容来看，一般涉及司法鉴定人员和司法鉴定机构的执业前提，委托关系的建立、维持与终止，保密，司法鉴定实施的原则与程序，出庭，同行与上下级关系，与公众关系，与行业组织的关系等内容，涵盖司法鉴定活动的各个方面。从司法鉴定职业伦理的依据来看，既有科学的要求，也有法律的要求。司法鉴定是科学与法律的交汇，因此，司法鉴定职业伦理既要反映科学的要求，也要反映法律的要求。司法鉴定是对自然科学规律的运用，司法鉴定是经社会（规则）筛选后，对自然规则的选择性运用。从本质来说，司法鉴定活动是司法鉴定人个体对案件中的专门性问题的一种认知和判断，是司法鉴定人先对案件中的专门性问题进行感知，并依据其所拥有的科学理论和知识进行分析，有时还会借助相关的科学仪器和设备，采取科学实验的方法进行分析，在这些专门性问题所表现出来的直接征象和通过仪器探测、实验方法解析得到的间接征象的基础上，运用科学理论和知识加以判断。必要时，司法鉴定人还会在此基础上进行逻辑推理，从而得出可供司法活动适用的鉴定意见。因此，以科学技术手段核实证据的活动，应当是司法鉴定的本质特征。因此，司法鉴定职业伦理应当体现科学的要求。"科学方法要求科学工作者使用有效的方法进行观察，并使用这些观察作为其意见的基础。科学方法的关键是，科学工作者的结论能为其他科学工作者所验证。这要求科学工作者的意见背后的方法和过程，要能受到其他科学工作者的审查。在为科学领域工作者制定职业道德守则时，有必要考虑如何对那些被认为对于其工作的科学性至关重要的特点加以反映。"① 而科学研究的重要方法，就是同行评议。同行评议的前提之一，是保证研究的可复审性。司法鉴定行为规则应当对此予以体现。"刑事技术人员的道德守则经常包括这样的要求，即刑事技术人员的工作具有可复审性。这通常也是一个法律要求。这一要求源于科学方法的概念，实际上是要求科学调查人员对假设提供实验验证。科学工作者并不仅仅是

① ［美］彼得·巴尼特：《法证科学职业道德：刑事技术职业标准》，王进喜译，中国法制出版社2013年版，第39页。

断言某事物是真的，他或者她必须提供过程和信息，以便其他观察者能够独立验证其命题的真实性。”[①]

司法鉴定职业伦理也要反映法律的要求。司法鉴定是为司法活动服务的。法律制度中的纠纷解决方式的根本特征，是在有限的时间框架内获得一个权威、终局、公正和社会接受的纠纷解决方案。中立性规则、利益冲突规则、反对附条件收费规则、出庭规则等，在本质上是对司法鉴定活动的法律性要求。

然而，科学的要求和法律的要求往往存在不一致性。与科学为发现客观真实可反复无穷试错、纠错，采用各种手段无穷探究相比，法律不可能为发现客观真实而无限探究、反复纠错、不择手段地探究，纠纷和争端必须在一定时间内终局性地得到解决。因此，司法鉴定技术必须符合可靠性的要求。此外，就科学的本性和精神而言，科学应是求真求实、只问是非。而法律活动则有自己的价值判断，包括个人人身自由、隐私在内的价值都是法律追求和保护的目标。因此，司法鉴定职业伦理中还有一类规则，如可靠性规则，要解决科学要求与法律要求之间的冲突。

司法鉴定职业伦理应当适应技术和法律的发展，反映时代的要求。现代科学技术的发展，为司法鉴定活动提供了更多的仪器设备和科学方法，也带来了更为复杂的操作实施问题。相应地，司法鉴定职业伦理对技术实施程序，有了越来越多的调整内容，例如，《美国法证科学道德守则范本》明确规定了程序问题，对方法和资料、取样、设备、设施和环境、验证和审查等问题都进行了规定。[②] 与以往的司法鉴定职业伦理相比，其对司法鉴定程序有效性的关注是空前的。

司法鉴定职业伦理作为司法鉴定程序要求的重要载体，在保证司法鉴定活动合乎科学与法律的要求方面，必然要发挥重要作用。

2010 年 6 月，最高人民法院、最高人民检察院、公安部、国家安全部、司法部联合宣布了《关于办理死刑案件审查判断证据若干问题的规定》，对司法鉴定程序活动的证据法含义作出了明确规定。该规定第 23 条规定，对鉴定意见应当着重审查以下内容：（1）鉴定人是否存在应当回避而未回避的情形。（2）鉴定机构和鉴定人是否具有合法的资质。（3）鉴定程序是否符合法律及有关规定。（4）检材的来源、取得、

---

① ［美］彼得·巴尼特：《法证科学职业道德：刑事技术职业标准》，王进喜译，中国法制出版社 2013 年版，第 39－40 页。

② 《美国法证科学道德守则范本》的中文译本，可参见 http：//lawyering. fyfz. cn/art/604231. htm，2011 年 5 月 1 日访问。美国国家科学院国家研究委员会在 2009 年发布的《美国法庭科学的加强之路》（Strengthening Forensic Science in the United States：A Path Forward）这一报告中发现，许多法证科学组织，例如美国法证科学学会、中西部法证科学工作者协会、美国犯罪实验室主任协会和全国法医协会，已经制定了道德守则，这些现有的守则，有的时候是综合性的，但是它们在内容上千差万别，也没有一致的机制来执行现行道德守则。因此，该委员会建议“国家法证科学研究院，经与其咨询委员会磋商，应当为所有的法证科学学科建立一个全国性的道德守则，并鼓励各个协会将这一全国性守则整合为其职业道德守则的一部分。此外，国家法证科学研究院应当就那些严重违反道德的法庭科学工作者探索执行机制。这样的守则应当通过法证科学工作者认证过程加以执行”（美国国家科学院国家研究委员会：《美国法庭科学的加强之路》，王进喜等译，中国人民大学出版社 2012 年版，第 227 页）。《美国法证科学道德守则范本》则是对上述建议的呼应。

保管、送检是否符合法律及有关规定，与相关提取笔录、扣押物品清单等记载的内容是否相符，检材是否充足、可靠。（5）鉴定的程序、方法、分析过程是否符合本专业的检验鉴定规程和技术方法要求。（6）鉴定意见的形式要件是否完备，是否注明提起鉴定的事由、鉴定委托人、鉴定机构、鉴定要求、鉴定过程、检验方法、鉴定文书的日期等相关内容，是否由鉴定机构加盖鉴定专用章并由鉴定人签名盖章。（7）鉴定意见是否明确。（8）鉴定意见与案件待证事实有无关联。（9）鉴定意见与其他证据之间是否有矛盾，鉴定意见与检验笔录及相关照片是否有矛盾。（10）鉴定意见是否依法及时告知相关人员，当事人对鉴定意见是否有异议。根据该规定，鉴定意见的提出者应当就上述审查内容提供证据来加以证明。该规定第 24 条规定，鉴定意见具有下列情形之一的，不能作为定案的根据：（1）鉴定机构不具备法定的资格和条件，或者鉴定事项超出本鉴定机构项目范围或者鉴定能力的；（2）鉴定人不具备法定的资格和条件、鉴定人不具有相关专业技术或者职称、鉴定人违反回避规定的；（3）鉴定程序、方法有错误的；（4）鉴定意见与证明对象没有关联的；（5）鉴定对象与送检材料、样本不一致的；（6）送检材料、样本来源不明或者确实被污染且不具备鉴定条件的；（7）违反有关鉴定特定标准的；（8）鉴定文书缺少签名、盖章的；（9）其他违反有关规定的情形。对鉴定意见有疑问的，人民法院应当依法通知鉴定人出庭作证或者由其出具相关说明，也可以依法补充鉴定或者重新鉴定。根据上述规定，导致证据不可采的不当司法鉴定程序活动主要可以分为以下几类：第一，违反执业前提或者称职性要求的不当司法鉴定程序活动。这主要包括鉴定机构不具备法定的资格和条件，或者鉴定事项超出鉴定机构项目范围或者鉴定能力的情形；鉴定人不具备法定的资格和条件、鉴定人不具有相关专业技术或者职称的情形。第二，违反中立性要求的不当司法鉴定程序活动。这主要是指鉴定人违反回避规定的情形。第三，违反科学要求的不当司法鉴定程序活动。这主要是指鉴定程序、方法有错误的情形，鉴定意见与证明对象没有关联的情形，鉴定对象与送检材料、样本不一致的情形，送检材料、样本来源不明或者确实被污染且不具备鉴定条件的情形，违反有关鉴定特定标准的情形。第四，违反发表意见要求的不当司法鉴定程序活动。这主要是指鉴定文书缺少签名、盖章的情形。

这些不当司法鉴定程序活动，都是司法鉴定职业伦理所要调整的对象。详尽、科学的司法鉴定职业伦理的制定和执行，对于保证鉴定意见的可采性具有重要意义。二者的契合是相关制度构建中不得不加以考虑的问题。

第二节　司法鉴定职业伦理的主要内容

一、执业前提

执业前提是指司法鉴定人员办理具体案件时在知识、能力、管理背景等方面应当具备的各项条件。司法鉴定人员的执业前提可以进一步区分为司法鉴定人员的称职性、司法鉴定机构的称职性、执业资格等要求。

1. 司法鉴定人员的称职性

（1）基本要求。

全国人大常委会 2015 年《关于司法鉴定管理问题的决定》第 4 条规定："具备下列条件之一的人员，可以申请登记从事司法鉴定业务：（一）具有与所申请从事的司法鉴定业务相关的高级专业技术职称；（二）具有与所申请从事的司法鉴定业务相关的专业执业资格或者高等院校相关专业本科以上学历，从事相关工作五年以上；（三）具有与所申请从事的司法鉴定业务相关工作十年以上经历，具有较强的专业技能。""因故意犯罪或者职务过失犯罪受过刑事处罚的，受过开除公职处分的，以及被撤销鉴定人登记的人员，不得从事司法鉴定业务。"这些是对司法鉴定人员的称职性的基本要求，是司法鉴定人员提供称职的法证科学服务的基本保证。此外，就具体案件确定司法鉴定人员能否提供称职的法律服务时，还应当考虑职业监督、与同行所可能进行的磋商等因素。

（2）继续教育。

为了维持称职性，司法鉴定人员应当掌握其所属领域的最新专业知识和法律发展情况，应当接受岗前培训和参加职业继续教育与学习，努力保持和提高其职业知识与技能。司法部 2005 年《司法鉴定人登记管理办法》第 22 条第 8 项规定，"参加司法鉴定岗前培训和继续教育"，是司法鉴定人应当履行的义务之一。继续教育包括司法鉴定人执业后，为进一步改善知识结构、提高执业能力而进行的学历教育和非学历教育。继续教育的目的是不断提高司法鉴定人的政治素质、业务素质和职业道德素质，实现可持续发展。继续教育的内容主要是司法鉴定的新理论、新知识、新技术、新方法。司法部 2021 年《司法鉴定教育工作管理办法》第 12 条规定，司法鉴定人参加继续教育，每年不得少于 50 学时。继续教育的每学时为 50 分钟。

（3）在一个司法鉴定机构执业。

2015 年《关于司法鉴定管理问题的决定》第 8 条第 2 款规定：鉴定人应当在一个鉴定机构中从事司法鉴定业务。司法部 2005 年《司法鉴定人登记管理办法》第 3 条第 3 款规定：司法鉴定人应当在一个司法鉴定机构中执业。

司法鉴定机构是司法鉴定人员的执业机构，司法鉴定人员在司法鉴定机构执业，是有效管理法证科学活动的要求之一。司法鉴定人员只能在一个司法鉴定机构执业，不得同时在两个以上司法鉴定机构执业。这一规定主要是基于两个方面的考虑：1）便于对司法鉴定人员和司法鉴定活动进行管理；2）保证司法鉴定机构的独立。全国人大常委会 2015 年《关于司法鉴定管理问题的决定》第 8 条第 1 款规定："各鉴定机构之间没有隶属关系；鉴定机构接受委托从事司法鉴定业务，不受地域范围的限制。"维护鉴定机构之间的独立，重要目的之一就是保证重新鉴定的有效进行。司法部 2015 年《司法鉴定程序通则》第 32 条规定："重新鉴定，应当委托原鉴定机构以外的其他司法鉴定机构进行；因特殊原因，委托人也可以委托原司法鉴定机构，但原司法鉴定机构应当指定原司法鉴定人以外的其他符合条件的司法鉴定人进行。”如果司法鉴定人员同时在两个以上司法鉴定机构执业，则会破坏这种重新鉴定机制。

2. 司法鉴定机构的称职性

（1）业务范围与执业类别。

司法鉴定人员是专业知识领域的专家，但其专业性一般只限于其从事的领域，即专家只在此领域作为专家。因此，司法鉴定机构和司法鉴定人员应当严格按照登记管理机关所核定的司法鉴定业务范围和司法鉴定执业类别开展司法鉴定活动，不得从事未经登记管理机关核定的司法鉴定业务。司法部 2005 年《司法鉴定人登记管理办法》第 29 条规定：“司法鉴定人有下列情形之一的，由省级司法行政机关依法给予警告，并责令其改正：……（二）超出登记的执业类别执业的……”《司法鉴定机构登记管理办法》第 39 条规定：“司法鉴定机构有下列情形之一的，由省级司法行政机关依法给予警告，并责令其改正：（一）超出登记的司法鉴定业务范围开展司法鉴定活动的……”

（2）认证认可。

司法鉴定机构的仪器设备和检验实验室必须具备相应标准的质量控制要求，否则将会影响鉴定意见的质量和可信性。认证认可是司法鉴定机构质量管理和质量保证的重要手段，司法鉴定机构应当根据认证认可的要求，建立并运行质量管理体系，对影响鉴定质量的所有因素进行全过程、全方位的有效控制和管理，使所有鉴定活动有章可循、有据可查，全面提升司法鉴定机构的技术能力和管理水平，从而确保司法鉴定“行为公正、程序规范、方法科学、数据准确、结论可靠”，为司法活动的顺利进行提供技术保障和专业化服务。全国人大常委会 2015 年《关于司法鉴定管理问题的决定》第 5 条明确要求，法人或者其他组织申请从事司法鉴定业务的，应当“有在业务范围内进行司法鉴定所必需的依法通过计量认证或者实验室认可的检测实验室”。2008 年司法部、国家认证认可监督管理委员会发布了《关于开展司法鉴定机构认证认可试点工作的通知》，并于次年颁布了《司法鉴定机构资质认定评审准则（试行）》（已失效），开始对司法鉴定机构进行认证和认可。2013 年 1 月 1 日起，《司法鉴定机构资质认定评审准则》正式实施。

3. 执业行为能力

司法鉴定人员和司法鉴定机构在执业时，应当不存在执业行为能力受到限制的情形。所谓执业行为能力未受到限制，是指司法鉴定人员和司法鉴定机构没有受到停止执业处罚或者其执业范围没有依法受到限制，从而就特定法证科学服务享有执业权利的情形。全国人大常委会 2015 年《关于司法鉴定管理问题的决定》，司法部 2005 年《司法鉴定人登记管理办法》、《司法鉴定机构登记管理办法》等法律、法规，就司法鉴定人员和司法鉴定机构停止执业或者停止从事司法鉴定业务等事项作了明确规定。司法鉴定机构在被司法行政机关依法给予停止从事司法鉴定业务处罚期间，不得执业。司法鉴定人员在被司法行政机关依法给予停止执业处罚期间，不得执业。

二、委托关系的建立与终止

（一）统一接受委托

全国人大常委会2015年《关于司法鉴定管理问题的决定》第9条第1款规定：鉴定人从事司法鉴定业务，由所在的鉴定机构统一接受委托。司法部2005年《司法鉴定机构登记管理办法》第8条规定：司法鉴定机构统一接受委托，组织所属的司法鉴定人开展司法鉴定活动，遵守法律、法规和有关制度，执行统一的司法鉴定实施程序、技术标准和技术操作规范。

由司法鉴定机构统一接受司法鉴定委托，统一收取费用，目的是加强对司法鉴定人员和司法鉴定机构的管理，有助于减少和杜绝司法鉴定人员私自接受委托，损害当事人的利益等行为。

司法部2015年《司法鉴定程序通则》对司法鉴定机构接受委托人的程序作出了明确规定。该通则第11条规定："司法鉴定机构应当统一受理办案机关的司法鉴定委托。"第12条第1款规定："委托人委托鉴定的，应当向司法鉴定机构提供真实、完整、充分的鉴定材料，并对鉴定材料的真实性、合法性负责。司法鉴定机构应当核对并记录鉴定材料的名称、种类、数量、性状、保存状况、收到时间等。"第14条规定："司法鉴定机构应当对委托鉴定事项、鉴定材料等进行审查。对属于本机构司法鉴定业务范围，鉴定用途合法，提供的鉴定材料能够满足鉴定需要的，应当受理。""对于鉴定材料不完整、不充分，不能满足鉴定需要的，司法鉴定机构可以要求委托人补充；经补充后能够满足鉴定需要的，应当受理。"第16条规定："司法鉴定机构决定受理鉴定委托的，应当与委托人签订司法鉴定委托书。司法鉴定委托书应当载明委托人名称、司法鉴定机构名称、委托鉴定事项、是否属于重新鉴定、鉴定用途、与鉴定有关的基本案情、鉴定材料的提供和退还、鉴定风险，以及双方商定的鉴定时限、鉴定费用及收取方式、双方权利义务等其他需要载明的事项。"

（二）依法收费

司法鉴定收费是指司法鉴定机构依法接受委托，在诉讼活动中运用科学技术或者专门知识对诉讼涉及的专门性问题进行鉴别和判断并提供鉴定意见，由司法鉴定机构向委托人收取服务费用的行为。司法部2015年《司法鉴定程序通则》第8条规定："司法鉴定收费执行国家有关规定。"全国人大常委会2015年《关于司法鉴定管理问题的决定》第15条规定：司法鉴定的收费标准由省、自治区、直辖市人民政府价格主管部门会同同级司法行政部门制定。根据国家发展和改革委员会2016年《关于废止教材价格和部分服务收费政策文件有关问题的通知》，国家发展改革委员会、司法部2009年《司法鉴定收费管理办法》已经废止。

（三）司法鉴定机构不得受理的情形

司法部2015年《司法鉴定程序通则》第15条规定，具有下列情形之一的鉴定委托，司法鉴定机构不得受理：（1）委托鉴定事项超出本机构司法鉴定业务范围的；（2）发现鉴定材料不真实、不完整、不充分或者取得方式不合法的；（3）鉴定用途不合法或者违背社会公德的；（4）鉴定要求不符合司法鉴定执业规则或者相关鉴定技术规范的；（5）鉴定要求超出本机构技术条件或者鉴定能力的；（6）委托人就同一鉴定事项同时委托其他司法鉴定机构进行鉴定的；（7）其他不符合法律、法规、规章规定的情形。第 17 条规定：司法鉴定机构决定不予受理鉴定委托的，应当向委托人说明理由，退还鉴定材料。

（四）司法鉴定机构应当终止鉴定的情形

司法部 2015 年《司法鉴定程序通则》第 29 条规定，司法鉴定机构在鉴定过程中，有下列情形之一的，可以终止鉴定：（1）发现有该通则第 15 条第 2 项至第 7 项规定情形的；（2）鉴定材料发生耗损，委托人不能补充提供的；（3）委托人拒不履行司法鉴定委托书规定的义务、被鉴定人拒不配合或者鉴定活动受到严重干扰，致使鉴定无法继续进行的；（4）委托人主动撤销鉴定委托，或者委托人、诉讼当事人拒绝支付鉴定费用的；（5）因不可抗力鉴定无法继续进行的；（6）其他需要终止鉴定的情形。终止鉴定的，司法鉴定机构应当书面通知委托人，说明理由并退还鉴定材料。

三、回避

司法鉴定人员的回避制度的设立，是为了维护司法鉴定公正，保证司法鉴定人能够客观、中立、公正地从事司法鉴定活动，得出科学、可靠的鉴定意见，从而保证实现程序公正和实体公正。根据诉讼法律的规定，司法鉴定人应当回避而没有回避的，属于严重违反诉讼程序规定的行为，是二审撤销原判并发回重审的理由之一。

全国人大常委会 2015 年《关于司法鉴定管理问题的决定》第 9 条第 3 款规定："鉴定人应当依照诉讼法律规定实行回避。"司法部 2015 年《司法鉴定程序通则》第 7 条规定："司法鉴定人在执业活动中应当依照有关诉讼法律和本通则规定实行回避。"第 20 条规定："司法鉴定人本人或者其近亲属与诉讼当事人、鉴定事项涉及的案件有利害关系，可能影响其独立、客观、公正进行鉴定的，应当回避。""司法鉴定人曾经参加过同一鉴定事项鉴定的，或者曾经作为专家提供过咨询意见的，或者曾被聘请为有专门知识的人参与过同一鉴定事项法庭质证的，应当回避。"第 21 条规定："司法鉴定人自行提出回避的，由其所属的司法鉴定机构决定；委托人要求司法鉴定人回避的，应当向该司法鉴定人所属的司法鉴定机构提出，由司法鉴定机构决定。""委托人对司法鉴定机构作出的司法鉴定人是否回避的决定有异议的，可以撤销鉴定委托。"第 31 条规定："有下列情形之一的，司法鉴定机构可以接受办案机关委托进行重新鉴定：……（三）原司法鉴定人应当回避没有回避的……"最高人民检察院 2006 年《人民检察院鉴定规则（试行）》第 8 条规定：鉴定人有下列情形之一的，应当自行回避，委托单位也有权要求鉴定人回避：（1）是本案的当事人或者是当事人的近亲属的；（2）本人或者其近亲属和本案有利害关系的；（3）担任过本案的证人或者诉讼代理人的；（4）重新鉴定时，是本案原鉴定人的；（5）其他可能影响鉴定客观、公正的情形。鉴定人自行提出回避的，应当说明理由，由所在鉴定机构负责人决定是否回避。委托单位要求鉴定人回避的，应当提出书面申请，由检察长决定是否回避。公安部 1980 年《刑事技术鉴定规则》第 4 条规定：刑事技术鉴定，必须由具有鉴定员以上职称的专业技术人员担任。本人或者近亲属与案件有利害关系的人，担任过本案的侦查、证人，或者与本案当事人有其他关系、可能影响公正鉴定的人，不能充当鉴定人。鉴定人的回避，由所在公安机关负责人决定。

四、保密

司法鉴定人员和司法鉴定机构展开鉴定活动，在很多情况下会知悉国家秘密或者委托人、当事人的秘密信息，比如在进行笔迹鉴定时，有关文件的内容有可能涉及国家秘密或者商业秘密；又如在对自然人进行伤残等级鉴定时，可能会涉及被鉴定人的个人隐私。这些信息往往是展开鉴定活动的必要条件。因此，司法鉴定机构和人员应当承担保密义务，否则，鉴定活动就无法有效开展。

司法部 2005 年《司法鉴定人登记管理办法》第 7 条规定，司法鉴定人执业实行回避、保密、时限和错鉴责任追究制度。第 22 条第 5 项规定，司法鉴定人履行的义务之一是"保守在执业活动中知悉的国家秘密、商业秘密和个人隐私。"第 29 条对违法保密规定的行为规定了处罚措施。司法部 2015 年《司法鉴定程序通则》第 6 条规定："司法鉴定机构和司法鉴定人应当保守在执业活动中知悉的国家秘密、商业秘密，不得泄露个人隐私。"最高人民检察院 2006 年《人民检察院鉴定规则（试行）》第 7 条规定，"保守案件秘密"是鉴定人的义务之一。公安部 1980 年《刑事技术鉴定规则》第 6 条也规定"严格保守秘密"是鉴定人的鉴定纪律之一。

根据上述规定，我国司法鉴定中保密的要求体现在两个方面：（1）保密的范围涉及国家秘密、商业秘密和个人隐私。需要指出的是，这些保密信息，包括因司法鉴定活动而从证据中获取的秘密信息，例如亲子鉴定所获得的结果，但是依照法律、法规或者约定就鉴定结果向委托方进行全面披露者除外。（2）保密义务在委托鉴定事项完成后继续存在。司法鉴定机构及人员在职业行为之后依然对保密信息负有保密义务，是为了保证鉴定活动能够获得足够可靠的证据，为了维护相关人员的合法权益。

为了促进鉴定行业的发展，司法鉴定机构和人员需要从事相关科学研究和教育活动　而其所从事的鉴定事项可能是其重要的科学信息来源。若在公开陈述和科研成果中披露委托方、当事人的个性识别信息披露，就违反了司法鉴定人员的保密义务，损害了相关人员的利益。因此，司法鉴定机构和司法鉴定人员不得在公开陈述和科研成果中披露在司法鉴定活动中获得的委托方、被检查方的个性识别信息，除非：（1）已采取合理措施对上述个性识别信息进行隐匿；或者（2）上述委托方、被检查方已经以书面形式作出了明智同意。

五、鉴定材料保管

鉴定材料包括生物检材和非生物检材、比对样本材料以及其他与鉴定事项有关的鉴定资料。[①] 证据法的一项重要要求，就是证明证据的保管链条。这是证据具有可采性的前提。如果在证据接收、传递、检验、保存等环节出现污染、毁损、丢失等问题，必然影响鉴定意见的可采性。因此，司法部 2015 年《司法鉴定程序通则》第 22 条规定："司法鉴定机构应当建立鉴定材料管理制度，严格监控鉴定材料的接收、保管、使用和退还。""法鉴定机构和司法鉴定人在鉴定过程中应当严格依照技术规范保管和使用鉴定材料，因严重不负责任造成鉴定材料损毁、遗失的，应当依法承担责任。"

鉴定材料的保管应当有明确的期限。公安部《对〈关于鉴定淫秽物品有关问题的请示〉的批复》[②] 曾规定，"对送审鉴定和收缴的淫秽物品，由县级以上公安机关治安部门统一集中，登记造册，适时组织全部销毁"。这一对涉案物证的销毁时间的规定是模糊的，在实践中曾发生在案件被人民法院审结前销毁淫秽物品，导致无法质证而无法定罪的情况。公安部 2020 年《公安机关办理刑事案件程序规定》第 236 条第 2 款规定："对于违禁品，应当依照国家有关规定处理；需要作为证据使用的，应当在诉讼终结后处理。"这一规定改变了过去的做法，明确规定了对违禁品的销毁时间，是检控方履行证据保存义务的重要进步，是对辩护方质证权的重要保护。

六、可复审性

司法鉴定人员不仅应当就检验事项作出某个意见，还必须就得出该意见的过程和根据提供信息，以便他人能够独立验证其意见的真实性。换言之，司法鉴定人员的意见应当能够经受不同的鉴定机构、鉴定人在不同的时间、不同地点，以及在相同条件下用同样的方法进行的检验，并得出相同或者相似的意见。这是科学研究方法的可复审性要求，是同行评议的重要组成部分。这意味着司法鉴定得出结论所依据的数据、获得数据所使用的方法和用于分析的材料，要加以保留。

这种可复审性，也被称为司法鉴定的可重复性，甚至被认为是司法鉴定看得见的科学性，它使司法鉴定的客观性、科学性变为实实在在的可以衡量和评价的东西。[③]

司法部 2015 年《司法鉴定程序通则》第 27 条规定："司法鉴定人应当对鉴定过程进行实时记录并签名。记录可以采取笔记、录音、录像、拍照等方式。记录应当载明主要的鉴定方法和过程，检查、检验、检测结果，以及仪器设备使用情况等。记录

① 参见司法部 2015 年《司法鉴定程序通则》第 12 条第 3 款。

② 1998 年 11 月 27 日公复字〔1998〕8 号。

③ 参见陈敏、刘鑫：《论司法鉴定的可重复性》，载《中国司法鉴定》2013 年第 3 期。

的内容应当真实、客观、准确、完整、清晰，记录的文本资料、音像资料等应当存入鉴定档案。”最高人民检察院2006年《人民检察院鉴定规则（试行）》第16条规定：“鉴定应当严格执行技术标准和操作规程。需要进行实验的，应当记录实验时间、条件、方法、过程、结果等，并由实验人签名，存档备查。”公安部1980年《刑事技术鉴定规则》第8条规定：“刑事技术鉴定，要按下列程序进行：预备检验、分别检验、比对检验、综合评断。每个程序都要作出详细、客观的记录。最后制作鉴定书。”

可复审性要求的重要方面之一，是妥善处理检材。与大多数科学领域不同的是，司法鉴定中用于检验的检材一般情况下非常少，如果完全耗尽，往往意味着对司法鉴定结论不可再行复审。“刑事技术人员必须认识到在就物证采取行动时，不得阻挠同行评议过程的责任。这一义务要求刑事技术人员：(1) 保存物证，以便那些有合法兴趣进行检验和检测的人可以进行相关的检验和检测；(2) 在检验和检测中节省证据，以便留下足够的尽可能未加改变的材料，用于未来的检验……”① 因此，只有在为可靠分析所必需的情况下，才能耗用检材。公安部1980年《刑事技术鉴定规则》第9条规定：“对检材进行物理检验或化学检验，要标明取材部位，并作详细记录。消耗性的检材，要注意留存，以备复核检验；检材过少无法留存的，应事先征得送检单位同意，并在委托登记表中注明。”由于就司法鉴定进行复审是辩护活动的重要组成部分之一，本书认为，在检材过少而无法留存的情况下，除应当事先征得送检单位同意之外，在可行的情况下，还应当征得相关当事人的同意。

七、及时性

法律制度中的纠纷解决方式的根本特征，是在有限的时间框架内获得一个权威、终局、公正和社会接受的纠纷解决方案。与科学为发现客观真实可反复无穷试错、纠错，采用各种手段无穷探究相比，法律不可能为发现客观真实而无限探究、反复纠错、不择手段地探究，纠纷和争端必须在一定时间内终局性地得到解决。因此，司法鉴定工作应当确保以一种最大化组织效率的方式提供服务，尽快完成鉴定工作。

司法部2015年《司法鉴定程序通则》第28条规定：司法鉴定机构应当自司法鉴定委托书生效之日起30个工作日内完成鉴定。鉴定事项涉及复杂、疑难、特殊技术问题或者鉴定过程需要较长时间的，经本机构负责人批准，完成鉴定的时限可以延长，延长时限一般不得超过30个工作日。鉴定时限延长的，应当及时告知委托人。司法鉴定机构与委托人对鉴定时限另有约定的，从其约定。在鉴定过程中补充或者重新提取鉴定材料所需的时间，不计入鉴定时限。最高人民检察院2006年《人民检察院鉴定规则（试行）》第15条规定：具备鉴定条件的，一般应当在受理后15个工作日以内完成鉴定；特殊情况不能完成的，经检察长批准，可以适当延长，并告知委托单位。

---

① ［美］彼得·巴尼特：《法证科学职业道德：刑事技术职业标准》，王进喜译，中国法制出版社2013年版，第50页。

八、出庭

司法鉴定人出庭作证，是指经司法行政机关审核登记，取得司法鉴定人执业证的司法鉴定人经人民法院依法通知，在法庭上对自己作出的鉴定意见，从鉴定依据、鉴定步骤、鉴定方法、可靠程度等方面进行解释和说明，并在法庭上当面回答质询和提问的行为。

鉴定人出庭作证是一种法定义务，经人民法院依法通知，司法鉴定人应当按时出庭作证，不得无故拒绝出庭或者无正当理由不按时出庭。这是诉讼法中直接言词原则或者反对传闻规则的要求。司法鉴定人出庭陈述、接受询问和质证时，应当客观、公正、实事求是地说明司法鉴定的有关情况并回答与所出具的司法鉴定意见有关的问题。司法鉴定人出庭陈述、接受询问和质证时，不得就其司法鉴定人执业登记事项及其他资格事项进行不实陈述，并且应当采取合理措施保证其资格和称职性不为他人所误述，及时纠正因此发生的任何误述。

全国人大常委会 2015 年《关于司法鉴定管理问题的决定》第 11 条规定："在诉讼中，当事人对鉴定意见有异议的，经人民法院依法通知，鉴定人应当出庭作证。"该决定第 13 条对于经人民法院依法通知，拒绝出庭作证的行为规定了处罚措施。司法部 2005 年《司法鉴定人登记管理办法》第 30 条对"经人民法院依法通知，非法定事由拒绝出庭作证的"行为也规定了处罚措施。此外，最高人民检察院 2006 年《人民检察院鉴定规则（试行）》第 24 条规定："鉴定人接到人民法院的出庭通知后，应当出庭。因特殊情况不能出庭的，应当向法庭说明原因。"第 25 条规定："鉴定人在出庭前，应当准备出庭需要的相关材料。""鉴定人出庭时，应当遵守法庭规则，依法接受法庭质证，回答与鉴定有关的询问。"公安部 1980 年《刑事技术鉴定规则》第 15 条规定："接到人民法院的出庭通知后，鉴定人应出庭作证。""本案当事人、辩护人，依照法律程序对鉴定提出的有关问题，鉴定人应予回答，并阐明鉴定结论的科学依据。对与鉴定无关的问题，鉴定人有权拒绝回答。"司法部 2015 年《司法鉴定程序通则》第 43 条规定："经人民法院依法通知，司法鉴定人应当出庭作证，回答与鉴定事项有关的问题。"第 45 条规定，司法鉴定机构应当支持司法鉴定人出庭作证，为司法鉴定人依法出庭提供必要条件。第 46 条规定，司法鉴定人出庭作证，应当举止文明，遵守法庭纪律。

司法部 2020 年《关于进一步规范和完善司法鉴定人出庭作证活动的指导意见》① 对鉴定人出庭作出了较为系统的规定。根据该意见，人民法院通知鉴定人到庭作证后，有下列情形之一的，鉴定人可以向人民法院提出不到庭书面申请：（1）未按照法定时限通知到庭的；（2）因健康原因不能到庭的；（3）路途特别遥远，交通不便难以

① 司规〔2020〕2 号。

到庭的；（4）因自然灾害等不可抗力不能到庭的；（5）有其他正当理由不能到庭的。经人民法院同意，未到庭的鉴定人可以提交书面答复或者说明，或者使用视频传输等技术作证。鉴定人出庭要做到：（1）遵守法律、法规，恪守职业道德，实事求是，尊重科学，尊重事实；（2）按时出庭，举止文明，遵守法庭纪律；（3）配合法庭质证，如实回答与鉴定有关的问题；（4）妥善保管出庭所需的鉴定材料、样本和鉴定档案资料；（5）所回答问题涉及执业活动中知悉的国家秘密、商业秘密和个人隐私的，应当向人民法院阐明；经人民法院许可的，应当如实回答；（6）依法应当做到的其他事项。司法行政机关接到人民法院有关鉴定人无正当理由拒不出庭的通报、司法建议，或公民、法人和其他组织有关投诉、举报的，要依法进行调查处理。在调查中发现鉴定人存在经人民法院依法通知，拒绝出庭作证情形的，要依法给予其停止从事司法鉴定业务三个月以上一年以下的处罚；情节严重的，撤销登记。

九、司法鉴定人之间的关系

全国人大常委会 2015 年《关于司法鉴定管理问题的决定》第 10 条规定："司法鉴定实行鉴定人负责制度。鉴定人应当独立进行鉴定，对鉴定意见负责并在鉴定书上签名或者盖章。多人参加的鉴定，对鉴定意见有不同意见的，应当注明。"这一规定确立了司法鉴定活动独立性原则。司法鉴定活动的独立性是鉴定意见里有客观性和公正性的保证。司法鉴定人独立鉴定与依法接受监督并不矛盾，而是相互制约与促进。司法鉴定机构的负责人员和监督人员对鉴定活动提供必要的条件和保障，但不能干预鉴定意见，不能强迫处于其直接监督之下的司法鉴定人与自己的鉴定意见保持一致。在会鉴、共同鉴定、协助鉴定中，司法鉴定人之间是平等的、独立的，相互间无隶属关系，鉴定结论之间互相不受影响和制约，无服从与被服从关系。多人参加的鉴定，对鉴定结论意见不一致的，有权保留自己的鉴定意见，并且应当在鉴定书上分别注明不同意见的人数及理由。任何机关、团体、社会组织和个人，不得非法干预鉴定人的活动。鉴定结论实行鉴定人负责制，不能以少数服从多数办法强行统一。其目的是保证鉴定活动的客观性、公正性。

我国现行法律、法规和规章对司法鉴定人之间的关系作了比较明确的规定。司法部 2016 年《司法鉴定程序通则》第 5 条规定："司法鉴定实行鉴定人负责制度。司法鉴定人应当依法独立、客观、公正地进行鉴定，并对自己作出的鉴定意见负责。"第 33 条第 1 款规定："鉴定过程中，涉及复杂、疑难、特殊技术问题的，可以向本机构以外的相关专业领域的专家进行咨询，但最终的鉴定意见应当由本机构的司法鉴定人出具。"第 37 条规定："司法鉴定意见书应当由司法鉴定人签名。多人参加的鉴定，对鉴定意见有不同意见的，应当注明。"最高人民检察院 2006 年《人民检察院鉴定规则（试行）》第 19 条规定："遇有重大、疑难、复杂的专门性问题时，经检察长批准，鉴定机构可以组织会检鉴定。""会检鉴定人可以由本鉴定机构的鉴定人与聘请的其他鉴定机构的鉴定人共同组成；也可以全部由聘请的其他鉴定机构的鉴定人组成。”“会检鉴定人应当不少于三名，采取鉴定人分别独立检验，集体讨论的方式进行。”“会检鉴定应当出具鉴定意见。鉴定人意见有分歧的，应当在鉴定意见中写明分歧的内容和理由，并分别签名或者盖章。”

十、接受监督和管理

司法部 2015 年《司法鉴定机构登记管理办法》第 4 条第 1 款和司法部 2005 年《司法鉴定人登记管理办法》第 4 条第 1 款规定：“司法鉴定管理实行行政管理与行业管理相结合的管理制度。”司法部 2005 年《司法鉴定机构登记管理办法》第 4 条第 2 款规定：“司法行政机关对司法鉴定机构及其司法鉴定活动依法进行指导、管理和监督、检查。司法鉴定行业协会依法进行自律管理。”司法部 2015 年《司法鉴定程序通则》第 9 条规定：“司法鉴定机构和司法鉴定人进行司法鉴定活动应当依法接受监督。对于有违反有关法律、法规、规章规定行为的，由司法行政机关依法给予相应的行政处罚；对于有违反司法鉴定行业规范行为的，由司法鉴定协会给予相应的行业处分。”这些规定确立了我国关于司法鉴定管理的两结合管理体制，司法鉴定人和司法鉴定机构应当依法接受行政管理与行业管理。

第三节　司法鉴定职业责任

一、司法鉴定行政责任

司法部 2015 年《司法鉴定程序通则》第 9 条规定：“司法鉴定机构和司法鉴定人进行司法鉴定活动应当依法接受监督。对于有违反有关法律、法规、规章规定行为的，由司法行政机关依法给予相应的行政处罚；对于有违反司法鉴定行业规范行为的，由司法鉴定协会给予相应的行业处分。”因此，行政处罚和行业处分，是对司法鉴定人员和机构进行监督管理的重要方式之一。鉴于我国目前尚未建立全国性的司法鉴定组织来进行行业管理，这里仅就司法行政机关对司法鉴定人员和机构依法进行的行政处罚及民事责任进行简单介绍。

司法部 2005 年《司法鉴定人登记管理办法》第 29 条规定，司法鉴定人有下列情形之一的，由省级司法行政机关依法给予警告，并责令其改正：（1）同时在两个以上司法鉴定机构执业的；（2）超出登记的执业类别执业的；（3）私自接受司法鉴定委托的；（4）违反保密和回避规定的；（5）拒绝接受司法行政机关监督、检查或者向其提供虚假材料的；（6）法律、法规和规章规定的其他情形。

司法部 2005 年《司法鉴定人登记管理办法》第 30 条规定，司法鉴定人有下列情形之一的，由省级司法行政机关给予停止执业三个月以上一年以下的处罚；情节严重的，撤销登记；构成犯罪的，依法追究刑事责任：（1）因严重不负责任给当事人合法权益造成重大损失的；（2）具有本办法第 29 条规定的情形之一并造成严重后果的；（3）提供虚假证明文件或者采取其他欺诈手段，骗取登记的；（4）经人民法院依法通知，非法定事由拒绝出庭作证的；（5）故意作虚假鉴定的；（6）法律、法规规定的其他情形。

司法鉴定机构对其违规行为，同样要受到行政处罚。司法部 2005 年《司法鉴定机构登记管理办法》第 37 条规定，司法鉴定机构有下列情形之一的，由省级司法行政机关依法给予警告，并责令其改正：（1）超出登记的司法鉴定业务范围开展司法鉴定活动的；（2）未经依法登记擅自设立分支机构的；（3）未依法办理变更登记的；（4）出借“司法鉴定许可证”的；（5）组织未取得“司法鉴定人执业证”的人员从事司法鉴定业务的；（6）无正当理由拒绝接受司法鉴定委托的；（7）违反司法鉴定收费管理办法的；（8）支付回扣、介绍费，进行虚假宣传等不正当行为的；（9）拒绝接受司法行政机关监督、检查或者向其提供虚假材料的；（10）法律、法规和规章规定的其他情形。

司法部 2005 年《司法鉴定机构登记管理办法》第 40 条规定，司法鉴定机构有下列情形之一的，由省级司法行政机关依法给予停止从事司法鉴定业务三个月以上一年以下的处罚；情节严重的，撤销登记：（1）因严重不负责任给当事人合法权益造成重大损失的；（2）具有该办法第 39 条规定的情形之一，并造成严重后果的；（3）提供虚假证明文件或采取其他欺诈手段，骗取登记的；（4）法律、法规规定的其他情形。

二、司法鉴定民事责任

司法部 2005 年《司法鉴定人登记管理办法》第 31 条规定，司法鉴定人在执业活动中，因故意或者重大过失行为给当事人造成损失的，其所在的司法鉴定机构依法承担赔偿责任后，可以向有过错行为的司法鉴定人追偿。司法部 2005 年《司法鉴定机构登记管理办法》第 40 条规定，司法鉴定机构在开展司法鉴定活动中因违法和过错行为应当承担民事责任的，按照民事法律的有关规定执行。根据上述规定，承担民事责任的主体是司法鉴定机构。司法鉴定机构是接受鉴定委托的主体，因此，其也是民事责任的主体。司法鉴定机构依照民事法律的规定承担民事责任后，可以向有故意或者重大过失行为的司法鉴定人追偿。

思考题

1. 司法鉴定职业伦理有哪些内容？
2. 司法鉴定职业责任有哪些具体要求？

主要参考文献

美国律师协会．美国律师协会职业行为示范规则（2004）．王进喜，译．北京：中国人民公安大学出版社，2005.

王进喜．律师法实施与再修改问题研究．北京：知识产权出版社，2020.

王进喜．美国律师职业行为规则理论与实践．北京：中国人民公安大学出版社，2005.

王进喜，等主编．律师职业行为规则概论．北京：国家行政学院出版社，2002.

王进喜主编．律师流动法律问题与对策研究．北京：知识产权出版社，2013.

曹建明主编．法官职业道德教程．北京：法律出版社，2003.

美国国家科学院国家研究委员会．美国法庭科学的加强之路．王进喜，等译．北京：中国人民大学出版社，2012.

[美] 德博拉·L. 罗德，等．律师的职业责任与规制．王进喜，等译．北京：中国人民大学出版社，2013.

[美] 彼得·巴尼特．法证科学职业道德：刑事技术职业标准．王进喜，译．北京：中国法制出版社，2013.

[美] 罗伯特·W. 希尔曼．论律师的流动管理——合伙人退伙和律师事务所解散的法律及道德问题．王进喜，等译．北京：中国人民公安大学出版社，2005.

王胜明，赵大程主编．中华人民共和国律师法释义．北京：法律出版社，2007.

司法部律师公证工作指导司编．中华人民共和国公证法讲话．北京：中国青年出版社，2005.

图书在版编目（CIP）数据

法律职业伦理/王进喜著．--2版．--北京：中国人民大学出版社，2021.10

21世纪普通高等教育法学系列教材

ISBN 978-7-300-29733-0

Ⅰ.①法… Ⅱ.①王… Ⅲ.①法伦理学－高等学校－教材 Ⅳ.①D90-053

中国版本图书馆CIP数据核字（2021）第159935号

21世纪普通高等教育法学系列教材

法律职业伦理（第二版）

王进喜 著

Falü Zhiye Lunli

出版发行	中国人民大学出版社		
社　　址	北京中关村大街31号	**邮政编码**	100080
电　　话	010－62511242（总编室）		010－62511770（质管部）
	010－82501766（邮购部）		010－62514148（门市部）
	010－62515195（发行公司）		010－62515275（盗版举报）
网　　址	http：//www.crup.com.cn		
经　　销	新华书店		
印　　刷	北京溢漾印刷有限公司	**版　　次**	2020年1月第1版
规　　格	185 mm×260 mm　16开本		2021年10月第2版
印　　张	24 插页1	**印　　次**	2021年10月第1次印刷
字　　数	499 000	**定　　价**	55.00元

《　　　　　　》※任课教师调查问卷

为了能更好地为您提供优秀的教材及良好的服务，也为了进一步提高我社法学教材出版的质量，希望您能协助我们完成本次小问卷，完成后您可以在我社网站中选择与您教学相关的1本教材作为今后的备选教材，我们会及时为您邮寄送达！如果您不方便邮寄，也可以申请加入我社的**法学教师QQ群：83961183（申请时请注明法学教师）**，然后下载本问卷填写，并发往我们指定的邮箱（cruplaw@163.com）。

邮寄地址：北京市海淀区中关村大街31号中国人民大学出版社806室收

邮　　编：100080

再次感谢您在百忙中抽出时间为我们填写这份调查问卷，您的举手之劳，将使我们获益匪浅！

基本信息及联系方式：※

姓名：________ 性别：________ 课程：________

任教学校：________ 院系（所）：________

邮寄地址：________ 邮编：________

电话（办公）：________ 手机：________ 电子邮件：________

调查问卷：※

1. 您认为图书的哪类特性对您使用教材最有影响力？（　　）（可多选，按重要性排序）

   A. 各级规划教材、获奖教材　　B. 知名作者教材

   C. 完善的配套资源　　D. 自编教材

   E. 行政命令

2. 在教材配套资源中，您最需要哪些？（　　）（可多选，按重要性排序）

   A. 电子教案　　B. 教学案例

   C. 教学视频　　D. 配套习题、模拟试卷

3. 您对于本书的评价如何？（　　）

   A. 该书目前仍符合教学要求，表现不错将继续采用。

   B. 该书的配套资源需要改进，才会继续使用。

   C. 该书需要在内容或实例更新再版后才能满足我的教学，才会继续使用。

   D. 该书与同类教材差距很大，不准备继续采用了。

4. 从您的教学出发，谈谈对本书的改进建议：________

____

____

选题征集：如果您有好的选题或出版需求，欢迎您联系我们：

联系人：宁丹丽　黄　强　联系电话：010-62515536/5955

索取样书：书名：________

书号：________

备注：※ 为必填项。